청갈색책

청갈색책

초판1쇄 펴냄 2006년 9월 15일
초판4쇄 펴냄 2023년 3월 29일

지은이 루트비히 비트겐슈타인
옮긴이 진중권
펴낸이 유재건
펴낸곳 (주)그린비출판사
주소 서울시 마포구 와우산로 180, 4층
대표전화 02-702-2717 | **팩스** 02-703-0272
홈페이지 www.greenbee.co.kr
원고투고 및 문의 editor@greenbee.co.kr

편집 이진희, 구세주, 송예진, 김아영 | **디자인** 권희원, 이은솔
마케팅 육소연 | **물류유통** 유재영, 류경희 | **경영관리** 유수진

學問思辨行: 배우고 묻고 생각하고 판단하고 행동하고

독자의 학문사변행을 돕는 든든한 가이드 _그린비 출판그룹

그린비 철학, 예술, 고전, 인문교양 브랜드
엑스북스 책읽기, 글쓰기에 대한 거의 모든 것
곰세마리 책으로 크는 아이들, 온가족이 함께 읽는 책

루트비히 비트겐슈타인 지음 — 진중권 옮김

Ludwig
Wittgenstein

청갈색책

그린비

차례

1 한국어판의 번역대본으로는 스라파(Pietro Sraffa, 1898~1983)가 소유한 『청갈색책』의 원본 텍
스트에 입각해 영어본 초판(1958)의 내용을 수정한 영어본 제2판(1960)을 이용했다. 그리고
교열과정에서는 독일어본과 일본어본을 참조했다. *Das Blaue Buch/Eine Philosophische
Betrachtung(Das Braune Buch)*, Ludwig Wittgenstein Werkausgabe, Bd.5, Frankfurt
am Main:Suhrkamp, 1989; 大森莊藏 訳,『青色本・茶色本』, ウィトゲンシュタイン全集 6, 東
京 : 大修館書店, 1989

2 이 책의 각주에는 지은이주, 편집자주(영어판), 옮긴이주가 있다. 지은이주와 편집자주는 모두
별표(*)로 표시되어 있으며, 맨 앞의 괄호 안에 출처([지은이주] 또는 [편집자주])를 밝혔다. 옮
긴이주는 일련 번호(1, 2, 3 ……)로 표시되어 있다.

3 인명, 지명, 작품명은 국립국어원이 2002년에 펴낸 『외래어 표기 용례집』을 따랐다.

4 단행본·전집·정기간행물·팸플릿 등에는 겹낫표(『 』)를, 논문·논설·기고문 등의 단편과 회
화·사진·영화 등의 예술물 등에는 낫표(「 」)를 사용했다.

5 본문의 꺾쇠([ ]) 안에 있는 내용은 옮긴이가 읽는이들의 이해를 돕기 위해, 또는 문맥을 좀더
정확히 보여주기 위해 덧붙인 내용이다.

서문

루트비히 비트겐슈타인은 (그는 그렇게 부르지 않았지만) 「청색책」을 케임브리지에서 1933~34년 학기에 그의 반 학생들에게 받아쓰게 했고, 등사판으로 사본을 만들게 했다. 1934~35년 사이에는 두 명의 학생(프랜시스 스키너와 앨리스 앰브로즈)에게 「갈색책」을 받아쓰게 했다. 그는 오직 세 권만 타이프로 복사해서, 아주 가까운 친구와 학생들에게만 보여줬다. 하지만 그것을 빌려간 이들은 각자 사본을 만들어 널리 돌려보기도 했다. 만일 비트겐슈타인이 이것들에 이름을 붙였다면 "철학적 소견"이나 "철학적 탐구"라고 했을지도 모른다. 하지만 첫번째 것은 청색 커버로, 두번째 것은 갈색 커버로 싸여 있었기 때문에 늘 그렇게 불리게 된 것이다.

비트겐슈타인은 후일 「청색책」의 사본 한 부를 버트런드 러셀 경에게 보내며 서두에 이런 노트를 덧붙였다.

러셀 선생님께,

2년 전쯤인가 선생님께 제 원고를 보내겠다고 약속했습니다. 오늘 선생님께 보내는 것은 제가 약속했던 **그** 원고는 아닙니다. 저는 아직도 그 원고를 붙잡고 있습니다. 과연 그것을 출판하게 될지, 혹은 일부라도 출판하게 될지는 오직 신만이 아실 겁니다. 2년 전 케임브리지에서 강의를 좀 했고 학생들에게 그 내용을 받아쓰게 했습니다. 머릿속이 아니라면 손으로라도 무언가를 가지고 집에 돌아가게 하기 위해서 말입니다. 저는 그 기록을 복사시켰는데, 방금 그 사본에서 몇몇 오자와 다른 오류들을 고치고 있었습니다. 그러다가 문득 선생님이 혹시 이 사본을 갖고 싶어 하지 않을까 하는 생각이 들었습니다. 그래서 한 부 보내드립니다. 그렇다고 이 강의록을 읽으셔야 한다는 뜻은 아닙니다. 하지만 **만약** 선생님이 해야만 하는 더 나은 일이 있지 않고, 거기서 작은 즐거움이라도 얻는다면, 저는 정말 기쁠 것입니다(많은 논점들이 단지 암시만 되어 있기 때문에 이해하기가 무척 어려울 것입니다. 그 논점들은 수강생들에게만 [정확히] 의미가 닿을 겁니다). 이미 말씀드린 대로 이 강의록을 읽지 않으셔도 **전혀 문제가 없습니다.**

당신의 친구,
루트비히 비트겐슈타인

「청색책」은 그게 전부였다. 일련의 메모들 말이다. 「갈색책」은 조금 다른데, 한동안 비트겐슈타인은 그것을 출판할 수도 있는 책의 초고로 생각했다. 그는 그것을 여러 번 독일어판으로 개정하는 일에 착수했다. 마지막 개정은 1936년 8월에 있었다. 그는 몇몇 부분을 조금 고치고 덧붙인 뒤 그것을 의지적 행위에 관한 논의가 시작되는 곳(대략 이 책의 272쪽)에 이어놓았다. 그리고 나서는 굵은 글자로 이렇게 써놓았다. "Dieser ganze 'Versuch einer Umarbeitung' vom (Anfang) bis hierher ist *nichts wert*"("처음부터 여기까지 이 개정의 시도 전체가 **아**

무 가치도 없다"). 때는 마침 그가 (약간의 개정을 거쳐) 지금의 『철학적 탐구』 앞부분을 쓰기 시작한 참이었다.

비트겐슈타인이 무슨 일이 있어도 「갈색책」을 영어로 출판하려 했을는지는 잘 모르겠다. 그의 독일어를 읽을 수 있는 사람이라면 왜 그런지 알 것이다. 그의 영어 문체는 모호하고 독일어투로 가득하다. 하지만 우리는 그것을 그대로 놔뒀다. 의미를 훼손시키거나 그가 교정을 본 것이 확실한 몇몇 경우를 제외하고는 말이다. 우리가 여기에 출판하는 것은 그가 학생들에게 받아쓰게 한 메모들과 자신이 사용하기 위해 만든 초고, 그게 전부다.

비트겐슈타인에게 철학은 탐구의 한 방법이다. 하지만 방법에 대한 그의 관념은 변하고 있었다. 가령 그가 "언어놀이"라는 관념을 사용하는 방식을 보면 그것을 알 수 있다. 그는 언어의 필연적 형식이라는 관념을 떨쳐버리기 위해 언어놀이라는 관념을 끌어들이곤 했다. 적어도 그것이 그가 그 관념을 사용한 방식 중의 하나, 아마도 가장 초기 방식일 것이다. 상이한 언어놀이를 상상해보는 것이 유용할 수도 있다. 처음에 그는 때때로 "상이한 언어형식"이라 쓰곤 했다. 마치 그게 같은 것인 양 말이다. 하지만 나중에는 그 표현을 수정하기도 했다. 「청색책」에서 그는 때로는 상이한 언어놀이를 상상하는 것에 대해 말하기도 하고, 때로는 상이한 **표기법**을 상상하는 것에 대해 말하기도 한다. 결국 그게 그거인 듯이 말이다. 그리하여 말할 수 있다는 것과 하나의 표기법을 이해한다는 것을 분명히 구별하지 않은 듯 보인다.

예컨대 비트겐슈타인은 누군가의 말을 이해하려면 그가 사용한 단어들의 의미에 대해 설명을 들어야 한다고 말한다. 마치 "이해하기"와

"설명하기"가 모종의 방식으로 서로 연관된 것처럼 말이다. 하지만 「갈색책」에서는 언어놀이를 먼저 배워야 한다고 강조한다. 그래서 설명이 아니라 **훈련**(우리가 동물에게 시키는 것과 비교할 수 있는 그런 훈련)이 필요하다고 말한다. 이는 『철학적 탐구』에서 그가 강조하는 요점과 일치한다. 즉, 말하고 말해진 것을 이해할 수 있다는 것(그것이 무엇을 의미하는지 아는 것)은 그것이 무엇을 의미하는지 **말**할 수 있다는 것을 의미하는 게 아니다. 그렇다고 그것이 배운 것이라고 할 수도 없다. 또한 그는 이렇게 말하고 있다. "성 아우구스티누스는 인간 언어를 배우는 과정을 마치 어린아이가 낯선 나라에 와서 그 나라의 언어를 이해하지 못한다는 듯이, 즉 그저 이 언어만 아닐 뿐, 그 어린아이가 이미 어떤 언어를 가지고 있기라도 한 것처럼 기술하고 있다"(『철학적 탐구』, §32). 당신은 그 어린아이에게 특정 표현들이 무엇을 의미하는지 물음으로써 그 어린아이가 프랑스어를 아는지 알아낼 수 있을 것이다. 하지만 그것은 어린아이가 말을 할 수 있는지 알아내는 방식은 아니다. 그리고 그것은 어린아이가 말하기를 배울 때 배우는 것이 아니다.

　「갈색책」이 다양한 언어놀이를 "의사소통의 체계"라고 얘기할 때 이것은 그저 다양한 표기법만을 가리키는 게 아니다. 이것은 이해하기라는 관념, 이해하기와 언어 사이의 관계라는 관념을 끌어들인다. 하지만 「청색책」에서는 이 점이 전혀 부각되지 않는다. 가령 그는 「갈색책」에서 "이해하기"는 하나가 아니라고 주장한다. 그것은 언어놀이 자체만큼이나 다양하다는 것이다. 이것이 우리가 여러 가지 언어놀이를 상상할 때 그 어떤 일반적 언어체계의 부분 혹은 가능한 부분들을 상상하는 게 아니라고 말하는 한 가지 이유가 될 것이다.

「청색책」은 그 점에 관해 분명하지 않다. 53쪽에서 비트겐슈타인은 이렇게 말한다. "언어놀이의 연구는 언어의 원초적 형식 혹은 원초적 언어에 대한 연구다." 이어서 그는 이렇게 말한다. "참과 거짓, 명제와 실재의 일치 · 불일치, 단언과 가정과 물음의 본성에 관한 문제들을 연구하려고 한다면, 원초적 형식의 언어를 살펴보는 게 더 유리할 것이다. 왜냐하면 거기에서는 이런 생각의 형식들이 고도로 복잡한 사유과정이라는 혼란스런 배경 없이 나타나기 때문이다. 그런 단순한 형식의 언어를 살펴볼 때, 우리의 일상적 언어사용을 뒤덮고 있는 것처럼 보이는 정신적 안개가 사라진다. 우리는 [거기에서] 투명하고 명확히 구분되는 [언어의] 활동들, 반응들을 본다. 다른 한편, 우리는 이 단순한 과정들 속에서 좀더 복잡한 [통상의] 언어형식과 단절되어 있지 않은 언어형식을 인지하게 된다. 우리는 그 원초적 형식에 점차 새로운 형식을 더해감으로써 복잡한 형식들을 구성할 수 있음을 알게 된다."

이는 우리가 일상 언어의 분석 같은 것을 제시하려고 하는 것처럼 보이게 한다. 마치 우리가 말할 때 우리 언어 속에서 진행되는 무언가를 발견하고 싶어 하나, 그것을 뒤덮고 있는 안개를 헤치고 들어가는 이 방법을 취해야 비로소 그것을 볼 수 있다는 투다. 거기서 "단언과 가정과 물음의 본성"은 마치 동일한 것처럼 보인다. 다만 그것을 투명하게 하는 방법을 발견했을 뿐이라는 것이다. 반면에 「갈색책」은 그것을 부인하고 있다. 그렇기 때문에 그는 「갈색책」에서 "지금까지 기술한 언어놀이를 어떤 언어의 불완전한 일부로 간주하자는 것은 아니다. 그것을 그 자체로서 완전한 언어로 …… 간주하기로 하자"(160쪽)고 주장하는 것이다. 따라서 한 언어의 문법적 기능들 중 어떤 것들은 다른 언어에서 전혀 대응물을 갖지 않을 것이다. 그리고 [명제와] "실재의 일치·불일치"는 다른 언어들 속에서는 무언가 다른 게 될 것이다. 따라서 저 언어에서 그에 관한 연구가 이 언어에서 그것이 무엇인지에 관해 많은 것을 보여주지 않을 수도 있다. 「갈색책」에서 그가 "벽돌!"이 우리 언어 속에서 원초적 언어에서와 똑같은 것을 의미하는지 묻는 것은 그 때문이다. 이것은 더 단순한 언어가 더 복잡한 언어의 불완전한 형식이 아니라는 그의 논점과 일치한다. [그러므로] 그것이 생략어구인지 아닌지["벽돌!"이 "내게 벽돌 하나를 갖다줘"의 준말인지 아닌지] 논의하는 것은 상이한 언어놀이라는 것이 무엇인지에 관한 그의 설명에서 중요하다. 하지만 「청색책」에는 이런 설명의 기미조차 보이지 않는다.

비트겐슈타인의 [다른] 공책들 중 한 권에는 언어놀이에 관한 언급이 하나 있다. 그것은 내가 53쪽에서 인용한 것보다 뒤에, 대략 1934년 초에 쓴 것이 분명한 듯하다. 어쨌든 그것은 다르다. "내가 단순한 언어놀이를 기술하는 것은 그것을 조금씩 짜맞춰 발달된 언어(또는 생각)의 과정들을 구성하기 위해서가 아니다. 그렇게 하면 부당한 일이 될 것이다(니코[1]와 러셀). 나는 그 언어놀이를 그 자체로서 제시하고, 그것들로 하여금 특정한 문제들을 조명하게 만들려 한다."

나는 그것이 「갈색책」 1부에 제시된 방법에 관한 훌륭한 설명일 것이라고 생각한다. 하지만 거기에는 「갈색책」과 『철학적 탐구』 사이의 커다란 차이 역시 담겨 있다. 「갈색책」에서는 설령 철학적 문제들을 조명

---

1) Jean Nicod(1893~1924). 프랑스의 논리학자. 명제논리에 사용되는 연산자(NOT[~], AND[∧], OR[∨] 등)를 모두 표현할 수 있는 스트로크함수(' | ' 또는 ' ↑ ')를 이용해 단 하나의 공리와 증명규칙으로 명제계산의 모든 공리를 도출하는 방법을 고안했다.

하려는 의도에서 이뤄진다고 해도 상이한 언어놀이에 관한 설명이 특정한 철학적 문제들에 관한 논의로 직접 이어지지 않는다. 그 설명은 언어의 다양한 측면, 특히 철학적 문제들에서 가장 예리하게 표현되는 경향들 탓에 가려지는 측면을 조명한다. 이런 식으로 그 설명은 철학적 문제들을 낳는 난점이 어디에서 일어나는지 시사한다.

예컨대 비트겐슈타인은 "할 수 있다"에 관해, 그리고 이것과 "공통된 것 보기" 사이의 관계에 관해 얘기함으로써 언어를 배울 때 배우는 것이 무엇인지, 어떤 것이 무엇을 의미하는지 알 때에 아는 것이 무엇인지에 관한 문제를 제기하고 있는 것이다. 하지만 동시에 그는 그 언어가 어떻게 발달**될 수 있는지** 묻는 게 무엇을 의미하는가 하는 문제도 제기하고 있는 것이다. "그것은 여전히 의미를 가진 어떤 것인가? 당신은 여전히 말을 하고 있는가? 아니면 횡설수설하고 있는가?" 그리고 이는 "말해질 수 있는 것" 혹은 "그게 명제인지 우리가 어떻게 아는가?"라는 물음으로 나아간다. 혹은 명제는 무엇인가, 언어란 무엇인가 하는 물음으로 이어진다. 이런 방식으로 언어놀이를 설명함으로써 그는 우리가 그런 질문들을 하도록 이끌릴 **필요**가 없고, 그렇게 한다면 그것은 오해임을 보여주려고 한다. 하지만 문제는 왜 사람들이 끊임없이 그런 질문을 던지도록 유혹을 **받는지** 우리가 여전히 알지 못한다는 것이다. 그리고 이 점에서 『철학적 탐구』는 다르다.

거기에서(『철학적 탐구』에서) 언어놀이는 「갈색책」에서처럼 더 복잡한 언어를 설명하기 위해 설정한 단계가 아니다. 설령 그렇다 해도 정도가 덜하다. 외려 그것은 언어란 무엇인가 하는 "커다란 문제"로 나아가는 논의 속의 단계다(『철학적 탐구』, §65).

(『철학적 탐구』와 「갈색책」에서) 비트겐슈타인은 단어와 그것이 표상(의미)하는 것의 관계라는 문제를 해명하기 위해 언어놀이를 도입한다. 하지만 『철학적 탐구』에서 그는 성 아우구스티누스에게서 찾아볼 수 있는 "의미에 대한 철학적 개념"에 관심을 갖는다. 그리고 이런 관념이야말로 **유일한 진짜** 이름은 지시사 **이것**(this)과 **저것**(that)뿐이라 생각하는 논리적 고유명사 이론에 극명하게 나타나는 어떤 경향의 표현임을 보여준다. 그는 이것을 "우리 언어의 논리를 숭고화하는 경향"(『철학적 탐구』, §38)이라 부른다. 그렇게 부르는 이유 중 하나는 이 경향이 논리적 고유명사에 비하면 "우리가 이름이라 부르는 그 어떤 것도 부정확하고 근사치적인 의미에서만 이름"이라고 보기 때문이다. 사람들이 언어의 궁극적 본질, 혹은 논리적으로 정확한 문법 운운하는 것은 이런 경향 탓이다. 하지만 왜 사람들은 그리로 빠져드는가? 간단한 대답은 없지만, 그는 이에 대답하기 위해 "단순한"과 "복잡한"이라는 개념, 그리고 논리적 분석이라는 생각을 논하는 데로 나아간다(그는 「갈색책」에서는 전혀 이런 일을 하지 않는다. 그가 원하는 것이 언어의 작동방식을 조명하는 것이었다면, 굳이 그럴 필요도 없었을 것이다).

언어의 논리적 분석, 혹은 명제의 논리적 분석이라는 생각 자체가 기이하고 혼란스러운 것이다. 그리고 언어놀이를 설명하는 가운데 비트겐슈타인은 그 어떤 분석도 제시하려 하지 않았다. 만일 언어놀이를 "더 원초적인" 혹은 "더 간단한" 언어라 부른다면, 그것은 그 언어놀이가 더 복잡한 언어가 갖고 있음에 틀림없는 구성요소들을 드러내준다는 의미에서가 아니다(『철학적 탐구』, §64). 언어놀이는 "언어"의 요소나 측면이 아니라 상이한 언어다. 그렇다면 우리로 하여금 언어놀이 역시 모두 언어다, 라고 말하게 만드는 그 무엇인가가 언어놀이 안에 있는지 묻고 싶을 것이다. 도대체 어떤 것을 언어로 만들어주는 것은 무엇인가? 이것은 언어의 본질 혹은 명제의 본질에 관한 "커다란 문제"(『철학적 탐구』, §65)이며, 이 문제가 여러 가지의 논의 전체에 배후로 깔려 있었던 것이다.

『철학적 탐구』에서는 여기까지의 논의가 언어놀이에 의거해 철학적 문제를 다룬다는 것의 의미를 드러내려는 시도였다고 할 수 있다. 아니, 철학적 문제라는 것이 무엇인지를 어떻게 언어놀이의 사용법이 분명히 드러낼 수 있는지 보여주려는 시도였다고 하는 게 낫겠다.

다른 한편, 「갈색책」에서는 명명하기의 다양한 예에서 "실재와 비교하기"의 다양한 방식들에 관한 논의로 넘어간다. 의심할 여지없이 이는 여전히 단어와 그것이 가리키는 것의 관계에 관한 논의이리라. 하지만 여기서 비트겐슈타인은 철학에 문제를 일으키는, 단어를 바라보는 방식의 이면에서 이 경향을 드러내려는 게 아니다.

『철학적 탐구』에서 비트겐슈타인은 논리와 언어의 관계에 관한 논의로 계속 나아가지만, 「갈색책」에서는 그렇게 하지 않는다. 비록 그 논의가 「갈색책」에서 말하는 것과 밀접하게 연관되어 있기는 하지만 말이다. 특히 나는 그가 "할 수 있다"에 대해, 그리고 "할 수 있다"와 말할 수 있는 것이라는 관념의 관계에 대해 말한 내용을 염두에 두고 있다("언제 우리는 이것이 여전히 언어라고 말하는가? 언제 우리는 그것을 명제라고 말하는가?"). 왜냐하면 이렇게 말한다는 것은 특정한 계산법(calculus)을 생각하고, 또 그 계산법을 통해 말해질 수 있는 것을 생각하게끔 우리를 유혹하기 때문이다. 하지만 비트겐슈타인이라면 이런 유혹에 빠지는 것은 언어의 규칙이 무엇인지, 언어를 사용한다는 것이 무엇인지를 잘못 이해했기 때문이라고 말할 것이다. 말을 할 때 우리는 일반적으로 엄밀하게 정의할 수 있는 개념을 사용하지도 않고, 엄밀한 규칙을 사용하지도 않는다. 그리고 거기서의 명확함은 계산법에서의 명확함과는 다른 것이다.

이런 오해가 빚어지는 것은 "말할 수 있는 것"을 "계산법에서 허용되는 것"으로 생각하기 때문이다("허용되는"에 무언가 다른 의미가 있기 때문일까?). 즉, 논리가 언어의 **통일성**을 지배한다고 여기기 때문이다. 무엇이 언어에 속하고 무엇이 속하지 않는지, 무엇이 알아먹을 수 있는 것이고 무엇이 알아먹을 수 없는 것인지, 무엇이 명제이고 무엇이 명제가 아닌지를 논리가 결정한다고 말이다. 비트겐슈타인은 「갈색책」에서 언어가 **그런** 종류의 통일성을 갖고 있지 않다고 주장한다. 그런 종류의 명료함도 갖고 있지 않음은 물론이다. 하지만 왜 사람들이 언어가 그런 것을 갖고 있다고 생각하고 싶어 하는지 논의하지는 않는다.

비트겐슈타인이 일찍이 「청색책」에서 그 일을 했다고 생각할지도 모르겠다. 하지만 나는 그렇지 않다고 생각한다. 이미 「청색책」에서 그가 「갈색책」에서 (물론 그게 어떤 종류의 어려움인지는 명확히 밝히고 있지 않더라도) 드러내고 있는 논리와 언어에 관한 문제를 알고 있었다고 생각하지 않는다. 「청색책」 68쪽에서 그는 이렇게 말한다. "일반적으로 우리는 언어를 엄격한 규칙에 따라 사용하지 않으며, 또한 그것을 엄격한 규칙에 따라 배우지도 않았다는 점을 기억하라. 다른 한편 [철학적] 논의를 하면서 **우리는** 항상 언어를 정확한 규칙에 따라 진행되는 계산과정과 비교한다." 우리가 **왜** 그러는지 물으면서(69쪽 두번째 단락), 그는 간단히 대답한다. "우리가 제거하려고 하는 [철학적] 문제들은 항상 언어를 대하는 바로 이런 태도에서 비롯"되기 때문이다. 대체 이게 대답인지 의아해할지도 모르겠다. 그의 논점은 그가 71쪽에서 설명하듯이, "철학적으로 혼란에 빠진 사람은 한 단어가 쓰이는 방식에서 하나의 법칙을 보고, 그 법칙을 수미일관하게 적용하려고 애쓰다가, 역설적인 결과로 이끄는 경우들에 맞닥뜨리게 된다"는 것이다. 그리고 첫눈에 이는 그가 나중에 『철학적 탐구』에서 우리 언어의 논리를 숭고화하는 경향에 대해 말한 것과 비슷해 보인다. 하지만 「청색책」에서 그는 언어의 사용법이나 언어의 이해와 관련해 사람들로 하여금 단어들을 그런 식으로 생각하게 **이끄는** 것이 무엇인지 설명하지 않는다. 철학자들이 언어를 형이상학적으로 보기 때문이라고 말해보자. 아무 문제가 없다. 하지만 그들이 **그렇게** 하도록 만드는 것이 무엇이냐고 묻는다면, 「청색책」의 비트겐슈타인은 일반성에 대한 갈망이 그렇게 만든다고 대답한다. 즉, "철학자들은 늘 눈앞의 과학적 방법을 보고, 과학이 하는 식으로 질문하고 대답하려고"(56쪽) 하기 때문이라는 것이다. 달리 말하면, 그는 형이상학의 근원을 특별히 언어와 관련된 것에서 찾지 않는다. 이 점은 여기서 매우 중요한데, 이는 그가 아직 『철학적 탐구』를 썼을 때만큼 철학적 혼란의 특성에 대해서 분명히 알지 못했다는 것을 의미한다. 하지만 언어와 이해[하기]에 관해 혼란을 느낄 때마다 철학자들이 이상언어 혹은 논리적으로 정확한 문법을 생각하는 것은 (과학이 하는 식으로 질문하고 대답하는) 바로 그 경향 때문이 아니다. 혹은 그 경향이 그들을 그렇게 만드는 우선적인 이유인 것은 아니다. 그런 일은 좀 다른 방식으로 발생한다.

「청색책」에서 비트겐슈타인은 우리가 엄격한 규칙에 따라 언어를 사용하는 것도 아니고, 과학에서 말하는 법칙 같은 것에 따라 단어를 사용하는 것도 아님을 분명히 한다. 하지만 그는 "의미를 알기" 또는 "이해하기"의 관념에 대해서는 분명한 생각을 보여주지 않는다. 그리고 이는 그가 "규칙 따르기"의 관념에 대해서 생각이 명확히 정리되지 않았음을 의미하기도 한다. 언어를 안다는 것은 말해질 수 있는 것을 아는 것이라고 말할 때 생길지도 모르는 혼란을, 그가 전적으로 깨닫지 못한 것은 바로 이 때문이다.

"단어의 의미의 **가능성**은 무엇에 달려 있는가?" 논리적 고유명사와 논리적 분석의 이론에 들어 있는 의미의 관념 배후에는 이런 질문이 깔려 있다. 이는 언어를 배울 때 무엇을 배우는가 또는 언어를 배운다는 것은 무엇인가, 라는 물음을 동반한다. 비트겐슈타인은 「청색책」에서 단어는 우리가 부여하는 의미를 갖는다는 점을, 그리고 그것들의 **진짜** 의미를 찾아 조사하겠다고 생각하는 것은 착각이라는 점을 명확히 한다. 하지만 그는 아직 언어놀이를 배우는 것과 표기법을 배우는 것의 차이를 명확하게 알지 못했다. 그 때문에 자신이 없애려고 했던 그 혼란의 성격을 잘 이해할 수가 없었다.

달리 말하면, 「청색책」에서 비트겐슈타인은 언어의 필수요건이나 언어의 이해가능성에 관한 문제를 명확히 보지 못했다. 그것이 그가 73쪽에서 "일상 언어에는 아무 문제도 없다"고 말할 수 있었던 이유다. 그것은 이렇게 말하는 것과 마찬가지다. "그것도 언어다. 아무 문제도 없다." 그리고 이는 일상 언어가 필수요건들을 충족시킨다는 의미인 것처럼 보인다. 하지만 이렇게 말할 때 그는 스스로 모종의 혼란에 빠져 있는 셈인데, 그는 나중에야 이 혼란을 분명히 밝혀내게 된다. 여기서 비트겐슈타인이 그렇게 하듯이, 그가 언어놀이를 구성할 때 한 일이 "이상언어를 구성하는 것"인 양 말하는 것은, 내가 보기에 이상언어의 논점(이상 언어에 대해 얘기하는 사람들이 말하려고 하는 것)을 흐리는 것 같다. 후에 그는 그런 식으로 이야기하지 않을 것이었다.

이와 똑같은 불확실성, 혹은 그와 유사한 것 때문에 비트겐슈타인은 「청색책」에서 "언어의 계산법"에 대해 여러 번 말하게 된 것이리라(예를 들어 96쪽 첫번째 단락, 또는 135쪽 첫번째 단락과 마지막 줄). 비록 우리가 언어를 계산처럼 사용하는 경우는 매우 드물다고 말하기는 했지만 말이다. 언어와 표기법을 구별하지 않는다면, 언어를 따르는 것과 표기법을 따르는 것의 차이를 보는 게 거의 불가능할 것이다. 그 경우 당신은 당연히 언어와 논리 사이의 관계에 관한 난점들을 분명히 이해하기가 어려울 것이다.

비록 비트겐슈타인이 명시적으로 언급하는 것은 아니지만, 그 난점들은 「갈색책」에서 훨씬 분명해진다. 바로 그 난점들이 『철학적 탐구』의 주요 주제라고 할 수 있을 것이다.

왜냐하면 그 난점들이야말로 「청색책」에서처럼 "무언가를 무언가로 보기"에 관한 논의의 바탕에 깔린 주제이기 때문이다. 그리고 다시 한 번 우리는 『철학적 탐구』의 비트겐슈타인이 철학적 난점들을 설명하기 위해 이 논의들을 전개하고 있음을 알게 된다. 이는 물론 「갈색책」에는 없었던 방식이다.

한때 비트겐슈타인은 "무언가를 명제로 인식하는" 것(비록 그것이 전혀 낯선 것이라 하더라도), 또는 무언가를 언어로 인식하는 것(가령 그게 무슨 뜻인지 굳이 알지 못해도 어떤 것을 씌어진 글로 인식하는 것)이 무엇인가 하는 문제에 관심을 갖고 있었다. 「갈색책」의 2부는 이 문제와 관계가 있다. 이 부분은 그 "인식"이 제대로 이해되면 철학자들이 묻는 그런 종류의 물음들은 생겨나지 않는다는 것을 보여준다. 가령 문장을 이해하는 것과 음악적 주제를 이해하는 것 사이에, 또는 이 문장이 무언가를 의미한다고 말하고자 하는 것과 이 색견본이 무언가를 말한다고 말하고자 하는 것 사이에 그가 만들어내는 유비들은 다음과 같은 점을 분명하게 보여준다. 즉, 당신이 거기서 (아마도 이해가능성의) 어떤 **일반적** 특징을 인식하는 것도 아니고, 그게 무엇인지 우리에게 말할 수 있어야 하는 것도 아닌 것처럼, 그 색견본이 무엇을 말하는지 자신에게 묻는 것은 의미가 없다는 것이다.

하지만 사람들은 이 맥락에서 왜 "메타-논리"에 관해 말하고 싶어 **했을까?** 「갈색책」은 이에 대해 설명하려고 하며 그보다 더 많은 것을 암시하고 있다. 하지만 우리가 언어를 사용하는 방식, 언어와 생각의 관계에는 무언가(논증력, 일반적으로는 표현력)가 있다. 그 무언가를 언어로 인식하는 것과 게임의 수(手)로 인식하는 것이 전혀 다른 일이듯이(마치 이해하기란 기호들 밖에 존재하는 그 무엇이라는 듯이, 그 무언가가 언어가 되려면 기호체계 자체에서는 나타나지 않는 [또 다른] 무언가가 필요하다는 듯이) 보이게 만드는 것은 바로 이 무언가다. 비트겐슈타인은 『철학적 탐구』의 후반부에서 이 무언가를 설명하려고 한다.

비트겐슈타인은 "기호를 **가지고** 조작하기"에 대해 말한 바 있다. 그럼 이렇게 말할지도 모르겠다. "당신은 그것이 기계를 조작하는 것인 양 보이게 한다. 여느 기계처럼 말이다. 그게 전부라면(한갓 기계일 뿐이라면), 그것은 언어가 아니다." 글쎄, 대답이 쉽지는 않다. 하지만 이것은 중요한 물음이다. "기호를 **가지고** 생각하기"라는 말로 우리가 무엇을 의미하는가 하는 물음도 마찬가지다. 그것은 무엇인가? 그리고 연필로 종이에 [몇 자를] 끄적이는 것이 실제로 도움이 되는가?

이런 물음들 중 **상당수**는 말하기와 쓰기가 다른 사람들과의 교류(intercourse)에 속한다는 점을 강조함으로써 대답될 수 있다. 기호들은 그런 교류에서 생명을 얻는다. 그리고 그것이 바로 언어가 한갓 기계에 불과한 게 아닌 이유다.

하지만 누군가가 그 모든 것을 다하면서도, 즉 다른 사람과의 그 "[언어]놀이"에서 기호들을 정확히 만들어내고 그들과 제대로 잘 지내나가면서도 여전히 '의미맹(盲)'일 수 있다는 반론이 제기될 수 있다. 비트겐슈타인은 '의미맹'이라는 표현을 '색맹'이나 '음치'와의 유비 속에서 사용했다. 예를 들어 내가 당신에게 'board' 같은 모호한 단어를 말한 뒤 그 단어를 듣고 어떤 의미를 떠올렸는지 물어본다고 하자. 당신은 석탄 협회 같은 단체를 떠올린다고 말할 수도 있고, 판자가 생각난다고 말할지도 모른다. 그렇다면 그런 질문을 이해할 수 없는 사람을 생각해볼 수는 없을까? 이 경우 당신이 그에게 어떤 단어를 말해도, 그 단어는 그에게 어떤 의미도 주지 않을 것이다. 그런데도 그는 자기가 조우한 문장과 다른 언급들에, 나아가 상황들에 "단어들을 가지고 반응"할 수 있다. 그 것도 제대로. 이렇게 생각할 수는 **없을**까? 이 점에 관해 비트겐슈타인은 확신을 하지 못했던 것 같다. 만약 어떤 이가 "의미맹"이라면, 그는 언어를 [보통 사람들과] 다른 방식으로 사용하게 되는가? 아니면 의미의 지각은 언어의 사용법과 무관한 것인가?

마지막 질문에는 무언가 잘못된 점이 있다. 즉, 그런 **질문을 한다**는 데 무언가 잘못된 점이 있다. 하지만 그런 질문은 "언어의 사용법"이라는 우리의 관념에 여전히 무언가 불확실한 것이 있음을 보여주는 듯이 보인다. 혹은 또다시, 그저 기호가 사람들과의 교류에 속한다는 점만 강조하게 된다면, 수학과 증명의 발견에 관련한 "통찰"에 대해 우리가 무슨 말을 하겠는가?

이런 난점들이 있는 한, 사람들은 여전히 해석과 같은 것이 분명히 있으리라 생각할 것이다. 그들은 여전히 그것이 언어라면 그게 **자신에게** 무언가를 의미해야 한다고 생각할 것이다 등등. 그리고 이런 이유에서 (이것들이 어떤 종류의 난점들인지 이해하려고) 비트겐슈타인은 자신이 하던 방식으로 "무언가를 무언가로 보기"의 그 모든 복잡한 문제 속으로 들어갈 필요가 있었던 것이다.

하지만 거기서 방법은 좀 달라야 한다. 언어놀이를 가지고 그렇게 많은 일을 할 수는 없다.

1958년 3월
러시 리스[2]

---

2) Rush Rhees(1905~1989). 영국의 철학자이자 논리학자. 비트겐슈타인의 제자이자 유언 집행자로서 그가 남겨 놓은 막대한 분량의 유고(遺稿), 특히 『철학적 탐구』(*Philosophical Investigations*, 1953), 『수학의 기초에 관한 소견』(*Remarks on the Foundations of Mathematics*, 1956), 『철학적 소견』(*Philosophical Remarks*, 1964), 『철학적 문법』(*Philosophical Grammar*, 1969) 등을 편집·출간하는 데 주력했다.

청 색 책

The Blue Book

단어의 의미란 무엇인가?

먼저 단어의 의미를 설명한다는 것이 무엇인지, 단어를 어떻게 설명한다는 것인지 물음으로써 이 문제를 공략해보자.

이런 물음은 "길이를 어떻게 재는가?"를 묻는 게 "길이란 무엇인가?"를 이해하는 데 도움이 되는 것처럼 우리에게 도움이 된다.

"길이란 무엇인가?", "의미란 무엇인가?", "숫자 1이란 무엇인가?"와 같은 물음은 우리 머릿속에 정신적 경련을 일으킨다. 이 물음들에 대답하려 할 때 우리는 아무것도 가리킬 수 없는데도 여전히 무언가 가리키지 않으면 안 될 것 같은 느낌을 갖게 된다(우리는 철학적 당혹의 거대한 근원 중의 하나 앞에 맞닥뜨려 있다. 실사[實辭]는 우리로 하여금 거기에 해당하는 사물을 찾아 나서게 만든다).

"의미의 설명이란 무엇인가?"라고 먼저 묻는 것은 두 가지 장점이 있다. [이렇게 물음으로써] 당신은 "의미란 무엇인가?"라는 질문을 어느 정도 땅으로 끌어내리게 된다. "의미"의 의미를 이해하려면 분명히 "의미의 설명"의 의미 역시 이해해야 하기 때문이다. 거칠게 말하자면 이런 얘기다. "의미의 설명이 무엇인지 묻자. 왜냐하면 의미의 설명이 설명해주는 바가 곧 의미일 것이기 때문이다."[1] [장점의 또 하나는] "의미의 설명"이라는 표현의 문법을 연구하는 것이 당신에게 "의미"라는 단어의 문법에 관해 무언가를 가르쳐줄 것이며, 당신으로 하여금 "의미"라 불리는 어떤 대상을 찾아 주위를 둘러보고 싶은 유혹을 떨쳐버릴 수 있게 해줄 것이다.

흔히 "단어의 의미의 설명"이라 부르는 것은, **매우 거칠게 말하면**, 언어적 정의와 지시적 정의로 나뉠 수 있다. 이 구분이 어떤 의미에서 거칠고 잠정적인지에 대해서는 나중에 살펴보게 될 것이다(그리고 그게 그렇다는 사실은 매우 중요한 논점이다). 하나의 언어적 표현에서 다른 것으로 옮아가는 언어적 정의는 어떤 의미에서 우리를 그 이상 더 나아가게 하지는 못한다. 반면 지시적 정의 속에서 우리는 의미를 배우는 데로 훨씬 더 현실적인 발걸음을 내딛을 수 있을 것 같다.

우리에게 닥치는 한 가지 곤란은 우리 언어의 많은 단어들("하나", "수", "아니" 등)에는 지시적 정의가 존재하지 않는 듯하다는 것이다.

여기에서 문제. 지시적 정의 그 자체도 [설명되고] 이해될 필요가 있을까? 지시적 정의는 오해될 수 없는가?

만약 그 정의가 한 단어의 의미를 설명해준다면, 확실히 당신이 그 단어를 전에 들었는지 여부는 중요할 리 없다. 그 단어에 의미를 **부여하는 것**은 지시적 정의다. 가령 연필을 가리키며 "이것은 토브다"라고 말함으로써 "토브"라는 단어를 설명한다고 해보자(여기에서 나는 "이것은

---

1) 『철학적 탐구』, §560 참조: "'단어의 의미는 의미의 설명이 설명하는 것이다.' 즉, 만일 당신이 '의미'란 단어의 사용법을 이해하고 싶다면, 우리가 무엇을 '의미의 설명'이라고 부르는지 살펴보라."

토브다" 대신에 "이것은 '토브'라 불린다"라고 말할 수도 있었다. 내가 이 점을 지적하는 것은 지시적 정의의 단어들이 정의된 대상의 속성을 서술한다는 관념을 한 번에 영원히 제거하기 위해서다. 어떤 것에 붉은 색깔을 귀속시키는 "이것은 붉다"라는 문장과, "이것은 '붉다'라고 불린다"는 지시적 정의 사이의 혼돈). "이것은 토브다"라는 지시적 정의는 그래도 온갖 종류의 방식으로 해석될 수 있다.[2] 나는 확고한 용례를 갖는 단어들을 사용해 그런 해석의 예를 몇 개 제시하려 한다. 그럼 그 정의는 다음과 같은 것들을 의미하는 것으로 해석될 수 있다.

"이것은 연필이다",

"이것은 둥글다",

"이것은 나무다",

"이것은 하나다",

"이것은 딱딱하다" 등등

사람들은 이 모든 해석들이 다른 단어-언어를 전제한다며 이 논증에 반대할지도 모르겠다. 그리고 "해석"이라는 단어로써 우리가 오직 "단어-언어로의 번역"만을 의미한다면, 이 반대는 중요하다. 이 점을 좀 더 분명하게 해줄 몇 가지 힌트를 주겠다. 어떤 이가 지시적 정의를 특정한 방식으로 해석했다고 우리가 말할 때, 그때 우리의 기준이 무엇인지

---

2) 『철학적 탐구』, §28 참조:"지시적 정의는 **각각의 모든** 경우에 이렇게도 저렇게도 해석될 수 있다."

스스로 물어보기로 하자. 가령 내가 어느 영국인에게 "이것은 독일인들이 'Buch'라고 부르는 것이다"라고 지시적 정의를 준다고 하자. 그럼 대부분의 경우에 'book'이라는 영어 단어가 그 영국인의 머릿속에 떠오를 것이다. 우리는 그가 "Buch"를 "book"을 의미하는 것으로 해석했다고 말할지도 모른다. 예컨대 우리가 그가 전에 전혀 보지 못한 것을 가리키며 "이것은 밴조다"라고 말한다면 사정은 달라질 것이다. 아마도 "기타"라는 단어가 그의 머리에 떠오를지도 모르고, 혹은 아무 단어도 떠오르지 않은 채 그와 비슷한 악기의 상(象)이 떠오를지도 모르고, 아니면 아예 아무것도 떠오르지 않을지도 모른다. 이제 내가 그에게 "이 물건들 중에서 밴조를 집어들라"는 명령을 내린다 하자. 만약 그가 우리가 "밴조"라 부르는 것을 집어든다면, 우리는 "그가 '밴조'라는 단어에 정확한 해석을 부여했다"고 말할 것이다. 그리고 그가 다른 악기를 집어든다면, "그는 '밴조'를 '현악기'를 의미하는 것으로 해석했다"고 할 것이다.

"그가 '밴조'라는 단어에 이러저러한 해석을 부여했다"고 말할 때, 우리는 고르는 행위와 별도로 이뤄지는 어떤 특정한 해석의 행위가 있는 양 가정하는 경향이 있다.

우리의 문제는 다음과 비슷하다.

내가 누군가에게 "저 초원에서 내게 붉은 꽃을 꺾어다 다오"라는 명령을 내린다고 하자. 그에게 그저 **단어 하나**만 줬을 뿐인데 대체 어떤 종류의 꽃을 가져와야 할지 그는 어떻게 아는 것일까?

사람들이 제일 먼저 내놓을 법한 대답은, 붉은 꽃을 찾아 나설 때 그가 머릿속에 붉은 상을 품고, 그것을 꽃들과 비교해가며 그중 어느 것이 그 상과 일치하는 색깔을 가졌는지 찾아본다는 것이다. 그런 식으로 찾아보는 방식도 있겠지만, 우리가 사용하는 상이 반드시 정신적인 것일 필요는 없다. 사실 그 과정은 이런 것일지도 모른다. 내가 색깔의 이름과 해당 색깔이 칠해져 있는 네모꼴이 짝지어 있는 표를 들고 다닌다. "내게 저 초원에서 붉은 꽃을 꺾어다 다오"라는 명령을 듣고, 색상표 위에서 "붉은"이라는 단어로부터 거기에 대응하는 네모꼴로 손가락을 옮긴 후, 그 네모꼴과 같은 색깔의 꽃을 찾아 나선다. 하지만 이는 찾기를 하는 유일한 방식도, 통상적인 방식도 아니다. 우리는 가서, 주위를 둘러보고, 그저 어떤 꽃으로 다가가 그것을 꺾어들 뿐, 그 꽃을 그 밖의 어떤 것과 비교하거나 하지는 않는다. 명령을 따른다는 것이 이런 것일 수도 있다는 것을 알려면, "붉은 색사각형을 **상상해보라**"는 명령을 떠올려보라. 이 경우 당신은 당신이 상상하도록 명령받은 그 붉은 색사각형의 원형으로 사용될 어떤 붉은 색견본을 (이 명령을 따르기) **이전에** 미리 상상해야만 한다고 생각하지는 않을 것이다.[3]

이제 당신은 이렇게 물을지도 모른다. 우리가 그 명령을 따르기 전에 그 단어들을 **해석하는가?** 그럼 당신은 어떤 경우에는 명령을 따르기 전에 해석하기라 불리는 무언가를 하고, 어떤 경우에는 그렇지 않다는 것을 알게 될 것이다.

언어의 작동과 결부된 **어떤 특정한** 정신적 과정, 그것을 통해서만 언어가 기능할 수 있는 과정들이 있는 듯하다. 이해하기와 의미하기라는 과정 말이다. 우리 언어의 기호들은 이 정신적 과정들 없이는 죽은 듯 보

---

3) 『철학적 탐구』, §239 참조: "어떤 색깔이 '자기에게 떠오르는 상이 가진' 것인지를 그는 어떻게 알까?"

인다. 그리고 기호들의 유일한 기능은 그런 과정들을 야기하는 데 있고, 이것들이야말로 우리가 정말로 관심을 가져야 할 것으로 여겨질지 모르겠다. 그리하여 하나의 이름과 그것이 명명하는 사물 사이의 관계가 무엇이냐는 질문을 받으면, 당신은 그 관계는 심리적인 것이라고 대답하고 싶을 것이다. 그리고 당신이 이렇게 말할 때, 아마 당신은 특히 연상의 메커니즘을 염두에 두고 있을 게다. 우리는 언어 행위가 두 부분으로 이뤄진다고 생각하고 싶어 한다. 즉, 기호를 조작하는 무기적 부분과 기호를 이해하고, 기호에 의미를 부여하고, 기호를 해석하고, 기호로 사고한다라고 말할 수 있는 유기적 부분이다. 후자에 속하는 행위들은 기묘한 종류의 매체, 즉 정신에서 발생하는 듯이 보인다. 그리고 우리가 그 본성을 전혀 이해하지 못하는, 그 정신의 메커니즘은 물질적 메커니즘이 일으킬 수 없는 효과들을 가져올 수 있다. 그리하여 예컨대 사유(이것이 바로 그런 정신적 과정이다)는 현실과 일치하거나 혹은 일치하지 않을 수 있다. 즉, 나는 지금 여기에 없는 사람을 생각할 수 있다. 나는 그 사람이 수천 마일 떨어져 있거나 이미 죽었는데도 그를 상상할 수 있고, 그에 관해 내가 하는 언표 속에서 '그를 의미'할 수 있다. 이렇게 말할지도 모르겠다. "결코 일어나지 않을 일을 소망할 수 있다니, 소망의 메커니즘은 얼마나 기묘한 메커니즘인가."

적어도 부분적으로나마 생각이라는 과정의 기묘한 외양을 피하는 하나의 길이 있다. 그것은 이 과정 속에서 그 어떤 상상의 작동도 실제 대상들을 바라보는 행위로 대체해버리는 것이다. 적어도 특정한 경우에 내가 "붉은"이라는 단어를 듣고 이해했다면, 붉은 상이 눈앞에 떠오르는 게 중요해 보일지도 모른다. 하지만 붉은 색사각형을 상상하는 대신에 붉은 종잇조각을 보면 왜 안 되는가? 그 시각적 상은 훨씬 더 생생할 것이다. 색깔의 이름들이 색사각형과 짝지어진 한 장의 종이를 주머니에 넣어 갖고 다니는 사람이 있다고 상상해보라. 당신은 아마도 그런 색상표를 갖고 다니는 것이 성가신 일이며, 연상의 메커니즘은 우리가 항상 그것 대신에 사용하는 어떤 것이라 말할지도 모른다. 하지만 이는 사안과 별 관계가 없는 것이다. 그리고 많은 경우에 그것은 사실도 아니다. 예를 들어 "프러시안 블루"라 불리는 특정한 파란 색조를 그리라는 명령을 받는다면, 당신은 "프러시안 블루"라는 단어를 어떤 색사각형(당신에게 사본의 역할을 해줄 색사각형)과 연결시켜주는 색상표를 사용하는 것이 더 나을지도 모른다.

우리의 목적을 위해, 우리는 상상하기의 모든 과정을 어떤 대상을 바라보거나, 그리거나, 소묘하거나, 만드는 것으로 대체하고 나아가 자신에게 혼잣말을 하는 모든 과정을 큰 소리로 말하거나 글을 쓰는 것으로 아주 잘 대체할 수도 있을 것이다.

프리드리히 프레게는 수학에 관한 형식주의적 관념을 비웃는 가운데 형식주의자들은 중요하지 않은 것(기호)을 중요한 것(의미)과 혼동했다고 말했다. 아마도 다들 그렇게 말하고 싶겠지만, 확실히 수학은 한 조각의 종이 위에 그려진 선들을 다루는 게 아니다. 프레게의 생각을 이렇게 표현할 수 있을 것이다. 수학의 명제들은 분명히 일종의 생명을 갖고 있다. 따라서 만약 그것들이 선들의 복합체에 불과하다고 한다면, 그것들은 죽은 것이고 전혀 우리의 관심의 대상이 되지 못하는 것이다. 그리고 이는 물론 그 어떤 명제에도 똑같이 적용되는 말이다. 즉, 의미가 없다면, 혹은 사유가 없다면, 명제는 완전히 죽은 것이며 사소한 것이 될 것이다. 나아가 그 어떤 비유기적인 기호를 첨가해도 그 명제를 살아 있게 만들 수 없다는 것은 명백해 보인다. 그리고 이로부터 우리가 끌어낼 수 있는 결론은 살아 있는 명제를 만들기 위해 죽은 기호에 덧붙여져야 할 것은 무언가 비물질적인 것, 그저 기호에 불과한 것들과는 구별되는 어떤 속성들이라는 것이리라.

하지만 기호의 생명을 이루는 그 어떤 것을 명명해야 한다면, 우리는 바로 그 기호의 **사용법**이 그것이라 말해야 할 것이다.[4]

기호의 의미가 (거칠게 말해, 기호에서 중요한 것이) 우리가 그 기호를 보거나 들을 때에 우리 정신 속에서 형성되는 어떤 상이라고 한다면, 방금 기술한 방법을 채택해보자. 예를 들어 이 심상(mental image)을 그려지거나 만들어진 상처럼 눈에 보이는 외적 대상으로 대체하는 것이다. 씌어진 기호만으로는 죽어 있는데, 거기에 그려진 상을 더한다고 씌어진 기호가 살아날 이유가 있는가? 사실 우리가 심상[정신적 상]을, 가령 그려진 상으로 대체하자마자, 그리고 그 심상이 그로써 자신의 신비한 성격을 상실하자마자, 그것은 그 문장에 그 어떤 생명도 불어넣어주지 못할 것처럼 보인다(당신의 목적에 필요했던 것은 바로 이 정신적 과정의 신비한 성격이었다).

우리가 저지르기 쉬운 오류는 이렇게 표현될 수 있을 것이다. 우리는 기호의 어떤 사용법을 찾고 있으나, 그것이 마치 기호와 **공존하는** 대상인 양 그것을 찾고 있다고(나아가 이런 오류를 일으키는 원인 중의 하나

---

4) 『철학적 탐구』, §432 참조: "모든 기호 각각은 **자체로는** 죽어 있는 것으로 보인다. **무엇이** 그것에 생명을 주는가? 사용에서 그것은 **산다**. 그것은 거기에서 자신 속에 생명의 숨을 받아들이는가? 또는 **사용**이 그것의 숨인가?"

는 우리가 "실사에 대응하는 사물"을 찾는 데 있다).

기호(문장)는 기호들의 체계로부터(그것이 속하는 언어로부터) 함의 (significance)를 얻는다. 거칠게 말하면, 한 기호(문장)를 이해하는 것은 하나의 언어를 이해하는 것을 의미한다.

문장은 [그것이 속하는] 언어체계의 일부로서 생명을 갖는다고 말할 수도 있다. 하지만 우리는 문장에 생명을 주는 것은 그 문장에 수반되는 신비한 영역 속의 그 무엇이라고 상상하고 싶어 한다. 하지만 문장에 수반되는 것은 그 어떤 것이든 우리에게는 단지 또 다른 기호에 불과할 것이다.

언뜻 보기에 생각이 독특한 성격을 띠는 것은 그것이 정신적 상태의 연속이라는 사실에서 비롯되는 것처럼 보인다. 그리고 생각에서 기이하고 이해하기 힘든 것은 정신적 매체 속에서 발생하는 과정들, 오로지 이 매체 속에서만 가능한 과정들인 것처럼 보인다. 여기에서 우리는 정신적 매체를 어쩔 수 없이 하나의 세포, 가령 아메바의 원형질과 비교하도록 강요당한다. 우리는 아메바의 특정한 움직임을 관찰한다. 즉, 그것이 팔을 뻗쳐 양분을 취하고, 여러 개의 비슷한 세포들로 분열하고, 그 각각이 자라서 원래의 것과 비슷하게 행동하는 것을 본다. 우리는 "저런 식으로 움직이다니 원형질은 얼마나 기이한 성질을 갖고 있는가!"라고 말하며, 아마도 '그 어떤 물리적인 메커니즘도 이런 식으로 작동할 수 없을 것이라고, 또 아메바의 메커니즘은 [물리적 메커니즘과] 완전히 다른 종류의 것임에 틀림없다고 말할지도 모른다'. 마찬가지로 우리는 "정신의 메커니즘은 정신이 하는 일을 할 수 있기 위해서는 가장 독특한 종류의 것이지 않으면 안 된다"고 말하는 경향이 있다. 하지만 여기서 우리는 두 가지 오류[5]를 범하고 있다. 왜냐하면 사유와 생각에 관해 **우리가** 기이하게 여기는 것은, 사유와 생각이 우리로서는 아직 (인과적으로) 설명할 수 없는 신기한 효과를 낸다는 사실이 결코 아니기 때문이다. 다른 말로 표현하면, 우리의 문제는 과학적 성격의 것이 아니었다. 그것은 문제로 느껴지는 어떤 혼돈이었다.

우리가 심리학적 연구의 결과로서 정신-모델을 구성하려 한다고 하자. 이 모델은 당연히 그래야 하듯이 정신의 작용을 설명하기 위한 것이라고 해두자. 이 모델은 에테르의 역학 모델이 전기 이론의 한 부분일 수 있는 것처럼 심리학 이론의 한 부분을 이룰 것이다(그런데 모델은 항상 한 이론에 대한 **상징체계**의 일부다. 모델의 장점은 일목요연하며 이해하기 쉽다는 데 있을 것이다. 어떤 의미에서 하나의 모델은 순수 이론을 치장하는 것이라고, **치장하지 않은**[naked] 이론이란 문장들 혹은 등식들이라고들 해왔다. 이에 대해서는 나중에 더 자세히 살펴보기로 하자).

그런 정신-모델은 관찰된 정신적 활동을 설명하기 위해 매우 복잡하고 정교해야 한다고들 생각할 것이다. 이런 이유에서 우리는 정신이란 기이한 종류의 매체라 말하는지도 모른다. 하지만 우리의 관심은 정신의 이런 측면에 있는 게 아니다. 정신의 이런 측면이 제기할지도 모르는 문제들은 심리학적 문제들이며, 그것들을 해결하는 방법은 자연과학의 방법이다.

하지만 우리가 [정신의 활동과 그것이 초래하는 결과의] 인과적 결합

---

5) 두 가지 오류란 "사유는 정신적 상태의 연속이다"라고 생각하는 것과 "사유는 정신이라는 매체 속에서 일어나는 과정이다"라고 생각하는 것을 가리킨다.

에 관심을 갖고 있는 게 아니라면, 정신의 활동들은 우리 앞에 다 밝혀져 있다. 그리하여 우리가 생각의 본성을 놓고 골치를 썩일 때, [정신이라는] 매체의 본성에 관한 혼란이라고 우리가 잘못 해석한 그 혼란은 우리가 언어를 신비화해 사용하는 데에서 비롯되는 혼란이다. 이런 종류의 오류가 철학에서는 반복적으로 등장한다. 가령 우리가 시간의 본성에 관해 혼란을 느낄 때, 즉 시간이 우리에게 **기이한 것**으로 여겨질 때가 그렇다. 우리는 여기[시간]에 그 무언가가, 즉 우리가 밖에서 볼 수는 있으나 그 안을 들여다볼 수 없는 그 무언가가 감추어져 있다고 생각하고픈 유혹을 강하게 느낀다. 하지만 그런 것은 존재하지 않는다. 우리가 알아야 할 것들은 전부 우리 앞에 밝혀져 있다.[6] 우리를 신비감 속에 빠뜨리는 것은 "시간"이라는 실사의 사용법이다. 우리가 그 단어의 문법을 들여다보면, 부정(否定)이나 선언(選言)의 신비함을 상상하는 게 어이없는 것과 마찬가지로, 사람들이 시간의 신비함을 상상해왔다는 사실도 어이없게 느껴질 것이다.

따라서 생각을 "정신적 활동"이라 말하는 것은 잘못된 것이다. 생각이란 본질적으로 기호를 조작하는 활동이라고 할 수 있을 것이다. 쓰기로써 생각을 할 때 이 활동은 손에 의해 수행되고, 말하기로써 생각을 할 때 그 활동은 입과 인후[성대]에 의해 수행된다. 하지만 기호나 그림을 상상함으로써 생각을 한다면, 그때에는 생각하는 일을 맡은 담당기관

---

6) 『철학적 탐구』, §559 참조: "우리는 가령 이 문장 속에서의 단어의 기능에 관해 얘기하고 싶어 한다. 마치 문장이란 것은 그 속에서 단어가 특정한 기능을 가지는 어떤 하나의 메커니즘인 듯이. …… 그것은 어떻게 백일하에 드러나는가? 왜냐하면 실은 아무것도 숨겨져 있지 않으며, 우리는 실로 그 문장 전체를 보고 있기 때문이다!"

(agent)이 무엇인지 당신에게 말해줄 수가 없다. 만약 그런 때에는 정신이 생각을 한다고 말한다면, 나는 당신으로 하여금 당신이 지금 은유를 사용하고 있다는 사실, 그리고 여기서 정신이 담당기관이라 함은 손이 쓰기의 담당기관이라고 할 때와는 다른 의미라는 사실에 주목하게 할 것이다.

나아가 생각이 발생하는 장소에 관해 얘기하자면, 우리는 응당 우리가 글[기호]을 쓰는 종이 혹은 말을 하는 입이 그 장소라고 말할 수 있다. 그리고 우리가 사유가 일어나는 장소로서 머리나 두뇌를 든다면, 이는 "생각의 장소"라는 표현을 상이한 의미로 사용하고 있는 것이다. 그러면 머리를 생각의 장소라 부르는 이유들이 무엇인지 살펴보자. 우리의 의도는 이런 표현형식을 비판하거나 그것이 적절하지 않음을 보여주려는 것이 아니다. 우리가 해야 할 일은 그 표현형식의 작동방식, 그 문법을 이해하는 것이다. 예컨대 그 표현형식의 문법이 "우리는 입으로 생각한다" 혹은 "우리는 종이 위에서 연필을 가지고 생각한다"는 표현[형식]의 문법과 어떤 관계가 있는지 살펴보는 것이다.

머리가 사유가 일어나는 장소라고 말하고 싶은 충동을 강하게 느끼는 주된 이유 중의 하나는 다음과 같을 것이다. 즉, "생각"과 "사유" 같은 단어는 쓰기와 말하기 같은 (신체적) 활동을 가리키는 단어들과 함께 존재하기 때문에, 우리로 하여금 쓰기와 말하기 같은 활동과 구별되면서도 그것들과 유사한 어떤 행위를, 즉 "생각"이라는 단어에 조응하는 어떤 행위를 찾게 만든다. 일상언어에서 [복수(複數)의] 단어가 언뜻 보기에 비슷한 문법을 갖고 있을 때, 우리는 그 단어들을 유사하게 해석하려 드는 경향이 있다. 즉, 우리는 그 유비를 끝까지 밀고 나가려 한다. 우리는 이렇게 말한다. "사유는 문장과 같지 않다. 왜냐하면 서로 전혀 다른 영어 문장과 프랑스어 문장으로 똑같은 사유를 표현할 수 있기 때문이다." 그러고 나서 문장들이 **어딘가에** 있다는 듯이, 우리는 [그 문장이 표현하는] 사유의 장소를 찾아 나선다(이는 마치 [게임 도중에] 체스의 규칙이 정해놓은 킹의 위치, 즉 여타 나무 말들의 위치와는 다른 킹의 [원래] 위치에서 킹을 찾는 것이나 마찬가지다. 이미 다방면으로 말을 옮겨 킹의 위치가 여러 번 바뀌었는데도 말이다). 우리는 이렇게 말한다. "확실히 사유는 **특별한 것**(something)이다. 그것은 아무것도 아닌 것이 아니다." 여기에 대한 유일한 대답이 있다면, 그것은 "사유"라는 단어는 "문장"이라는 단어의 사용법과는 전혀 종류가 다른 제 고유의 **사용법**을 갖고 있다는 것이리라.

그렇다면 사유가 발생하는 장소에 대해 얘기하는 게 무의미하다는 뜻일까? 물론 그렇지 않다. "사유가 발생하는 장소"라는 구절은 우리가 거기에 의미를 주면 의미를 갖게 된다. 우리가 "사유는 우리의 머릿속에서 발생한다"고 말할 때, 정상적으로 이해된 이 문장의 의미는 무엇일까? 어떤 심리적 과정이 특정한 방식으로 우리 사유에 조응하고 있어, 그 조응관계만 안다면 그 과정을 관찰함으로써 사유를 발견할 수 있다는 것이리라. 하지만 어떤 의미에서 심리적 과정이 사유에 조응한다고 말할 수 있으며, 또 어떤 의미에서 뇌에 대한 관찰로부터 사유를 얻어낸다고 말할 수 있는 것일까?

[사유와 심리적 과정의] 그 조응관계가 실험적으로 검증됐다고 우리가 믿는다고 가정해보자. 거칠게나마 그런 실험을 상상해보자. 피험자가 생각하는 동안 그의 뇌를 관찰하고 있다고. 그럼 당신은 내 설명이 빗나

갈 것이라 말할지도 모른다. 이 경우 실험자는 오직 **간접적으로**, 즉 피험자가 자신의 사유를 이러저러한 방식으로 **표현하면**, 그것을 주워듣고서야 비로소 그의 사유를 알아내기 때문이다. 하지만 나는 피험자가 동시에 실험자로서, 가령 거울을 이용해 자기 자신의 두뇌를 관찰한다고 가정함으로써 이 난점을 제거하려 한다(이 기술이 좀 거칠긴 하지만, 그렇다고 논증의 힘까지 떨어뜨리지는 않을 것이다).

이제 물어보자. 피험자-실험자인 그 사람은 한 가지를 관찰하고 있는가, 두 가지를 관찰하고 있는가(그가 안과 밖 모두에서 한 가지를 관찰하고 있다고 말하지 마라. 그런다고 난점이 사라지지는 않기 때문이다. 안과 밖에 관해서는 뒤에서 언급할 것이다*)? 피험자-실험자는 두 가지 현상의 상관관계를 관찰하고 있다. 그중 하나를 그는 아마도 **사유**라 부를 것이다. 이것은 일련의 심상들, 유기적 감각들, 또는 문장을 쓰거나 단어를 말할 때에 수반되는 시각·촉각·근육의 다양한 체험들로 이뤄져 있다. 또 다른 체험은 자기 뇌의 작동을 보는 것이다. 이 두 가지 현상 모두 "사유의 표현"이라 불려도 좋을 것이다. 그리고 "사유 자체는 어디에 있는가?"라는 물음은 혼란을 막기 위해 무의미하다고 기각하는 게 나을 것이다. 그래도 굳이 "사유는 머릿속에서 발생한다"라는 표현을 사용한다면, 그때는 사유가 우리의 머릿속에서 발생한다는 **가정**을 정당화하는 경험, 즉 "우리 머릿속의 사유를 관찰하기"라고 부르고 싶어 하는 그 경험을 들어 그 표현에 의미를 부여한 셈이다.

우리는 "장소"라는 단어가 여러 가지 의미로 사용된다는 것을 쉽게

---

* [지은이주] 이 책의 52쪽, 99쪽 이후를 참조하라.

잊는다. 또한 (일반적인 사용법에 맞춰, 어떤 경우에라도, 그것이 존재하는 장소를 정확히 말할 수 있는) 어떤 대상에 대해서조차 매우 다양하게 진술할 수 있다는 것을 쉽게 잊는다. 그리하여 우리 머릿속에 시각적 공간이 자리 잡고 있다고 얘기되어온 것이다. 내 생각에 사람들이 이렇게 말하고 싶은 유혹을 느끼는 것은, 부분적으로는, 문법적 오해에서 비롯된 듯싶다.

나는 이렇게 말할 수 있다. "내 시야 속에서 나는 탑의 상 오른쪽에 있는 나무의 상을 본다", 혹은 "나는 시야의 가운데 있는 나무의 상을 본다". 그럼 우리는 이렇게 묻고 싶어진다. "그럼 당신은 [당신의] 시야를 어디에서 보는가?"[7] 만약 그 "어디에서"라는 단어가 나무의 상이 있는 위치를 구체적으로 명시해달라는 뜻을 갖고 있다면, 나는 당신이 아직 이 물음에 의미를 부여하지 않았다는 사실에 주목하라고 할 것이다. 즉, 당신은 섬세하게 조탁하지 않은 채로 문법적 유비를 사용해 왔던 것이다.

"우리의 시야는 우리의 머릿속에 있다"라는 관념이 문법적 오해에서 비롯된 것이라고 해서, 그렇게 장소를 명시하는 게 별 의미가 없다는 얘기는 아니다. 가령 그런 진술을 통해 기술해야 하는 경험을 우리는 어렵지 않게 상상할 수 있다. 우리가 이 방에서 한 무리의 사물들을 보고, 우리가 보는 동안 탐침(探針)이 우리 뇌를 관통해 들어간다고 가정하자. 그 탐침의 끝이 우리 뇌의 특정 부분에 닿자 시야의 특정한 작은 부분이

---

7) 이와 비슷하게 다음과 같은 예를 들 수 있다. 우리는 좌표(a, b)를 통해 어느 좌표계 안에 존재하는 점의 위치를 볼 수 있다. 그러나 그 좌표계 안에서는 정작 그 좌표계 자체의 위치를 볼 수 없다.

지워지는 것으로 드러난다. 이런 식으로 우리는 우리 뇌의 지점들을 시각적 상의 지점들과 짝지을 수 있다. 이럴 때 우리는 시야가 우리 뇌 속의 이러저러한 장소에 자리하고 있다고 말할 수도 있을 것이다. 하지만 우리가 "당신은 이 책의 상을 어디에서 보는가?"라고 물었다면, 그 대답은 아마도 "연필 오른쪽에", "내 시야의 왼편에", 혹은 "내 왼쪽 눈에서 3인치 앞에"라는 식이 되어야 할 것이다.

그러나 누군가 이렇게 말한다고 해보자. "나는 내 콧등의 2인치 뒤에서 시각적 상을 느낀다고 당신에게 확실하게 말할 수 있다." 이때 우리는 그에게 뭐라고 대답해야 할까? 우리는 그가 진실을 말하지 않는다고 말하거나, 그런 느낌은 있을 수 없다고 말해야 할까? 만약 그가 우리에게 "당신이 존재하는 그 모든 느낌들을 아는가? 당신은 어떻게 그런 느낌이 없다는 걸 아는가?"라고 반문한다면, 어떻게 해야 할까?

만약 수맥이나 광맥을 찾아내는 한 점쟁이가 우리에게 말하기를, 자기는 [자기가 점을 칠 때 사용하는] 탐지봉을 잡으면 수맥이 지하 3피트 아래에 있다는 것을 **느낀다**거나, 구리와 금의 혼합물이 지하 3피트 아래에 있다는 걸 **느낀다**고 한다면 어떻게 될까? 우리의 의심에 대해 그 점쟁이가 이렇게 대답한다고 가정해보자. "당신은 눈으로 길이를 추정할 수 있다. 그런데 내게 길이를 추정할 수 있는 다른 방법이 있으면 안 되는 이유라도 있는가?"

만약 우리가 [우리와는 다른] 그런 추정의 관념을 이해한다면, 점쟁이의 진술을 의심하는 것과, 콧등 뒤에서 시각적 상을 느꼈다고 말한 이의 진술을 의심하는 것의 본성이 분명하게 드러날 것이다.

이런 진술이 있다고 해보자. "이 연필의 길이는 5인치다", "나는 이 연필의 길이가 5인치라고 느낀다". 우리는 첫번째 진술의 문법이 두번째 진술의 문법에 대해 갖는 관계를 분명하게 알아둬야 한다. "나는 손으로 수맥이 지하 3피트 아래에 있다는 것을 느낀다"라는 [점쟁이의] 진술을 들으면, 우리는 그에 대해 "나는 이것이 무엇을 **의미하는지** 알지 못한다"고 대꾸하고 싶어질 것이다. 그러나 그 점쟁이는 이렇게 말할 것이다. "분명히 당신은 그것이 의미하는 바를 안다. '지하 3피트 아래'가 무엇을 의미하는지도 알고, '나는 느낀다'라는 말이 무엇을 의미하는지도 알지 않는가!" 그러나 나는 그에게 이렇게 대답해야 할 것이다. "나는 한 단어가 **특정한 맥락**에서 무엇을 의미하는지를 안다." 따라서 나는 "지하 3피트"라는 구절을, 가령 "측정해보니 수맥은 지하 3피트 아래에 있다", "3피트 정도 아래로 파내려가면 수맥에 닿게 될 것이다", "수맥의 깊이는 눈대중으로 3피트 정도다"와 같은 문장들과 연관해 이해한다. 하지만 "나는 손으로 수맥이 지하 3피트 아래에 있다는 것을 느낀다"라는 표현의 사용법은 아직 설명된 것이 아니다.

우리는 점쟁이에게 이렇게 물어볼 수 있을 것이다. "'3피트'라는 단어의 의미를 어떻게 배웠는가? 아마도 그만한 길이를 보거나 측정하는 등의 방법으로 배웠을 것이다. 하지만 당신은 손으로 수맥이 지하 3피트 아래에 있음을 느낀다고 말하는 법도 배운 적이 있는가? 그렇지 않다면 왜 당신은 '3피트'라는 단어를 손의 느낌과 연관시켰는가?" 우리가 길이를 한 번도 뼘으로 잰 적이 없고 눈대중으로 재왔다고 가정해보자. 뼘으로 길이를 재고서 어떻게 그게 몇 인치인지 추정할 수 있는가? 다시 말해 어떻게 뼘으로 재는 경험을 인치로 해석할 수 있는가? 문제는 뼘으로 재는 감각과 1야드짜리 자로 사물을 재는 경험 사이에 어떤 연관이 있느냐는 것이다. 바로 이 연관이 우리에게 "어떤 물건이 6인치임을 느낀다"
는 말이 무엇을 의미하는지 보여줄 것이다. 그 점쟁이가 이렇게 말한다
고 하자. "나는 수맥이 있는 지하의 깊이와 내 손의 느낌을 서로 연관시
키는 것을 배운 적이 없다. 하지만 내가 손에 어떤 긴장감을 느끼면 '3피
트'라는 단어가 내 마음속에 떠오른다." 우리는 거기에 이렇게 대꾸해야
할 것이다. "그것은 '수맥이 지하 3피트 아래에 있다는 것을 느낀다'는
말로써 당신이 의미하는 것에 대한 아주 훌륭한 설명이다. 그리고 당신
이 그렇게 느낀다는 진술은 더도 아니고 덜도 아니고 딱 당신의 설명이
거기에 부여한 것만큼의 의미만 가질 뿐이다. 그리고 경험을 통해서 실
제 수맥의 깊이가 당신의 마음속에 떠오른 'n피트'라는 단어와 항상 일
치하는 것으로 드러난다면, 당신의 경험은 수맥이 존재하는 깊이를 결정
하는 데 매우 유용할 것이다." 하지만 당신도 알다시피 "나는 수맥의 깊
이가 n피트라고 느낀다"라는 말의 의미는 아직 설명되어야 한다. 일상
적 의미(일상적 맥락)에서 "n피트"라는 단어의 의미는 알려졌는데도, 그
것은 아직 알려지지 않았다. 콧등 2인치 뒤에서 시각적 상을 느낀다고
말하는 이가 거짓말을 하거나 헛소리를 하고 있다는 얘기가 아니다. 그
저 그런 구절이 뭘 의미하는지 이해하지 못하겠다는 얘기일 뿐이다. 그
구절은 익히 알려진 단어들을 결합시키고 있지만, 우리가 아직 이해하지
못하는 방식으로 그것들을 결합시키고 있다. 이 구절의 문법은 아직 우
리에게 설명되어야 한다.

점쟁이의 대답[8]을 연구하는 게 중요한 이유는, 우리가 종종 "나는 P

---

8) "당신은 눈으로 길이를 추정할 수 있다. 그런데 내게 길이를 추정할 수 있는 다른 방법이 있으
면 안 되는 이유라도 있는가?"(40쪽)라는 점쟁이의 대답을 말한다.

가 사실이라고 **느낀다**(또는 믿는다)"고 주장하기만 하면 곧 P라는 진술에 의미를 부여한 것으로 생각하곤 한다는 사실에 있다(우리는 '골드바흐의 추측'[Goldbach's conjecture]이 참이라 믿을 수 있기 때문에 그것이 명제라고 말하는 [고드프리 해럴드] 하디 교수의 경우를 뒤에서 살펴볼 것이다*). 일상적인 방식으로 "3피트"라는 단어의 의미를 설명한다고 해서 "수맥이 지하 3피트 아래에 있다는 것을 느낀다"는 구절의 의미를 설명한 것은 아니라고 이미 얘기한 바 있다. 만일 그 점쟁이가, 가령 특정한 느낌을 가질 때마다 수맥을 찾아 땅을 파는 식으로, 그런 느낌들을 깊이의 **측정치**와 연관시킴으로써 수맥의 깊이를 추정하는 법을 **배웠다**고 말했다면, 그런 난점을 갖지 않아도 됐을 것이다. 이제 우리는 **추정하는 법을 배우는** 과정과 추정하는 행위의 상호 관계를 검토해야 한다. 이것은 그런 검토가 한 단어의 의미를 배우는 것과 그 단어를 사용하는 것 사이의 관계에 적용되기 때문에 중요하다. 혹은 더 일반적으로 말하면, 그런 검토가 주어진 규칙과 그것의 적용 사이에 가능한 상이한 관계들을 보여주기 때문에 중요하다.

눈대중으로 길이를 재는 과정을 생각해보자. 우리가 "눈대중으로 재기"라고 부르는 과정에는 서로 다른 많은 과정들이 있음을 깨닫는 게 매우 중요하다. 이런 경우들을 생각해보라.

(1) 누군가 "당신은 이 빌딩의 높이를 어떻게 추정했는가?"라고 묻는다. 나는 대답한다. "빌딩은 4층까지 있다. 나는 각 층의 높이가 대략 15피트라고 가정한다. 고로 그것은 60피트쯤 될 것이다."

---

* [편집자주] 이 약속은 지켜지지 않았다.

(2) 다른 경우에는, "나는 멀리서 1야드가 어떻게 보이는지 대충 안다. 그러므로 그것은 한 4야드쯤 될 것이다".

(3) 또 다른 경우에는, "나는 이 정도로 키가 큰 남자를 상상할 수 있다. 따라서 그것은 지상 6피트쯤 될 것이다".

(4) 혹은 "잘 모르겠어. 그냥 1야드 같아".

네번째 대답은 우리를 혼란에 빠뜨린다. 만약 당신이 "그 사람이 높이를 추정했을 때 무슨 일이 벌어졌을까?"라고 묻는다면 그 정확한 대답은 "그가 그것을 **보더니** 그건 '1야드쯤 되어 보인다'고 **말했다**"는 것이리라. 이것이 일어난 일의 전부일 것이다.

앞에서 우리는 점쟁이가 수맥의 깊이를 재는 방법을 **배웠다**고 말했다면 우리는 그의 대답 때문에 혼란에 빠지지는 않았을 것이라고 말했다. 거칠게 말해, 추정하기를 배우는 것을 우리는 추정하는 행위에 대한 두 가지 상이한 관계에서 바라볼 수 있다. 즉, 추정하기라는 현상의 원인으로 보거나, 추정할 때에 우리가 사용하는 규칙(표, 차트, 혹은 그와 비슷한 것들)을 우리에게 제공하는 것으로서 보는 것이다.

내가 누군가에게 반복해서 노란 색상을 가리키고 "노란색"이라는 단어를 발음하면서 그 단어의 사용법을 가르친다고 해보자. [그 뒤] 다른 기회에 나는 그가 배운 것을 적용시켜보게 하려고 그에게 "이 가방에서 노란 공을 고르라"는 명령을 내린다. 그가 내 명령대로 따른다면 그때 무슨 일이 일어나는가? 나는 이렇게 말할 것이다. "벌어진 일은 아마도 그가 내 말을 듣더니 가방에서 노란 공을 꺼냈다는 것뿐이리라." 하지만 당신은 그게 일어난 일의 전부일 리가 없다고 생각하고 싶을 것이다. 이때 당신이 시사하려고 하는 것은 이런 **종류**의 것이다. 즉, 그가 그 명령을 **이**

해했을 때 머릿속에 노란 어떤 것을 떠올리고, 그 후 자신이 상상했던 상에 따라 공을 하나 골랐다는 것이리라. 이게 꼭 그럴 **필요**가 없다는 것을 알려면, 내가 그에게 "노란 색상을 상상하라"고 명령할 수도 있었다는 점을 기억하면 된다. 당신은 아직도 그가 내 명령을 정확히 **이해**하고 먼저 노란 색상을 떠올린 다음에 그 떠올린 노란 색상에 들어맞는 또 하나의 노란 색상을 떠올린다고 가정하고 싶은가(지금 나는 이것이 불가능하다고 말하는 게 아니다. 다만, 그 문제를 이런 식으로 다루게 되면 그런 일이 일어날 필요가 없음이 즉각적으로 드러나게 된다. 그리고 이것이 철학하는 방법을 실례로 보여준다)?

우리가 어떤 종류의 지시적 정의(단어 사용의 규칙)를 제시받음으로써 "노란색"이라는 단어의 의미를 배운다고 한다면, 우리는 이 학습을 두 가지 다른 방식으로 바라볼 수 있다.

A. 이 학습은 훈련이다. 이 훈련은 우리로 하여금 노란 상, 노란 사물들을 "노란"이라는 단어와 연관시키게 한다. 그리하여 내가 "이 가방에서 노란 공을 고르라"고 명령했을 때 이 "노란"이란 단어는 노란 상, 혹은 그 사람의 눈이 노란 공과 마주쳤을 때 드는 어떤 인지(認知)의 느낌을 그에게 불러일으킬지도 모른다. 이 경우에 학습 훈련이 심리적 메커니즘을 형성시켰다고 할 수 있을 것이다. 그러나 이는 한낱 가정, 아니면 은유일 것이다. 우리는 학습을 스위치와 전구 사이에 전기적 연결을 설치하는 것과 **비교**할 수도 있을 것이다. 이 경우 고장이 나거나 연결이 끊어지는 사태는 우리가 단어의 설명이나 의미를 잊었다고 부르는 것에 해당될 것이다(우리는 "단어의 의미를 잊는 것"의 의미에 대해서는 좀더 깊이 얘기해야 한다).

이 학습이 [단어와 상 또는 사물의] 결합을 만들어내고, [다시 그 결합을 통해 단어가] 인지의 느낌 따위를 야기하는 한, 이 학습은 [명령을] 이해하고 따르는 것과 같은 현상의 원인이 된다. 하지만 이런 결과들을 야기하기 위해 그 학습과정이 반드시 필요하다는 것은 하나의 가설이다. 그런 의미에서, 언어를 전혀 배우지 않고서도[9] 이해하기, 따르기 등의 **모든** 과정이 일어나는 사태도 상상하는 것이 얼마든지 가능하다(지금 당장은 이게 매우 역설적으로 생각될 것이다).

B. 이 학습은 그 자체로 우리에게 이해하기와 명령에 따르기 등의 과정들에 내포된(involved) 규칙을 줄지도 모른다. 여기서 "내포된"은 그 규칙의 표현이 [명령을 이해하기와 따르기 같은] 과정들의 일부를 이룬다는 의미다.

우리는 "규칙과 **일치하는** 과정"이라 부를 수 있는 것과 "규칙을 내포하는 과정"이라 부를 수 있는 것을 구별해야 한다.

예를 하나 들어보자. 어떤 사람이 내게 기수(基數)[여기에서는 자연수라고 생각해도 무방하다]를 제곱하는 방법을 가르쳐준다. 그는 아래와 같은 수열을 쓰더니

1   2   3   4

내게 이 수들을 제곱하라고 요구한다(이 경우에 다시, 나는 '머릿속에서' 일어나는 그 어떤 과정들도 종이 위에 계산하는 과정으로 바꿀 것이다). 첫 번째 수열 아래에 내가 이렇게 적는다고 해보자.

1   4   9   16

---

9) '언어를 전혀 배우지 않고서도'라는 것이 '언어 없이'라는 말은 아니다.

내가 쓴 것은 제곱하기의 일반 규칙과 일치한다. 하지만 그것은 분명히 다른 임의의 규칙들과도 얼마든지 일치한다. 게다가 그것들은, 그것들이 일치하는 많은 규칙 속에서 다른 어떤 규칙보다 이 규칙에 더 많이 일치하는 것은 아니다. 우리는 앞에서 [명령을 이해하고 따르기 등의] 과정 속에 내포된 규칙에 관해 얘기했는데, 그 의미에서는 [지금 문제의] 어떤 규칙도 제곱하는 과정 속에 내포되어 **있지 않다.** 이 결과를 얻기 위해 내가 1×1, 2×2, 3×3, 4×4를 계산했다고 해보자(즉, 이 경우는 계산한 것을 종이에 적었다). 그 계산은 다시 임의의 다른 많은 규칙과도 일치할 것이다. 한편 내가 그 결과에 도달하기 위해 당신이 "제곱의 규칙"이라고 부르는 것을, 이를테면 대수적인 형태로 적었다고 해보자.[10] 이 경우 그 규칙은 다른 규칙이 내포되어 있지 않다는 의미에서 [내가 적은 수열에] 내포되어 있다.

우리는 그 규칙이 [계산하라는 명령을] 이해하고 따르기 등에[그 계산과정 속에] 내포되어 있다고 말할 것이다. 내가 그렇게 표현하고 싶어하는 바대로, 만일 그 규칙의 기호(symbol)가 계산[과정]의 일부를 이룬다면 말이다(우리는 생각하고 계산하는 과정이 어디서 일어나는지에는 관심이 없으므로, 편의상 그 계산들이 전적으로 종이 위에서 행해진다고 가정할 수 있다. 내적이냐 외적이냐의 차이는 우리에게 중요하지 않다).

케이스 B의 전형적인 예는, [명령이나 규칙을] 이해하고 따르는 등의 과정에서 우리가 실제로 사용하는 표를 학습을 통해 제공받는 경우이리

---

10) 예를 들면 다음과 같은 식이다. $(a+b)×(a+b) =a×a+a×b+b×a+b×b$. 단, 이밖에 자연수의 정의라든가 일반적인 분배법칙 등도 필요할 것이다.

라. 체스를 배울 때, 우리는 규칙을 배울 것이다. 그런 다음 우리가 체스를 둔다면, 그때 이 규칙들이 체스를 두는 행위 속에 내포되어 있을 필요는 없다. 하지만 내포되어 있을 수도 있다. 가령 [말의 움직임에 관한] 규칙들이 표의 형태로 표현되어 있다고 상상해보자. 세로로 된 칸에는 말의 모양이 그려져 있고, 그것과 나란히 놓인 칸에는 말들의 '자유'(규칙에 맞는 행마법)를 보여주는 도식이 그려져 있다. 이제 체스를 두는 방식이란, 그 표를 따라 말의 모양[이 그려진 칸]에서 그 말의 행마법들[의 도식이 그려진 칸]로 손가락을 옮기고 나서 그 행마법 중의 하나를 실행하는 것을 포함한다고 생각해보자.

그 이후의 행위들[(명령이나 규칙을) 이해하고 따르기, 길이를 어림하기 등]에 대한 가설적 전사(hypothetical history)로서의 학습은 우리의 고려 대상이 아니다. 가르쳐지고 그 뒤에 적용된 규칙은 오직 그 규칙이 [현실에서] 적용되는 한에서만 우리의 관심을 끈다. 규칙은, 우리의 관심을 끄는 한, 멀리 떨어져서 작동하지 않는다.

내가 종이 한 장을 가리키고 누군가에게 이렇게 말했다고 하자. "이 색을 나는 '빨강'이라고 부른다." 그러고는 그에게 명령한다. "빨간색 조각을 그려봐." 그리고 나는 그에게 묻는다. "내 명령을 따르면서 왜 하필 이 색깔로 그렸는가?" 그는 이렇게 대답할지도 모른다. "(내가 그에게 준 견본을 가리키면서) 이 색깔은 빨강이라고 불렸다. 그리고 내가 그린 색 조각은 당신이 보듯이 그 견본의 색이다." 그는 자기 방식으로 내 명령을 수행한 데 대한 이유를 댔다. 사람이 어떤 일을 행하거나 말한 것에 대한 이유를 댄다는 것은 그가 그 행위에 이른 길(way)을 보여준다는 의미다. 어떤 경우에 그것은 거기에 이르기까지 그 자신이 걸어온 길을 말하는 것을 의미한다. 다른 경우에 그것은 그를 거기로 이끌고 동시에 어떤 확립된 규칙과 일치하는 길을 기술하는 것을 의미하기도 한다. 그래서 "당신은 왜 하필 이 색을 칠함으로써 내 명령을 수행했는가?"라는 질문을 받는다면, 아마 그는 이 특정한 색조에 도달하기 위해 [자신이] 실제로 취했던 길을 기술할 것이다. 만약 그가 "빨강"이라는 단어를 듣고, 내가 그에게 준 "빨강"이라는 표지가 붙은 견본을 집어 들어 그 견본을 그대로 **본따서** 색을 칠했다면, 바로 그게 그가 실제로 걸었던 길이었을 것이다. 다른 한편, 그는 '자동적으로' 혹은 기억 속의 상에 따라 그 색을 칠했을 수도 있다. 하지만 왜 그 색을 칠했느냐고 물으면, 그는 여전히 그 견본을 가리키면서 그것이 자기가 칠한 색 조각과 맞아떨어진다고 말할지도 모른다. 후자의 경우라면 그가 말한 이유는 [앞에서 말한 두 가지 종류의 이유 가운데] 두번째 종류, 즉 사후적(post hoc) 정당화였을 것이다.

만약 사전에 학습을 받지 않고는 명령을 이해할 수도 따를 수도 없다고 생각한다면, 이는 사람이 걷는 데 필요한 길을 제공하는 것처럼 우리가 한 행위에 대한 **이유**를 제공하는 것이 학습이라고 생각하는 것이다. 그런데 만일 어떤 명령이 이해되고 따라진다면 우리가 그렇게 하는 것처럼 그것을 따르는 이유가 있음에 틀림없으며, 사실상 이유의 연쇄는 무한히 소급된다고 생각할 수도 있다. 이는 마치 이렇게 말하는 것과 같다. "당신이 어디에 있든, 당신은 다른 어딘가에서부터 거기에 도달했음에 틀림없다. 그리고 그 장소에는 또 다른 장소로부터 도달했음에 틀림없다. 이런 식으로 무한히(ad infinitum) 계속된다"(한편 당신이 이렇게 말했다고 하자. "네가 어디에 있든지, 너는 10야드 떨어진 다른 곳에서부터 거기에 도달할 수 있었을 것이다. 그리고 거기에는 10야드 떨어진 제3의 또 다른 곳으로부터 도달할 수 있었을 것이다. 이 과정은 이렇게 계속 무한히 계속된다." 당신이 이렇게 말했다면, 그로써 당신은 발걸음을 내딛는 무한의 **가능성**을 강조한 것이리라. 그런데 이유의 무한연쇄라는 이와 같은 생각은 다음과 같은 생각에 포함되어 있는 혼동과 비슷한 혼동에서 생겨나는 것이다. 즉, 특정 길이의 선분은 그것이 무한히 분할 가능하기에, 즉 그 분할 가능성에 끝이 없기에 무한히 많은 부분으로 이뤄져 있다고 생각하는 혼동).

다른 한편 당신이 현실의 이유 연쇄에는 시작이 있다는 것을 깨닫는 다면, 당신은 명령을 따르는 방식에 아무 이유가 **없는** 경우도 있다는 생각에 더 이상 반감을 느끼지 않을 것이다. 하지만 바로 이 점[이유가 없는 경우도 있다는 점]에서 또 다른 혼동이 시작된다. 이유(reason)와 원인 (cause)의 혼동이 그것이다. 이 혼동은 "왜"라는 단어를 애매하게 사용하는 데에서 비롯된다. 그리하여 이유들의 연쇄가 동이 났는데도 여전히 "왜?"라는 질문을 받으면, 우리는 흔히 이유 대신 원인을 대는 경향이 있다. 예컨대 "내가 당신에게 붉은색을 칠하라고 말했을 때 당신은 왜 바로 그 색깔을 칠했는가?"라는 질문에 당신이 이렇게 대답했다고 하자. "나는 내게 이 색깔의 견본이 보이는 동시에 '빨강'이라고 발음되는 걸 들었다. 그래서 '빨강'이라는 단어를 들으면 내 머릿속에는 항상 이 색깔이 떠오른다." 이 경우 당신은 당신의 행위에 대해 이유가 아니라 원인을 제시한 것이다.

당신의 행위가 여차여차한 원인을 갖는다는 명제는 하나의 가설이다. 거칠게 말해, 당신의 행위가 흔히 행위의 원인이라고 불리는 어떤 특정한 조건들의 규칙적 결과임을 보여주는 많은 경험들이 있다면, 이 가설은 충분히 근거가 있는 것이다. [그러나] 당신이 어떤 진술을 하고, 특정 방식으로 어떤 행위를 하는 이유를 알기 위해 [여차여차한 이유로 이러저러한 일을 한다는 것을 보여주는] 어떤 경험이 필연한 것은 아니며, 이유에 관한 진술은 가설이 아니다. "이유"와 "원인"의 문법 차이는 "동기"와 "원인"의 문법 차이와 매우 비슷하다. 원인에 관해서 말하자면, 우리는 그것을 **알** 수 없고 그저 **추측**할 수 있을 뿐이라고 말할 수 있다. 반면에 우리는 **동기**에 대해 얘기하면서 종종 이렇게 말한다. "물론 **나는** 내가 왜 그것을 했는지 알아야만 한다." 내가 "우리는 원인을 **추측**할 수 있을 뿐이지만 동기는 **안다**"고 말할 때, 이 진술은 나중에 보게 되겠지만 문법적인 성격의 것이다. 여기서 "······할 수 있다"(can)는 **논리적** 가능성을 가리킨다.

"왜"라는 단어가 원인과 동기를 묻는 의미로 이중적으로 사용되고, 거기에 우리가 우리의 동기를 추측할 수 있을 뿐만 아니라 알 수도 있다는 생각이 겹쳐져, 동기란 우리가 직접적으로 의식하는 원인, '내면으로부터 보여진' 원인 혹은 체험된 원인이라는 혼동이 생긴다. 이유를 대는 것은 당신을 어떤 결과로 이끈 계산을 보여주는 것과 같다.

생각이란 본질적으로 기호를 가지고 하는 조작이라는 진술로 돌아가보자. 내가 말하고자 하는 요점은 '생각은 정신적 활동'이라고 말하는 것이 우리를 오도하기 쉽다는 것이었다. 생각이 어떤 종류의 활동인가 하는 물음은 "생각은 어디에서 발생하는가?"라는 물음과 비슷하다. 이 물음에 대해 우리는 종이 위에, 머릿속에, 혹은 마음속에, 라고 대답할 수 있다. 장소를 명시하는 이 대답들 중의 어느 것도 생각이 발생하는 **바로 그** 장소를 제시하지는 못한다. 장소를 지정하는 이 모든 명시들의 사용법은 옳지만, 그것들이 가진 언어적 형식의 유사성에 속아 그것들의 문법 역시 유사하다는 그릇된 관념으로 끌려가서는 안 된다. 가령 우리가 "확실히 생각의 **실제**(real) 장소는 우리 머릿속에 있다"라고 말할 때처럼 말이다. 생각을 일종의 활동으로 보는 사고방식에 대해서도 이와 똑같이 말할 수 있다. 생각이 글을 쓰는 우리의 손, 우리의 후두, 우리의 머리, 우리의 정신의 활동이라고 말하는 것은 옳다. 우리가 그 진술들의 문법을 [제대로] 이해하는 한에서는 말이다. 나아가, 어떻게 우리가 표현의 문법을 오해함으로써 이 진술들 중 어느 하나가 생각이라는 활동이 일어나는 **실제의** 자리를 명시하고 있다고 착각하게 되는지 깨닫는 것이 매우 중요하다.

생각이 손의 활동과 같은 것이라고 말하면 반론이 나올 것이다. 우리는 생각이란 우리의 '사적 경험'의 일부라고 말하고 싶어 한다. 생각은 물질적인 것이 아니라 사적인 의식 속에서 벌어지는 사건이라는 것이다. 이 반론은 "기계가 과연 생각할 수 있을까?"라는 물음으로 표현된다. 여기에 대해서는 뒤에서 얘기하기로 하고[*], 지금은 그저 "기계는 치통을 앓을 수 있는가?"라는 유비적인 질문만 던지려고 한다. 당신은 틀림없이 "기계는 치통을 앓을 수 없다"고 말하고 싶을 것이다. 내가 지금 하고자 하는 것은 당신의 주의를 당신이 사용한 "can"이라는 단어의 사용법에 기울이게 하고 이렇게 묻는 것이다 "당신은 우리의 모든 과거 경험에 비추어 볼 때 기계가 결코 치통을 앓은 적이 없다고 말하는 것인가?" [그러나 사실] 당신이 말하는 불가능성은 논리적인 것이다. 문제는 생각을 하거나 이가 아프거나 등등의 일을 하는 주체와 생각(혹은 치통) 사이의 관

---

[*] [편집자주] 이 주제에 관해 더 나아간 몇 가지 언급으로는 102쪽을 보라.

계가 어떤 것인가 하는 점이다. 여기서는 이에 대해 더 얘기하지 않겠다.

생각이란 본질적으로 기호를 조작하는 것이라고 한다면, 당신은 아마 제일 먼저 "기호란 무엇이냐?"고 물을 것이다. 나는 이 물음에 어떤 일반적인 대답을 제시하는 대신에, 우리가 "기호를 조작한다"고 부를 수 있는 구체적인 사례들을 좀더 자세히 관찰해보자고 제안하고 싶다. 단어 [라는 기호]를 조작하는 단순한 예를 보자. 내가 누군가에게 ["사과 여섯 개"라고 써 있는 종이쪽지를 건네주면서] "가게에 가서 사과 여섯 개를 사오라"고 명령한다. 그가 이 명령을 수행하는 방식을 기술하면 다음과 같을 것이다. 종이쪽지에 "사과 여섯 개"라고 적혀 있고, 그 쪽지가 점원에게 건네지면, 그 점원은 "사과"라는 단어를 각 선반들에 붙어 있는 라벨들과 비교해본다. 그는 라벨들 중 어느 하나에 "사과"라고 적혀 있는 것을 발견하고, 1에서 6까지 수를 세면서 하나를 살 때마다 선반에서 과일을 하나씩 꺼내 봉지에 담는다. 이것이 단어가 사용되는 한 가지 사례다. 앞으로 나는 반복해서 내가 '언어놀이들'이라고 부르는 것에 당신의 주의를 환기시킬 것이다. 언어놀이들은 기호를 사용하는 방법이긴 하지만, 우리가 우리의 고도로 복잡한 일상 언어의 기호를 사용하는 방식보다 단순하다. 언어놀이들은 어린아이가 단어를 사용하기 시작할 때의 언어형식이다. 언어놀이의 연구는 언어의 원초적 형식 혹은 원초적 언어에 대한 연구다. 참과 거짓, 명제와 실재의 일치·불일치, 단언과 가정과 물음의 본성에 관한 문제들을 연구하려고 한다면, 원초적 형식의 언어를 살펴보는 게 더 유리할 것이다. 왜냐하면 거기에서는 이런 생각의 형식들이 고도로 복잡한 사유과정이라는 혼란스런 배경 없이 나타나기 때문이다. 그런 단순한 형식의 언어를 살펴볼 때, 우리의 일상적 언어사용을 뒤덮고 있는 것처럼 보이는 정신적 안개가 사라진다. 우리는 [거기에서] 투명하고 명확히 구분되는 [언어의] 활동들, 반응들을 본다. 다른 한편, 우리는 이 단순한 과정들 속에서 좀더 복잡한 [통상의] 언어형식과 단절되어 있지 않은 언어형식을 인지하게 된다. 우리는 그 원초적 형식에 점차 새로운 형식을 더해감으로써 복잡한 형식들을 구성할 수 있음을 알게 된다.

이런 탐구 노선을 취하는 게 어려운 것은 일반성에 대한 우리의 갈망 때문이다.

일반성에 대한 이 갈망은 특정한 철학적 혼란과 결부된 몇몇 [사고방식의] 경향들이 합쳐진 결과다. 일단 [그런 사고방식의 경향에는] 다음과 같은 것들이 있다.

(a) 우리에게는 하나의 일반명사에 포섭되는 대상 모두에 공통된 무언가를 찾는 경향이 있다. 예를 들면 우리는 모든 게임에는 틀림없이 무언가 공통적인 것이 있을 것이고, 바로 그 공통적 속성이 "놀이"라는 일반명사를 다양한 놀이에 적용시키는 근거라고 생각하는 경향이 있다. 하지만 [다양한] 놀이들은 가족유사성을 가진 식구들로 **가족**을 구성하고 있을 뿐이다. 그 식구들 중 몇몇은 코가 닮았고, 다른 몇몇은 눈썹이 닮았는가 하면, 또 다른 몇몇은 걸음걸이가 닮았다. 이 유사성들은 서로 겹쳐진다. 일반개념이란 개개의 사례들 모두에 공통적인 속성이라고 보는 관념은 '언어구조'에 대한 소박하고 지나치게 단순한 관념에서 나온다. 이런 관념은 **속성**(properties)이란 그 속성을 갖고 있는 것의 **성분**(ingredients)이라는 관념과 동류의 것이다. [이런 관념에 의하면] 가령 아름다움은 알코올이 맥주와 와인의 성분이듯이 모든 아름다운 것들의

성분이며, 따라서 아름다운 그 어떤 것이 혼합물만 되지 않게 한다면 순수한 아름다움을 가질 수 있게 된다는 식이다.

(b) 우리의 일상적 표현형식에 뿌리박은 경향이 있다. 즉, 어떤 일반 명사, 가령 "나뭇잎"이라는 용어를 배워서 아는 사람이라면 그로써 각각의 구체적인 나뭇잎 상과는 다른 나뭇잎의 어떤 일반적인 상을 갖게 된다고 생각하는 경향이다. "나뭇잎"이라는 단어의 의미를 배울 때 사람들은 그에게 상이한 나뭇잎들을 보여줬다. 그에게 특정한 나뭇잎들을 보여주는 것은 단지 '그의 내면에' 우리가 모종의 일반적 상이라고 상상하는 관념을 만들어내기 위한 수단일 뿐이었다. [이제] 우리는 그가 이 개개의 잎들 모두에서 공통적인 무언가를 알아챘다고 말한다. 그에게 물었더니 그가 이 개개의 잎들 모두 공통으로 갖고 있는 어떤 특징이나 성질을 댈 수 있더라는 의미라면, 이 말은 참이다. 하지만 우리는 나뭇잎의 일반적 관념이란 시각적 상(그것도 모든 나뭇잎에 공통된 것만을 포함한 시각적 상)과 같은 어떤 것이라고 생각하는 경향이 있다(갈턴의 합성사진[11]). 이는 다시 단어의 의미란 상, 혹은 단어에 대응하는 사물이라는 관념과 연관되어 있다(이는 거칠게 말하면, 우리가 단어들을 모두 마치 고유명사인 것처럼 여기고, 그다음에는 이름의 담지체를 이름의 의미로 착각한다는 것을 의미한다).

---

11) '합성사진'(composite portraiture)은 영국의 우생학자·통계학자 갈턴(Francis Galton, 1822~1911)이 1883년 제시한 사진으로서, 똑같은 각도·크기·조명에서 찍은 여러 인물들의 사진을 겹쳐 이들 사이에 공통된 '전형적' 모습을 추출해낸 사진이었다. 갈턴은 특정 인물군의 '전형성'을 보여주는 이 사진이 범죄자 식별(가령 "특정 체형은 특정 범죄와 관련 있다"는 식)에 도움이 된다고 주장했으나 결국 이 실험은 실패로 돌아갔다.

(c) 다시, '나뭇잎'과 '식물' 같은 일반적 관념을 파악할 때 일어나는 일에 대해 우리가 갖고 있는 관념은 가설적인(hypothetical) 정신적 기제의 상태를 의미하는 정신적 상태와 의식의 상태(치통 등)를 의미하는 정신적 상태의 혼동과 연관되어 있다.

(d) 일반성에 대한 우리의 갈망은 '과학의 방법에 대한 열광'이라는 또 다른 주요 원천을 갖는다. 자연현상에 관한 설명을 가능한 한 가장 적은 수의 기본적인 자연법칙들로 환원시키는 방법 말이다. 수학에서라면 일반화를 사용해 상이한 법칙들을 통일시켜 취급하는 방법이다. 철학자들은 늘 눈앞의 과학적 방법을 보고, 과학이 하는 식으로 질문하고 대답하려고 하는 뿌리치기 힘든 유혹을 받는다. 이 경향이야말로 형이상학의 진정한 원천이며, 철학자들을 완전한 어둠으로 이끄는 것이다. 여기서 나는 이렇게 말하고 싶다. 어떤 것을 어떤 것으로 환원하는 것, 혹은 어떤 것을 설명하는 것은 결코 우리의 일이 될 수 없다고. 사실 철학은 '순수하게 기술적(記述的)'인 것**이다**("감각자료는 있는가?"와 같은 질문을 생각해보라. 그리고 이렇게 물어보라. 이 물음을 해결하는 데에는 어떤 방법이 있을까? 내성[內省]?).

"일반성에 대한 갈망"이라고 하는 대신에 나는 "개별적 경우에 대한 경멸적 태도"라고 할 수도 있었을 것이다. 만약 누군가가 수의 개념을 설명하려 하면서 우리에게 이러저러한 정의는 가령 유한의 기수(基數)에만 적용되기 때문에 불충분하거나 부적절하다고 말한다면, 나는 그가 그와 같은 한정된 정의를 내릴 수 있었다는 사실만으로도 이 정의는 우리에게 매우 중요한 것이 된다고 대답할 것이다(우리가 추구하는 것은 우아함이 **아니다**). 유한수와 초한수가 갖는 공통점이 왜 그것들을 구별해주는 점보다 우리에게 더 흥미로워야 하는가? 아니, 나는 "왜 그게 우리에게 더 흥미로워야 하는가?"라고 말하지 말았어야 한다. 그것은 더 흥미롭지 **않다**. 그리고 이것이 우리 사고방식의 특징이다.

논리학에서 좀더 일반적인 것과 좀더 특수한 것에 대한 [전자를 존중하고 후자를 차별하는] 태도는 혼동을 일으키기 쉬운 "종류"라는 단어의 사용법과 관련이 있다. 우리는 수의 종류, 명제의 종류, 증명의 종류에 대해 얘기한다. 그리고 사과의 종류, 종이의 종류 등에 대해서도 얘기한다. 어떤 의미에서 종류를 규정하는 것은 달콤함이나 딱딱함 등과 같은 속성들이다. [그렇지만] 다른 의미에서 상이한 종류들이란 상이한 문법적 구조들이다. 과수원예학 논문에 언급되지 않은 사과의 종류들이 있다면, 그 논문은 불완전한 것으로 평가될 것이다. 이 경우에는 자연 속에 완전성의 기준이 있다. 반면에 체스와 비슷하지만 폰[졸(卒)]을 사용하지 않는 더 단순한 게임이 있다고 하자. 우리는 이 게임을 불완전하다고 해야 할까? 아니면, 특정한 방식으로 체스를 포함하면서 새로운 요소들을 더한 게임이 있다면, 그 게임이 체스보다 더 완전하다고 해야 할까? 논리학에서 덜 일반적으로 보이는 것에 보내는 경멸은 그것이 불완전하다는 생각에서 나온다. 기수 산수(cardinal arithmetic)를 좀더 일반적인 어떤 것에 비해 특수한 어떤 것이라고 얘기하는 것은 사람들을 혼동케 한다. 기수 산수에는 불완전함의 흔적이 전혀 없다. 유한 기수 산수에서도 마찬가지다(논리형식들 사이에는 종류가 다른 사과의 맛에 존재하는 것과 같은 미묘한 차이들이 없다).

가령 "바라기", "생각하기", "이해하기", "의미하기" 같은 단어의 문법을 연구한다면, 바라기나 생각하기 등의 다양한 [구체적] 경우를 기술하는 것으로 족하리라. 누군가 "분명히 이것은 '바라기'라 부르는 것의 전부가 아니야"라고 말한다면, 우리는 이렇게 대답할 것이다. "물론 아니지. 하지만 원한다면 더 복잡한 경우들을 구성해도 좋아." 결국 '바라기'의 모든 경우들을 특징짓는 어떤 일정한 특징군(特徵群)은 존재하지 않는다(적어도 '바라기'라는 단어가 통상의 사용법으로 쓰이고 있는 한). 반면에 당신이 '바라기'의 정의를 내리고 싶다면, 즉 뚜렷한 경계선을 긋고 싶다면, 당신이 원하는 대로 자유롭게 한번 선을 그어보라. 하지만 그 경계가 실제의 사용법과 완벽하게 일치하는 일은 결코 없을 것이다. 실제의 사용법에는 뚜렷한 경계가 없기 때문이다.

일반명사의 의미를 명확히 하려면 일반명사의 모든 적용을 통해 공통하는 요소를 찾아야 한다는 관념이 철학적 탐구를 방해해 왔다. 그런 관념은 아무런 성과도 이끌어내지 못했을 뿐만 아니라, 철학자들로 하여금 [일반명사의] 구체적인 적용사례를 사안과 무관한 것으로 기각하게 만들었다. 오직 그 적용사례만이 일반명사의 사용법을 이해하는 데 도움을 줄 수 있는데도 말이다. 소크라테스가 "지식이란 무엇인가?"라고 물을 때, 그는 지식의 [구체적인] 사례들을 열거하는 것을 **예비적인** 대답으로 여기지조차 않았다.* 만약 내가 산수란 어떤 종류의 것인지 알아내고 싶다면, 나는 유한 기수 산수의 예를 탐구하는 것만으로도 정말 만족해야 할 것이다. 왜냐하면,

(a) 이것이 나를 [거기서부터 출발해서 더욱 더] 복잡한 문제들로 이끌 것이기 때문이고,

---

* [지은이주] Platon, *Theaetetus*, 146D~7C

(b) 유한 기수 산수는 불완전한 것이 아니어서, [그것 이외의] 산수의 나머지 영역에 의해 보충되어야 할 갭이 있는 게 아니기 때문이다.

만약 A가 4시에서 4시 30분 사이에 B가 자기 방으로 오길 기대한다면, 그때 [A에게는] 무슨 일이 생길까? "4시부터 4시 30분까지 무언가를 기대한다"는 구절이 사용될 때, 그것은 어떤 의미에서 확실히 그 시간대에 지속되는 단 하나의 과정이나 마음상태를 가리키는 것이 아니라, 매우 다양한 활동과 마음상태를 가리킨다. 가령 B가 차를 마시러 [내 방으로] 오는 것을 기대한다고 할 때, [내게] 일어나는 일은 이런 것일 **게다**. 4시에 나는 수첩을 보고 오늘 날짜에 적혀 있는 "B"라는 이름을 본다. 나는 두 사람 몫의 차를 준비한다. 한순간 "B가 담배를 피던가?" 생각하고는 담배를 꺼내둔다. 4시 30분이 되어가자 나는 안절부절하기 시작한다. B가 내 방에 들어오는 모습을 상상한다. 이 모든 것이 "4시부터 4시 30분까지 B를 기대하기"라고 불리는 것이다. 우리 모두가 똑같은 표현으로 기술하는 이 과정에는 무한히 많은 변형태들이 있다. 만약 어떤 사람이 차 마시러 오는 누군가를 기대하는 여러 과정들 사이에 존재하는 공통점이 무엇이냐고 묻는다면, 대답은 비록 많은 공통적 특성들이 교차하고 있으나 그 과정들 모두에 공통된 하나의 특성은 없다는 것이다. 기대의 이 [다양한] 사례들은 하나의 가족을 이룬다. 그것들은 분명히 정의되지 않은 가족유사성을 갖는다.

"기대"라는 단어를 [위와는] 완전히 다르게 사용하는 사용법도 있다. 즉, 어떤 특정한 감각을 가리키기 위해 사용하는 경우다. "바람", "기대" 같은 단어를 이처럼 [어떤 특정 감각을 의미하는 단어로] 사용하는 것은 누구에게나 쉽게 머리에 떠오른다. 이 사용법과 위에 기술된 사용법은 명백히 관련되어 있다. 많은 경우, 우리가 앞서 기술한 의미에서 누군가를 기대한다면 의심할 바 없이 그 기술된 행위들의 일부 혹은 전부에 어떤 독특한 느낌(긴장)이 수반된다. 바로 이 긴장의 경험을 의미하는 데 "기대"라는 단어를 사용하는 것은 자연스러운 일이다.

그럼 이제 이런 물음이 제기된다. 이 느낌을 [그냥] "기대감"이라 불러야 할까? 아니면 "B가 올 것이라는 기대감"이라 불러야 할까? 전자의 경우라면, 당신이 기대하고 있는 상태에 있다고 말하는 것은 당신이 이러저러한 일이 일어날 것이라 기대하는 상황을 온전히 기술해주지 못한다는 것은 명백하다. [그렇지만] 후자의 경우는 종종 성급하게 "이러저러한 일이 일어날 거라고 기대한다"는 구절의 사용법에 대한 설명으로 제시되곤 한다. 그리고 당신은 심지어 이 설명으로 자신이 안전한 지반 위에 서 있다고 생각할지도 모른다. 왜냐하면 그 후로 제기되는 모든 물음은, 기대의 느낌이란 [그 이상은] 정의가 불가능하다고 말함으로써 처리해버릴 수 있기 때문이다.

이제 어떤 특정한 느낌을 "B가 올 거라는 기대"라고 부르는 데 이의는 없다. 심지어 그 같은 표현을 사용하는 데에는 그럴만한 실용적 이유가 있을지도 모른다. 다만 이 점만은 주목하라. 즉, 우리가 "B가 올 거라고 기대하기"라는 구절의 의미를 이런 방식으로 설명했다고 해도, 그로써 "B"의 자리에 다른 이름을 집어넣을 때 생기는 구절들까지 설명된 것은 아니라는 점이다. 우리는 "B가 올 거라고 기대하기"라는 구절이 "x가 올 거라고 기대하기"의 함수값이 아니라고 말할 수 있을 것이다. 이를 이해하려면, 이 경우를 "나는 x를 먹는다"는 함수의 경우와 비교해보라. 특별히 "의자를 먹는다"라는 표현의 의미를 배우지 않았어도, 우리는 "나는 의자를 먹는다"라는 명제를 이해한다.

위의 경우에 "나는 B를 기대한다"는 표현 속에서 이름 "B"가 하는 역할은 "브라이트 병"(Bright? disease)이라는 표현에서 명사 "브라이트"가 하는 역할과 비교될 수 있다.[*] "브라이트 병"이 [의사 브라이트가 발견한] 어떤 특정한 병을 의미할 때 그 말이 갖는 문법과, 브라이트가 걸린 병을 의미할 때 갖는 문법을 서로 비교해보라. 나는 전자의 경우에 "브라이트"라는 단어는 복합**명사** "브라이트 병"의 어떤 지표인 데 반해, 후자의 경우에는 "'x'의 병"이라는 함수의 독립변수의 값이라 부름으로써 양자의 차이를 특징짓고 싶다. 지표가 무언가를 **암시한다**고 말할지도 모르겠다. 그리고 그런 종류의 암시는 천차만별의 방식으로 정당화될 수 있을 것이다. 따라서 어떤 느낌을 "B가 올 거라는 기대"라고 부르는 것은 그 느낌에 복합명을 부여하는 것이다. 그리고 "B"는 통상 그 느낌에 뒤이어 모습을 드러내는 그 사람을 암시할 것이다.

혹은 우리는 "B가 올 거라는 기대"라는 구절을 어떤 감각의 이름(복합명)으로서가 아니라 그 감각의 한 특성으로 사용할 수도 있을 것이다. 예컨대 우리는 이렇게 설명할 수도 있을 것이다. 어떤 긴장감이 B가 등장함으로써 해소된다면 그 긴장감은 'B가 올 거라는 기대'라고 말이다. 만약 이것이 우리가 그 구절을 사용하는 방법이라면, 우리는 우리의 기대가 충족되기 전까지는 자기가 무엇을 기대하는지 모른다고 말하는 것이 옳다(러셀을 참조하라). 그러나 누구라도 이것이 "기대"라는 단어를 사용하는 유일한 방법 혹은 가장 일반적인 방법이라고 믿을 수 없다. 내

---

[*] [지은이주] 『논리-철학논고』, 5.02.

가 어떤 사람에게 "당신은 누가 오는 것을 기대하느냐?"라고 묻고는 대답을 들은 후 재차 "당신이 기대하는 게 다른 사람이 아니라는 게 확실한가?"라고 묻는다면, 대개의 경우 이 물음은 어리석은 것으로 여겨질 것이고, 그에 대한 대답은 이런 것이 될 것이다. "물론 나는 내가 누구를 기대하는지 틀림없이 알고 있다."

러셀이 "바라기"라는 단어에 부여하는 의미는 이렇게 특징지을 수 있다. 즉, 그에게 그것(바라기)은 일종의 배고픔을 의미한다고. 어떤 특정한 공복감이 어떤 특정한 것을 먹음으로써 없어지리라는 것은 하나의 가설이다. "바라기"라는 단어를 러셀 식으로 사용한다면, "나는 사과를 바랐지만 배가 나를 만족시켰다"고 말하는 것은 의미가 없게 된다.[*] 하지만 우리는 때때로 그런 말을 하곤 하는데, 그때 우리는 "바라기"라는 단어를 러셀과는 다른 방식으로 사용하고 있다. 이런 의미에서 우리는 바람은 이뤄지지 않았어도 바라기의 긴장은 풀렸다고 말할 수도 있고, 바라기의 긴장은 풀리지 않았지만 바람은 이뤄졌다고 말할 수도 있다. 즉, 이런 의미에서 나의 바람이 이뤄지지 않았어도 내가 만족하는 일이 있을 수 있다.

이제 문제가 되고 있는 [바라기의 의미의] 차이는 간단히 말하면 이것으로 귀결된다고 말하고 싶어질지도 모르겠다. 즉, 우리는 자신이 뭘 바라는지 알고 있는 경우도 있지만 모르는 경우도 있다고. 확실히 우리가 다음과 같이 말하는 경우들이 있다. "나는 갈망을 느끼지만, 무엇을 갈망하는지는 모르겠다." 혹은 "나는 공포를 느끼지만, 무엇을 무서워하

---

* [지은이주] Bertrand Russell, *Analysis of Mind*, 1921. 특히 III장을 참조하라.

는지 모르겠다". 아니면 "나는 공포를 느끼지만, 딱히 두려운 게 있는 것은 아니다".

이 경우들에 대해 우리는 우리가 딱히 대상을 지시하지 않는 어떤 감각들을 갖고 있다고 말할 수 있을 것이다. "대상을 지시하지 않는"이라는 구절은 어떤 문법적 구별을 도입한다. 만약 우리가 그런 감각들을 나타내기 위해 "두려워하다", "갈망하다" 등의 동사를 사용한다면, 그 동사들은 자동사가 될 것이다. [이 경우] "나는 두렵다"는 "나는 운다"와 비슷한 문장이 될 것이다. 우리는 어떤 것 때문에 울지 모르지만, 우리로 하여금 울게 만드는 그 어떤 것은 우는 과정의 구성요소가 아니다. 즉, 무엇 때문에 우는지 굳이 언급하지 않고도 우리는 우리가 울 때 발생하는 모든 것을 기술할 수 있다는 얘기다.

여기에서 내가 우리는 "나는 두렵다"라는 표현과 그와 유사한 표현들을 오직 타동사적으로만 사용해야 한다고 제안했다고 하자. 전에는 (자동사적으로) "내게 두려움의 느낌이 있다"고 말했던 것을 이제는 "나는 무언가를 두려워하지만, 그게 무엇인지는 모른다"고 바꿔 말하게 될 것이다. 이런 용어법에 이의가 있을까?

이렇게 말할 수 있을 것이다. "그때 우리는 '안다'라는 단어를 기이한 방식으로 사용하고 있는 것이라는 사실을 제외하면 이의는 없다." 이런 경우를 생각해보자. 우리는 정체를 알 수 없는 막연한 두려움을 갖고 있다. 후에 우리는 "나는 내가 무엇을 두려워했는지 이제는 안다. 나는 이런저런 일이 일어나는 게 두려웠다"고 말하게 되는 경험을 하게 된다. 그럼 나의 첫 느낌[두려움]을 자동사로 기술하는 것이 옳은가, 나의 두려움에 대상이 있다는 것을 몰랐지만 실제로는 그 두려움에 대상이 있었다고 말해야 하는가? 이 두 가지 형식의 기술 모두가 사용될 수 있다. 이를 이해하기 위해 다음의 예를 검토해보자. 흔히 우리가 치통이라고 부르는 것이 수반되지 않은 어떤 충치상태를 "무의식적 치통"이라 부르고, 그 경우 "우리는 치통을 앓고 있으나 그것을 알지 못한다"는 표현을 사용하는 것이 외려 실제적이라고 생각되는 경우도 있을 수 있다. 정신분석학이 무의식적 사유, 무의식적 의지발동 등에 대해 말하는 것은 정확히 이런 의미에서다. 그럼 이런 의미에서 나는 치통을 앓고 있지만 그것을 알지 못한다고 말하는 것은 잘못된 것일까? 그렇게 말하는 것에 잘못된 것이라곤 아무것도 없다. 왜냐하면 그것은 단지 새로운 용어법일 뿐이며, 언제라도 일상언어로 다시 번역될 수 있기 때문이다. 그렇다고 하더라도 그 용어법은 "알다"라는 단어를 명백히 새로운 방식으로 사용하고 있다. 만약 당신이 이 ["알다"라는] 표현이 어떻게 사용되는지 살펴보고 싶다면, "이 경우 알기에 이르는 과정은 어떤 것인가?", "우리는 무엇을 '알기에 이르다', 또는 '발견하다'라고 부르는 것일까?"라고 자문하는 게 도움이 될 것이다.

우리의 새로운 [용어법의] 규약에 따라 "나는 무의식적 치통을 앓고 있다"고 말하는 것은 잘못이 아니다. 그 표기법에서 통증을 주는 충치와 통증을 주지 않는 충치를 구별해야 한다는 것 이상으로 무엇을 요구할 수 있겠는가? 하지만 [새로운 규약에 의한] 이 새로운 표현은 우리의 규약을 일관되게 관철시키기 어렵게 만드는 여러 삽화들과 비유들을 환기시켜 우리를 그릇된 길로 이끈다. 그리고 이 삽화들은 우리가 [언어사용을] 끊임없이 경계하지 않으면 떨쳐버리기가 너무 힘들다. 우리가 철학을 할 때, 즉 사물에 대해 **말하는 것**을 숙고할 때 특히 그렇다. 그래서 "무의식적 치통"이라는 표현에 의해, 당신은 어떤 의미에서 우리의 이해력을 완전히 뒤흔들어 놓는 것과 같은 놀랄만한 발견이 이뤄졌다고 생각하도록 오도되거나, 혹은 그 표현에 극도로 혼란(철학의 혼란)을 느끼며 "어떻게 무의식적 치통이라는 게 가능한가?"라는 유의 질문을 할 수도 있을 것이다. 이 경우 당신은 무의식적 치통의 가능성을 부정하고 싶어 할지도 모른다. 그러나 과학자는 당신에게 무의식적 치통이 존재한다는 것은 증명된 사실이라고 말할 것이다. 그것도 일상적 편견을 깨는 사람의 어조로 말할 것이다. 그는 이렇게 말할 것이다. "아주 간단하다. 당신이 알지 못하는 것들이 많이 있듯이, 당신이 모르는 치통도 있을 수 있다. 그것은 단지 새로운 발견일 뿐이다." 당신은 만족스럽지 않을 테지만, 뭐라고 대답해야 할지 모를 것이다. 이런 상황은 과학자들과 철학자들 사이에 끊임없이 일어난다.

그와 같은 경우, 우리는 "'무의식적으로', '알다' 등등의 단어가 **이 경**우[예를 들면 일상생활의 경우]에 어떻게 사용되고, 다른 경우[예를 들면 철학하는 경우]에는 어떻게 사용되는지 살펴보자"고 말함으로써 사안을 분명하게 할 수 있을 것이다. **이 사용법들 간의 유사성은 어디까지 유지될까?** 우리는 우리에게 익숙한 표기법의 주문을 깨기 위해 새로운 표기법을 도입하려고도 할 것이다.

이미 말했듯이 "알다"라는 단어의 문법(사용법)을 조사하는 하나의 방법은 우리가 검토하고 있는 특정한 경우에 무엇을 우리는 "알게 되다"라고 불러야 하는 것일까를 자문하는 것이었다. 우리는 이 물음이 "알다'라는 단어의 의미는 무엇인가?"라는 물음과는, 설사 관계가 있다고 해도 막연하게만 관련되어 있다고 생각하고 싶어 한다. "이 경우 '알게 되다'는 어떤 것인가?"라고 묻는 것은 논의의 초점에서 벗어난 것처럼 보인다. 그러나 이 질문은 진정으로 '알다'라는 단어의 문법에 관한 질문이다. 이것은 "우리가 '알게 되다'라고 **부르는** 것은 무엇인가?"와 같은 형태로 표현하면 한층 분명해진다. **이것이** 우리가 "의자에 앉아 있다"라고 부르는 것이다라고 하는 것은 "의자"라는 단어의 문법의 일부다. 그리고 **이것은** 우리가 "의미의 설명"이라 부르는 것이다라는 것은 "의미"라는 단어의 문법의 일부다. 마찬가지로 다른 사람이 치통을 앓고 있다는 것에 관한 나의 판정기준을 설명하는 것은 "치통"이라는 단어에 관한 문법적 설명을 주는 것이며, 이런 의미에서 "치통"이라는 단어의 의미에 관한 설명을 주는 것이다.

"아무개가 치통을 앓는다"라는 구절의 사용법을 배울 때, 우리는 치통을 앓는다고 일컬어지는 사람들이 보여주는 행위가 어떤 것인가를 배우게 된다. 그와 같은 행위의 한 예로 볼을 누르는 것을 들어보자. 그런데 어떤 상황에서, 이 제1의 판정기준이 나에게 어떤 사람이 이가 아프다는 사실을 말해줄 때, 관찰을 통해 내가 그 사람의 볼에 언제나 붉은 반점이 나타나는 것을 발견했다고 하자. 그런데 내가 누군가에게 "나는 A가 치통을 앓고 있다는 것을 안다. 그의 볼에 붉은 반점이 있다"고 말했다고 하자. 그는 내게 "붉은 반점을 보고 A가 치통을 앓고 있다는 것을 어떻게 아는가?"라고 물을지도 모른다. 그러면 나는 [볼을 누르는 것과 같은] 현상은 항상 붉은 반점과 함께 나타났다는 사실을 지적해야 할 것이다.

그는 계속해 이렇게 물을지도 모른다. "당신은 그가 볼을 누를 때 치통을 앓는지 어떻게 아는가?" 이에 대해 이렇게 대답했다고 하자. "나도 치통을 앓을 때 볼을 누르므로, 그가 볼을 누르면 그는 치통을 앓고 있는 것이다." 그러나 다시 계속해 이렇게 묻는다면 어떨까? "그러면 왜 당신은 당신의 치통이 당신이 볼을 누르는 것과 대응관계에 있다고 그의 치통도 그가 그의 볼을 누르는 것과 대응관계에 있으리라 가정하는가?" 당신은 이 질문에 어떻게 대답해야 할지 몰라 쩔쩔매며, 여기서 우리가 마침내 바닥으로 떨어졌다는 사실을, 즉 [언어사용의] 규약에까지 내려왔다는 사실을 깨닫게 될 것이다(만약 마지막 물음에 대한 대답으로 사람들이 볼을 누르는 것을 보고 우리가 물을 때마다 그들이 "나는 치통을 앓고 있다"고 대답한 사실을 제시한다면, 이 경험은 단지 당신의 볼을 누르는 것과 어떤 말을 하는 것을 대응시키는 것일 뿐임을 기억하라).

어떤 초보적 혼란을 피하기 위해 두 가지 대조되는 용어를 도입하자. "당신은 이러저러하다는 것을 어떻게 아는가?"라는 물음에 우리는 때로는 '[식별]기준'을 제시함으로써, 때로는 '증상'(symptoms)을 제시함으로써 대답을 한다. 의학에서 특정한 세균에 의한 염증을 후두염이라고 부르고, 우리가 특정한 경우에 "당신은 왜 이 사람이 후두염에 걸렸다고 말하는가?"라고 묻는다 하자. 이때 "그의 피 속에서 내가 이러저러한 균을 발견했다"는 [의사의] 대답은 기준, 즉 우리가 후두염의 정의적 기준이라고 부를 수 있는 것을 제시해준다. 반면에 [의사가] "그의 목에 염증이 있다"고 대답했다면, 그것은 우리에게 후두염의 증상을 제시하는 것이리라. 내가 '증상'이라 부르는 것은, 경험을 통해 우리의 정의적 기준이 되는 현상과 어떤 방식으로든 일치하는 것으로 드러난 그런 현상을 말한다. 따라서 "만일 이 세균이 그의 체내에서 발견된다면 그는 후두염에 걸린 것이다"라고 말하는 것은 동어반복이거나, "후두염"의 정의를 진술하는 부정확한 방식인 셈이다. 반면 "한 남자가 목에 염증이 생길

때마다 그는 후두염에 걸린다"고 말하는 것은 어떤 [경험적] 가설을 세우는 것이다.

실제로는 누군가 당신에게 어떤 현상이 정의적 기준이고 어떤 현상이 증상이냐고 묻는다면, 대부분의 경우 당신은 미봉책으로 자의적 결정을 내리지 않는 한 이 질문에 대답할 수 없을 것이다. 하나의 현상을 정의적 기준으로 취해 어떤 단어를 정의하는 것이 실제적일지도 모른다. 하지만 그것은 최초의 사용법에서는 증상이었던 것으로 그 단어를 쉽게 정의하는 것이 될 것이다. 의사들은 어떤 현상을 기준으로 보고 어떤 현상을 증상으로 봐야 할지 결정하지 않은 채 병명(病名)들을 사용한다. 하지만 그렇다고 이것이 통탄해야 할 명료성의 결여를 의미하는 것은 아니다. 일반적으로 우리는 언어를 엄격한 규칙에 따라 사용하지 않으며, 또한 그것을 엄격한 규칙에 따라 배우지도 않았다는 점을 기억하라. 다른 한편 [철학적] 논의를 하면서 **우리는** 항상 언어를 정확한 규칙에 따라 진행되는 계산과정과 비교한다.

이것은 언어를 보는 매우 일면적인 방식이다. 실제로 우리가 언어를 계산법처럼 사용하는 경우는 극히 드물다. 왜냐하면 언어를 사용할 때 우리는 어법(정의 등)의 규칙을 생각하지 않을뿐더러, 그런 규칙들을 제시하라는 요청을 받아도 대부분의 경우 그렇게 할 수 없기 때문이다. 우리는 우리가 사용하는 개념들을 명확하게 정의할 수 없다. 이는 우리가 참된 정의를 모르기 때문이 아니라, 그 개념들에는 참된 '정의'라는 것이 없기 때문이다. 참된 정의가 있어야만 **한다**고 가정하는 것은 어린아이들이 공을 가지고 놀 때마다 반드시 엄격한 규칙에 따라 놀이를 하고 있다고 가정하는 것과 마찬가지이다.

언어가 마치 정밀한 계산법에 사용되는 기호체계인 양 말할 때, 그 때 우리가 염두에 두는 언어는 차라리 과학과 수학에서 찾을 수 있다. 우리의 일상적 언어사용이 [과학과 수학에서 찾을 수 있는] 이런 엄격함의 기준에 부합하는 경우는 드물다. 그런데 왜 우리는 철학을 할 때 우리의 언어사용을 엄격한 규칙을 따르는 사용법처럼 여기는 것일까? 이에 대한 대답은, 우리가 제거하려고 하는 [철학적] 문제들은 항상 언어를 대하는 바로 이런 태도에서 비롯된다는 것이다.

가령 성 아우구스티누스 같은 이들이 던진 "시간이란 무엇인가?"라는 질문을 생각해보자. 언뜻 보기에 이 물음은 어떤 정의를 요구하는 듯하나, 곧 이런 의문이 떠오른다. "어떤 정의도 그저 우리를 정의되지 않는 다른 용어들로 이끌 뿐인데, 군이 정의를 내려 무엇하겠는가?" 그리고 "의자"의 정의가 없다고 당혹스러워하지 않는데 왜 유독 시간에 관해서만은 정의가 없다고 당혹스러워하는가? 왜 우리는 정의를 갖지 않은 모든 경우에 당혹스러워하지 않는가? 정의는 종종 한 단어의 **문법**을 분명히 해준다. 그리고 사실 우리를 당혹스럽게 만드는 것은 "시간"이란 단어의 문법이다. 단지 우리는 이 당혹감을, 다소 오해를 불러일으키는 "……는 무엇인가?"라는 물음으로 표현하고 있는 것이다. 이 물음은 산뜻하지 않은 기분, 정신적 불편함을 표현하는 언술이고, 어린아이들이 자주 묻는 "왜?"라는 물음과 매우 유사한 것이다. 어린아이들의 이 물음도 정신적 불편함의 표현일 뿐, 딱히 이유나 원인을 묻는 것이 아니다(하인리히 헤르츠, 『역학의 원리』, 1894). "시간"이라는 단어의 문법과 관련한 당혹감은 바로 그 문법 속에 존재하는 외견상의 모순(apparent contradiction)이라고도 부를 수 있는 것에서 생겨난다.

그것은 성 아우구스티누스가 다음과 같이 논증할 때 그를 당혹케 한 그런 모순이었다. '시간을 측정하는 것이 어떻게 가능한가? 과거는 지나가버려 측정할 수 없고, 미래는 아직 오지 않은 까닭에 측정할 수 없다. 그리고 현재는 **외연**(extension)이 없기에 측정할 수 없다.'

여기에서 일어나고 있는 것처럼 보이는 모순은 한 단어, 이 경우에는 "측정하다"라는 단어의 두 가지 다른 사용법[공간적 사용법과 시간적 사용법] 사이의 충돌이라고 말할 수 있을 것이다. 이렇게 말해도 괜찮다면, 성 아우구스티누스는 [공간적] **길이**(length)를 측정하는 과정을 생각하고 있는 것이다. 이를테면 하나의 띠가 우리의 눈앞을 빠르게 지나가고 있고 우리는 그 띠의 극히 일부분(현재)만 볼 수 있는데, 그 띠 위에 찍은 두 개의 표지 사이의 거리를 재는 것과 같은 것을 생각하고 있는 것이다. 이런 혼란스러움을 해결하는 길은 빠르게 지나가고 있는 띠 위의 표지 간의 거리에 적용되는 "측정"이라는 단어가 의미하는 것("측정"이라는 단어의 문법)을 시간에 적용될 때의 그 단어의 문법과 비교해보는 것이리라. 이 문제는 단순해 보일지 모른다. 하지만 그것은 우리 언어 안에 있는 두 개의 유사한 구조["시간을 측정한다"는 것과 "거리를 측정한다"는 것] 사이의 유비가 우리에게 만들어내는 환혹(幻惑) 때문에 매우 곤란한 문제가 된다(여기서 어린아이에게는 종종 한 단어가 두 가지의 의미를 가질 수 있다고 믿는 것이 거의 불가능하다는 점을 상기하면 도움이 될 것이다).

이제 분명해진 것처럼 시간의 개념에 관한 이 문제는 엄격한 규칙의 형태로 주어지는 대답을 요구한다. 혼란은 규칙에 관한 것이다. 또 다른 예를 들어보자. "지식이란 무엇인가?"라는 소크라테스의 질문이다.

여기에서는 경우가 훨씬 더 분명하다. 왜냐하면 여기에서는 학생이 정확한 정의의 예를 드는 것으로 논의를 시작해, 이것과의 유비 속에서 "지식"이라는 단어의 정의를 찾아 들어가기 때문이다. 일단 문제가 제기되면, 마치 "지식"이라는 단어의 일상적 사용법에 무언가 잘못된 게 있는 듯하다. 우리는 그 단어가 의미하는 바를 모르는 듯하고, 따라서 그 단어를 사용할 권리도 없는 것처럼 보인다. 이때 우리는 이렇게 대답해야 한다. "'지식'이라는 단어에 단 하나의 정확한 사용법이 있는 것은 아니다. 그런 사용법들을 몇 가지 머리에 떠올릴 수 있는 바, 그것들은 그 단어가 실제로 사용되는 방식과 다소간 일치할 것이다."

철학적으로 혼란에 빠진 사람은 한 단어가 쓰이는 방식에서 하나의 법칙을 보고, 그 법칙을 수미일관하게 적용하려고 애쓰다가, 역설적인 결과로 이끄는 경우들에 맞닥뜨리게 된다. 아주 종종 그런 문제에 관한 논의는 다음과 같이 진행된다. 먼저 "시간이란 무엇인가?"라는 문제가 제기된다. 이 물음은 마치 우리가 원하는 것이 정의라는 그릇된 인상을 준다. 우리는 정의야말로 (특정한 소화불량의 상태에서는 아무리 먹어도 제거할 수 없는 배고픔을 느끼는 것처럼) 말썽을 해결해주는 것이라는 잘못된 생각을 하게 된다. 다음에는 잘못된 정의로 그 질문에 대답하게 된다. 가령 "시간은 천체의 운동이다". 그다음 이 정의가 만족스럽지 못함을 깨닫는 것이다. 그러나 이것은 그저 우리가 "시간"이라는 단어를 "천체의 운동"이라는 것과 동의어로 사용하지 않음을 의미할 따름이다. 하지만 첫번째 정의가 잘못됐다고 말함으로써 우리는 이제 그것을 다른 것, 즉 올바른 것으로 대체해야 한다고 생각하는 유혹에 빠지게 된다.

이것을 수의 정의를 내리는 경우와 비교해보자. 여기서 수(number)

가 숫자(numeral)와 같다고 설명하는 것은 정의를 추구하는 첫 열망을 만족시킨다. 그리하여 이렇게 묻지 않을 수가 없다. "글쎄, 수가 숫자가 아니라면, 대체 **무엇이란** 말인가?"

내가 생각하는 철학이란 표현형식들이 우리에게 걸어놓은 환각에 맞서는 싸움이다.

단어들은 우리가 그것들에 부여한 의미를 갖는다는 것을 기억하기 바란다. 그리고 우리는 설명을 통해서 단어들에 의미를 부여한다. 내가 한 단어의 정의를 내리고 그에 따라 그 단어를 사용했을지도 모른다. 아니면 내게 단어의 의미를 가르쳐 준 사람들이 내게 그 설명을 부여한 것인지도 모른다. 그것도 아니면, 그 단어의 설명이란 우리가 질문을 받을 때 제시할 준비가 된 그 설명을 말하는지도 모르겠다. 즉, 우리는 어떤 설명을 부여할 준비가 **되어 있다**고 말할 수도 있다. 하지만 대부분의 경우에 우리는 준비되어 있지 않다. 이런 의미에서 많은 단어에는 엄밀한 의미가 없다. 그러나 이것이 결함은 아니다. 그렇게 생각하는 것은, 마치 내 등잔불의 빛이 뚜렷한 경계를 갖지 않기 때문에 진정한 빛이 절대로 될 수 없다고 말하는 것과 같다.

철학자들은 너무도 자주 조사하기, 분석하기, 단어의 의미에 대해 얘기한다. 하지만 잊지 말라. 한 단어는 우리와 관계없는 어떤 힘에 의해 의미를 갖게 된 것이 아니다. 그러므로 한 단어가 **진정으로** 의미하는 것이 무엇인지 알아내기 위해 일종의 과학적 탐구를 할 수 있으리라 착각하지 말라. 한 단어는 누군가가 부여한 의미만을 갖는다.

명확하게 정의된 몇 개의 의미를 갖는 단어들이 있다. 그 의미들을 표로 만들기는 쉽다. 그리고 서로 점진적으로 변하면서 수천 가지 다른 방식으로 사용된다고 할 수 있는 단어들이 있다. 우리가 그것들의 사용법을 위한 엄격한 규칙들을 표로 만들 수 없다고 해서 전혀 놀랄 일이 아니다.

철학에서 우리가 이상언어를 일상언어에 대립되는 것으로 간주한다고 말하는 것은 잘못이다. 왜냐하면 그것은 마치 우리가 일상언어를 개선할 수 있다고 생각하는 듯이 보이게 하기 때문이다. 하지만 일상언어에는 아무 문제도 없다. 우리가 '이상언어들'을 구성한다면, 그것은 그것으로 일상언어를 대체하기 위해서가 아니다. 그저 일반 단어의 정확한 사용법을 파악했다고 생각함으로써 자기 머릿속에서 발생하는 문제점을 제거하기 위해서다. 우리의 방법이 단어들의 실제 사용법을 열거하는 데 그치지 않고, 의도적으로 새로운 사용법을 만들어내는 것 역시 그 때문이다. 그것들 중 몇몇은 그것들의 부조리한 외양 때문에 새로 만들어낸 것이다.

우리의 방법으로써 특정한 유비들이 일으키는 오도(誤導)의 효과를 차단하려 한다고 말할 때, 유비가 우리를 오도한다는 생각은 뚜렷이 정의된 게 결코 아니라는 점을 이해하는 것이 중요하다. 한 사람이 유비에 오도됐다고 해야 하는 경우들 주위에 뚜렷한 경계선을 그을 수는 없다. 유비적 패턴 위에 구축된 표현들의 사용법은 종종 서로 멀리 떨어진 경우들 사이의 유비를 강조한다. 그리고 그렇게 함으로써 그 표현들은 대단히 유용해질 수도 있다. 대부분의 경우에, 유비가 우리를 오도하기 시작하는 정확한 지점을 보여주기란 불가능하다. 모든 특정한 표기법은 어떤 특정한 관점을 강조한다. 이를테면 우리의 탐구를 "철학"이라고 부른다면, 한편으론 이 명칭은 적절한 듯하지만, 다른 한편으론 확실히 사람들을 오도한 것이다(어떤 사람은 우리가 다루는 주제가 이제까지 "철학"이라고 불려온 주제의 계승자 중의 하나라고 말할지도 모른다). 우리가 특별히 누군가가 표현형식에 오도됐다고 말하고 싶은 경우는, 다음과 같이 말하는 경우다. "만일 그가 이러저러한 단어의 문법에서 이 차이를 안다면, 혹은 그가 이 다른 표현의 가능성을 안다면, 그렇게 말하지는 않을 텐데." 그리하여 몇몇 철학하는 수학자들에 대해 말하자면, 그들은 확실히 "증거"라는 단어의 여러 사용법 사이의 차이를 모르는 것 같다. 그리고 "종류"라는 단어의 사용법들 사이의 차이도 분명하게 알지 못하는 듯하다. 그들은 "종류"라는 단어가 마치 "사과 종류"라는 문맥에서와 같은 것을 의미하는 양, 그렇게 수의 종류, 증명의 종류에 대해 얘기한다. 혹은 이렇게 말할 수도 있겠다. 그들은 오각형의 구성의 발견에 대해 얘기하는 경우와 남극의 발견에 대해 얘기하는 다른 경우 사이에 존재하는, "발견"이라는 단어의 상이한 의미들의 차이를 알지 못한다고.

"갈망하기", "두려워하기", "기대하기" 같은 단어의 타동사적 사용법과 자동사적 사용법을 구별했을 때, 누군가 난점을 피하기 위해 다음과 같이 말할지도 모른다고 한 바 있다. "두 경우의 차이는 그저 전자의 경우에는 우리가 무엇을 바라고 있는지를 알고, 후자의 경우에는 모른다는 것이다." 내 생각에, 이렇게 말하는 이는 자기가 설명해서 없애려고 하는 그 차이가 그 두 경우에 "알다"라는 단어의 사용법을 조심스레 살펴보면 다시 나타난다는 것을 모르는 듯하다. "그 차이는 그저 …… 이다"라는 표현은 마치 우리가 그 경우를 분석해 단순한 분석을 발견해낸 것 같은 인상을 준다. 전혀 다른 이름을 가진 두 실체가 구성에서는 거의 다르지 않다는 것을 지적할 때처럼 말이다.

우리는 이 경우에 두 가지 표현을 모두 사용할 수 있다고 말한 바 있다. 즉, "우리는 갈망을 느낀다"(여기서 "갈망하다"는 자동사적으로 사용되고 있다)와 "우리는 갈망을 느끼나 무엇을 갈망하는지는 모른다". 우리가 서로 모순이 되는 듯한 두 표현형식 중 어느 것을 사용해도 옳다고 하면 이상해 보일지 모르겠지만 그런 경우가 꽤 자주 있다.

이를 명확히 하기 위해 다음의 예를 사용해보자. 우리는 $x^2 = -1$이라는 방정식의 해(解)는 $\pm\sqrt{-1}$이라고 말한다. 하지만 이 방정식이 해가 없다고 했던 때가 있었다. 이 진술은, 우리에게 해를 말해줬던 진술과 일치하든 일치하지 않든, 확실히 그것이 갖고 있던 복수의 해를 갖고 있지 않다. 그러나 우리는 방정식 $x^2 + ax + b = 0$이 해를 갖지 않고 α만큼 β라는 근사치에 접근한다고 말함으로써 손쉽게 거기에 복수의 해를 줄 수 있다. 비슷하게 우리는 "하나의 직선은 항상 원을 절단한다. 때로는 실수 점에서, 때로는 복소수 점에서", 혹은 "직선은 원을 절단하거나, 혹은 절단하지 않고 거기서 α만큼 떨어져 있다". 이 두 진술은 완전히 같은 것을 의미한다. 그것들은 한 사람이 그것을 어떻게 보고 싶어 하냐에 따라 더 충분할 수도, 덜 충분할 수도 있을 것이다. 그는 절단하는 것과 절단하지 않는 것 사이의 차이를 가능한 한 불분명하게 만들고 싶어할지도 모른다. 다른 한편 그는 그 차이를 강조할 수도 있다. 어느 쪽의 경향이든 그가 설정한 특정한 실용적 목적에 따라 모두 정당화될 수 있을 것이다. 하지만 이것이 그가 하나의 표현형식을 다른 것보다 선호하는 이유가 전혀 아닐지도 모른다. 그가 어느 형식을 선호하는지, 그리고 그가 도대체 그런 류의 선호를 갖고 있는지 여부는 종종 그의 사유의 깊이 뿌리박힌 일반적 경향들에 달려 있다.

(한 사람이 다른 사람을 경멸하는데도 그것을 모르는 경우가 있다고 말해야 할까? 아니면 그런 경우란 그 사람을 경멸할 의도가 없는데 그를 대하기를 일반적으로 그를 경멸하는 것에 해당하는 방식[목소리 톤 같은 것]으로 하고 있다고 해야 할까? 어느 표현형식이든 옳다. 하지만 양자는 전혀 다른 마음의 경향들이다.)

"바라다", "기대하다", "열망하다" 같은 표현의 문법을 검토하는 것으로 돌아가, "나는 이러저러한 일이 일어나기를 바란다"는 표현이 의식적 과정의 직접적 기술이 되는 가장 중요한 경우를 생각해보자. 말하자면 "그것이 당신이 바라는 것임을 확신하는가?"라는 물음에 "물론 나는 내가 바라는 게 무엇인지 안다"고 대답하고 싶은 경우 말이다. 이 대답을, "당신은 ABC를 아는가?"라는 물음에 우리 대부분이 제시할 대답과 비교해보자. 당신이 그것을 안다는 강한 단언은 앞의 단언의 그것과 비슷한 의미를 갖는가? 두 주장 모두 질문을 기각해버린다. 하지만 앞의 주장이 말하고자 하는 바는 "물론 나는 이처럼 단순한 것을 안다"는 게 아니라 외려 "당신이 내게 물은 것은 말이 안 된다"는 것이리라. 이렇게 말할 수도 있을 것이다. 이 경우 우리는 질문을 치워버리는 그릇된 방법을 채택하고 있는 것이다. "물론 나는 안다"는 말은 여기서 "물론 의심이란 있을 수 없다"는 말로 바꿔놓을 수도 있을 것이며, 그것도 "이 경우에 의심에 관해 말하는 건 무의미하다"는 뜻으로 해석될 수 있을 것이다. 이런 식으로 "물론 나는 내가 바라는 것을 안다"는 대답은 문법적인 진술로 해석될 수 있다.

이는 마치 "이 방에 길이가 있는가?"라고 묻자 누군가 "물론 있다"고 대답하는 경우와 비슷하다. 그는 "말도 안 되는 질문을 하지 말라"고 대답할 수도 있었을 것이다. 다른 한편 "그 방에는 길이가 있다"는 말은 문법적 진술로 사용될 수 있다. 그때는 "그 방의 길이는 …… 피트다"라는 형식의 문장이 의미가 있다는 것을 뜻할 것이다.

대단히 많은 철학적 난점들이 지금 우리가 살펴보고 있는 "바라다", "생각하다"와 같은 표현들의 의미와 연관되어 있다. 이 모든 난점들은 다음과 같은 물음으로 요약될 수 있다. "어떻게 우리는 사실이 아닌 것을 생각할 수 있는가?"

이것은 철학적 물음의 적절한 예다. 그것은 "사람은 어떻게 ……할 수 있는가?"라고 묻고 있다. 이 물음은 우리를 당혹스럽게 하나, 다른 한편 사실이 아닌 것을 생각하는 것보다 쉬운 것은 없다는 점도 인정해야 한다. 이것은 다시 우리의 난점이 어떤 것을 생각하는 게 어떻게 이뤄지는지 상상하지 못하는 데서 나오는 게 아님을 보여준다. 시간의 측정에 관한 철학적 난점이 시간이 실제로 어떻게 측정되는지 상상할 수 없기 때문에 생기는 것이 아니듯이 말이다. 내가 이 말을 하는 것은 때때로 우리의 난점이 우리가 어떤 것을 생각할 때 벌어지는 일을 기억하지 못하는 어려움, 즉 내성의 어려움, 혹은 그와 유사한 어려움인 듯이 보이기 때문이다. 하지만 그 난점은 사실 우리가 오도하는 표현형식의 매체를 통해 사실을 바라보는 데서 생겨나는 것이다.

"어떻게 우리는 사실이 아닌 것을 생각할 수 있는가?" 만일 킹스 칼리지에 불이 나지 않았는데도 내가 불이 났다고 생각한다면, 불이 났다는 사실은 존재하지 않는다. 그런데 내가 어떻게 그런 것을 생각할 수 있을까? 어떻게 존재하지도 않는 도둑의 목을 매달 수 있단 말인가? 우리는 이렇게 대답할 수 있으리라. "그가 존재하지 않는다면 그를 매달 수는 없다. 그렇지만 그가 존재하지 않는다고 해도 그를 찾아다닐 수는 있을 것이다."

여기서 우리는 "사유의 대상"이나 "사실"과 같은 실사들, 또한 "존재한다"는 단어의 상이한 의미들에 오도되고 있다.

사실이 "대상들의 복합체"라고 말하는 것은 이런 혼동에서 생겨난다(『논리-철학논고』 참고). 우리가 이렇게 물어봤다고 해보자. "존재하지 않는 것을 어떻게 **상상**할 수 있는가?" 그에 대한 대답은 아마 이런 것이리라. "우리가 그런 것을 상상한다면, 그때 우리는 존재하는 요소들의 존재하지 않는 결합들을 상상하는 것이다." 켄타우로스는 존재하지 않지만 인간의 머리, 팔, 다리와 말의 다리는 실재한다. "하지만 존재하는 그 어떤 것과도 완전히 다른 어떤 대상을 상상할 수는 없을까?" 우리는 이렇게 대답하고 싶어한다. "아니다. 요소들, 개체들은 반드시 존재해야 한다. 붉음, 둥금, 달콤함이 존재하지 않는다면, 우리는 그것들을 상상할 수 없을 것이다."

하지만 "붉음이 존재한다"는 말로 당신은 무엇을 의미하는가? 만약 내 시계가 조각나지 않았다면, **부서지지** 않았다면, 그것은 존재한다. 우리가 "붉음을 부순다"라고 불러야 할 것은 무엇인가? 당연히 모든 붉은 대상들을 부숴버리는 걸 의미할지도 모른다. 하지만 그런다고 붉은 대상을 상상하는 게 불가능해지는가? 이 물음에 우리가 이렇게 대답한다고 하자. "하지만 당신이 그것들을 상상할 수 있다면, 그 붉은 대상들은 존재했음에 틀림없고, 당신은 그것들을 봤음에 틀림없다"? 하지만 그렇다는 것을 당신은 어떻게 아는가? "안구 위를 누르면 붉은 상이 생긴다"고 말했다고 하자. 당신이 처음 빨강에 대해 알게 됐던 방식은 이런 식일 수도 있지 않았을까? 그리고 왜 그저 붉은 색상을 상상하기만 하는 것이면 안 됐을까(당신이 여기서 느낄지도 모르는 난점에 대해서는 뒤에서 논의되어야 할 것이다*).

이제 이렇게 말하고 싶어진다. "우리의 생각을 참으로 만들어주는 그 사실이 설사 존재한다 하더라도 항상 존재하는 것은 아니므로, 그것은 우리가 생각하는 그 **사실**이 아니다." 하지만 이는 내가 "사실"이란 단어를 어떻게 사용하기를 바라는가에 달려 있다. 왜 이렇게 말하면 안 되는 것일까? "나는 그 대학에 불이 났다는 사실을 믿는다." 그것은 단지 "나는 칼리지에 불이 났다고 믿는다"고 말하는 것의 어색한 표현일 뿐이다. "우리가 믿는 것은 사실이 아니다"라는 말은 그 자체가 혼란의 결과다. 우리는 마치 우리가 이런 유의 말을 하는 것처럼 생각한다. "우리가 먹는 건 사탕수수가 아니라 설탕이다", "갤러리에 걸려 있는 건 스미스 씨가 아니라 그의 그림이다".

우리가 내딛고 싶은 다음 단계는 사유의 대상이 사실이 아니므로 그것이 사실의 그림자라고 생각하는 것이다. 이 그림자에는 예컨대 "명제", "문장의 의미" 등 다양한 이름이 있다.

하지만 이것이 어려움을 없애주지는 않는다. 왜냐하면 이제 문제는 "어떤 것이 어떻게 존재하지 않는 사실의 그림자가 될 수 있느냐"가 되기 때문이다.

우리가 겪는 곤란을 달리 표현할 수도 있다. 가령 "어떻게 우리는 그 그림자가 무엇의 그림자라는 것을 알 수 있을까?" 이때 이 그림자는 모

---

* [편집자주] 비트겐슈타인은 그렇게 하지 않았다.

종의 초상화일 것이며, 따라서 나는 다음과 같이 바꿔 물을 수가 있다. "무엇이 하나의 초상화를 N씨의 초상화로 만드는가?" 제일 먼저 튀어나올 대답은 이런 것이리라. "그 초상화와 N씨 사이의 유사성." 실제로 이 대답은 우리가 어떤 사실의 그림자에 대해 말할 때 우리가 염두에 두고 있었던 것을 보여준다. 그렇지만, 유사성이 초상화에 대한 우리의 관념의 핵심이 아니라는 것은 분명하다. 왜냐하면 훌륭한 혹은 형편없는 초상화에 대해 얘기하는 게 의미가 있어야 한다는 것이 이 관념의 본질 속에 들어 있기 때문이다. 다시 말해, 요는 그림자가 사물들을 실제와는 다른 모습으로 재현할 수도 있어야 한다는 것이다.

"무엇이 초상화를 아무개의 초상화로 만드는가"라는 질문에 대한 분명하고 정확한 대답은 **의도**라는 것이다. 하지만 우리가 그것이 "아무개의 초상화가 되도록 이렇게 의도하기"라는 게 무엇을 의미하는지 알고 싶다면, 우리가 이렇게 의도할 때 실제로 무슨 일이 일어나는지 보자. 우리가 4시부터 4시 30분까지 누군가를 기다릴 때 무슨 일이 일어나는지 얘기했던 경우를 기억해보라. 그림이 아무개의 초상화가 되도록 의도하는 것은 (화가의 입장에서 볼 때) 어떤 특별한 정신의 상태도 아니고 어떤 특별한 정신적 과정도 아니다. 우리가 "……의도하기"라고 부르는 것에는 아주 많은 행동과 정신상태의 결합들이 있다. 그는 N의 초상화를 그리라는 말을 듣고, N 앞에 앉아서, 우리가 "N의 얼굴을 모사하기"라 부르는 특정한 행동을 해나갔을지도 모른다. 모사하기의 본질은 모사하려는 의도에 있다면서 여기에 반대할지도 모르겠다. 그럼 나는 우리가 "무언가를 모사하기"라고 부르는 것에는 매우 다양한 과정들이 있다고 대답할 것이다. 예를 하나 들어보자. 내가 종이에 타원 하나 그려놓고 당신에게 그것을 모사하라고 요구한다. 모사하기의 과정을 특징짓는 것은 무엇인가? 당신이 유사한 타원을 그렸다는 사실이 아닌 것만은 분명하다. 당신이 그것을 모사하려다가 실패했을 수도 있다. 아니면 당신은 전혀 다른 의도로 타원을 그렸는데, 그게 우연히 당신이 모사해야 했던 것과 똑같은 모양이 된 것인지도 모른다. 그래, 타원을 모사하려고 할 때 당신은 무엇을 하는가? 글쎄, 당신은 그것을 보고, 종이에 무언가를 그리고, 당신이 그린 것의 크기를 재고, 그래서 모델과 일치하지 않으면 아마 투덜거릴지도 모르겠다. 아니면 "나는 이 타원을 모사하려고 한다"고 말하고 그냥 그것과 똑같이 생긴 타원을 그릴 수도 있다. 우리가 "모사하려고 시도하기"라 부르는 데에는 서로 가족유사성을 갖는 무수히 다양한 행동과 말들이 있다.

이렇게 말해보자. "어떤 그림이 어떤 특정 대상의 초상화라 함은 그것이 특정한 방식으로 그 대상에서 파생된다는 데 있다." 어떤 대상에서 그림을 끌어내는 과정(거칠게 말해서, 투사의 과정)이라 부르는 것을 기술하기는 쉽다. 하지만 그 과정이 우리가 "의도적 재현"이라고 부르는 것이라는 걸 인정하는 데에는 독특한 난점이 있다. 왜냐하면 그 어떤 투사의 과정(활동)을 묘사하든지, 그 투사를 재해석하는 방법이 있기 때문이다. 따라서 (우리는 이렇게 말하고 싶어한다) 그런 과정이 결코 의도 그 자체일 수 없다. 왜냐하면 투사의 과정을 재해석함으로써 우리가 언제나 그 반대를 의도할 수도 있었을 테니까. 이런 경우를 떠올려보라. 우리가 누군가에게 손가락으로 가리키거나 방향을 지시하는 화살표를 그려놓고 특정 방향으로 걸어가도록 명령하는 것이다. 화살표를 그리는 것이 일반적으로 우리가 어떤 명령을 내리는 언어라고 해보자. 그 명령이 그것을 받은 사람이 화살표에 반대되는 방향으로 걸어간다는 의미로 해석될 수는 없을까? **"해석"**이라 부르는 몇몇 기호들을 원래의 화살표에 덧붙이면 그렇게 될 수 있다. 누군가를 속이기 위해 정상적인 명령과는 반대되는 의미로 명령이 수행되도록 해놓는 경우를 떠올리기란 쉽다. 가령 원래의 화살표에 해석을 덧붙이는 기호는 또 다른 화살표일 수 있을 것이다. 우리가 기호를 이러저러한 방식으로 해석할 때마다, 그 해석은 옛 것에 더해진 새로운 기호가 된다.

이제 이렇게 말할지도 모르겠다. 우리가 누군가에게 어떤 화살표를 가리키며 명령을 내릴 때마다, 그것도 '기계적으로'(아무 생각 없이) 하는 게 아닐 때마다, 우리는 이러저러한 방식으로 화살표를 **의미한다**고. 그리고 이런 의미하기의 과정은 그 어떤 것이든 또 다른 화살표(처음 것과 같은 의미를 가리키든 혹은 반대 의미를 가리키든)로 표상될 수 있다고. 우리가 '의미하기와 말하기'를 설명하기 위해 그린 이런 그림의 요체는 말하기와 의미하기의 과정을 두 개의 다른 영역에서 발생하는 것으로 상상한다는 데 있다.

그렇다면 모든 화살표가 반대의 것을 의미할 수 있으므로 어떤 화살표도 그 의미가 될 수 없다고 말하는 게 옳은가? 우리가 말하기와 의미하기의 도식을 아래 화살표의 배열대로 적어 내려간다고 해보자.

여하튼 이 도식이 우리 목적에 어떤 도움이 되려면, 이 세 가지 레벨 중 어느 것이 의미의 레벨인지 보여줘야 한다. 가령 나는 하나의 도식을 세 가지 레벨로 만들고, 그 중 맨 아래 것이 늘 의미의 레벨이 되게 할 수 있다. 하지만 어떤 모델이나 도식을 채택하든, 거기에는 최하 레벨이 있을 테고, 거기에 대해서는 해석이란 것이 있을 수 없을 것이다. 이 경우 그 어떤 화살표도 여전히 해석될 수 있다고 말하는 것은 곧 내가 지금 사용하는 말하기와 의미하기의 모델보다 레벨이 하나 더 많은 또 다른 모델을 언제라도 만들어 **낼 수 있음**을 의미할 뿐이다.

그것을 이런 방법으로 설명해보자. 우리가 말하고 싶은 것은 이것이다. "모든 기호는 해석될 수 있다. 하지만 그 **의미**는 해석될 수 없어야 한다. 의미는 최종적 해석이다." 이제 나는 당신이 의미를 발언에 수반되는 과정이라고 생각한다고 가정한다. 그리고 의미가 또 다른 기호로 번역될 수 있거나, 또 다른 기호와 등가적이라고 가정한다. 그렇다면 당신은 하나의 **기호**와 그것의 **의미**를 구별해주는 표식을 무엇으로 보고 있는지 내게 말해줘야 한다. 만일 당신이 그렇게 한다면, 그리하여 예컨대 의미란 당신이 다른 방법으로 그리거나 만든 것에 대립되는 것으로 **상상**하는 그 화살표라고 말한다면, 그로써 당신은 그 어떤 추가적인 화살표도 당신이 떠올린 것에 대한 해석이라고 부르지 않겠다고 말하는 셈이다.

우리가 어떤 말을 하고 그 말을 의미할 때 정말로 어떤 일이 일어나는지 생각해보자. 그러면 이 모든 것이 훨씬 더 분명해질 것이다. 우리 스스로에게 이렇게 물어보자. 우리가 누군가에게 "만나서 반갑습니다"라고 말할 때, 이 말들과 더불어 하나의 의식적인 과정이, 즉 구어로 번역될 수도 있을 하나의 과정이 나란히 진행되는가? 그런 경우란 거의 없을 것이다.

하지만 그런 일이 실제로 일어나는 경우가 있다고 상상해보라. 나에게 영어 문장을 큰 소리로 말하면서 마음속으로 독일어 문장을 덧붙이는 습관이 있다고 하자. 만약 당신이 이러저러한 이유에서 그 소리 없는 문장을 소리 내서 발화한 문장의 의미라고 부른다면, 말하기 과정에 수반되는 의미하기 과정은 그 자체가 외부의 기호로 번역될 수 있는 게 될 것이다. 아니면, 우리가 어느 문장을 큰 소리로 발화하기 **이전에** 그 의미(그것이 무엇이든 간에)를 우리 자신에게 일종의 혼잣말로 말한다고 하자. 우리가 원하는 경우와 비슷한 사례는, 어떤 말을 하면서 동시에 정신의 눈앞에서 그림을 하나 보는 것이다. 이 그림이 바로 의미이며, 우리가 말하는 것과 일치하거나 혹은 일치하지 않는 것이다. 이런 경우와 이와 비슷한 경우가 얼마든지 존재한다. 하지만 이는 우리가 어떤 말을 하고 그것 또는 그 밖의 것을 의미할 때 일반적으로 일어나는 게 아니다. 물론 우리가 의미하기라고 부르는 것이 실제로 구어적 표현에 수반되거나, 선행하거나 혹은 뒤따르는 특정한 의식적 과정이 되는 경우도 있다. 이 경우 의미는 그 자체가 모종의 구어적 표현이 되거나 혹은 그것으로 번역될 수 있을 것이다. 이것의 전형적인 예가 바로 연극의 '방백'이다.

하지만 우리가 말하는 것의 의미를 위에서 기술된 것과 본질적으로 같은 종류로 생각하도록 유혹하는 것은 다음과 같은 표현형식들 사이의 유비다.

"무언가를 말하다."

"무언가를 의미하다."

이것들은 평행하는 두 개의 과정을 가리키는 듯이 보인다.

말에 수반되는 과정, 즉 우리가 "그 말을 의미하는 과정"이라고 부르는 것은 우리가 그 말을 발음하는 목소리의 억양, 혹은 가령 얼굴 표정의 움직임처럼 그와 유사한 과정들 중의 하나다. 이 과정들이 발화된 말에 수반되는 방식은 독일어 문장이 영어 문장에 수반되거나 문장 쓰기가 문장 말하기에 수반되는 것과는 다르다. 그보다는 가사에 곡조가 따른다는 의미에 가깝다. 이 곡조가, 우리가 문장을 말할 때 갖는 '느낌'에 해당한다. 그리고 나는 이 느낌이 바로 문장이 말해질 때의 표현 혹은 그 표현과 유사한 어떤 것이라고 지적해 두고 싶다.

우리의 질문으로 되돌아가보자. "생각의 대상은 무엇인가?"(가령 우리가 "나는 킹스 칼리지에 화재가 났다고 생각한다"라고 말할 때).

우리가 제시한 이 질문은 그 자체가 이미 몇몇 혼란의 표현이다. 그게 마치 물리학의 질문처럼 들린다는 것만 봐도 이를 알 수 있다. 마치 이렇게 묻는 것처럼 말이다. "물질의 궁극적 요소는 무엇인가?"(이것은 전형적인 형이상학적 질문이다. 형이상학적 질문의 특성은, 단어의 문법에 관한 불확실성을 과학적 질문의 **형식으로** 표현하는 데 있다).

이 질문의 근원 중 하나가 바로 "나는 χ라고 생각한다"는 명제 함수의 이중적 사용법이다. 가령 우리는 이렇게 말한다. "나는 이러저러한 일이 일어나리라고 생각한다" 혹은 "사실은 이러저러하다고 생각한다." 이렇게 말하기도 한다. "나도 그와 똑같은 **것**을 생각한다." 나아가 "나는 그를 기대한다"고 말하기도 하고, "나는 그가 올 거라고 기대한다"라고 말하기도 한다. "나는 그를 기대한다"와 "나는 그를 쏜다"를 비교해보라.

만약 그가 거기에 없다면 우리는 그를 쏠 수 없다. 이것이 그 의문이 발생하는 방식이다. "어떻게 사실이 아닌 것을 기대할 수 있는가?", "어떻게 존재하지 않는 사실을 기대할 수 있는가?"

이 난점에서 빠져나오는 길은 이럴 것이다. '우리가 기대하는 것은 사실이 아니라 사실의 그림자, 즉 사실의 곁에 있는 어떤 것이다.' 이미 우리는 그렇게 해봤자 질문을 한 단계 뒤로 밀어낼 뿐이라고 말한 바 있다. 이 그림자의 관념이 발생한 데에는 몇 가지 근원이 있다. 그 중 하나는 이런 것이다. 우리는 "다른 언어로 된 두 문장도 분명히 똑같은 의미를 가질 수 있다"고 말하며 이렇게 추론한다. "따라서 의미는 문장과 같은 것이 아니다." 그리고는 이렇게 묻는다. "의미란 무엇인가?" 그리고 우리는 그 의미를 그림자 같은 존재로 만들어버린다. 이는 우리가 어떤 물질적 대상에도 대응하지 않는 실사에 의미를 부여하기를 바랄 때 창조해내는 수많은 것(=가상적 실체)들 중 하나다.

그림자가 우리의 생각의 대상이라는 관념의 또 다른 근원은 이것이다. 우리는 그 그림자가 그 의도를 **의심할 수 없는** 어떤 그림이라고, 즉 우리가 이해하기 위해 해석할 필요 없이 해석 없이도 이해되는 그림이라고 상상한다. 우리가 이해하기 위해서 해석해야 하는 그림들, 즉 다른 종류의 그림으로 번역해야 하는 그림들이 있다. 다른 한편, 더 이상의 해석 없이 우리가 즉각적으로 이해한다고 하는 그림들이 있다. 당신이 암호로 쓰어진 전보를 보고 그 암호의 해독법을 알고 있다고 하자. 이때 당신은 일반적으로 그 암호를 일상언어로 번역하기 전에 그 전보를 이해한다고는 말하지 않을 것이다. 물론 당신은 그저 한 종류의 기호를 다른 것으로 바꾸었을 뿐이다. 하지만 이제 그 전보를 자신의 언어로 전보를 읽는다면, 더 이상의 해석의 과정은 일어나지 않을 것이다. 아니면, 이럴지도 모르겠다. 특정한 경우에 당신이 그 전보를 다시 그림으로 번역하는 것이다. 하지만 그래 봤자 당신은 그저 한 조(組)의 기호를 다른 것으로 바꿔놓았을 뿐이다.

우리가 생각하는 그 그림자는 특정한 종류의 그림이다. 사실, 우리 마음의 눈에 떠오르는 상과 매우 비슷한 어떤 것이다. 그리고 이는 다시 일상적 의미에서 그려진 재현과 다르지 않은 어떤 것이다. 그림자라는 관념의 근원 중의 하나는, 어떤 문장을 말하거나 듣거나 읽으면 정신의 눈앞에 상들이 떠오르는 경우가 종종 있다는 사실이다. 여기서 떠오른 그 상들은 다소간 그 문장에 대응하기에, 따라서 그 문장의 번역이라는 것이다. 하지만 여기서 극히 중요한 것은, 우리가 그 그림자라고 생각하는 그림이 내가 "유사성에 따른 그림"이라고 부르게 될 그것이라는 사실이다. 그것이 재현하려고 의도한 것과 비슷한 그림이라는 얘기가 아니라, 자기가 재현한 것과 유사할 때만 정확한 것이 되는 그런 그림이라는 얘기다. 그런 종류의 그림에 "모사"라는 단어를 사용할 수도 있다. 거칠게 말하면, 모사는 그것이 재현하는 것으로 쉽게 오인될 때에 좋은 그림이 되는 것이다.

우리 지구의 한쪽 반구(半球)를 평면에 투사한 것은 유사성에 따른 그림이나 이런 의미에서의 모사가 아니다. 이런 경우도 생각해볼 수 있다. 내가 어떤 사람의 얼굴을 기이한 방법으로, 하지만 채택된 투시의 규칙에 따라 정확하게 종이 위에 투사하는 것이다. 이때 사람들은 그 투사를 "아무개의 훌륭한 초상화"라 부르지 않을 것이다. 그것이 그와 조금도 닮아 보이지 않기 때문이다.

우리가 정확하기는 해도 대상과 아무 유사성이 없는 그림도 있을 수 있다는 점에 유의하면, 문장과 실재 사이에 그림자를 외삽(外揷)하는 것은 완전히 초점을 잃게 된다. 이제는 그 문장 자체가 그림자로 기능할 수 있기 때문이다. 문장 자체가 바로 그런 그림으로, 자기가 재현하는 것과 조금도 유사성이 없다. "킹스 칼리지가 불타고 있다"는 문장이 어떻게 불타는 킹스 칼리지의 그림이 될 수 있는지 궁금하다면, 자신에게 이렇게 물어보기만 하면 된다. "문장이 의미하는 바를 어떻게 설명해야 하는가?" 그런 설명은 지시적 정의들로 이뤄질 수도 있다. 가령 (건물을 가리키며) "이것은 킹스 칼리지다", (불을 가리키며) "이것은 불이다"라고 말하는 것이다. 이것이 당신에게 말과 사물이 연관되는 방식을 보여준다.

우리가 생기기를 바라는 일이 우리의 바람 안에 그림자로 현전해야 한다는 관념은 우리의 표현형식에 깊이 뿌리박고 있다. 하지만 그것은 우리가 지금 말하고자 하는 것 다음으로 가장 불합리한 것일 뿐이라고 해야 할 것이다. 만일 그게 그렇게 불합리한 것만이 아니라면, 어떤 의미에서 우리는 우리가 바라는 사실이 우리의 바람 속에 현전해야 한다고 해야 한다. 왜냐하면 그게 우리의 바람 속에 현전하지도 않는데 우리가 어떻게 **바로 그 일이** 일어나기를 바랄 수 있겠는가? 이렇게 말하는 것은 참으로 옳다. '단순한 그림자만으로는 안 된다. 왜냐하면 그것은 대상의 바로 앞에서 멈추기 때문이다. 하지만 우리는 그 바람이 대상 자체를 담고 있기를 원한다.' 우리는 **스미스씨**가 이 방에 들어왔으면 하는 바람으로써, 다른 이가 아닌 스미스씨가, 다른 행위가 아닌 **들어오기를**, 다른 장소가 아니라 **내 방으로** 그렇게 하기를 바란다. 그런데 이는 바로 우리가 말했던 그것이다.

우리의 혼란을 이런 식으로 묘사할 수 있을 것이다. 우리의 일상적 표현형식에 따라 우리는 우리가 바라는 사실을 아직 여기에 없어서 가리킬 수도 없는 어떤 물건으로 생각하게 된다. "우리의 바람의 대상"이라는 표현의 문법을 이해하려면, 그저 "당신의 바람의 대상은 무엇인가?"라는 질문에 우리가 제시하는 대답을 생각해보라. 이 물음에 대한 대답은 물론 "나는 이러저러한 일이 생기기를 바란다"가 될 것이다. 그런데 만일 우리가 계속해서 "그리고 이 바람의 대상은 무엇인가?"라고 물으면, 그때 나오는 대답은 어떤 것일까? 그저 그 바람을 드러내는 예전의 표현을 반복하거나, 그것을 다른 표현형식으로 번역하는 것일 게다. 이를테면, 우리는 우리가 바라는 것을 다른 말로 진술하거나 그림으로 설명할 수 있다. 이제 우리가 대상이라고 부르는 것이 말하자면 아직 방에 들어오지 않아서 볼 수 없는 사람이라는 인상을 받고 있다고 하자. 이때 우리가 바라는 것에 대한 설명이 단지 (아직 나타나지 않아 아직 보여줄 수 없을 것이라고 우리가 우려하는) **실제 사실**을 보여주는 설명 중에서 차선의 것이라고 상상한다. 이는 마치 이런 것과 같다. 가령 내가 누군가에게 "나는 스미스씨를 기대하고 있다"고 말하자, 그가 내게 "스미스씨가 누구인가?"라고 묻고, 거기에 내가 "그가 없기 때문에 지금 당신에게 그를 보여줄 수는 없다. 내가 당신에게 보여줄 수 있는 것은 그를 그린 그림뿐이다"라고 대답하는 격이다. 그러면 마치 내가 바라는 일이 실제로 일어나기 전에는 내가 그것을 완전히 설명하는 게 불가능할 듯이 보인다. 하지만 물론 이는 착각이다. 반드시 바람이 충족되기 전보다 충족된 후에야 더 나은 설명을 할 수 있는 것은 아니다. 왜냐하면 스미스씨가 내 방에 들어오기 전, 나는 내 친구에게 스미스씨를 완벽하게 잘 보여주고, "들어온다"라는 것이 무엇을 의미하는지를 보여주고, 내 방이 무엇인지를 보여줬을 수도 있기 때문이다.

우리의 어려움은 이런 식으로 표현할 수 있다. 우리는 사물들에 대해 생각한다. 하지만 그것들이 어떻게 우리의 생각 속에 들어올까? 우리는 스미스씨에 대해 생각한다. 하지만 스미스씨는 있을 필요가 없다. 그를 그린 그림도 소용 없다. 왜냐하면 그것이 누구를 재현하는지 우리가 어떻게 아는가? 사실 그를 대신하는 그 어떤 것도 소용이 없다. 그렇다면 그 자신이 어떻게 우리의 생각의 대상이 될 수 있는가?(나는 여기서 "우리 생각의 대상"이라는 표현을 내가 전에 사용했던 것과는 다른 방식으로 사용하고 있다. 즉, '내가 생각하고 있는 것'이 아니라 지금 내가 [마음 속으로] 그것**에 대해** 생각하고 있는 어떤 것을 의미하고 있다).

한 사람에 대해 생각하거나 말하는 것과 그 사람 자신 사이의 연관은, "스미스씨"라는 단어의 의미를 설명하기 위해 손가락으로 그를 가리키며 "이 분은 스미스씨입니다"라고 말할 때 만들어진다고 말했다. 그리고 이 연관에 신비스런 구석이란 전혀 없다. 내 말은, 스미스씨가 없는데도 우리 마음속에 그를 불러내는 기이한 정신적 행동이란 존재하지 않는다는 것이다. 그 연관이 이런 것이라는 사실을 보기 어렵게 만드는 것은 일상언어의 독특한 형식이다. 이 형식이 생각을 하는 **도중에** 우리의 사유(혹은 우리 사유의 표현)와 우리가 생각하는 것 사이의 연관이 존속했음에 틀림없다는 착각을 갖게 하는 것이다.

"유럽에 있는 우리가 아메리카에 있는 누군가를 의미할 수 있어야 한다는 것은 이상하지 않은가?" 누군가 "나폴레옹은 1804년에 황제가 됐다"라고 말해 그에게 "당신은 아우스테를리츠 전투에서 승리한 그 사람을 의미하는가?"라고 묻자, 그가 "그렇다, 나는 그를 의미했다"고 말했다고 하자. 여기서 과거시제 "의미했다"의 사용법은 나폴레옹이 1804년에 황제로 즉위했다고 말했을 때 마치 그 사람의 머릿속에 나폴레옹이 아우스테를리츠 전투에서 승리했다는 생각이 속에 있었음에 틀림없다는 착각을 일으킨다.

누군가 "N씨가 오늘 오후에 나를 보러 올 것이다"라고 말한다. 앞에 있는 누군가를 가리키면서 "저 사람을 의미하는가?"라고 묻자, 그가 "그렇다"고 대답한다. 이 대화에서 "N씨"라는 단어와 N씨 사이에 연관이 만들어졌다. 하지만 우리는 내 친구가 "N씨는 나를 보러 올 것이다"라고 말하며 자기가 말한 것을 의미했을 때, 그의 정신이 그 연관을 만들었음에 틀림없다고 생각하고 싶어한다.

부분적으로 이 때문에 우리는 의미하기나 생각하기를 독특한 **정신적 활동**으로 생각하게 된다. 여기서 "정신적"이라는 단어는 어떻게 이것들이 작동하는지 이해하기를 기대해서는 안 된다는 뜻이다.

우리가 생각하기에 대해 말한 것은 상상하기에도 적용된다. 누군가 킹스 칼리지가 불타는 장면을 상상하고 있다고 말한다. 우리는 이렇게 묻는다. "불타고 있다고 당신이 상상한 것이 **킹스 칼리지**인 줄 어떻게 아는가? 킹스 칼리지와 꼭 닮은 다른 건물일 수는 없는가? 사실 당신의 상상력이 그것이 떠올리는 열두어 채의 건물이 없어도 될 만큼 절대적으로 정확하단 말인가?" 그런데도 여전히 당신은 말한다. "내가 다른 건물이 아니라 바로 킹스 칼리지를 상상한다는 데에는 의심할 여지가 없다." 이렇게 말하는 것이 우리가 원하는 바로 그 관계를 만들 수는 없을까? 왜냐하면 그렇게 말하는 것은 그림 아래에 "아무개씨의 초상화"라고 적는 것과 같기 때문이다. 킹스 칼리지가 불타고 있는 걸 상상하는 **동안** 당신이 "킹스 칼리지는 불타고 있다"고 말했을 수도 있다. 하지만 아주 많은 경우 당신은 그 상을 갖는 동안 마음속으로 설명적인 말들을 하지는 않는다. 설사 그렇다 하더라도, 당신은 당신의 상에서 킹스 칼리지까지 그 먼 길을 다 달려가는 것이 아니라, 기껏해야 "킹스 칼리지"라는 단어에 이를 뿐이라는 점을 생각하라. 이 단어들과 킹스 칼리지 사이의 연관은 아마도 다른 때에 만들어졌을 것이다.

이런 사안에 관해 추론할 때 저지르기 쉬운 오류는 온갖 종류의 상과 경험들이 (어떤 의미에서 이것들은 서로 밀접하게 연관되어 있는데) 우리 머릿속에 동시에 현전해야 한다고 생각하는 것이다. 만일 우리가 외우고 있는 노래를 부르거나 알파벳을 읊는다면, 그때 음표와 글자들은 서로 들러붙어 있는 듯이 보인다. 각각의 음표와 글자들은 상자 속의 진주 목걸이처럼 자기 옆의 것을 잡아끌어, 하나를 잡아끌면 그 옆의 것이 같이 끌려나오는 것처럼 보인다.

이제 뚜껑에 난 구멍을 통해 상자 밖으로 꺼낸 구슬 띠의 시각적 상을 가짐으로써 우리는 이렇게 말하게 된다. "이 구슬들은 전에 모두 상자에 있었던 게 분명하다." 하지만 누구나 쉽게 알겠듯이 이것은 가설을 세우는 일이다. 설사 구슬들이 뚜껑의 구멍에서 점차 존재하기 시작한 것이었다 해도, 나는 똑같은 표상을 갖게 됐을 것이다. 의식의 정신적 사건을 기술하는 것과 정신의 메커니즘이라는 것에 대한 가설을 세우는 것 사이의 구별을 쉽게 간과한다. 정신적 활동에 대한 그런 가설이나 그림들이 일상언어의 많은 표현형식들 속에 구현되어 있다. "나는 아우스테를리츠 전투에서 승리한 남자를 의미했다"라는 문장에서 "의미했다"는 과거시제가 바로 그런 그림의 일부다. 여기서 정신은 우리가 기억하는 것을 밖으로 표현하기 전까지 유지하고 저장하는 장소로 상정된다. 만일 내가 잘 아는 곡조를 휘파람으로 불다가 중간에 멈추자 누군가 내게 "어떻게 계속해야 할지 알고 있었느냐?"고 물었다면, 그때 나는 "그렇다, 나는 알고 있었다"고 대답할 것이다. 이 **어떻게 계속해야 할지 안다는 것은** 어떤 종류의 과정일까? 내가 어떻게 계속해야 할지 아는 동안 곡조 전체가 현전해 있어야 할 것처럼 보인다. 자신에게 가령 이렇게 물어보라. "계속해 나가는 법을 아는 데에는 얼마나 오래 걸릴까?" 아니면 그것은 순간적 과정일까? 혹시 우리가 한 곡조의 그라모폰 레코드의 존재와 그 곡조 자체의 존재를 뒤섞는 것과 같은 실수를 저지르고 있지는 않은가? 혹시 우리는 하나의 곡조가 흘러나올 때마다 그것을 연주해내는 모종의 그라마폰 레코드가 있음에 틀림없다고 가정하고 있지 않은가?

이런 예를 생각해보자. 내 앞에서 대포가 발사되고, 내가 이렇게 말한다. "포성이 내가 기대했던 것만큼 크지 않았다." 누군가 내게 묻는다. "이게 어떻게 가능한가? 당신의 상상 속에서 이보다 더 큰 폭음이 났었다는 말인가?" 그러면 나는 그런 폭음은 없었다고 고백해야 할 것이다. 이제 그는 이렇게 말한다. "당신은 정말 더 큰 폭음을 기대한 것이 아니라, 그 그림자를 기대했단 말인가? 그렇다면 당신이 그게 더 큰 폭음의 그림자라는 것을 어떻게 알았는가?" 그런 경우에 정말 일어났을 법한 일이 무엇인지 살펴보자. 포격을 기다릴 때 나는 입을 벌리고, 넘어지지 않으려고 무언가를 붙잡고, 아마 이렇게 말했을 수도 있다. "이번 발사는 무서울 것이다." 그리고 발사가 끝난 후에 이렇게 말했을 수도 있다. "알고 보니 소리가 그렇게 크지는 않았다." 내 몸을 사로잡았던 어떤 긴장이 풀린다. 하지만 입을 벌리는 등의 이런 긴장과 진짜 더 큰 폭음 사이에 무슨 연관이 있는가? 이 연관은 전에 그런 폭음을 듣고 앞서 언급한 그런 경험을 함으로써 만들어진 것이리라.

"정신 안에서 관념을 갖기", "정신 앞에서 관념을 분석하기" 같은 표현을 검토해보자. 이런 표현에 오도되지 않으려면, 당신이 편지를 쓰면서 당신이 "당신의 정신 앞에" 있는 관념을 정확히 표현하는 단어들을 찾을 때 실제로 어떤 일이 벌어지는지 보라. '정신 앞에' 있는 관념을 표현하려 애쓴다고 말할 때, 우리는 은유를 사용하는 셈이다. 이 은유는 아주 자연스레 머리에 떠오른다. 그리고 우리가 철학을 할 때 그것이 우리를 오도하지 않는 한 그 은유에는 아무 문제도 없다. 우리가 그런 경우에 정말 일어나는 것을 회상할 때 우리는 다소 서로 닮은 매우 많은 과정들을 발견한다. 어쨌든 그 모든 경우에 우리는 우리의 정신 앞에 있는 그 무언가의 **안내를 받는다**고 말하고 싶을지도 모르겠다. 하지만 "안내받는다"와 "우리의 정신 앞에 있는 것"이라는 말은 "관념"과 "어떤 관념의 표현"이라는 말만큼이나 다양한 의미로 사용된다.

"정신 앞에 있는 어떤 관념을 표현하기"라는 구절은, 우리가 말로 표현하려는 것이 이미 표현되어 있되 다만 다른 언어로 되어 있으며, 그 표현이 바로 우리 정신의 눈앞에 있어서 우리가 하는 일은 그 정신적인 것을 구두 언어로 번역하는 것뿐임을 암시한다. 우리가 "관념을 표현하기"라 부르는 대개의 경우에 벌어지는 일은 이와 전혀 다르다. 가령 내가 적합한 단어를 찾고 있을 때 어떤 일이 일어나는지 상상해보라. 몇몇 단어가 제시되지만, 나는 그것들을 거부한다. 마침내 한 단어가 제안되자 나는 이렇게 말한다. "이것이 내가 의미했던 것이다!"

(우리는 자와 컴퍼스로 각을 3등분하는 것의 불가능성을 증명하는 것이 각의 3등분에 대한 우리의 관념을 분석해준다고 말하고 싶어한다. 하지만 그 증명이 우리에게 제시해주는 것은 각의 삼등분에 관한 새로운 관념이며, 이는 그 증명이 그것을 구성하기 전에는 우리가 갖고 있지 않았던 것이다. 그 증거는 우리를 **우리가 가려고 했던 길**로 이끌었다. 하지만 그것은 우리가 있던 곳으로부터 멀리 이끌었고, 우리가 내내 있었던 곳을 그저 분명하게 보여주기만 한 것은 아니다.)

이제 우리의 생각과 그것이 관계하는 현실 사이에 그림자가 끼어들어야 한다고 가정함으로써 얻을 게 하나도 없다고 말했던 지점으로 돌아가보자. 앞에서 현실의 그림을 원한다면 문장 그 자체가 그런 그림(비록 유사성에 따른 그림은 아니라도)**이다**라고 말한 바 있다.

이 모든 논의를 통해서 나는 사유, 희망, 바람 등을 표현하는 과정과 상관없이 생각하기, 희망하기, 바라기, 믿기 등의 정신적 과정이라 불리는 것이 **'있어야 한다'**고 생각하고픈 유혹을 없애려고 애써왔다. 이제 나는 당신에게 다음과 같은 대강의 법칙을 주고자 한다. 가령 당신이 생각, 믿음, 지식 같은 것의 본질을 놓고 혼란에 빠진다면, 생각의 자리에 생각의 표현을 집어넣어보라. 이런 대체하기에 따르는 난점, 동시에 그것의 전체적인 논점이 되는 것은 이것이다. 즉 믿음, 사유 등의 표현은 그저 하나의 문장일 뿐이며, 그 문장은 언어체계의 한 요소로서만, 즉 하나의 계산법 내의 표현으로서만 의미를 갖는다. 하지만 우리는 이 계산법이 우리가 말하는 모든 문장의 배경이라고 상상하고 싶어한다. 그리고 종이에 씌어지거나 발화된 그 문장이 고립되어 있는데도 생각이라는 정신적 활동 속에 그 계산법 전체가 동시에 다 들어 있다고 생각하고 싶어한다. 그 정신적 활동은 불가사의하게 그 어떤 기호의 조작으로도 할 수 없는 것을 수행하는 듯이 보인다. 이제 어떤 의미에서 계산법 전체가 동시에 현전해야 한다고 생각하고픈 유혹이 사라질 때, 더 이상 우리 표현과 병행해 특이한 종류의 정신적 활동이 존재해야 한다고 **요청할** 필요도 없어진다. 물론 그렇다고 우리의 생각의 표현에 특이한 의식의 활동이 수반되지 않는다는 얘기는 아니다. 그저 더 이상 전자가 후자를 수반**하지 않으면 안 된다**고 말하지 않을 뿐이다.

"하지만 우리 사유의 표현은 언제라도 거짓말을 할 수 있다. 우리가 어떤 말을 하고 다른 것을 의미할 수도 있으니까." 우리가 어떤 것을 말하고 다른 것을 의미할 때 일어나는 다른 많은 것들을 떠올려보라! 다음과 같은 실험을 해보자. "이 방 안은 덥다"라는 문장을 말하고, 그것으로 "춥다"를 의미하는 것이다. 당신이 무엇을 하고 있는지 면밀히 관찰해보라.

우리는 '별도로' 사적인 생각을 하는 가운데, 어떤 것을 소리 내어 말하고는 이어 그 반대의 것을 하는 식으로 거짓말을 해나가는 존재를 쉽게 상상할 수 있다. "하지만 의미하기, 생각하기 등은 사적 경험이다. 그 것들은 쓰기, 말하기와 같은 활동이 아니다." 하지만 그것들이 쓰기를 특징짓는 사적 경험들(**쓰거나 말할 때의 근육적, 시각적, 촉각적 감각들**)이 되지 못할 이유가 뭐 있는가?

다음과 같은 실험을 해보자. 가령 "아마 내일 비가 올 것이다"라는 문장을 말하고 의미해보라. 이제 그 같은 생각을 다시 하고, 당신이 방금 의미한 바를 다시 의미하되, 이번에는 (소리를 내든 혼잣말이든) 아무 말도 하지 말라. 내일 배가 올 거라고 생각하는 것이 내일 비가 올 것이라고 말하는 것에 수반된다면, 첫번째 활동만 하고 두번째 활동은 생략하라. 생각하기와 말하기가 가사와 곡조의 관계와 같은 것이라면, 가사 없이 곡조를 읊을 수 있는 것처럼 말하지 않고도 생각을 할 수 있을 것이다.

하지만 아무튼 말을 하되 생각을 생략하는 수는 없을까? 물론 그럴 수도 있을 것이다. 하지만 생각하지 않고 말할 때 당신이 어떤 종류의 일을 하는지 관찰해보라. 무엇보다도 우리가 "말하고 그 말을 의미하기"라 부르는 과정이 반드시 **당신이 말을 하는 그때에** 일어나는 것에 의해서만 아무 생각 없이 말하는 과정과 구별되는 것은 아니라는 데 주목하라. 양자를 구별해주는 것은 아마도 당신이 말하기 이전 혹은 이후에 일어나는 일일 것이다.

내가 일부러 생각하지 않고 말을 하려 한다고 해보자. 실제로 내가 하는 일이 무엇이겠는가? 책에서 한 문장을 읽되, 그것을 자동적으로 읽으려고 애쓴다. 말하자면 그렇지 않을 경우에 그 문장이 산출해낼 상들과 감각들을 갖지 않으려고 하는 것이다. 이렇게 하는 한 가지 방법은 그 문장을 말하는 동안 다른 것에 관심을 집중하는 것이다. 가령 말하는 동안 피부를 세게 꼬집는다든지. 이렇게 설명해보자. 생각하지 않고 한 문장을 말하는 것의 본질은 말하기의 스위치를 켜되 거기에 수반되는 어떤 것들의 스위치는 끄는 데 있다. 이제 이렇게 자문해보라. 문장을 말하지 않고 생각하는 것의 본질은 그럼 스위치를 바꾸는 (전에 껐던 스위치를 켜고, 켰던 스위치를 끄는) 데 있을까? 즉, 문장을 말하지 않고 생각하는 것의 요체가 단지 말에 수반되는 것을 계속하되 말 자체는 생략하는 데 있을까? 문장 없이 문장에 관한 생각을 해보려고 애써보라. 그리고 이것이 과연 그때 일어나는 일인지 살펴보라.

요약해보자. "생각하기", "의미하기", "바라기" 같은 단어의 사용법을 면밀히 조사해보면, 그 과정을 통해서 우리의 생각의 표현에서 독립해 어떤 독특한 매체 속에 저장되어 있는 어떤 독특한 생각의 행위를 찾고픈 유혹이 사라지게 된다. 우리는 확립된 표현형식 때문에 생각하기의 경험이 그저 말하기의 경험이거나, 이 경험에 더해서 거기에 수반되는 몇몇 다른 경험으로 이뤄진 것**일지도 모른다**는 사실을 인정하는 데 더 이상 방해를 받지 않는다(다음의 경우를 검토하는 게 도움이 될 것이다. 가령 곱하기가 문장의 한 부분이라 가정하고, 7×5=35라는 곱셈을 생각하며 말하는 것과, 다른 한편 생각하지 않고 그것을 말하는 것이 어떤 것인지 스스로 물어보라). 한 단어의 문법을 면밀히 조사해보면, 이제까지 우리가 사실을 편향되지 않은 눈으로 보는 것을 방해해왔던, 우리 표현의 어떤 고정된 기준들의 입장을 약화시킬 수 있다. 우리의 조사는 이 편향을 없애려 한다. 이 편향 때문에 우리는 사실들이 우리 언어에 구현된 특정 그림들에 **순응해야 한다**고 생각하게 되는 것이다.

"의미하기"란 우리 언어에서 가장 요상한 역할을 가졌다고 하는 단어들 중의 하나다. 철학적 문제의 대부분을 일으키는 것이 바로 이런 단어들이다. 어떤 기관을 생각해보자. 그 기관의 구성원 대부분은 어떤 정규적인 기능, 말하자면 그 단체의 정관에 쉽게 기술될 수 있는 그런 기능을 갖고 있다. 반면, 이상한 작업에 기용된 구성원들이 있는데, 그럼에도 불구하고 그 일들이 대단히 중요한 것일 수 있다. 철학에서 생기는 난점의 대부분은, 우리가 그 '이상한 일'을 맡은 중요한 단어들의 사용법을 마치 그것들이 정규적 기능을 하는 단어들인 양 기술하고 싶어 하는 데에서 비롯된다.

내가 개인적 경험에 대해 얘기하기를 뒤로 미뤘던 것은, 이 주제에 대해 생각하는 것이 흔히 경험의 대상이라 부르는 것에 대한 우리의 모든 상식적 관념들을 허물어뜨릴 위험이 있는 수많은 철학적 난점들을 야기하기 때문이었다. 그리고 우리가 이런 문제들에 영향을 받게 되면, 우리가 기호에 대해, 그리고 예를 들어서 언급했던 다양한 대상에 대해 말했던 모든 것이 잡탕이 되어버릴 수도 있다.

어떤 의미에서 이런 상황은 철학 연구에서 전형적인 것이다. 그리고 사람들은 때때로 이 상황을, 모든 철학적 문제가 풀리기 전까지는 어떤 철학적 문제도 풀릴 수 없다는 말로 기술하곤 했다. 이는 철학적 문제들이 모두 풀리지 않는 한 그 어떤 새로운 난점도 이전의 결과를 모두 의심에 붙여버린다는 뜻이다. 우리가 그런 일반적인 용어로 철학에 대해 말해야 한다면, 우리는 그 진술에 대해 다만 대강 대답할 수 있을 뿐이다. 즉, 새로이 발생하는 문제들은 그 어느 것이나 그 이전의 부분적 결과들이 최종 그림에서 차지하게 되는 **위치**에 의문을 제기한다고. 이때 우리는 이전의 결과들을 재해석할 필요성에 대해 얘기하면서, 그것들이 이제 다른 환경에 배치되어야 한다고 말할 것이다.

우리가 도서관의 책을 정리해야 한다고 상상해보자. 우리가 시작할 때 책들은 마루에 뒤죽박죽 놓여 있다. 그 책들을 분류해 제자리에 놓는 방법에는 여러 가지가 있을 것이다. 한 가지 방법은 책들을 한 권씩 집어 선반의 제 자리에 놓는 것이리라. 다른 한편, 단지 이 책들은 이런 순서로 함께 있어야 한다고 가리켜 보이기 위해 바닥에서 몇 권의 책을 집어 그것들을 어느 선반에 일렬로 세워놓을 수도 있다. 도서관을 정리하는 과정에서 이 책들의 전체적 배열은 위치가 바뀌어야 할 것이다. 그렇다고 해서 그 책들을 선반에 함께 올려놓은 것이 최종 결과를 향한 진일보가 아니었다고 한다면, 그것은 잘못일 것이다. 이 경우 사실상, 책들의 전체 배열이 위치를 바뀌어도 함께 있어야 할 책들을 함께 놓는 것은 뚜렷한 성과임에 틀림없다. 하지만 철학에서의 가장 위대한 업적들 중의 몇몇은 그저 같은 데 속하는 듯이 보이는 몇 권의 책을 집어서 그것들을 상이한 선반들 위에 올려놓는 것과 비교할 수 있을 따름이다. 그때 책들은 서로 나란히 놓여있지도 않음은 물론이고, 놓여 있는 그 위치도 최종적인 것이 아니다. 그 임무의 어려움을 모르는 구경꾼은 그 경우에 이뤄진 것이 전혀 없다고 생각할 만하다. 철학에서 난점은 우리가 아는 것 이상을 말할 수 없다는 데 있다. 예를 들어 두 권의 책을 순서에 맞게 함께 놓아도 그로써 그것들을 최종 장소에 놓은 것은 아니라는 점을 통찰하는 데 있다.

우리가 우리를 둘러싼 대상들과 그것들에 대한 우리의 경험 사이의 관계에 대해 생각할 때, 때때로 우리는 이 개인적 경험들이야말로 현실을 구성하는 재료라고 말하고 싶어진다. 이런 유혹이 어떻게 일어나는가는 나중에 더 분명해질 것이다.

이렇게 생각하면 우리를 둘러싼 대상들을 꽉 잡고 있던 손을 놓친 듯한 느낌이 든다. 대신에 우리에게 남겨진 것은 상이한 개인들의 수많은 분산된 경험들뿐이다. 이 개인적 경험들은 다시 모호해 보이고 끊임없는 흐름 속에 있는 듯하다. 우리 언어는 그것들을 기술하기 위해 만들어진 것으로 보이지 않는다. 이런 문제들을 철학적으로 풀기에 일상언어는 너무 조악하므로, 좀더 섬세한 언어가 필요할 것만 같다.

우리는 어떤 발견을 한 것처럼 보인다. 이를 아마도 우리가 서 있는 땅, 단단하고 확실해 보이는 그 땅이 안전하지 못한 늪지대로 드러났다는 말로 기술할 수 있을 것이다. 다시 말해 이는 철학을 할 때에 벌어지는 일이다. 왜냐하면 우리가 상식적 관점으로 돌아오자마자 이 **일반적** 불확실성은 사라져버리기 때문이다.

이 기이한 상황은 예를 하나 들면 어느 정도 해명될 수 있다. 그 예란 실은 일종의 비유인데, 이것이 우리가 처한 난점을 설명해주고, 아울러 그런 종류의 난점에서 빠져나오는 길도 보여준다. 우리는 유명한 과학자들부터 우리가 서 있는 이 마루가 상식적으로 생각하듯이 그렇게 단단하지 않다는 얘기를 들었다. 그 목재를 이루는 입자들이 거의 텅 비어 있다고 해야 할 정도로 희박하게 공간을 채우고 있는 것으로 드러났다는 것이다. 이것은 우리를 당혹스럽게 만들기 쉽다. 왜냐하면 어쨌거나 우리는 마루가 단단하다는 것을 알고, 그것이 단단하지 않다면, 그것은 나무가 썩은 탓이지 그것이 전자들로 이뤄진 탓이 아님을 알기 때문이다. 후자의 이유로 마루가 단단하지 않다고 말하는 것은 언어를 잘못 사용하는 것이다. 비록 입자들이 모래알만한 크기이고, 모래더미처럼 서로 빽빽하게 붙어 있다 해도, 모래더미가 모래알로 구성된다는 의미에서 마루가 입자들로 이뤄져 있다면 마루는 단단하지 않을 것이기 때문이다. 우리의 곤혹스러움은 어떤 오해에 뿌리박고 있다. 희박하게 채워진 공간의 그림이 잘못 **적용된** 것이다. 왜냐하면 물질의 구조를 보여주는 이 그림을 바로 고체성이라는 현상을 설명하는 데 사용하고 있기 때문이다.

위의 예에서처럼 "고체성"이라는 단어가 오용되자, 마치 우리가 그 어떤 것도 정말로 단단하지 않음을 보여준 것처럼 보였다. 감각 경험의

일반적 모호함과 모든 현상의 유동에 관한 우리의 혼란들을 진술하는 가운데, 우리는 "유동"과 "모호함"이라는 단어를 그릇되게, 전형적인 형이상학적 방식으로 사용하고 있다. 말하자면 그것을 반대명제 없이 사용하는 것이다. 하지만 그 단어들의 정확하고 일상적인 사용법에서 보면 모호함은 명확함에, 유동은 안정성에, 부정확성은 정확성에, 그리고 **문제**는 **해결**에 대립되는 것이다. 바로 그 "문제"라는 단어가 우리의 철학적 곤란을 가리키는 데 사용된다면, 그것은 잘못 적용된 것이다. 이 난점들은 그것들이 문제로 여겨지는 한 풀릴 듯, 풀릴 듯 안 풀리면서, 도대체 해결이 불가능한 것처럼 보인다.

오직 내 경험만이 진짜라고 말하고픈 유혹이 있다. "나는 **내가** 보고, 듣고, 아픔을 느낀다는 것을 알지만, 다른 사람이 그러는 것은 알지 못한다. 나는 그것을 알 수 없다. 나는 나이고 그들은 그들이니까."

반면에 누군가에게 내 경험만이 유일하게 진짜라고 말하려니 부끄럽게 여겨진다. 그리고 나는 그가 자신도 자기 경험에 대해 똑같이 얘기할 수 있다고 대꾸하리라는 것을 안다. 이는 어리석은 궤변으로 이끄는 듯이 보인다. 나는 또한 이런 말도 들었다. "만일 당신이 아픈 사람을 가엾게 여긴다면 당신은 적어도 그가 아프다고 **믿어야** 한다." 하지만 내가 어떻게 그것을 도대체 **믿을** 수 있는가? 이런 말이 어떻게 내게 의미를 가질 수 있겠는가? 그것을 증명할 어떤 가능성도 없는데 내가 어떻게 다른 사람의 경험이라는 관념을 얻을 수 있겠는가?

하지만 이는 묻기에 기이한 물음이 아니었나? 내가 누군가 다른 이가 아프다고 믿을 **수는 없는가**? 이를 믿기란 너무나 쉽지 않은가? 사물은 상식적으로 보이는 그대로라고 말하는 것이 대답이 될까? 말할 필요도 없이, 일상생활에서는 이런 난점들을 느끼지 않는다. 또한 내성을 통해 우리의 경험을 철저히 조사하거나 과학적으로 조사할 때 비로소 그 난점들을 느끼게 된다고 말하는 것도 진실이 아니다. 하지만 어떻게든 그 경험들을 특정한 방식으로 바라볼 때 우리의 표현은 혼란에 빠져들 수 있다. 마치 조각 그림 맞추기를 하는데 잘못된 조각들을 갖고 있거나, 아니면 조각들이 충분하지 않은 것처럼 보이기도 한다. 하지만 조각들은 모두 있다. 다만 모두 뒤섞여 있을 뿐이다. 그리고 조각 그림 맞추기와 우리의 경우 사이에 또 하나의 유비가 있다. 즉, 퍼즐 조각들을 맞추느라 완력을 쓸 필요는 없다는 것이다. 우리가 할 일은 그저 그것들을 **주의 깊게** 바라보고 배열하는 것이 전부다.

우리가 물질적 세계(외부 세계) 속의 사실들을 기술한다고 말할 수 있는 명제들이 존재한다. 거칠게 말하면, 그것들은 고체, 유체 등의 물리적 대상들을 다룬다. 내가 딱히 자연과학의 법칙을 염두에 두고 있는 것은 아니다. 내가 생각하는 것은 "정원에 튤립이 만발했다"거나 "언제라도 스미스가 올 것이다"와 같은 명제다. 다른 한편, 개인적 경험을 기술하는 명제들이 있다. 가령 심리학적 실험에서 실험대상자가 자신의 감각 경험을 기술할 때처럼 말이다. 예컨대 그의 눈앞에 실제로 존재하는 물체들에도 의지하지 않고, 그렇다고 그의 망막, 신경, 뇌, 그 밖의 신체 부분들에서 일어나는 것으로 관찰되는 어떤 과정에도 의지하지 않는(즉, 물리적 사실과 생리적 사실 모두로부터 독립한) 시각적 경험 같은 것 말이다.

언뜻 보기에는 두 종류의 세계, 서로 다른 재료로 만들어진 두 세계가 있는 듯하다. 즉, 정신적 세계와 물리적 세계가. 사실 정신적 세계는

가스상태 혹은 외려 공기상태로 상상하기 쉽다. 하지만 여기서 내가 당신에게 상기시키고 싶은 것은 그 기체상태와 공기상태가 철학에서 얼마나 기이한 역할을 발휘하느냐 하는 것이다. 특히 실사가 우리가 일반적으로 어떤 대상의 이름이라 부르는 것으로 사용되지 않음을 지각할 때, 그리하여 그것이 공기와 비슷한 대상의 이름이라고 말하지 않을 수 없을 때에는 말이다. 말하자면 우리가 어떤 낱들의 문법에 당혹감을 느낄 때, 그리하여 아는 것이 고작 그것들이 물질적 대상의 이름으로 사용되지 않는다는 것일 뿐 일 때, 이미 우리는 적당히 둘러댈 표현으로서 '공기상태의 대상'이라는 관념을 알고 있다는 얘기다. 이것이 두 재료, 즉 **정신**과 **물질**의 문제를 해결하는 데 힌트가 된다.

때때로 우리에게 개인적 경험의 현상은 어떤 의미에서 지상에서 일어나는 물질적 현상에 대립되는 대기 상층의 현상처럼 보인다. 이 상층의 현상은 물질적 현상이 어느 정도의 복잡성에 도달할 때 발생한다고 보는 견해들도 있다. 가령 감각 경험, 의지 등의 정신적 현상은 일정한 복잡성을 가진 특정 유형의 동물 신체가 진화했을 때 나타난다. 이 말에는 일정 정도 분명한 진리가 들어 있는 듯하다. 가령 아메바는 확실히 우리처럼 말하거나 쓰거나 토론하지는 않으니까. 다른 한편 여기서 또 다른 문제가 발생하는데, 그것은 이런 물음으로 표현될 수 있을 것이다. "기계가 생각한다는 것이 가능할까?"(이 기계의 동작이 물리학의 법칙으로 기술되거나 예측될 수 있든, 아니면 오직 유기체의 행동에만 적용되는 또 다른 종류의 법칙에 의해 기술되거나 예측될 수 있든). 이 물음에 들어 있는 어려움은 우리가 아직 그 일을 할 수 있는 기계를 알지 못한다는 데 있는 게 아니다. 이 물음은 백 년 전 누군가가 던졌을 법한 물음, 즉 "기계가 기체를 액화할 수 있는가?"라는 물음과는 다르다. 문제는 외려 "기계가 생각한다(지각한다, 바란다)"는 문장이 어쩐지 무의미하게 보인다는 데 있다. 이는 마치 "3이라는 숫자에 색이 있는가?"라는 물음처럼 보인다("그것이 우리에게 알려진 그 어떤 색도 갖고 있지 않는데, 대체 그게 무슨 색일 수 있을까?"). 물질의 한 가지 측면에서, 개인적 경험은 물리적, 화학적, 생리적 과정의 **산물**이 아니라, 외려 그런 과정들에 대해 우리가 의미 있게 말하는 모든 것의 **기초**인 것처럼 보인다. 문제를 이렇게 바라볼 때 우리는 건축 재료라는 우리의 관념을 또 다시 그릇된 방식으로 사용해, 정신적 세계와 물리적 세계를 합하여 온 세계가 오직 하나의 재료만으로 이뤄졌다고 말하고 싶어진다.

우리가 세계에 대해 알고 있고 또 말할 수 있는 모든 것이 개인적 경험에 달려 있다고 볼 때, 우리가 아는 것은 그것의 가치, 신뢰성, 견고함을 상당히 많이 잃어버리는 듯이 보인다. 이때 우리는 그 모두가 다 "주관적"이라고 말하고 싶어한다. 여기서 "주관적"이라는 단어는 경멸어로 사용되고 있다. 우리가 하나의 의견이 **단지** 주관적이라고, 즉 취향의 문제일 뿐이라고 말할 때처럼 말이다. 이제, 이 측면이 경험과 지식의 권위를 뒤흔드는 것처럼 보인다는 사실은 여기서 우리 언어가 우리로 하여금 잘못된 유비를 하도록 유혹하고 있음을 시사한다. 이는 유명한 과학자들이 우리가 서 있는 마루가 전자로 되어 있어 진짜로 단단하지 않다고 얘기하는 듯이 여겨졌던 그때를 연상시킨다.

여기서 우리는 우리의 표현방식에서 비롯된 문제를 다루고 있다.

그와 아주 유사한 또 다른 문제는 이런 문장으로 표현된다. "나는 오직 **내가** 가진 개인적 경험들만 알 수 있을 뿐, 다른 이들의 것은 알지 못한다." 그럼 다른 누군가가 개인적 경험을 갖고 있다는 것은 불필요한 가정일까? 도대체 그것이 가정이긴 한가? 그게 모든 가능한 경험을 초월해 있는데 어떻게 그런 가정을 세우기라도 할 수 있단 말인가? 그런 가정이 어떻게 의미로 뒷받침될 수 있을까?(그것은 금으로 바꿀 수 없는 지폐 같은 것이 아닐까?). 다른 이가 아픈지 어쩐지 몰라도, 가령 우리가 그를 가엾게 여길 때 확실히 우리는 그렇게 믿고 있다고 말해도, 도움이 되지 않는다. 그가 아프다고 믿지 않는다면 확실히 우리는 그를 가엾게 여기지 않을 것이다. 하지만 이것이 과연 철학적, 형이상학적 믿음인가? 실재론자가 관념론자나 유아론자보다 나를 더 가엾게 여길까? 실제로 유아론자는 이렇게 묻는다. "다른 사람이 아프다는 것을 우리는 어떻게 믿을 **수 있을까?** 그것을 믿는다는 것은 무엇을 의미할까? 그런 가정의 표현이 어떻게 의미를 가질 수 있을까?"

이제 상식의 철학자(관념론자와도 실재론자와도 거리가 먼, 상식적인 사람을 말하는 게 아니다)의 대답을 보자. 상식의 철학자가 내놓는 대답은 내가 가진 것을 다른 누군가가 갖고 있다고 가정하고, 생각하고, 상상한다는 생각에 아무 난점도 없다는 것이다. 하지만 실재론자의 문제점은 언제나 자기의 반대자들이 보는 난점들을 해결하지 않고 건너뛰는 데 있다. 물론 그 반대자들이라고 해서 그 난점들을 푸는 데 성공하는 것은 아니다. 우리에게 실재론자의 대답은 그 어려움을 분명히 드러내기만 할 뿐이다. 왜냐하면 그처럼 주장하는 이들은 "갖는다"와 "상상한다"라는 단어의 상이한 사용법 사이의 차이를 간과하고 있기 때문이다. "A는 금니를 갖고 있다"는 그 치아가 A의 입 안에 있다는 것을 의미한다. 이것이 내가 왜 그 치아를 볼 수 없는지 설명해줄지도 모르겠다. 치통이 그의 입 속에 있어 나는 그것을 느낄 수 없다고 말할 때, 이때 치통의 경우는 금니의 경우와 유사하지 않다. 문제를 일으키는 것은 이 두 가지 경우 사이의 가짜 유비, 다시 말하면 (진짜) 유비의 결여다. 실재론자들이 보지 못하는 것은 우리의 문법이 가진 이 골치 아픈 특징이다. 내가 다른 이의 입에 있는 치아에서 치통을 느끼는 것은 상상할 수 있는 일이다. 그리고 자기는 다른 이의 치통을 느낄 수 없다고 말하는 사람도 **이를** 부인하지는 않는다. 다른 이의 몸에서 고통을 느낀다는 생각에 익숙해질 때에만 우리가 처한 문법적인 어려움을 분명하게 볼 수 있다. 그렇지 않다면 이 문제에 미혹되어 "나는 그의 아픔을 느낄 수 없다"는 우리의 형이상학적 명제를 "우리는 다른 이의 치통을 느낄 수 없다(대개는 느낄 수 없다)"는 실험적인 명제와 혼동하기 쉽기 때문이다. 이 명제에서 "할 수 없다"는 단어는 "쇠못으로 유리를 긁을 수 없다"는 명제에서와 같은 방식으로 사용되고 있다("할 수 없다"는 단어를 빼버리고, "경험은 쇠못이 유리를 긁지 **않는다**고 가르친다"와 같은 형태로 이 말을 고쳐 쓸 수도 있을 것이다). 한 사람이 다른 이의 몸의 고통을 느끼는 것이 가능하다는 것을 알려면, 우리가 어떤 종류의 사실을 어떤 특정한 장소에 고통이 있다는 기준이라 부르는지 살펴보아야 한다. 어렵지 않게 다음과 같은 경우를 떠올릴 수 있다. 내가 내 손들을 바라볼 때, 그것들과 내 몸의 다른 부분들의 연결을 항상 의식하고 있는 것은 아니다. 말하자면 내 손이 움직이는 것을 종종 보면서도 그것을 내 몸통에 연결하는 팔은 보지 못한다. 또 그때마다 다른 방식으로 팔이 존재하는지 여부를 반드시 확인하는 것도 아니다. 그러므로 내가 아는 한, 그 손은 내 옆에 서 있는 한 남자의 몸에 연결되어 있을 수도 있다(혹은 사람의 몸에 전혀 연결되어 있지 않을 수도 물론 있다). 내가 통증을 느낀다고 해보자. 눈을 가린 채 오직 통증만을 증거로 삼아서 이를 내 왼 손의 통증이라 부른다고 하자. 누군가 내게 내 오른손으로 아픈 곳을 만져보라고 요구한다. 나는 그렇게 한다. 그리고 둘러보고는 내가 내 옆 사람의 손(내 옆 사람의 몸통에 연결된 손을 의미하면서)을 만지고 있음을 알게 된다.

자기 자신에게 물어보라. 아픈 곳을 가리키라고 요구받을 때 어디를 가리켜야 할지 우리는 어떻게 아는가? 이런 종류의 가리킴이 "이 종이 위의 검은 점을 가리키라"는 말을 듣고 그것을 가리키는 것과 비교될 수 있을까? 누군가 "당신은 가리키기 전에 통증이 거기에 있다는 걸 알고 있기에 그 지점을 가리킨다"고 말한다고 하자. 자신에게 물어보라. "통증이 거기에 있음을 **안다**는 게 무슨 뜻인가?"라고 물어보라. "거기에"라는 단어는 장소를 지시한다. 하지만 어떤 공간 속의, 즉 어떤 의미의 '장소'인가? 우리는 유클리드의 공간 속에서 통증의 위치를 아는가? 그리하여 우리가 어디에 통증을 갖고 있는지 알면, 그게 이 방의 두 벽, 혹은 바닥으로부터 얼마나 멀리 떨어져 있는지를 아는가? 내 손가락 끝이 아프고 그걸로 치아를 건드린다면, 이제 내 아픔은 치아와 손가락 모두에 있는가? 통증이 치아에 위치한다고 말할 수 있다는 의미에서라면 물론 그렇다. 이 경우 내가 치통을 갖고 있다고 말하는 게 잘못된 이유가, 그 통증이 치아에 있으려면 손가락 끝에서 16분의 1인치 떨어져 있어야 하기 때문인가? "어디에서"라는 단어는 매우 다양한 의미에서 장소들을 의미할 수 있음을 기억하라(**다소간** 서로 닮은 수많은 문법적인 게임들이 이 단어와 더불어 행해진다. 숫자 "1"의 다양한 사용들에 대해 생각해보라). 나는 어떤 것이 어디 있는지 알고 그 지식에 힘입어 그것을 가리킬 수 있다.

그 지식은 내게 어디를 가리켜야 할지 말해준다. 여기서 우리는 이 지식을 의도적으로 대상을 가리키기 위한 조건으로 이해했다. 따라서 이렇게 말할 수 있다. "나는 당신이 의미하는 지점을 가리킬 수 있다. 왜냐하면 내 눈에 그게 보이기 때문이다", "나는 그곳이 어딘지 알기에 당신을 그 장소로 인도할 수 있다. 먼저 오른쪽으로 돌고, 등등". 이제 우리는 "어떤 것을 가리킬 수 있으려면 먼저 그것이 어디에 있는지 알아야 한다"고 말하고 싶어진다. 아마도 "어떤 것을 볼 수 있으려면 먼저 그것이 어디에 있는지 알아야 한다"고 말할 때는 그다지 기분이 개운하지 않을 것이다. 물론 때때로 그렇게 말하는 게 옳을 때가 있다. 하지만 우리는 가리키고, 움직이는 등의 모든 의도적 행동에 선행해야 하는 하나의 독특한 심리 상태나 사건, 즉 그 장소에 대한 지식이 있다고 생각하고 싶어한다. 비슷한 경우를 생각해보라. "사람은 명령을 이해하고 나서야 비로소 그것을 따를 수 있다."

만약 내가 내 팔의 아픈 곳을 가리킨다면, 어떤 의미에서 내가 그곳을 가리키기 전에 어디가 아픈지 알았다고 할 수가 있을까? 가리키기 전에 나는 "통증이 왼팔에 있다"고 말했을 수도 있다. 내 팔이 그물코 모양의 눈금으로 뒤덮여 있어, 그 표면의 어떤 곳이라도 지시할 수 있다고 가정해보자. 반드시 이 좌표의 도움으로 아픈 곳을 기술할 수 있어야만 비로소 그것을 가리킬 수 있는 것일까? 내가 말하고 싶은 것은 가리키는 행위가 아픈 곳을 **결정한다**는 것이다. 그런데, 이 가리키는 행위는 더듬어서 아픈 곳을 찾는 행위와 혼동되어서는 안 된다. 사실 이 두 가지는 서로 다른 결과로 이끌 수 있다.

누군가 다른 이의 몸에서, 혹은 하나의 가구나 그 어떤 빈 곳 따위에서 통증을 느낀다고 말하는 수없이 다양한 경우들을 생각할 수 있다. 물론 우리는 우리 몸의 특별한 부분, 예컨대 윗니의 아픔은 독특한 촉각적(觸覺的), 동각적(動覺的) 이웃을 갖고 있다는 것을 잊어서는 안 된다. 우리 손을 짧은 거리만큼 위로 움직이면, 손이 눈에 닿는다. 여기서 "짧은 거리"라는 말은 촉각적 거리나 동각적 거리, 혹은 둘 다를 가리킨다(촉각적 거리와 동각적 거리가 일상적인 것과 다른 방식으로 서로 연관되어 있는 것을 떠올리는 것은 어렵지 않다. 입에서 눈까지 손가락을 움직일 때 입에서 눈까지의 거리는 '우리 팔의 근육에게는' 매우 커 보일지도 모른다. 치과의사가 구멍을 뚫거나 파고 있을 때 당신이 충치 구멍을 얼마나 크게 상상하는지 생각해보라).

내가 손을 약간 위로 올리면 눈에 닿는다고 했을 때, 이는 오직 촉각적 증거만을 얘기하는 것이었다. 즉, 내 손가락이 내 눈을 건드린다고 보는 기준은 그저 내가 내 눈을 만지고 있음을 알려주는 특별한 느낌을 가졌다는 것뿐이다. 비록 내가 그것에 대한 시각적 증거를 갖지 못했더라도, 그리하여 거울을 봤더니 손가락이 눈이 아니라 이마를 건드리고 있더라도 말이다. 내가 말한 '짧은 거리'가 촉각적 혹은 동각적이었던 것처럼, 내가 "그것들은 짧은 거리만큼 떨어져 있다"고 말할 때의 장소 역시 촉각적인 장소였다. 내 손가락이 촉각적이고 동각적인 영역에서 내 이에서 내 눈까지 움직인다고 말하는 것은, 우리가 "내 손가락이 내 이에서 내 눈까지 움직인다"고 말할 때 보통 갖게 되는 그런 촉각적이고 동각적인 경험들을 내가 갖는다는 것을 의미한다. 하지만 우리가 이 후자의 명제에 대한 증거로 여기는 것은, 우리 모두가 알다시피, 결코 촉각적이고 운동감각적인 것만이 아니다. 사실 내가 위에서 언급된 촉각적이고 운동

감각적인 감각을 가졌다 하더라도, 나는 여전히 "내 손가락이 …… 움직인다"와 같은 명제를 부정할지도 모른다. 내가 본 게 있기 때문이다. 그 명제는 물리적 대상에 관한 명제다(그리고 이제 "물리적인 대상"이라는 표현이 한 종류의 대상과 다른 종류의 대상을 구별하기 위한 것이라고 생각하지 말라). 우리가 물리적인 대상에 관한 명제라 부르는 명제들의 문법은 그런 명제 각각에 대해 다양한 증거들을 인정한다. "내 손가락이 …… 움직인다" 같은 명제의 특징은, "나는 그것이 움직이는 걸 본다", "나는 그것이 움직이는 걸 느낀다", "그는 그것이 움직이는 걸 본다", "그는 그것이 움직인다고 내게 말한다" 등등의 명제들이 그것에 대한 증거로 간주된다는 데 있다. 내가 이제 "나는 내 손이 움직이는 걸 본다"라고 말한다 하자. 언뜻 보기에 이는 내가 "내 손이 움직인다"라는 명제에 동의한다는 것을 전제하는 듯하다. 하지만 "나는 내 손이 움직이는 걸 본다"라는 명제를 "내 손이 움직인다"라는 명제를 뒷받침하는 여러 증거들 중의 하나로 생각해도, 전자의 진리성이 후자의 진리성을 보장하는 것은 물론 아니다. 그러므로 "나는 내 손이 움직이는 걸 본다" 대신에 "내 손이 마치 움직인 것처럼 보인다"라는 표현을 제안할지도 모르겠다. 하지만 이 표현이 비록 내 손이 실제로 움직이지 않는데도 움직이는 것처럼 보일 가능성을 지적하고 있어도, 여전히 그 표현은 움직이는 것처럼 보이려면 결국 손이 있어야 한다는 것을 암시하고 있는지도 모른다. 반면, 시각적 증거를 기술하는 명제가 사실인데도 동시에 다른 증거들이 나로 하여금 '나는 손이 없다'라고 말하게 만드는 경우들을 쉽게 떠올릴 수 있을 것이다. 우리의 일상적 표현방식은 이를 모호하게 만든다. 일상언어 속에서 우리는 핸디캡을 갖는다. 우리가 말하고자 하는 것은 눈이나 손가락

따위의 존재를 함축하지 않는데도 여전히 "눈"이나 "손가락" 따위의 물리적 대상에 관한 용어로 촉각적 감각을 기술해야 하기 때문이다. 감각을 기술할 때 우리는 우회로를 걸어야 한다. 이는 물론 일상언어가 특정한 목적을 위해 충분하지 않음을 의미하는 게 아니다. 그저 그것이 약간 번거롭고 때때로 우리를 오도한다는 뜻일 뿐이다. 물론 우리 언어가 이런 독특성을 갖는 이유는 어떤 감각 경험들이 일상적으로 같이 일어나기 때문이다. 그리하여 내 팔이 움직인다고 느낄 때 대부분의 경우 나는 그것이 움직이는 것을 또한 볼 수 있다. 그리고 내가 손으로 그것을 만진다면, 손은 또한 움직임을 느낀다(발이 절단된 사람은 특정한 통증을 자기 발의 통증으로 기술할 것이다). 그런 경우에 우리는 강하게 다음과 같이 표현할 필요성을 느끼게 된다. "어떤 감각이 내 촉각적 뺨에서 내 촉각적 눈까지 움직인다." 내가 이런 말을 하는 이유는 당신이 통증의 촉각적, 동각적 환경을 알면 자기 치아가 아닌 다른 곳에서 치통을 느낄 수 있다고 상상하는 데 어려움을 느낄 수 있기 때문이다. 하지만 우리가 그런 경우를 상상할 때 그것은 그저 시각적, 촉각적, 동각적 등의 경험들 사이에 일상적인 것과는 다른 상관관계를 상상한다는 뜻일 뿐이다. 그리하여 우리는 치통의 감각에 더해 촉각적이고 동각적인 경험을 가진 사람을 상상할 수 있다. 그 경험들은 대개의 경우 자기 손이 자기 코, 자기 눈 등으로 움직이는 것을 보는 것과 결합되기 마련이나, 여기서는 그것들이 외려 자기 손이 남의 얼굴 위의 장소로 움직이는 것을 보는 시각적 경험과 상호관련되어 있다면 어떨까? 혹은, 손을 움직이는 동각적 감각에 더해 손이 얼굴을 가로지를 때 손과 얼굴에서 느껴지는 촉각적 감각을 가진 사람이 있다고 상상할 수 있다. 그런데 이 사람이 가진 동각적, 촉각적 감각들은 그의 손이 무릎 위를 움직일 때의 그것으로 기술되어야 한다면? 우리가 치통의 감각에 더해 충치와 주변의 얼굴 부위를 건드릴 때 갖게 되는 어떤 특별한 촉각적, 동각적 감각을 갖고 있다면, 그리고 이 감각들이 내 손이 탁자 모서리를 만지고 그 위에서 움직이는 걸 보는 것에 수반된다면, 우리는 이 경험을 그 탁자에서 치통을 느끼는 경험이라 불러야 할지, 아니면 말아야 할지 혼란스러울 것이다. 반면, 앞에서 기술한 그 촉각적이고 동각적인 감각이 내 손이 다른 사람의 치아와 다른 얼굴 부위를 만지는 것을 보는 시각 경험과 서로 상호관련되어 있다면, 의심할 여지없이 나는 이 경험을 "다른 사람의 치아의 통증"이라고 부를 것이다.

다른 이의 아픔을 느끼는 게 불가능하다고 주장하는 사람이라고 해서 한 사람이 다른 사람의 몸에서 통증을 느낄 수 있다는 것까지 부인하는 것은 아니라고 나는 말했다. 사실 그는 이렇게 말했을 것이다. "내가 다른 사람의 치아에서 치통을 느낄지도 모르나, 그것이 **그의** 치통을 느낄 수는 없다."

그리하여 "A는 금니를 갖고 있다"는 명제와 "A는 치통을 갖고 있다"는 명제는 비슷하게 사용되는 것이 아니다. 언뜻 보기에 달라 보이지 않는 곳에서 그것들은 문법이 서로 다르다.

"상상하다"라는 단어의 사용법에 대해서 이렇게 말할지도 모르겠다. "확실히 다른 사람이 통증을 갖고 있다고 상상하는 아주 특정한 행동이 있다." 물론 우리는 이를 부인하지 않는다. 사실들에 관한 다른 진술역시 부인하지 않는다. 하지만 이것을 보자. 우리가 다른 사람이 가진 통증의 상을 만들어낼 때, 우리가 그 통증의 상을, 가령 다른 사람이 까만눈을 가졌다고 상상할 때 그 까만 눈의 상을 적용시키는 것과 똑같은 방식으로 적용시키는가? 일상적 의미에서 상상하기를 그려진 상 만들기로 대체해보자(이는 어떤 존재들이 상상하는 **바로 그** 방식이다). 이제 한 사람으로 하여금 이런 방식으로 A가 까만 눈을 갖고 있다고 상상케 해보라. 이 그림을 적용하는 매우 중요한 방식은 그 그림이 정확한지 보기 위해 그것을 육안과 비교하는 것이 될 것이다. 우리가 누군가 아픔을 겪는 것을 생생하게 떠올릴 때, 그때 종종 우리의 상 안으로 끼어들어가는 게 있다. 통증이 느껴졌다는 곳에 해당하는 곳에서 느껴지는 아픔의 그림자라는 것이다. 하지만 하나의 상이 어떤 의미에서 상인지 결정하는 것은 그것을 실재와 비교하는 방식이다. 이를 우리는 투사법이라 부를 수 있을지도 모르겠다. 이제 A의 치통의 상을 그의 치통과 비교하는 것을 생각해보라. 당신은 그것들을 어떻게 비교하겠는가? 당신이 그것들을 그의 신체적 행동을 통해 '간접적으로' 비교한다고 말한다면, 나는 다음과 같이 대답할 것이다. 이것이 의미하는 바는 당신이 그의 행동의 상과 그의 행위를 비교하는 것처럼 그것들을 비교하고 **있는 것은 아니다**라는 사실이다.

다시, 당신이 이렇게 말한다고 하자. "나는 인정한다. A가 아플 때 당신은 그것을 **알** 수 없고, 다만 추측만 할 뿐이라는 것을." 이때 당신은 "추측하다"라는 단어와 "안다"라는 단어의 상이한 사용법 속에 놓여 있는 난점을 보지 못하고 있다. 당신이 알 **수 없다**고 말했을 때 당신은 어떤 종류의 불가능성을 의미하는가? 당신은 혹시 다른 이가 입을 다물고 있어 그의 입에 금니가 있는지 알 수 없었을 때와 비슷한 경우를 생각하고 있지는 않은가? 이 경우 당신이 알지 못하는 그것을, 그럼에도 불구하고 안다고 상상하는 게 가능할 것이다. 여기서는 못 봤으면서도 그 치아를 봤다고 해도 말이 됐다. 아니, 차라리 그의 치아를 보지 못한다고 말하는 게 의미를 가지므로 그의 치아를 본다고 말하는 것도 의미를 갖는다고 해야 할 것이다. 다른 한편, 당신이 내게 한 사람이 다른 사람이 아픈지를 **알** 수는 없다고 시인했을 때, 당신이 말하고자 하는 것은 실제로 사람들이 그것을 모른다는 게 아니라, 그들이 안다고 말하는 게 의미가 없다는 (그러므로 모른다고 말하는 것도 의미가 없다는) 뜻이리라. 따라서 이 경우에 당신이 "추측하다", "믿다"라는 용어를 사용한다면, 그때 당신은 그것을 "알다"라는 용어에 반대되는 것으로 사용하는 게 아니다. 즉, 당신은 그 앎이 도달할 수 없었던 목표이기에 그저 추측으로 만족해야 한다고 진술하고 있는 게 아니다. 외려, 이 게임에는 목표 따위가 없다는 뜻이리라. 마치 "기수의 수열을 모두 셀 수 없다"는 말이 인간의 나약함에 관한 사실을 진술하는 게 아니라 우리가 만든 규약에 관한 사실을 진술하는 것처럼 말이다. 비록 늘 그릇되게 비교되기는 하지만, 우리의 진술은 원래 "인간이 대서양을 건너 헤엄치는 것은 불가능하다"와 같은 문장과 비교될 수 없는 것이다. 그 진술은 차라리 "지구력 경주에는 목표가 없다"는 진술과 유사**하다**. 그리고 이것이 '당신은 ……알 수 없어도 추측할 수는 있다'는 설명에 만족하지 않는 이들이 어렴풋이 느끼는 것들 중의 하나다.

감기에 걸렸으면서도 추운 날 외출하는 이를 보고 화가 나면, 우리는 이렇게 말하곤 한다. "나는 네 감기를 느끼지 않을 거야." 이 말은 "네가 감기 걸려도 나는 괴롭지 않아"를 의미할 수 있다. 이는 경험을 통해 배운 명제다. 한 사람이 제 머리에 찬바람을 쐬면 다른 사람이 머리에 통증을 느끼도록, 두 육체를 이를테면 무선으로 연결한 상황을 상상할 수 있을 것이다. 이 경우 통증을 느낀 사람은 그 통증이 자신의 머리에서 느껴진다는 이유에서 자신의 통증이라고 주장할 수 있을 것이다. 그러나 나와 다른 어떤 사람 A가 신체 일부분을, 이를테면 손을 공유하는 경우를 가정해보자. 나와 A의 팔에 있는 신경들이 이 공유된 손에 연결되어 있다. 이제 말벌이 이 손을 쏘았다. 우리 둘은 모두 소리를 지르고, 얼굴을 찌푸리며, 똑같은 통증을 묘사하는 따위의 행동을 할 것이다. 자, 그렇다면 우리의 통증이 서로 같다고 해야 할까, 아니면 다르다고 해야 할까? 당신이 이렇게 말한다고 하자. "우리가 같은 곳에 통증을 느끼며, 그 통증에 관한 기술도 서로 일치하지만, 그래도 나의 통증은 그의 통증일 수 없다." 이때 당신은 다음과 같은 이유를 들 것이다. "왜냐하면 나의 통증은 나의 통증이고, 그의 통증은 그의 통증이니까." 여기에서 당신은 "똑같은 통증"과 같은 구절의 사용에 관한 문법적 진술을 하고 있는 셈이다. 당신은 "그가 나의 통증을 받았다"거나 "우리 둘은 똑같은 통증을 가지고 있다"는 말을 사용하고 싶지 않다고 말한다. 그 대신에 아마도 당신은 "그의 통증은 나의 통증과 아주 비슷하다" 같은 구절을 사용할 것이다(그 둘 중 하나가 마비가 되거나 죽어도 다른 사람이 여전히 고통을 느끼므로 그 둘이 똑같은 통증을 가질 수 없다고 말하는 것은 당연해 보인다). 물론, 우리가 우리 언어에서 "나는 그의 치통을 앓는다"라는 구절을 배제할 경우, 그로써 우리는 "나는 나의 치통을 갖고 있다"는 구절도 배제하게 된다. 우리의 형이상학적 진술의 또 다른 형태로는 이런 것이 있다. "한 사람의 감각자료는 그에게 사밀(私密)하다." 그리고 이 표현방식은 훨씬 더 현혹적이다. 왜냐하면 훨씬 더 경험명제처럼 보이기 때문이다. 이렇게 말하는 철학자는 자신이 일종의 과학적인 진리를 표현하고 있다고 생각하기 쉽다.

우리는 "두 권의 책이 같은 색깔을 갖고 있다"는 구절을 사용한다. 하지만 아주 당연하게 이렇게 말할 수도 있을 것이다. "그것들은 **똑같은** 색깔을 가질 수 없다. 왜냐하면 이 책은 제 자신의 색깔을 갖고 있고, 저 책 역시 제 자신의 색깔을 갖고 있기 때문이다." 이 역시 문법적 규칙(말이 나온 김에 말하자면 우리의 일상적 사용법과 일치하지 않는 규칙)을 진술하고 있는 것이리라. 이 두 가지 사용법이 다르다고 생각해야 하는 이유는 이것이다. 우리는 감각자료의 경우를 물리적 대상들의 경우와 비교한다. 그러면서 우리는 "이것은 내가 한 시간 전에 본 바로 그 의자다"와 "이것은 그 의자가 아니지만, 그것과 꼭 같은 것이다" 사이를 구별한다. 여기서 다음과 같이 말하는 것은 의미가 있으며, 또한 그것은 경험명제이기도 하다. "A와 B는 같은 의자를 봤을 리 없다. A는 런던에 있고 B는 케임브리지에 있었기 때문이다. 그들은 그저 똑같이 생긴 두 개의 의자를 봤을 뿐이다"("이들 대상의 동일성"이라고 부르는 것을 판별하는 상이한 기준들을 생각하면 도움이 될 것이다. 다음의 진술들을 우리는 어떻게 적용하는가? "이것은 ……와 같은 날이다", "이것은 ……와 같은 말이다", "이것은 ……와 같은 경우다").

우리가 이 논의들 속에서 했던 일은 형이상학적 명제 속에서 "할 수 있다"는 단어와 마주쳤을 때 우리가 늘 하는 일이다. 우리는 이 형이상학적 명제가 문법적 규칙을 감추고 있음을 보여준다. 즉, 우리는 형이상학적 명제와 경험적 명제 사이의 외관상의 유사성을 파괴한다. 그리고 우리의 일상언어가 충족시켜주지 않으나 그것이 충족되지 않는 한 형이상학적 혼란을 일으키는 형이상학자의 어떤 열망, 그 열망을 충족시켜주는 표현 형식을 찾으려고 한다. 다시, 내가 형이상학적 의미에서 "내가 아플 때 나는 그것을 항상 **알아야 한다**"고 말할 때, 여기서 "알다"라는 단어는 군더더기일 뿐이다. "나는 내가 아프다는 걸 안다"고 하는 대신 그냥 "나는 아프다"고 말하면 된다. 물론 가령 우리가 "무의식적 통증"이라는 구절에 의미를 주기 위해 어떤 이가 통증을 갖고 있는데도 그것을 모르는 경우에 대한 경험적 기준을 고정해 놓는 경우라면 상황이 다르다. 그러고 나서 (옳든 그르든) 자신이 알지 못하는 고통을 가져 본 사람은 아무도 없다고 말하는 경우라면 말이다.

"나는 그의 통증을 느낄 수 없다"라고 말할 때 도저히 극복할 수 없는 장벽의 관념이 머리에 떠오른다. 곧바로 그와 유사한 경우를 하나 생각해보자. "녹색과 파란색은 동시에 같은 곳에 있을 수 없다." 여기서 떠오르는 물리적 불가능성의 그림은 아마도 넘을 수 없는 장벽의 그림은 아닐 것이다. 외려 우리는 두 색깔이 서로를 방해한다고 느낀다. 이런 관념의 근원은 무엇인가? 세 사람이 이 벤치에 나란히 앉을 수 없다고 말하는 경우가 있다. 그러기에는 자리가 부족하기 때문이다. 색깔의 경우는 이와 비슷한 게 아니라, 외려 "3×18인치는 3피트 속에 들어가지 않는다"는 말과 비슷하다. 이것은 문법적인 규칙으로서 논리적 불가능성을 진술하고 있다. 반면 "세 남자가 1야드 길이의 벤치에 나란히 앉을 수 없다"라는 명제는 물리적 불가능성을 진술하고 있다. 그리고 이 예는 왜 두 가지 불가능성이 서로 혼동되는지 분명하게 보여준다("그는 나보다 6인치 더 크다"는 명제와 "6피트는 5피트 6보다 6인치 더 길다"는 명제를 비교해보라. 이들 명제는 전혀 다른 종류의 것이지만 꼭 같아 보인다). 이런 경우에 종종 물리적 불가능성이라는 관념이 머리에 떠오르는 것은, 우리가 한편으로는 특정 표현 형식을 사용하지 않기로 결심해놓고, 다른 한편 그것을 사용하지 못해 안달을 내기 때문이다. 우리가 그런 유혹을 느끼는 것은 (a) 그것이 영어로든, 독일어로든 올바른 것처럼 들리고, (b) 우리 언어의 다른 부문에서 사용되는 것과 아주 유사한 표현 형식들이 있기 때문이다. 우리는 "그들은 같은 곳에 있다"는 구절을 사용하지 않기로 결정했다. 다른 한편 이 구절은 다른 것과의 유비를 통해 우리에게 자신을 강하게 추천한다. 그리하여 어떤 의미에서는 이 표현 형식을 포기하려면 강제가 필요할 것만 같다. 그리고 이것이 우리가 보편적으로 그릇된 명제를 거부하는 것처럼 보이는 이유다. 우리는 서로 방해하는 두 색깔의 그림, 혹은 타인의 행동을 관찰하는 것 이상으로 그 사람의 경험에 접근하는 것을 허용하지 않는 어떤 장벽의 그림을 그린다. 하지만 더 자세히 보면 우리가 그린 그림은 사용할 수 없다는 것을 알게 된다.

논리적 불가능성과 물리적 불가능성 사이에서 방황하다 보면 이런 진술을 하게 된다. "만일 내가 느끼는 것이 늘 **나의** 통증일 뿐이라면, 다른 이가 아프다는 추측은 대체 무엇을 의미할 수 있겠는가?" 이런 경우에 우리가 해야 할 일은 항상 문제의 그 말이 **우리 언어에서 실제로 어떻게 사용되는지** 살펴보는 것이다. 그런 모든 경우에 우리는 대개 우리의 일상언어가 사용하는 것과는 다른 사용법을 생각하고 있다. 한편, 어떤 이유에선지 크게 우리의 마음을 잡아끄는 사용법이 있다. 우리의 말들의 문법이 무언가 이상해 보인다면, 그것은 우리가 한 단어를 번갈아가며 몇 가지 다양한 방식으로 사용하고 싶어 하기 때문이다. 그리고 형이상학자가 하는 주장이 우리의 문법에 대한 불만을 표현한다는 것을 알기란 특히 힘든데, 그것은 그 주장이 또한 경험의 사실을 진술하는 데 사용될 수도 있기 때문이다. 그리하여 그가 "내 통증만이 진짜 통증이다"라고 말한다면, 이는 그저 다른 사람들은 아픈 척 하고 있을 뿐이라는 것을 의미할 수 있다. 그리고 그가 "이 나무는 아무도 보지 않으면 존재하지 않는다"라고 말한다면, 그것은 "우리가 등을 돌리면 이 나무는 사라진다"는 것을 의미할 수 있다. "내 통증만이 진짜다"라고 말하는 이는 그로써 자신이 어떤 일상적 기준(말하자면 우리의 단어에 일상적 의미를 부여하는 기준)에 따라 그 사실을 발견해냈다고 말하는 게 아니다. 고통을 갖고 있다고 말하는 다른 이들이 거짓말을 하고 있다고 말하는 것도 아니다. 그는 그저 **이** 표현을 **이** 기준들과 연결해 사용하는 데 반기를 든 것뿐이다. 다시 말하면, 그는 이 단어가 일상적으로 사용되는 특정한 방식에 반대하고 있는 것이다. 다른 한편, 그는 자신에 규약에 반대하고 있음을 깨닫지 못한다. 그는 일반 지도에서 사용되는 것과 다르게 국가를 나누는 방식을 본다. 그는 "데번셔"라는 이름을 관습적인 경계를 가진 나라가 아니라 그와는 다르게 경계가 지어진 한 지방의 이름으로 사용하고 싶어한다. 그 바람을 그는 이렇게 표현할 수 있다. "**이것을** 하나의 나라로 만들고, **여기에** 경계를 긋는 것은 불합리하지 않은가?" 하지만 그가 말한 것은 이것이다. "**진짜** 데번셔 주는 이것이다." 우리는 이렇게 대답할 수 있을 것이다. "당신이 원하는 것은 새로운 표기법일 뿐이고, 표기법을 바꾼다고 지리학적 사실이 바뀌는 것은 아니다"(우리는 하나의 표기법, 하나의 표현 형식이 얼마나 많은 것을 의미할 수 있는지 쉽게 잊는다. 그리고 그것을 바꾸는 것이 수학이나 과학에서 가끔 벌어지는 것처럼 그렇게 쉽지는 않다는 것도 잊기 쉽다. 옷을 갈거나 이름을 가는 것은 거의 의미가 없을 수도 있고, 지대한 의미가 있을 수도 있다).

실재론자, 관념론자, 그리고 유아론자들 사이에서 토론됐던 문제를 해명하기 위해 당신에게 그것과 밀접하게 관련된 문제를 해명해 두고자 한다. 그것은 이런 것이다. "우리가 무의식적 사유, 무의식적 느낌 등등을 가질 수 있을까?" 무의식적 사유가 있다는 관념은 많은 사람들을 불쾌하게 했다. 다른 이들은 의식적인 사유만 존재할 수 있다고 가정하는 것은 오류이며, 정신분석학자들이 그 무의식적 사유라는 것을 발견했다고 말했다. 무의식적 사유에 대한 반대자들은 자기들이 반대하는 것이 새로 발견된 심리적 반응들이 아니라 그것들을 기술하는 방식이라는 것을 깨닫지 못했다. 반면 정신분석학자들은 그들 자신의 표현방식 탓에 자신들이 새로운 심리적 반응들을 발견한 것 이상을 했다고, 즉 무의식에 깔려 있는 의식적 사유를 찾아냈다고 잘못 생각하게 됐다. 첫번째 부류의 사람들은 자신들의 반대를 이렇게 진술할 수도 있었을 것이다. "우리는 굳이 '무의식적 사유'라는 구절을 사용하고 싶지 않다. 당신들이 '의식적 사유'라고 부르는 것에 우리는 그대로 '사유'라고 쓰고 싶다." 하지만 그들이 "의식적 사유만 있고 무의식적 사유는 있을 수 없다"고 말할 때, 그들은 자신들의 경우를 잘못 진술하고 있는 셈이다. 왜냐하면 "무의식적 사유"라는 구절을 사용하기 싫으면 "의식적 사유"라는 구절도 사용해서는 안 되기 때문이다.

하지만 어느 경우든 의식적 사유와 무의식적 사유라는 말을 모두 사용하는 사람이 그로써 "사유"라는 단어를 두 가지 상이한 방식으로 사용한다고 말하는 게 옳지 않은가? 못을 박을 때, 그리고 구멍에 말뚝을 박을 때, 우리는 두 가지 상이한 방식으로 망치를 사용하는가? 그리고 이 구멍에 말뚝을 박을 때와 다른 구멍에 말뚝을 박을 때, 우리는 그것을 두 가지 다른 방식으로 사용하는가? 아니면 같은 방식으로 사용하는가? 아니면 무언가를 박아 넣을 경우와 무언가를 두들길 경우에 한해서만 두가지 상이한 방식이라고 얘기해야 하나? 아니면 이 모든 사용법을 한 가지 방식으로 칭하고, 그 망치를 문진(文鎭)으로 사용할 때만 상이한 방식이라고 불러야 할까? 어떤 경우에 우리는 한 단어가 두 가지 상이한 방식으로 사용된다고 말하고, 어떤 경우에 그것이 하나의 방식으로 사용된다고 말하는가? 한 단어가 두 가지(혹은 그 이상의) 상이한 방식으로 사용된다고 말하는 것은 그 자체로서는 아직 우리에게 그것의 사용법에 관한 관념을 주지 않는다. 그것은 이 사용법을 바라보는 방식을 좀 더 구체화하기 위해 그것을 기술하는 도식에 두 개(혹은 그 이상의) 하위 구분을 제공해주고 있을 뿐이다. 이렇게 말하는 것은 전적으로 옳다. "나는 이 망치로 **두 가지** 일을 한다. 즉, 이 보드에 못을 박고, 저 보드에 못을 박는다." 하지만 나는 이렇게 말할 수도 있었다. "이 망치로 나는 오직 한 가지 일을 하고 있을 뿐이다. 즉, 이 보드, 저 보드에 못을 박고 있을 뿐이다." 한 단어가 한 가지 방식으로 사용되느냐, 두 가지 방식으로 사용되느냐에 관해 두 종류의 논의가 있을 수 있다. (a) 두 사람은 영어 단어 "cleave"(쪼개다)가 그 무언가를 잘게 쪼갠다(chopping up)는 뜻으로만 사용되는지, 혹은 여러 사물을 결합시킨다(join together)는 의미로도 사용되는지 논의할 수 있다. 이는 어떤 실제적 사용법의 사실들에 관한 논의다. (b) 그들은 "깊다"와 "높다"를 모두 의미하는 "altus"라는 단어가 **그로써** 두 가지 상이한 방식으로 사용되는지 논의할 수 있다. 이 물음은 우리가 의식적 사유와 무의식적 사유에 대해 얘기할 때 "사유"라는 단어가 두 가지 방식으로 사용되느냐, 한 가지 방식으로 사용되느냐 하는 물음과 유사하다. "물론 그것들은 두 가지 다른 사용법이다"라고 말하는 이는 이미 이중도식을 사용하기로 결심한 것이고, 그 말로써 그 결심을 표현한 것이다.

유아론자가 제 자신의 경험만이 진짜라고 말할 때 그에게 "우리가 정말 당신 말을 듣는다고 믿지 않으면서 왜 우리에게 그런 말을 하는가?"라고 대꾸해야 소용없다. 어쨌든 그에게 이렇게 대꾸했다고 우리가 그의 난점에 대답했다고 믿어서는 안 된다. 철학적인 문제에 상식적인 대답이란 없다. 철학자의 공격에 맞서 상식을 지키는 길은 오직 그들의 혼란을 풀어주는 길뿐이다. 즉, 상식의 관점을 되풀이하기보다는 그들로 하여금 상식을 공격하고픈 유혹에서 벗어나게끔 치유하는 길뿐이다. 철학자는 정신 나간 사람, 즉 모든 사람들이 보는 것을 못 보는 사람이 아니다. 다른 한편, 상식과 철학자의 불일치는 보통 사람의 소박한 견해와 과학자들의 불일치 같은 것도 아니다. 따라서 우리는 그가 가진 혼란의 **원천**을 살펴보아야 한다. 그러면 우리는 알게 될 것이다. 어떤 사실들에 대한 호기심이 만족되지 않거나 우리의 모든 경험과 일치하는 자연 법칙을 찾을 수 없을 때만이 아니라, (그것이 불러내는 다양한 연상들 때문에) 표기법이 만족스럽지 못할 때에도 혼란이나 정신적 불편함이 생긴다는 것을 말이다. 가능한 표기법 중에서 우리의 모든 생활을 지배하고 있는 일상언어는 말하자면 우리의 정신을 하나의 입장에 꼭 붙들어 매둔다. 이 입장 속에서 우리의 정신은 답답함을 느끼고 다른 입장에 대한 열망을 갖게 되는 것이다. 그리하여 우리는 때때로 일상언어가 하는 것보다 차이를 더 강하게 부각시키고, 그것을 더 명확하게 드러내는 표기법을 바라기도 하고, 특정한 경우에는 우리의 일상언어보다 더 유사한 표현 형식들을 사용한 표기법을 바라기도 하는 것이다. 이런 욕구를 충족시켜주는 표기법들을 볼 때 우리의 정신적 족쇄는 한결 느슨해진다. 그런 욕구는 매우 다양한 것일 수 있다.

우리가 유아론자라고 부르는 사람, 즉 제 자신의 경험만이 진짜라고 말하는 사람이라고 해서 어떤 실천적인 사실의 문제에서 우리와 불일치하는 것은 아니다. 그라고 해서 아프다는 사람보고 아픈 척하고 있다고 말하는 것은 아니다. 그 역시 남들만큼 똑같이 아픈 사람에게 동정을 보낸다. 그러면서도 동시에 "진짜"라는 형용사의 사용법을 우리가 그의 경험이라고 부르는 것에 제한하려고 한다. 나아가 그는 (여기서 다시 사실에 관한 문제에서 우리와 의견이 갈리는 게 아닌데도) 우리의 경험을 아예 "경험"이라고 부르려 하지 않을지도 모른다. 왜냐하면 그는 자신의 것과는 다른 경험들이 진짜라고는 **상상할 수 없다**고 말할 것이기 때문이다. 그러므로 그는 "A는 진짜 치통을 앓고 있다"(이 경우 A는 그가 아니다)와 같은 구절을 의미 없는 문장으로 만드는 표기법을 사용해야 할 것이다. 마치 체스 규칙이 폰이 나이트처럼 기동하는 것을 배제하듯이, 그것의 규칙들이 그 구절을 배제하는 그런 표기법 말이다. 유아론자의 제안은 "스미스(유아론자)가 치통을 앓고 있다" 대신에 "진짜 치통이 있다"와 같은 구절을 사용하는 데에로 나아간다. 그리고 왜 우리게 그에게 이런 표기를 허용하면 안 되는가? 이 경우에 혼란을 피하기 위해 그가 "가짜"에 대립되는 "진짜"라는 단어를 사용하지 않는 게 더 낫다고 말할 필요는 없을 것이다. 그렇게 할 경우 우리는 어떤 다른 방식으로 "진짜"/"가짜"를 구별할 기준을 마련해야 할 것이기 때문이다. 유아론자가 "나만이 진짜 통증을 느낀다"거나 혹은 "나만이 진짜로 본다(혹은 듣는다)"고 말할 때, 그는 하나의 견해를 진술하고 있는 게 아니다. 그것이 바로 그가 제 말을 그토록 확신할 수 있는 이유이기도 하다. 그는 저항할 수 없을 정도로 특정한 표현 형식을 사용하고픈 유혹은 느낀다. 우리는 아직 그가 **왜** 그러는지 알아내야 한다.

"나만이 진짜로 본다"라는 구절은 "어떤 사람이 무언가를 바라볼 때 그가 무엇을 보는지 우리는 결코 알 수 없다"거나, 혹은 "우리가 '파랑'이라고 부르는 것을 그도 '파랑'이라 부르는지 우리는 결코 알 수 없다"라는 주장 속에 표현된 관념과 밀접하게 연관되어 있다. 실제로 이렇게 논증할지도 모르겠다. "나는 그가 무엇을 보는지, 혹은 도대체 보기는 하는지 결코 알 수 없다. 내가 가진 것이라곤 그가 내게 준 다양한 종류의 기호들뿐이기 때문이다. 따라서 그가 그것을 본다고 말하는 것은 전적으로 불필요한 가정이다. 나는 보는 것이 무엇인지를 오직 내 스스로가 보는 것을 통해서만 안다. 나는 '본다'라는 단어를 **내가** 하는 것을 가리키기 위해 배웠을 뿐이다." 물론 이는 결코 사실이 아니다. 왜냐하면 내가 배운 "본다"라는 단어의 사용법은 분명히 내가 여기서 제시한 것과 달라서 그보다 훨씬 더 복잡하기 때문이다. 내가 그렇게 했을 때 나를 이끌었던 그 경향을 분명히 드러내기 위해 좀 다른 영역에서 가져온 예를 하나 들어보자. "이 종이가 빨갛지 않은데 우리는 어떻게 이게 빨갰으면 하고 바랄 수 있는가? 이는 내가 전혀 존재하지 않는 어떤 것을 바란다는 얘기가 아닌가? 그러므로 내 바람은 오직 종이가 빨갛다는 것과 **비슷한** 어떤 것만을 포함할 수 있다. 그렇다면 우리가 무언가 빨갛기를 바랄 때 '빨강'이라는 단어 대신에 다른 단어를 사용하면 안 되는가? 바람의 심상이 보여주는 것은 아마도 종이가 빨갛다는 현실보다 덜 선명해 더 흐릿할 것이다. 따라서 '나는 이 종이가 빨갰으면 좋겠어'라고 하는 대신에 '나는 이 종이가 엷은 빨강이었으면 좋겠어'라고 해야 할 것이다." 하지만 만약 일상적인 말하기 방식으로 그가 "나는 이 종이가 연한 빨강이었으면 좋겠어"라고 했다면, 그의 바람을 충족시키기 위해 우리는 그 종이를 연한 빨강으로 칠했어야 할 것이다. 하지만 이는 그가 바라던 바가 아닐 것이다. 다른 한편 그가 제안하는 표현 형식을 채택하는 데 굳이 반대할 필요도 없다. "이 종이가 연한 x색이었으면 좋겠어"라는 구절을 그가 언제나 우리가 보통 "이 종이의 색이 x였으면 좋겠어"라고 표현하는 것을 의미하는 데 사용한다는 것을 알고 있다면 말이다. 그 말로써 그가 실제로 한 일은, 표기법도 추천될 수 있다는 의미에서, 하나의 표기법을 추천한 것이었다. 그는 우리에게 새로운 진리를 말한 것도 아니고, 우리가 전에 말한 것이 잘못임을 보여주지도 않았다(이 모든 것이 우리가 당면한 문제를 부정[negation]의 문제와 연결시킨다. 당신에게 이런 힌트만을 주겠다. 하나의 특질이 항상 두 개의 이름을 갖는 표기법이 가능할 것이다. 거칠게 말하면 그중 하나의 이름은 어떤 것이 그 특질을 가졌다고 말해질 때를 위한 것이고, 다른 하나의 이름은 어떤 것이 그 특질을 갖지 않았다고 말해질 때를 위한 것이다. 이 경우 "This paper is red"의 부정은 가령 "This paper is not rode"가 될 것이다. 이런 표기법은 실제로 우리의 일상언어가 우리에게 들어주지 않는 바람들, 그리하여 때때로 부정에 관해 철학적 혼란의 근육경련을 일으키는 그런 바람들 중 몇몇을 만족시켜줄 것이다).

"그가 파란 색상을 본다고 (진실하게) 말할 때 그가 무엇을 보는지 나는 알 수 없다"고 말함으로써 우리가 표현하는 난점은, "그가 무엇을 보는지 안다"라는 것이 "그가 보는 것을 본다"는 것을 의미한다는 생각에서 비롯된다. 그런데 여기서 '본다'라 함은 우리 둘이 눈앞에 똑같은 대상을 놓고 본다는 의미가 아니라, 보이는 그 대상이 예컨대 그의 머릿속, 혹은 **그**의 안에 들어 있는 대상이라는 의미에서다. 즉, 설사 똑같은 대상이 그와 내 눈 앞에 있어도, 그의 시야의 **실재적**이고 **직접적**인 대상이 또한 나의 시야의 실재적이고 직접적인 대상이 되도록 내 머리를 그의 머릿속으로(혹은 같은 말이지만 나의 정신을 그의 정신 속으로) 집어넣을 수는 없다는 생각이다. "나는 그가 무엇을 보는지 알지 못한다"라는 말로써 우리가 실제로 의미하는 것은 "나는 그가 무엇을 바라보는지 알지 못한다"는 것이다. 그리고 여기서 '그가 바라보는 것'은 감추어져 있고, 그가 그것을 내게 보여줄 수도 없다. 왜냐하면 그것은 **그의 정신의 눈앞에** 있기 때문이다. 그러므로 이 혼란을 없애려면, "나는 그에게 무엇이 보이는지 모른다"는 말과 "나는 그가 무엇을 바라보는지 모른다"는 말이 실제로 우리 언어 속에서 사용될 때, 두 진술 사이에 어떤 문법적 차이가 존재하는지를 검토해보라.

우리의 유아론의 가장 만족스러운 표현은 흔히 이런 것인 듯하다. "어떤 것이 보일 때(정말로 **보일** 때) 그것을 보는 이는 항상 나다."

이 표현에서 인상적인 것은 "언제나 나"라는 구절이다. 언제나 **누구**? 기이하게도 이로써 내가 "언제나 L. W."를 의미하는 것은 아니기 때문이다. 이는 우리로 하여금 한 사람의 정체성을 가리는 기준에 대해 생각하게 한다. 어떤 여건에서 우리는 "이 사람은 내가 한 시간 전에 본 바로 그 사람이다"라고 말하는가? "바로 그 사람"이라는 구절과 한 사람의 이름의 실제적 사용법은 우리가 동일성에 대한 기준으로 사용하는 많은 특성들이 매우 빈번히 서로 일치한다는 데 토대를 둔 것이다. 나는 대개 내 신체의 외관을 통해 인식된다. 내 몸은 오직 서서히 그리고 비교적 조금씩만 변해간다. 마찬가지로 목소리와 특징적 습관 등도 오직 서서히 좁은 범위 안에서만 변한다. 우리는 오직 이런 사실들의 결과로서만 우리가 하는 대로 개인의 이름을 사용하고 싶어한다. 이는 어떤 가상의 경우들을 떠올림으로써 가장 잘 드러날 수 있는데, 이 가상의 경우들은 상황이 다를 경우 우리가 어떤 다른 '기하학들'을 사용하고 싶어 하는지 보여준다. 예컨대 존재하는 모든 인간의 몸이 비슷해 보인다고 상상해보라. 또 상이한 특징의 조합들이 이 몸들 사이에서 거주지를 바꾸는 듯이 보인다고 하자. 그런 특성의 조합이란 가령 높은 목소리와 느린 몸놀림이 곁들여진 온화함, 혹은 깊은 목소리와 변덕스러운 몸놀림이 곁들여진 담즙질(화 잘 내는 기질) 등등이다. 그런 여건 아래에서는 그 몸들에 이름을 주는 게 가능하더라도, 굳이 그렇게 하고 싶지 않을 것이다. 마치 우리가 식당 세트의 의자에 이름을 주고 싶어 하지 않는 것처럼 말이다. 반면, 그 특성들의 조합에 이름을 주는 것은 유용할지 모른다. 그리고 이 이름들의 사용법이 **대강** 우리의 현재 언어 속에서 개인들의 이름에 해당할 것이다.

아니면 인간들이 두 가지 성격을 갖는 게 정상인 상황을 상상해보자. 가령 사람들의 형태, 크기, 행동 특성이 주기적으로 완전히 변하는 식으로 말이다. 한 사람이 그런 두 가지 상태를 갖는 게 일상적인 일이고, 그래서 그는 한 상태에서 갑자기 다른 상태로 건너뛰곤 한다. 그런 사회에서는 아마도 우리가 모든 사람들에게 두 개의 이름을 붙이고, 그의 몸속에 들어 있는 한 쌍의 인격에 대해 얘기하게 될 가능성이 크다. 가령 지킬 박사와 하이드씨는 두 사람이었는가? 아니면 그저 달라진 한 사람이었는가? 원하는 대로 대답해도 된다. 이중인격에 대해 얘기하도록 강요받을 것 없다.

우리가 채택하고 싶어 하는 "인격"이라는 단어에는 서로 간에 다소 비슷한 수많은 사용들이 있다. 이는 우리가 한 사람의 정체성을 그가 가진 기억에 의해 규정할 때에도 적용된다. 한 남자가 있다고 하자. 짝수 날에 그가 갖게 되는 기억은 짝수 날에 벌어진 사건들로 이뤄지고, 홀수 날에 일어난 일은 완전히 건너뛴다. 반면 홀수 날에 그는 그 전의 홀수 날들에 일어났던 일들만 기억하고, 그의 기억은 단절의 느낌 없이 짝수 날들을 건너 뛰어버린다. 원한다면 그가 홀수 날과 짝수 날에 외모와 특성이 바뀐다고 가정할 수 있다. 여기서 우리는 두 인격이 하나의 몸에 살고 있다고 해야 할까? 즉, 두 사람이 있다고 말하면 옳고, 그렇지 않다고 말하면 그른 것일까? 아니면 그 반대일까? 둘 다 아니다. 왜냐하면 "인격"이라는 단어의 **일상적인** 사용법은 일상적 여건에서 들어맞는 복합적 사용법이라 부를 수 있는 것이기 때문이다. 내가 하듯이 이런 환경들이 변했다고 가정한다면, 그로써 "개인" 혹은 "인격"과 같은 용어의 적용도 변한 셈이다. 그런데도 내가 이 용어를 보유해 거기에 예전의 사용법과 비슷한 의미를 주기를 바란다면, 그때는 수많은 사용법들 중에서, 즉 수많은 다양한 종류의 유비들 중에서 멋대로 골라도 된다. 이 경우에 "인격"이라는 용어가 단 하나의 적법한 상속자를 갖는 것은 아니라고 할 수 있을 것이다(이런 종류의 고려는 수리철학에서 중요하다. "증명", "공식" 혹은 그 밖의 다른 단어들의 사용법을 생각해보라. 이런 물음을 생각해보라. "우리가 여기서 하는 일이 왜 '철학'이라 불려야 하는가? 왜 이것이 그 전 시대에 이 이름을 갖고 있던 다른 행동들의 유일하게 적법한 상속자로 여겨져야 하는가?").

"무언가가 보일 때, 그것을 보는 사람은 언제나 나다"라고 할 때 우리가 말하는 게 어떤 종류의 인격의 정체성인지 우리 자신에게 물어보자. 나는 이 모든 보기(seeing)의 경우들이 무엇을 공통으로 갖고 있기를 원하는가? 하나의 대답으로서 내 자신에게 그것은 나의 신체적 외관이 아니라고 고백해야 한다. 내가 볼 때 내가 항상 내 몸의 일부를 보는 것은 아니다. 그리고 설사 보는 것들 틈에 끼어 내 몸이 보인다 할지라도, 그 몸이 항상 동일하게 보여야 하는 것은 아니다. 사실 나는 그것이 아무리 많이 변해도 상관없다. 그리고 나는 내 몸의 속성, 내 행동의 특성, 심지어 나의 기억에 대해서까지도 같은 방식으로 느낀다. 그것에 대해 좀 더 오래 생각했더니 내가 말하고 싶은 것이 다음과 같은 것임을 알겠다. "그 어떤 것이 보일 때마다 항상 무언가가 보인다." 보기의 경험 전체를 통해 일관된다고 내가 말한 것은 "나"라는 특정한 실체가 아니라, 보기의 경험 그 자체였다. 이 점을 더 분명히 드러내려면, 우리의 유아론적 진술을 말하면서 손가락으로 제 눈을 가리키고 "나"라고 말하는 사람을 상상해보면 된다(이는 아마도 정확해지고 싶어서, 그리고 어느 눈이 "나"라고 말하는 입과 자기 몸을 지적하는 손에 속하는지 강조하고 싶어서 그러는 것일 게다). 하지만 그가 가리키고 있는 것은 무엇인가? 물리적 대상의 정체성을 갖고 있는 이 특정한 눈들?(이 문장을 이해하려면, 물리적 대상을 대표한다고 우리가 말하는 단어들의 문법은 우리가 **똑같은** 무엇-무엇", "동일한 무엇-무엇"과 같은 구절을 사용하는 방식으로 특징지어진다는 점을 기억해야 한다. 여기서 "무엇-무엇"은 물론 물리적 대상을 지시한다). 앞에서 우리는 그가 특정한 물리적 대상을 지적하기를 전혀 바라지 않는다고 말한 바 있다. 그가 의미 있는 진술을 했다는 생각은 우리가 "기하학적 눈"이라 부르는 것과 "물리적인 눈"이라고 부르는 것 사이의 혼란에서 비롯된 것이다. 내가 이런 용어들의 사용법을 가르쳐 주겠다. 한 사람이 "당신의 눈을 가리키라"는 명령에 따르려고 할 때, 그는 매우 다양한 일들을 할 수 있다. 그리고 눈을 가리킨 것으로 치기 위해 그가 받아들일 매우 다양한 기준들이 있다. 그 기준들이 보통 그러하듯이 일치한다면, 내가 내 눈을 건드렸음을 내 자신에게 보여주기 위해 그것들을 교대로, 다양하게 결합해 사용할 수도 있다. 그것들이 일치하지 않는다면, 그때에는 "나는 내 눈을 건드린다" 혹은 "나는 내 손가락을 내 눈 쪽으로 옮긴다"와 같은 구절이 가진 다양한 의미들을 구별해야 할 것이다. 예를 들어 내가 눈을 감아도, 여전히 나는 손을 눈으로 올리는 동각적 경험이라고 해야 할 특징적인 동각적 경험을 할 수 있다. 내가 그렇게 하는 데 성공했다는 사실을, 나는 내 눈을 만지는 독특한 촉각적 감각에 힘입어 인지하게 될 것이다. 하지만 내 눈의 위치가 유리판 뒤로 고정되어 있어 손가락으로 눈을 누르는 게 불가능해도, 그때에도 여전히 나로 하여금 지금 내 손가락이 내 눈 앞에 있다고 말하게 해주는, 어떤 근육적 감각의 기준이 있을 것이다. 시각적 기준에 관해 말하자면, 내가 채택할 수 있는 것에는 두 가지가 있다. 내 손이 올라가 내 눈을 향하는 것을 보는 일상적 경험이 있다. 이 경험은 물론 두 개의 사물, 가령 두 개의 손가락 끝이 만나는 것을 보는 것과는 다르다. 다른 한편, 나는 거울을 통해 손가락이 눈으로 접근하는 것을 보는 것을, 손가락이 눈을 향해 움직이는 것의 기준으로 사용할 수도 있다. 내 신체 중에서 우리가 "본다"고 부르는 부위의 위치가 (두번째 기준에 따라) 내 손가락을 내 눈 쪽으로 움직이는 동작으로써 결정되어야 한다면, 내가 (또 다른 기준에 따르면) 내 코끝이 되거나 내 이마 위의 지점들이 되는 것을 가지고 보는 것도 생각할 수 있다. 아니면 이런 방식으로 나는 내 몸 밖에 있는 곳을 가리킬 수도 있다. 만약 내가 누군가 두번째 기준 **하나만** 가지고 자기 눈(혹은 자기 눈들)을 가리키기를 바란다면, 그때 나는 내 바람을 표현하기 위해 "당신의 기하학적 눈(혹은 눈들)을 가리켜라"라고 말할 것이다. "기하학적 눈"이라는 표현의 문법이 "물리적 눈"이라는 표현의 문법에 대해 가진 관계는, "나무의 시각적 감각자료"라는 표현의 문법이 "물리적 눈"이라는 표현의 문법에 대해 갖는 관계와 동일하다. 어느 경우든 "전자는 후자와 전혀 **다른 종류**의 대상이다"라고 말하면 모든 것이 혼란에 빠지게 된다. 왜냐하면 감각자료가 물리적 대상과 종류가 다른 대상이라고 말하는 이들은 "종류"라는 단어의 문법을 잘못 이해하고 있기 때문이다. 마치 수가 숫자와는 다른 종류의 대상이라고 말하는 사람들처럼 말이다. 그들은 자신들이 마치 "철도열차, 철도역, 철도차는 다른 종류의 대상들이다"와 같은 진술을 하고 있다고 생각한다. 하지만 그들의 진술은 실은 "철도 기차, 철도사고, 철도법은 다른 종류의 대상이다"라는 진술과 비슷한 것이다.

"어떤 것이 보일 때 보는 사람은 항상 나다"라고 말하라고 꼬드기는 유혹에 "어떤 것이 보일 때마다 보이는 것은 **이것**이다"라고 말함으로써 넘어갈 수도 있었을 것이다. 그리고 "이것"이라는 말을 하면서 내 시야를 끌어안는 제스처를 하는 것이다(하지만 "이것"으로써 그 순간에 우연히 보이는 특정한 대상을 의미하지는 않으면서 말이다). 누군가 이렇게 말할지도 모르겠다. "나는 시야 속에 있는 어떤 것이 아니라 시야 그 자체를 가리키고 있다." 하지만 이는 그저 그 앞의 표현이 무의미함을 드러내 주는 데 도움이 될 뿐이다.

그러면 이제 우리 표현에서 "언제나"를 버리도록 하자. 그래도 나는 여전히 "**내가** 보는(혹은 지금 보는) 것만이 정말 보이는 것이다"라고 말함으로써 나의 유아론을 표현할 수 있다. 그리고 나는 여기서 이렇게 말하고 싶어진다. "비록 '나'라는 단어로써 내가 L. W.를 의미하지 않더라도, 다른 사람들이 '나'가 L. W.를 의미하는 것으로 이해한다면, 그리고 바로 지금 내가 실제로 L. W.라면, 그러면 아무 문제도 없을 것이다." 내 요구를 표현하기 위해 나는 또한 이렇게 말할 수 있을 것이다. "나는 삶의 그릇이다." 하지만 주목하라, 내가 이 말을 하는 모든 이들이 내 말을 이해할 수 없어야 한다는 것이 중요하다는 점을 말이다. 중요한 것은 다른 사람은 '**내가** 정말로 **의미**하는 것'을 이해할 수 없어야 한다는 것이다. 비록 실제로는 그가 자기의 표기법 속에서 내게 예외적인 자리를 마련해줌으로써 내가 원하는 것을 한다고 할지라도 말이다. 하지만 나는 그가 나를 이해하는 것이 **논리적으로** 불가능하기를, 즉 그가 나를 이해한다고 말하는 것이 틀린 게 아니라 무의미해지기를 바란다. 그리하여 내 표현은 철학자들이 다양한 계기에 사용하는 많은 것들 중의 하나다. 그 표현들은 그것을 말하는 이에게 무언가를 실어 날라 줄 것으로 기대되나, 실은 다른 이에게 무언가를 실어 나르는 것이 본질적으로 불가능한 것들이다. 하나의 표현이 의미를 실어 나른다는 것이 특정한 경험을 수반하거나 산출하는 것을 의미한다면, 우리의 표현은 온갖 종류의 의미들을 가질 수 있을 것이다. 그 의미들에 대해서는 아무 말도 하고 싶지 않다. 하지만 사실 우리는 우리의 표현이, 비형이상학적 표현이 의미를 갖는 그런 의미에서, 의미를 갖고 있다고 잘못 생각하게 된다. 왜냐하면 우리는 우리의 경우를, 특정한 정보가 없어서 다른 이가 우리가 하는 말을 이해하지 못하는 경우와 잘못 비교하기 때문이다(이 지적의 함의는 문법과 의미/무의미 사이의 연관을 이해해야 분명해진다).

하나의 구절이 우리에게 갖는 의미는 우리가 그것을 가지고 하는 사용으로 특징지어진다. 의미는 표현에 따르는 정신적 수반물이 아니다. 그러므로 "나는 그로써 무언가를 의미한다고 생각한다" 혹은 "나는 내가 그것으로 무언가 의미한다고 확신한다"와 같은 구절은, 어떤 표현의 사용법을 정당화하는 철학적 토론에서 너무나 자주 듣는 것이기는 하지만, 우리에게는 아무런 정당화도 아니다. 우리는 이렇게 묻는다. "당신은 **무엇을** 의미하는가?", 즉 "당신은 이 표현을 어떻게 사용하는가?" 누군가 나에게 "벤치"(bench)라는 단어를 가르쳐 주면서 자신이 때때로 혹은 항상 "벤치"와 같이 그 단어 위에 줄을 그으며 이것이 자기에는 무언가를 의미한다고 말한다면, 나는 이렇게 말할 것이다. "나는 당신이 이 줄에 어떤 종류의 관념을 연관시키는지 모르겠다. 당신이 '벤치'라는 단어를 사용할 때와 같은 종류의 계산법으로 그 줄의 용도가 존재한다는 것을 보여주지 않는 한, 그것은 내 관심을 끌지 못한다." 내가 체스를 두려 한다. 한 사내가 화이트 킹의 머리에 종이 왕관을 씌운다. 단어의 사용법은 변함없이 그냥 놔둔 채로 말이다. 하지만 그는 그 왕관이 게임 속에서 자기에게 의미를 갖는다고 말한다. 하지만 그 의미를 그는 규칙에 의해 표현해내지 못한다. 그럼 나는 이렇게 말할 것이다. "그것이 그 단어의 사용법을 바꿔놓지 않는 한, 그것은 내가 의미라고 부르는 것을 갖지 않는다."

때때로 "이것은 여기에 있다"와 같은 구절을 듣게 된다. 이는 내가 그것을 말하면서 내 시야의 한 부분을 지적할 때, 나에게 일종의 원초적인 의미를 갖는다. 비록 다른 누구에게도 정보를 나눠줄 수는 없을지언정 말이다.

"오직 이것만이 보인다"라고 말할 때, 나는 어떤 문장이 우리 언어의 계산법 속에서 아무 사용도 갖지 않으면서도 우리에게 너무나 자연스럽게 다가올 수 있다는 사실을 잊는다. "a=a"라는 동일률을 생각해보라. 그리고 우리가 때때로 그 의미를 파악하고 시각화하기 위해 얼마나 애쓰는지 생각해보라. 가령 어떤 대상을 바라보며 "이 나무는 이 나무와 같은 것이다"라는 문장을 마음속으로 되뇌는 식으로 말이다. 일견 이 문장에 의미를 주는 것처럼 보이는 제스처와 표상은 "오직 **이것**만이 진짜로 보인다"는 문장의 경우에 내가 사용하는 것들과 너무나 비슷하다(철학적인 문제들을 분명히 하려면, 우리로 하여금 어떤 형이상학적 주장을 하게 만드는 특정 상황 속의, 언뜻 중요해 보이지 않는 세세한 부분들을 의식하는 게 도움이 된다. 그리하여 우리가 변하지 않는 환경을 바라볼 때에는 "오직 이것만이 정말로 보인다"라고 말하고 싶을 것이나, 걸어 다니는 동안에는 그런 말을 하고 싶은 마음이 전혀 들지 않을 것이다).

이미 말한 대로 어떤 특정한 사람이 항상 혹은 일시적으로 예외적인 위치를 차지하는 그런 기호체계를 채택하는 데에는 아무 반대도 없다. 따라서 내가 "오직 나만이 진짜로 본다"라는 문장을 발화한다면, 동료 인간들이 자기들의 표기법을 내 것과 일치하도록 조정해 "L. W.가 무엇-무엇을 본다" 대신에 "무엇-무엇이 진짜로 보인다"라고 말하는 것도 얼마든지 생각할 수 있다. 하지만 잘못된 것은 내가 이런 표기의 선택을 **정당화할** 수 있다고 생각하는 것이다. 내가 솔직하게 오직 나만이 본다고 말했을 때, 그때 나는 또한 "나"로써 진짜로 L. W. 를 의미한 게 아니라고 말하고 싶었었다. 하지만 동료 인간들을 위해 그냥 "진짜로 보는 사람은 이제 L. W.다"라고 말한 것뿐이다. 그게 내가 진짜로 의미하는 게 아닌데도 말이다. "나"로써 내가 L. W. 속에 존재하는 것, 즉 다른 사람들이 볼 수 없는 것을 의미한다고 말할 수도 있을 것이다(나는 내 마음을 의미했지만, 그것을 내 몸을 통해서만 가리킬 수 있을 뿐이다). 다른 이들이 자기들의 표기법 속에서 내게 예외적인 장소를 부여하겠다고 제안하는 데에는 잘못된 것이 없다. 잘못이 있다면 그것은 내가 거기에 부여하기 원하는 정당화에 있다. 즉, 이 몸이 지금 진짜로 살아 있는 어떤 것의 거처라는 말은 아무 의미도 없는 것이다. 왜냐하면 누구나 인정하듯이 이는 일상적 의미에서 경험의 문제가 되는 어떤 것을 진술하는 게 아니기 때문이다(그리고 그것이 오직 나만이 그 특정한 경험을 가질 위치에 있어 나만이 알 수 있는 실험적 명제라고 생각하지 마라). 이제 진짜 내가 내 몸 안에 살고 있다는 생각은 "나"라는 단어의 독특한 문법, 그리고 그 문법이 불러일으키기 쉬운 오해들과 연관되어 있다. "나"라는 단어에는 두 개의 상이한 사용법이 있다. 이를 나는 "객체로서 사용"과 "주체로서 사용"이라 부를 수 있을 것이다. 첫번째 부류의 사용의 예로는 이런 것들을 들 수 있다. "내 팔이 부러졌다", "나는 6인치 자랐다", "나는 이마에 혹이 났다", "내 머리가 바람에 흩날린다". 두번째 부류의 예로는 이런 것을 들 수 있다. "**나는** 무엇-무엇을 본다", "**나는** 무엇-무엇을 듣는다", "**나는** 팔을 들어 올리려 한다", "**나는** 비가 올 거라고 생각한다", "**나는** 치통을 앓는다". 이 두 범주 간의 차이를 이렇게 말함으로써 지적할 수 있다. 즉, 첫번째 범주의 예들은 특정한 사람의 인지를 포함한다. 그리고 이들 경우에는 실수의 가능성이 있다. 아니, 이렇게 표현하는 게 좋겠다. 즉, 실수의 가능성이 이미 마련되어 있다고. 핀 게임에는 점수를 못 딸 가능성이 마련되어 있다. 반면 슬롯에 1페니를 집어넣었는데도 공이 떨어지지 않는, 그런 위험은 없다. 가령 어떤 사고를 당해 내 팔에서 통증을 느끼고, 내 옆에서 부러진 팔을 보고, 그것이 내 팔이라고 생각했으나 실은 내 이웃의 팔인 경우도 있을 수 있다. 반면 내가 치통을 앓는다고 말할 때에는 사람을 인지하는 문제란 있을 수 없다. "치통을 앓는 사람이 **당신**이라고 확신하는가?"라고 묻는 것은 무의미할 것이다. 이 경우에는 실수가 있을 수 없다. 왜냐하면 우리가 실수라고 생각하고 싶어 하는 나쁜 수(手)는 실은 그 게임의 수가 전혀 아니기 때문이다(우리는 체스에서 좋은 수와 나쁜 수를 구별한다. 그리고 우리가 퀸을 비숍에 노출시킬 경우 우리는 그것을 하나의 실수로 부른다. 하지만 폰을 졸지에 킹으로 승격시키는 것은 실수가 아니다). 그리고 이제 우리의 생각을 진술하는 이런 방식이 떠오른다. 즉, "나는 치통을 앓는다"라고 말하면서 다른 사람을 나로 착각하는 게 불가능한 것은, 누군가 다른 사람을 나로 착각해 실수로 통증을 느끼며 신음하는 것이 불가능한 것과 마찬가지다. 신음하는 것이 특정인에 **관한** 진술이 될 수 없는 것만큼 "나는 아프다"라고 말하는 것도 마찬가지다. "하지만 분명 한 사람의 입에서 나오는 '나'라는 단어는 그것을 말하는 사람을 가리킨다. 그것은 그 자신을 가리킨다. 그리고 매우 자주 그것을 말하는 한 사람은 실제로 손가락으로 자신을 가리키곤 한다." 하지만 자신을 가리키는 것은 아주 쓸데없는 일이었다. 그는 그저 손을 들기만 해도 좋았을 것이다. 누군가 손으로 해를 가리킨다 하자. 그때 가리키는 사람은 **그**이므로 그가 해와 자신을 둘 다 가리킨다고 말한다면, 그것은 옳지 않을 것이다. 반면에, 가리키는 동작으로써 그는 사람들의 관심을 해와 자신 모두에게로 당길 수 있다.

"나"라는 단어는 "L. W."와 똑같은 것을 의미하지 않는다. 설령 내가 L. W.라 해도 말이다. 또한 그것이 "지금 말하고 있는 사람"과 같은 표현과 같은 것을 의미하는 것도 아니다. 하지만 그렇다고 해서 "L. W."와 "나"가 제각기 다른 것을 의미한다는 얘기는 아니다. 그저 이 단어들이 우리 언어에서 상이한 도구들이라는 얘기일 뿐이다.

단어들을 사용에 의해 특징지어지는 도구로 생각하라. 그리고 망치의 사용, 끌의 사용, 쇠자의 사용, 아교냄비와 아교의 사용에 대해 생각해보라(마찬가지로, 우리가 여기서 말하는 모든 것을 이해하기 위해 반드시 알아야 할 것은, 우리 언어의 문장들을 가지고 엄청나게 많은 게임들이 행해진다는 사실이다. 가령 명령을 하고 따르기, 질문을 하고 대답하기, 사건을 기술하기, 허구적 이야기를 하기, 농담하기, 직접적인 경험을 기술하기, 물리적 세계의 사건에 관해 추측하기, 과학적 가설과 이론을 만들기, 누군가에게 인사하기 등등). "나"라고 말하는 입이나, 말하려는 사람 혹은 치통을 앓는 사람이 바로 나임을 가리키기 위해 들어올리는 손은 그로써 아무것도 지시하는 게 아니다. 반면 내가 통증을 느끼는 **장소**를 가리키고자 한다면, 그때 나는 지시를 한다. 그리고 여기서 다시 우리가 기억해야 할 것은, 눈에 인도되지 않고 아픈 곳을 가리키는 것과, 이리저리 찾아본 다음에 몸에 난 흉터를 가리키는 것 사이의 차이다("거기가 바로 내가 백신 주사를 맞은 데다"). 아파서 소리를 지르거나 아프다고 말하는 사람은, **그것을 말하는 입을 선택하지 않는다.**

결국 이런 얘기가 된다. 그에 대해 우리가 "그는 통증을 갖고 있다" 고 말하는 그 사람은, 게임의 규칙에 의하면, 소리 지르고 얼굴을 찡그리는 사람이다. 통증의 장소는 (이미 말한 것처럼) 다른 사람의 몸에 있을 수도 있다. "나"라고 말하면서 내가 내 몸을 가리킨다면, 그때 나는 "나" 라는 단어의 사용법을 "이 사람" 또는 "그"라는 지시사의 사용법을 토대로 모형화하는 셈이다(두 표현을 유사하게 만드는 이 방식은 우리가 때때로 수학에서 채택하는 방식과 비슷하다. 가령 삼각형의 세 각의 합이 180도 라는 증명에서 말이다. 우리는 "α=α′, β=β′, 그리고 γ=γ″이라고 말한다. 앞의 두 개의 등호는 세번째 것과는 완전히 종류가 다르다). "나는 아프다"에서, "나"는 지시대명사가 아니다.

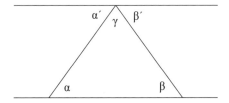

두 경우를 비교해보라. 1. "당신은 **그가** 아프다는 걸 어떻게 아는 가?"—"나는 그가 신음하는 소리를 들었다." 2. "당신은 당신이 통증을 가졌다는 것을 어떻게 아는가?"—"나는 그것을 **느낀다**." 하지만 "나는 그것(통증)을 느낀다"는 "나는 그것(통증)을 가졌다"와 똑같은 의미다. 따라서 그것은 전혀 설명이라고 할 수 없는 것이다. 하지만 나의 대답 속 에서 내가 "나"라는 단어가 아니라 "느낀다"라는 단어를 강조하고 싶어 하는 것은, "나"라는 단어로써 내가 (다른 사람들 가운데) 한 사람을 고르려 함이 아니라는 것을 시사한다.

"나는 통증을 갖고 있다"와 "그는 통증을 갖고 있다"라는 명제의 차이는 "L. W.는 통증을 갖고 있다"와 "스미스는 통증을 갖고 있다"의 차이와는 다르다. 외려 그것은 신음하는 것과 누군가 신음한다고 말하는 것의 차이에 조응한다. "하지만 '나는 아프다'에서 '나'라는 단어는 확실히 나와 다른 사람을 구별하는 데 도움이 된다. 왜냐하면 내가 고통을 갖고 있다고 말하는 것과 다른 누군가가 고통을 갖고 있다고 말하는 것을, 나는 바로 '나'라는 기호로써 구별하기 때문이다." "나는 이 방에서 아무도 (nobody) 발견하지 못했다"고 하는 대신에 "나는 이 방에서 아무도씨 (Mr. Nobody)를 발견했다"라고 말하는 어떤 언어를 상상해보라. 그런 규약에서 생겨날 철학적 문제들을 떠올려보라. 이런 언어 속에서 자라난 몇몇 철학자들은 아마 "아무도씨"와 "스미스씨"라는 표현의 유사성이 마음에 들지 않는다고 느낄 것이다. "나는 통증을 갖고 있다"에서 "나"를 없애고 싶다고 느낄 때, 통증의 언어적 표현을 신음을 통한 표현에 가깝게 만드는 경향이 있다고 말할지도 모르겠다. 우리는 한 단어에 의미를 주는 것은 오직 그 단어의 사용뿐이라는 사실을 잊곤 한다. 누군가 "사과 다섯 개"라고 적힌 종이쪽지를 가지고 가게에 갔다. 그 단어가 **실제로** 사용되는 바가 곧 그것의 의미다. 우리 주위의 대상들이 그것들을 가리키는 단어를 적은 딱지를 달고 있는 게 일상적 상황이라고 상상해보자. 이것들 중 몇몇은 그 대상의 고유명사, 다른 것들은 일반명(탁자, 의자 같은 것), 또 다른 것들은 색깔이나 형태 등의 이름이 될 것이다. 즉, 하나의 딱지는 우리가 그것을 특정하게 사용하는 한에서만 우리에게 의미를 가질 것이다. 이제 이런 상황을 쉽게 상상할 수 있을 것이다. 우리가 어떤 것

위에서 딱지를 보는 데에만 정신이 팔려, 그 딱지들을 중요하게 만드는 게 그것들의 사용법이라는 사실을 잊어버리는 상황 말이다. 이런 방식으로 우리는 때때로 가리키는 몸짓과 함께 "이것은 ……이다"(지시적 정의의 공식)라고 말하고는 그로써 무언가를 명명했다고 믿곤 한다. 우리는 무언가를 "치통"이라고 부른다고 말한다. 그리고는 그 단어가 우리가 언어를 다룰 때 분명한 기능을 부여받았다고 생각한다. 가령 우리가 특정한 정황 속에서 우리의 볼을 가리키며 "이것은 치통이다"라고 말했을 때를 생각해보라(우리의 관념은 우리가 무언가를 가리키고, 다른 이가 "우리가 무엇을 가리키는지 알기만 하면" 저절로 그 단어의 사용법을 알게 된다는 것이다. 그리고 여기서 우리가 염두에 두는 것은 어떤 특별한 경우다. 가령 '우리가 가리키는 것'이 어떤 사람이고, "내가 가리키는 것을 안다"는 것이 거기에 있는 이들 중 내가 누구를 가리키는지 아는 것을 뜻하는 그런 경우 말이다).

"나"가 주어로 사용되는 경우에, 그 단어를 사용하는 것이 특정한 인물을 그의 신체적 특징들로 인지하기 때문은 아니라고 우리는 느낀다. 그리고 이는 우리가 우리 몸에 거처를 두고 있는 어떤 비육체적인 것을 가리키기 위해 그 단어를 사용한다는 환상을 불러일으킨다. 사실 바로 **이것이** 진짜 자아(real ego), 즉 "생각한다. 고로 존재한다"고 할 때의 그 자아처럼 보인다. "그럼 정신은 없고 오직 몸만 있다는 말인가." 대답. "정신"이라는 단어는 의미를 지닌다. 즉, 우리의 언어 속에서 사용법을 갖고 있다. 하지만 이렇게 말하는 것은 아직 우리가 그것을 어떻게 사용하는지 말하는 것이 아니다.

사실 이런 탐구에서 우리가 관심을 가진 것은 보기, 듣기, 느끼기 등의 "정신적 활동"을 기술하는 단어들의 문법이었다. 즉, 우리가 관심을 가진 것은 '감각자료를 기술하는 구절들'의 문법이라는 얘기다.

철학자들은 감각자료가 존재한다는 것이 철학적 견해 혹은 확신이라고 말한다. 하지만 '나는 감각자료가 있다고 믿는다'고 말하는 것은, 결국 '나는 어떤 대상이 없을 때조차 그것이 눈앞에 있는 것처럼 보일 수 있다고 **믿는다**'는 말로 귀결된다. 이제 "감각자료"라는 말을 사용할 때, 우리는 그것의 문법이 매우 독특하다는 점을 분명히 해야 한다. 사람들이 이 표현을 도입한 의도는 '외양'(appearance)을 지시하는 표현들을 '실재'를 지시하는 표현들에 따라 모형화하는 것이기 때문이다. 가령 두 개의 사물이 같아 **보인다면** 서로 같은 두 사물이 **있어야 한다**는 말이 있었다. 이는 물론 "이 둘의 외양이 같다"라는 표현을 우리가 "이 둘은 같아 보인다"와 동의어로 사용하기로 결심했다는 것을 의미할 뿐이다. 그런데 아주 기이하게도 이런 새로운 어법이 사람들을 미혹시켜 자기들이 마치 세계를 이루는 새로운 실체들, 혹은 새로운 요소들을 발견이나 한 것처럼 생각하게 만들었다. 마치 "나는 감각자료가 있다고 믿는다"라고 말하는 것이 "나는 물질이 전자로 구성되어 있다고 믿는다"라고 말하는 것과 비슷한 것처럼 말이다. 우리가 외양이나 감각자료의 동일성에 대해 얘기할 때, 우리는 "같다"라는 단어의 새로운 사용법을 끌어들이고 있다. A와 B가 우리에게 같아 보이고, B와 C가 같아 보여도, A와 C는 같아 보이지 않을 수 있다. 그런데 이 새로운 표기법을 받아들이게 되면, 그때 우리는 비록 A의 외양(감각자료)이 B의 외양과 같고, B의 외양이 C의 외양과 같아도, A의 외양은 C의 외양과 같지 않다고 말해야 할 것이다. 이는 전적으로 정당하다. 당신이 "같은"을 자동사적으로 사용하기를 꺼리지 않는다면 말이다.

감각자료의 표기법를 채택할 때 우리가 처하는 위험은 감각자료에 관한 진술의 문법과, 그와 외견상 비슷한 물리적 대상에 관한 진술의 문법 사이에 존재하는 차이를 망각하는 데 있다(이 지점에서 계속 나아가 이런 문장들, 즉 "우리는 결코 정확한 원을 볼 수 없다" 혹은 "우리의 감각자료는 모두 모호하다"와 같은 문장들 속에 표현된 오해들에 관해 얘기할 수도 있을 것이다. 마찬가지로, 이는 "위치", "운동", "크기"와 같은 말들이 유클리드적 공간에서 갖는 문법과 그것들이 시각적 공간에서 갖는 문법을 서로 비교하게 만든다. 예를 들어 시각적 공간에는 절대적 위치, 절대적 운동, 그리고 절대적 크기가 있다).

이제 우리는 "몸의 **외양**을 가리키는" 혹은 "시각적 감각자료를 가리키는"과 같은 표현을 사용할 수 있다. 거칠게 말해서 이런 종류의 가리킴은 말하자면 총신을 따라 조준을 하는 것과 같은 것이 된다. 그리하여 우리는 가리키면서 이렇게 말할 수 있다. "이것이 내가 거울 속에서 나의 상을 보는 방향이다." 마찬가지로 우리는 "내 손가락의 외양 혹은 감각자료가 나무의 감각자료를 가리킨다"와 같은 표현을 사용할 수도 있다. 이런 경우의 가리킴은 가령 어떤 소리가 나는 방향을 가리키거나 눈을 감고 이마를 가리키는 등등의 경우와 구별해야 한다.

이제 내가 유아론적 방식으로 "**이것이** 진짜로 보이는 것이다"라고 말할 때, 그로써 나는 내 앞을 가리키는 셈이다. 그리고 내가 가리키는 일을 **시각적으로** 하고 있다는 사실이 중요하다. 만일 내가 내 옆이나 내 뒤 (즉, 내게 보이지 않는 것)를 가리킨다면, 이 경우 가리키는 것은 내게 아무 의미도 없을 것이다. 그것은 내가 바라는 의미에서 가리키는 게 아닐 것이다. 하지만 이는 다음을 의미한다. 즉, 내가 앞을 가리키며 "이것이 진짜로 보이는 것이다"라고 할 때, 비록 가리키는 몸짓을 하더라도 그로써 내가 다른 것에 대립되는 것으로서 어떤 것을 가리키는 게 아니라는 것을. 이는 마치 차를 타고 가다가 조급해져 차안에서도 차를 밀 수 있다는 듯이 본능적으로 앞에 있는 것을 밀어대는 격이다.

눈에 보이는 것을 가리키면서 "나는 이것을 본다" 혹은 "이것은 보인다"라고 말하는 것이 의미를 갖는다면, 마찬가지로 보이지 **않는** 것을 가리키면서, "나는 이것을 본다" 혹은 "이것은 보인다"라고 말하는 것도 **의미를 갖는다**. 내가 유아론적 진술을 했을 때, 나는 가리키기는 했지만, 가리키는 것과 가리킴을 당하는 것을 떼어놓을 수 없게 연관시킴으로써 가리킴이 의미를 잃게 했던 것이다. 그 모든 톱니바퀴를 가지고 내가 시계를 만들었다고 하자. 그리고 마침내 문자반(文字盤)을 바늘에 고정시켜 바늘과 함께 돌아가게 만들었다. 이런 방식으로 유아론자가 하는 "오직 이것만이 진짜로 보인다"는 말은 우리에게 동어반복을 생각나게 한다.

우리가 사이비진술을 하고 싶어 하는 이유 중의 하나는 물론 그것이 "나만이 이것을 본다"거나 "이것은 내가 보는 영역이다"라는 진술과 유사하다는 것이다. 그런 진술을 할 때 나는 내 주위에서 다른 것들과 대립되는 것으로 특정 대상들을 가리키거나, 혹은 (시각적 공간이 아니라) 물리적 공간 속에서 다른 방향들과 대립되는 것으로서 물리적 공간 속의 특정 방향을 가리킨다. 그리고 이런 의미에서 가리키기를 하면서 "이것이 진짜로 보이는 것이다"라고 말한다면, 누군가 내게 이렇게 대답할지도 모르겠다. "이것은 **당신**, L. W.가 보는 것이다. 하지만 우리가 'L. W.가

보는 것들'이라 부르던 것을 '진짜로 보이는 것들'이라 부르는 표기법을 채택하는 데 반대가 있을 수 없다." 하지만 내가 내 문법 속에서 아무런 이웃도 없는 것을 가리킴으로써 내 자신에게(다른 사람들에게는 아니더라도) 무언가 전달할 수 있다고 믿는다면, 그것은 실수를 하는 것이다. 그 실수는 "나는 여기에 있다"라는 문장이, 그 말이 의미를 갖는 아주 특수한 조건들과는 다른 조건에서도, 여전히 의미가 있다고(심지어 항상 옳다고) 생각하는 실수와 비슷하다. 예를 들어 내 목소리와 내가 말하는 방향이 다른 사람에게 인식되는 상황이 바로 그 특수한 조건에 해당할 것이다. 한 단어가 특정한 사용에 의해 의미를 얻는다는 것을 배울 수 있는 또 하나의 중요한 경우다. 우리는 체스나 드래프트(draught: 체스의 일종)의 말들의 형상을 띠고 체스 판 위에 놓인 나무 조각들이 게임을 이룬다고 생각하는 사람들과 같다. 그 조각들이 어떻게 사용되어야 할지에 대해서는 아무것도 말해지지 않았는데도 말이다.

"그것이 내게 다가온다"고 말하는 것은 물리적 의미에서 아무것도 내 몸에 접근하지 않을 때조차도 의미를 갖는다. 마찬가지로 아무것도 내 몸에 다가오지 않았어도 "그것은 여기에 있다"거나 "그것이 내게 도달했다"라고 말하는 것은 의미를 갖는다. 그리고 다른 한편, "나는 여기에 있다"라는 말은 내 목소리가 인지되어 공통적 공간의 특정한 장소에서 오는 것으로 들린다면 의미가 있다. "그것은 여기에 있다"라는 문장에서 '여기에'는 시각적 공간 속의 여기에가 아니다. 거칠게 말해서, 그것은 기하학적인 눈이다. "나는 여기에 있다"는 문장이 의미를 가지려면 공통의 공간 속의 한 장소로 주의를 끌어야 한다(그리고 이 문장이 사용될 수도 있을 몇 가지 방식이 있다). 자기 자신에게 "나는 여기 있다"고 말하는 것이 의미가 있다고 생각하는 철학자는 "여기"가 공통 공간 속의 장소를 가리키는 문장으로부터 그 언어적 표현을 취해서, 그것을 시각적 공간 속의 여기라고 생각하는 것이다. 그러므로 그가 하는 말은 실은 "여기는 여기다"와 같은 것이다.

하지만 나의 유아론을 다른 방식으로 표현할 수도 있을 것이다. 나와 다른 사람들이 우리가 각자 보는 것의 그림들을 그리거나 기술들을 글로 쓴다고 상상해보자. 이 기술들을 내 앞에 갖다 놓자. 그 중에서 내가 만든 것을 가리키며 말한다. "오직 이것만이 진짜로 보인다(혹은 보였다)." 즉, 나는 이렇게 말하고 싶은 것이다. "오직 이 기술만이 그 뒤로 현실(시각적 현실)을 갖는다." 다른 것들을 나는 "텅 빈 기술들"이라고 부를지도 모른다. 내 뜻을 표현하려고 이렇게 말할 수도 있을 것이다. "오직 **이** 기술만이 실재에서 도출됐다. 오직 이것만이 실재와 비교됐다." 이 그림 혹은 기술이 가령 이런 부류의 대상들(내가 바라보는 나무)의 투사라고 하거나, 혹은 그것이 이들 대상으로부터 도출됐다고 말할 때, 그것은 분명한 의미를 갖는다. 하지만 "이 기술은 내 감각자료에서 도출된 것이다"와 같은 구절의 문법은 자세히 들여다봐야 한다. 내가 말하고자 하는 것은 다음과 같이 말하고 싶은 저 독특한 유혹과 연관이 있다. "나는 다른 이들이 '갈색'이라는 단어로써 진짜로 무엇을 의미하는지, 혹은 갈색의 대상을 본다고 그가 (진심으로) 말할 때 그가 진짜로 보는 것이 무엇인지 결코 알 수 없다." 이런 말을 하는 사람에게 우리는 "갈색"이라는 하나의 단어 대신에 두 개의 상이한 단어를, 즉 **그 자신의 독특한 인상을 위한** 하나의 단어와 자기 외에 다른 사람들도 이해하는 의미를 가진 또 다른 단어를 사용하라고 제안할 수 있을 것이다. 이 제안에 대해 생각해

본다면, 아마 그는 "갈색"과 그 밖의 단어의 의미, 기능에 관한 자신의 관념에 무언가 잘못된 게 있음을 알게 될 것이다. 그는 자신의 기술의 정당성을, 그것이 존재하지 않는 곳에서 찾는다(마치 한 남자가 이유의 연쇄에는 끝이 없음에 틀림없다고 믿는 경우처럼. 수학적 연산들을 수행하기 위한 일반 공식에 따라 행해지는 정당화를 생각해보라. 그리고 이런 물음에 대해서도 생각해보라. 이 공식이 우리로 하여금 이 특정한 경우에 그것을 우리가 사용하듯 그렇게 사용하도록 강요하는가?). "나는 시각적 실재로부터 어떤 기술을 끌어낸다"라고 말하는 것은 "나는 내가 여기서 보는 것으로부터 어떤 기술을 끌어낸다"라는 말과 비슷한 것을 의미할 수 없다. 예컨대 나는 색칠한 네모에 "갈색"이라는 단어가 붙은 표를 보고, 다른 곳에서 같은 색상의 얼룩을 볼지도 모른다. 그리고 이렇게 말할지도 모른다. "이 표에 따르면 '갈색'이라는 단어는 이 얼룩을 기술하는 데 사용한다는 것을 보여준다." 이것이 내가 나의 기술에 필요한 단어를 끌어내는 방식이다. 하지만 내가 "갈색"이라는 단어를 내게 들어오는 특정한 색채-인상에서 *끄*집어낸다고 말한다면, 그것은 의미가 없을 것이다.

이제 이렇게 물어보자. "인간의 **몸**은 통증을 가질 수 있을까?" 우리는 이렇게 말하는 경향이 있다. "어떻게 몸이 통증을 가질 수 있는가? 몸 그 자체는 무언가 죽은 것이다. 몸에는 의식이 없다!" 그리고 여기서 다시 마치 우리가 통증을 들여다보고 물질적 대상은 그 본질상 그것을 가질 수 없다는 것을 알게 된 것 같다. 그리고 마치 우리가 고통을 가진 것은 물질적 대상과는 다른 성질을 가진 실체여야 한다는 것을, 즉 그것은 사실 정신적 본성을 갖고 있어야 한다는 것을 알게 된 것 같다. 하지만 자아가 정신적이라고 말하는 것은, 마치 숫자 "3"이 물리적 대상에 대한 기호로서 사용되지 않는 것을 보고는, 3이라는 수가 정신적 혹은 비물질적인 본성을 가졌다고 말하는 것과 같다.

하지만 "이 몸이 통증을 느낀다"라는 표현을 아주 멀쩡하게 사용할 수 있는 경우가 있다. 그때 우리는 여느 때처럼 그 몸에게 의사에게 가보라든지, 누우라든지, 나아가 지난번 통증이 하루 만에 가신 것을 기억하라고 말할 것이다. "하지만 이런 표현 형식은 혹시 간접적인 것이 아닐까?" "x에 3을 대입하라"고 하는 대신 "이 공식에서 'x'에 '3'을 적어라"라고 하는 게 간접적 표현을 사용하는 것인가?(아니면 몇몇 철학자들의 생각처럼 그 반대로 두 표현 중 전자만이 유일하게 직접적인 것인가?). 그 어떤 표현도 다른 것보다 더 직접적이지 않다. 그 표현의 의미는 전적으로 어떻게 우리가 그것을 사용하느냐에 달려 있다. 의미라는 것을 정신이 한 단어와 한 사물 사이에 만들어내는 신비스런 연관으로 생각하지 말자. 한 알의 씨앗 속에 나무가 들어 있다고 하듯이 이 연관 속에 한 단어의 사용법 전체가 **들어 있다**고 생각하지 말자.

고통을 갖거나 보거나 생각하는 것이 정신적 본성을 지녔다는 우리 명제의 핵심은 그저 "나는 통증을 갖고 있다"에서 "나"라는 단어가 특정한 몸을 지시하지 않는다는 것뿐이다. 왜냐하면 "나"를 몸에 대한 기술로 대체할 수는 없는 노릇이니까.

갈 색 책

The Brown Book

I

성 아우구스티누스는 자신이 언어를 배운 과정을 기술하며, 자신은 사물의 이름을 배움으로써 말하기를 배웠다고 했다. 누구든 이렇게 말하는 이가 있다면, 그는 어린아이들이 "사람", "설탕", "탁자" 같은 단어들을 배우는 방식을 염두에 두고 있지 "오늘", "아니", "하지만", "아마도" 같은 단어들을 배우는 방식을 먼저 떠올리지는 않을 게다.

어떤 이가 폰의 존재와 기동을 언급하지 않고 체스를 기술한다고 생각해보자. 자연적인 현상으로서의 체스에 대한 그의 기술은 완전하지 못할 것이다. 하지만 우리는 그가 [체스보다] 더 간단한 놀이를 완전하게 기술했다고 할 수도 있을 것이다. 이런 의미에서라면 언어 습득에 관한 성 아우구스티누스의 기술이 우리의 것보다 더 간단한 언어에 관해서는 정확했다고 할 수 있다. 이런 언어를 상상해보라.

1) 이 언어의 기능은 건축가 A와 그의 조수 B 사이의 의사소통에 있다. B는 A에게 석재를 건네줘야 한다. 석재에는 들보, 벽돌, 석판, 석주가 있다. 그래서 건축가 A와 그의 조수 B가 쓰는 언어도 "들보", "벽돌", "석

판", "석주"와 같은 단어로 이뤄져 있다. A가 이 단어 중 하나를 외치면, B는 특정한 모양의 석재를 가져온다. 이것이 유일한 언어체계인 그런 사회가 있다고 가정해보자. 어린아이는 그것을 사용하도록 훈련을 받으며 어른들로부터 이 언어를 배운다. 나는 "훈련을 받는다"는 말을 동물이 어떤 일을 하도록 훈련을 받는 것과 거의 같은 의미로 사용하고 있다. 그것은 시범, 보상, 처벌, 혹은 이와 유사한 다른 수단으로 행해진다. 이 훈련의 일부는 특정한 석재를 가리키며, 어린아이의 주의를 그리로 향하게 하며, 단어를 발음하는 것이다. 나는 이 절차를 단어의 **지시적**(demonstrative) 가르침이라 부르겠다. 이 언어를 실제로 사용할 때, 한 사람은 명령으로서 그 단어를 외치고 다른 사람은 그 명령에 따라 행동한다. 하지만 이 언어를 가르치고 배우는 것은 다음의 절차를 포함할 것이다. 즉, 어린아이가 그저 사물을 '명명'하는 것, 다시 말해 교사가 그 사물들을 가리키면 그 언어의 단어들을 발음하는 것이다. 아니, 이보다 훨씬 더 간단한 훈련도 있을 것이다. 즉, 교사가 발음하는 단어를 어린아이가 그냥 반복하는 것이다.

(주의:반론. 언어 1)에서 "벽돌"이라는 단어가 **우리의** 일상언어에서 그 단어가 갖는 의미와 같은 의미를 갖는 것은 아니라는 반론에 대해서. 만약 언어 1)에서 사용하는 "벽돌"의 사용법과 다른 사용법들이 우리의 언어에 존재한다면, 이는 참이다. 하지만 우리는 때때로 "벽돌"이라는 단어를 바로 이런 방식으로 사용하지 않는가? 아니면 우리가 그 단어를 사용할 때 그것은 생략어구, 즉 "내게 벽돌 하나를 갖다줘"의 준말이라고 해야 할까? **우리가** "벽돌!"이라고 말할 때, 그것은 "내게 벽돌 하나를 갖다줘"를 **의미한다**고 해야 옳을까? 왜 내가 "벽돌!"이라는 표현을 "내

게 벽돌 하나를 갖다줘"라는 표현으로 번역해야 할까? 그리고 만약 그 것들이 동의어라면, 그가 "벽돌!"이라고 말할 때 그는 그저 "벽돌!"을 의 미한다고 말하면 왜 안 되는 걸까? 아니면, 그가 "내게 벽돌 하나를 갖다 줘"를 의미할 수 있다면, 그가 그냥 "벽돌!"을 의미할 수는 없는 걸까? 그 가 "벽돌!"이라고 소리칠 때에는 사실 마음속으로 항상 제 자신에게 "내 게 벽돌 하나를 갖다줘"를 말하는 것이라고 주장할 셈인가? 하지만 어 떤 근거로 그렇게 말할 수 있는가? 누군가 이렇게 묻는다 하자. 한 사람 이 "내게 벽돌 하나를 갖다줘"라는 명령을 내릴 때, 그는 그것을 꼭 네 단 어로 **의미해야** 하는가? 혹시 "벽돌!"이라는 한 단어와 뜻이 같은 하나의 복합어로 의미할 수는 없을까? 우리는 이렇게 대답하고 싶어진다. 만약 그가 자신의 언어 속에서 그 문장["내게 벽돌 하나를 갖다줘"]의 각 단어 들["내게", "벽돌", "하나를", "갖다줘"]이 사용되는 또 다른 문장들, 가령 "이 두 개의 벽돌을 가져가라" 같은 문장들과 대조시켜 그 문장을 사용 한 것이라면, 그는 네 단어 모두를 [각각] **의미**한 것이라고. 하지만 이렇 게 묻는다면 어떨까? "어떻게 그의 문장이 다른 문장들과 대비될 수 있 는가? 그가 그것들을 동시에, 혹은 직전이나 직후에 생각했음에 틀림없 는가? 아니면 과거의 언젠가 그가 그것들을 한번 배운 것으로 충분한가? 등등." 이렇게 자문해보면, 이 대안들 중에서 어느 게 맞는지는 아무래도 상관없어 보인다. 그리고 이렇게 말하고 싶어진다. 정말로 문제가 되는 것은 이 모든 대조들이 그가 사용하는 언어체계 속에 존재해야 한다는 것이지, 그가 그 문장을 발화할 때 [그 대조들이] 그의 머릿속에 들어 있 을 필요는 없다고. 이제 이 결론을 우리의 원래의 질문과 비교해보라. 우 리가 그 질문을 던졌을 때, 우리는 그 문장을 발화한 사람의 마음상태에 관한 질문을 던진 것처럼 보였다. 하지만 우리가 결국 도달하게 된 의미의 관념은 마음의 어떤 상태에 대한 관념이 아니었다. 우리는 기호의 의미를 때로는 그것을 사용하는 이의 마음상태로, 때로는 이 기호들이 한 언어체계 속에서 발휘하는 역할로 생각한다. 한 기호의 사용법에 수반되는 정신적 경험들은 의심할 여지없이 그 기호가 특정 언어체계 속에서 사용되어야 촉발된다는 사실, 바로 이 사실에 의해 위의 두 관념들[기호의 의미를 그 기호를 사용한 이의 마음상태로 보는 관념과 한 언어체계 속에서 그 기호가 발휘하는 역할로 보는 관념]은 서로 연관을 맺게 된다. 윌리엄 제임스는 "그리고", "만약에", "혹은" 같은 단어들의 사용법에 수반되는 구체적인 느낌들에 관해 얘기한다. 그리고 의심할 여지없이 적어도 어떤 몸짓들은 종종 어떤 단어들과 결합된다. 가령 손을 모으는 몸짓은 "그리고"와, 손사래는 "아니"와 결합된다. 그리고 분명히 이 몸짓들과 결합된 시각적 감각과 근육적 감각이 존재한다. 다른 한편 이 감각들이 "아니"와 "그리고"라는 단어를 사용할 때마다 항상 수반되지는 않는다는 것 역시 아주 분명하다. 어떤 언어에서 "그러나"라는 단어가 영어에서 "아니"가 의미하는 것을 뜻한다면, 우리가 이 단어들의 의미를 비교하기 위해 그것들이 산출하는 감각들을 비교해서는 안 된다는 것은 명확하다. 그것들이 다른 사람들 혹은 다른 경우들에 산출하는 느낌들을 발견하기 위해 우리가 무슨 수단을 가지고 있는지 스스로에게 물어보라. "내가 '내게 사과, **그리고** 배를 다오. **그리고** 방에서 나가시오'라고 하면서, '그리고'라는 단어를 두 번 입 밖에 냈을 때, 그때 나는 똑같은 느낌을 가졌던가?" 하지만 우리는 "그러나"라는 단어를 영어에서 "아니"라는 뜻으로 사용하는 사람들에게는, 거칠게 말해 "그러나"라는 단어에 수반되는 감각이 영국인들이 "아니"를 사용할 때 갖는 것과 비슷하리라는 점을 부정하지 않는다. 그리고 두 언어 속에서 "그러나"라는 단어에는 대체로 다른 종류의 경험이 수반된다는 것도.)

2) 이제 언어 1)을 확장시켜 살펴보자. 건축가의 조수는 하나에서 열까지 단어의 열(列)을 외워 안다. "석판 다섯 개!"라는 명령을 받고는 석판들이 있는 곳으로 가서, 하나에서 다섯까지 세면서 각 단어마다 하나씩 석판을 집어 그것들을 건축가에게 갖다준다. 여기서 양측 모두 그 단어들을 말함으로써 언어를 사용한다. 이 경우에는 숫자 외우기를 배우는 것이 언어학습의 본질적 특징 중 하나가 될 것이다. 숫자의 사용법은 다시 지시적으로 교습될 것이다. 하지만 "셋"이라는 단어를 예로 들면 석판, 벽돌, 석주 등 그 어떤 것을 가리키면서도 우리는 동일한 단어["셋"]를 배울 수 있을 것이다. 다른 한편, ["셋"이 아닌] 다른 숫자들은 동일한 모양의 석재들을 가리키는 것을 통해 가르쳐질 것이다.

(소견: 우리는 숫자들의 열 외우기를 배우는 게 중요하다고 강조했다. 왜냐하면 언어 1)에는 이에 해당하는 것이 없기 때문이다. 그리고 이는 숫자를 도입함으로써 우리가 우리 언어에 완전히 다른 **종류**의 도구를 도입했음을 보여준다. 이런 종류의 차이는 일상언어, 즉 사전에 수록될 경우 다소 비슷해 보이는 종류의 단어들이 수없이 많을 일상언어보다 단순한 예를 살펴볼 때 훨씬 분명해진다.

몸짓과 그 단어들을 발음하는 것을 빼고, 숫자들에 대한 지시적 설명은 "석판", "석주" 등의 단어에 대한 지시적 설명과 어떤 공통점을 갖고 있는가? 이 두 경우에 몸짓이 사용되는 방식은 다르다. "한 경우에는 형태를 가리키고, 다른 경우에는 수를 가리킨다"라고 말하면, 그 차이는 희미해진다. 이 차이가 누구의 눈에도 확실하고 분명해 보이는 것은 어떤 **완전한** 사례[즉, 세부까지 완벽하게 규정된 언어의 사례]를 놓고 볼 때에만 비로소 분명하고 확실해진다.)

3) 고유명사라는 의사소통의 새로운 도구를 도입해보자. 고유명사는 특정 사물(특정 석재)이 가리켜지고 그 이름이 발음될 때 그 대상에 부여된다. A가 이름을 부르면, B는 그 대상을 가져온다. 고유명사를 지시적으로 가르치는 것은 1)과 2)의 지시적 가르침과는 다르다.

　(소견:하지만 단어를 가리키거나 발음하는 행위, 혹은 거기에 수반되는 어떤 정신적 활동[의미?]이 차이를 낳는 것은 아니다. 외려 차이는 그 지시[가리키고 발음하는 것]가 훈련의 모든 과정에서 수행하는 역할, 그리고 그 언어를 사용하는 실제 의사소통에서 그 단어가 어떻게 사용되는가에 있다. 우리가 각각의 경우에 가리키고 있는 사물의 종류가 차이나기 때문에 이런 차이가 생긴다고 설명할 수 있을지도 모르겠다. 하지만 내가 손으로 푸른색 셔츠를 가리킨다고 하자. 셔츠의 색깔을 가리키는 것과 그것의 모양을 가리키는 것이 서로 어떻게 다르단 말인가? 이때 그 차이는 우리가 두 경우를 가리킬 때 각각 다른 것을 **의미**하는 데 있다고 말하고 싶을 것이다. 그리고 여기서 '의미한다'라는 것은 우리가 가리킬 때 [우리의 마음속에] 일어나는 모종의 과정이라고 여길 수 있다. 특히 이런 생각에 끌리게 하는 것은, 색깔과 모양 중 어느 것을 가리켰냐는 질문을 받으면 대개 대답할 수 있고, 또 그 대답이 옳다고 확신하기 때문이다. 하지만 우리가 색깔을 의미한다, 형태를 의미한다 같은 두 가지 전형

적인 정신적 활동을 탐구해봐도 발견할 수 있는 것은 하나도 없다. 아니, 적어도 색깔 가리키기와 형태 가리키기에 각각 늘 수반되어야 하는 정신적 활동이란 하나도 발견할 수 없을 것이다. 그저 형태에 대립하는 것으로서 색깔, 혹은 반대로 색깔에 대립하는 것으로서 형태에 주의를 집중시키는 것이 무엇을 의미하는가에 대해 **막연한** 생각만 떠올릴 수 있을 뿐이다. 그 차이란 지시의 행동이 아니라 외려 언어를 사용하는 행동의 환경에 있다고 할 것이다.)

4) "이 석판!"이라는 명령을 받고 B는 A가 가리키는 그 석판을 가져온다. "석판, 거기!"라는 명령을 받으면, B는 석판 하나를 A가 지시한 장소로 나른다. [그렇다면 이 경우] "거기"라는 단어는 지시적으로 가르쳐지는가? 그렇기도 하고 아니기도 하다. 한 사람이 "거기"라는 단어를 사용하는 훈련을 받는다고 할 때, 교사는 가리키는 몸짓을 하며 "거기"라는 단어를 발음할 것이다. 하지만 그로써 그가 한 장소에 "거기"라는 이름을 부여했다고 해야 할까? 이 경우 가리키는 몸짓은 바로 소통의 실천 자체의 일부임을 기억하라.

　(소견:"거기", "여기", "지금", "이것" 같은 단어가 일상생활에서 고유명사라 불리는 것과 대조해볼 때 **진짜 고유명사**라는 주장이 있었다. 지금 얘기한 이런 관점에 따르면 보통의 고유명사는 오직 대강 그렇게 불려질 수 있다. 이처럼 일상생활에서 고유명사라 불리는 것은 사실 그 이름으로 불려야 이상적인 것과 대강 유사하다고 여기는 경향이 만연해 있다. 러셀의 '개별자' 개념을 비교해보라. 그는 개별자가 현실의 궁극적 구성요소라 말하나 어느 사물이 개별자인지 말하기는 어렵다고 한다. 후속적인 분석으로 이를 드

러내야 한다는 것이다. 한편, 우리는 고유명사라는 개념을 일상생활에서 우리가 "대상들", "사물들"["석재"]이라 부르는 것에 적용시킴으로써 언어에 도입했다.

"'정확함'이라는 단어가 의미하는 바는 무엇일까? 만일 당신이 4시 30분에 차를 마시러 오기로 되어 있고, 정확한 시계가 4시 30분을 칠 때 당신이 온다면, 그것이 진짜 정확한 것일까? 또는 그 시계가 4시 30분을 치기 시작하는 순간에 당신이 문을 열기 시작해야 정확한 것일까? 하지만 이 순간은 어떻게 정의하고, '문을 열기 시작한다'는 어떻게 정의할 수 있을까? '우리가 아는 것은 대강의 근사치일 수밖에 없기에 진짜 정확함이 무엇인지 말하기 어렵다'라는 말은 정확할까?)

5) 질문과 대답. A가 "석재가 몇 개냐?"라고 묻자, B가 그것들을 세고 그 숫자로 대답을 한다.

가령 1), 2), 3), 4), 5) 같은 소통체계를 우리는 "언어놀이"라고 부를 것이다. 그것들은 일상언어에서 흔히 놀이라고 불리는 것과 다소 비슷하다. 어린아이들은 언어놀이를 통해 모국어를 배운다. 그리고 이때 놀이의 오락적 특성까지 즐길 수 있다. 하지만 지금까지 기술한 언어놀이를 어떤 언어의 불완전한 일부로 간주하자는 것은 아니다. 그것을 그 자체로서 완전한 언어로, 즉 인간 소통의 완전한 체계로 간주하기로 하자. 이 점을 계속 명심해두려면 이처럼 단순한 언어가 의사소통체계의 전부인 원시사회의 어느 부족을 상상해보는 것이 도움이 될 것이다. 그런 부족들의 원시적 산수를 생각해보라.

어린아이나 어른이 특수한 기술적 언어라 부르는 것, 예컨대 도표와

도형, 도형기하학, 화학기호 등의 사용법을 배울 때, 그로써 그는 더 많은 언어놀이들을 배우는 셈이다(소견:우리가 어른의 언어에 대해 갖고 있는 그림은 모국어라는 언어의 성운덩어리 주위에 기술적 언어인 언어놀이가 다소간 분명히 구획된 채 산재해 있는 모습이다).

6) 이름을 요구하기. 우리는 새로운 모양의 석재들을 도입한다. B가 그 중 하나를 가리키면서 "이것은 무엇인가?"라고 묻자, A가 "그것은 ……이다"라고 대답한다. 다음부터는 A가 이 새로운 단어, 가령 "아치"를 외치면 B가 그 석재를 가져온다. 우리는 가리키는 몸짓을 수반한 "이것은 ……이다"라는 말을 지시적 설명 혹은 지시적 정의라고 부를 것이다. 6)의 경우에 하나의 일반명이 실제로 일어난 사실로서, 한 모양의 이름으로 설명됐다. 비슷하게 우리는 특정한 대상, 가령 색깔, 숫자, 방향을 위해 고유명사를 요구할 수 있을 것이다.

(소견:"수 이름", "색깔 이름", "재료 이름", "국가 이름" 같은 표현들의 사용법은 두 가지 다른 근원에서 비롯됐을 것이다. 우선 우리는 고유명사, 숫자, 색깔을 가리키는 단어 등의 기능이 실제보다 훨씬 비슷하다고 상상할 수 있다. 이 경우 우리는 모든 단어의 기능이 한 인물의 고유명사, 혹은 "탁자", "의자", "문" 같은 일반명의 기능과 비슷하다고 생각하기 쉽다. 두번째 근원은 이것이다. "탁자", "의자" 같은 단어의 기능이 고유명사의 기능과 근본적으로 얼마나 다른지, 그리고 색깔 이름들의 기능과 얼마나 다른지 안다고 하자. 그때조차도 "수와 방향은 사물에 대한 서로 다른 형식들이다"라고 말하기보다는 "의자"와 "책" 혹은 "동쪽"과 "책"처럼 서로 닮지 않은 것들 사이의 유비를 강조하는 식으로 우리가 수의 이름이나 방향의 이름에 관해

얘기하면 안 되는 이유를 우리는 알지 못한다.)

7) B가 대상(가령 탁자, 의자, 찻잔 등)의 그림의 반대편에 문자기호가 씌어진 도표를 갖고 있다 하자. A가 그 기호들 중 하나를 쓰면, B는 그것을 도표에서 찾아, 씌어진 기호에서 그 맞은편에 있는 그림으로 시선 혹은 손가락을 옮기고, 그 그림이 표상하는 대상을 들고 온다.

　이제 우리가 도입한 다른 종류의 기호를 보자. 우선 문장과 단어를 구별하자. 나는 언어놀이에서 단어를 구성요소로 갖고 있는 모든 완결된 기호를 문장*이라 부를 것이다(이는 내가 "명제"와 "단어"라는 단어를 어떻게 사용할지 대강 일반적으로 밝힌 것뿐이다). 하나의 명제가 단 하나의 단어로 구성될 수도 있다. 1)에서 "벽돌!", "석주!"라는 기호는 문장이다. 2)에서 한 문장은 두 단어로 구성된다. 한 언어놀이에서 명제가 하는 역할에 따라 명령, 질문, 설명, 기술 등이 구별된다.

8) 만일 1)과 비슷한 어떤 언어놀이에서 A가 소리를 내어 "석판, 석주, 벽돌!"이라고 명령하고, B가 석판 하나, 석주 하나, 벽돌 하나를 가져옴으로써 그 명령에 따른다면, 이를 세 개의 명제라고 할 수도 있고, 아니면 하나의 명제라고 할 수도 있다. 다른 한편으로,
9) 만일 단어들의 순서가 B에게 석재를 가져오는 순서를 보여준다면, A는 세 단어로 된 하나의 명제를 외친다고 할 수 있다. 이 경우 그 명령이

---

*　[편집자 주] 여기에서 비트겐슈타인은 "문장"(sentence)과 "명제"(proposition)를 독일어 "Satz"에 해당하는 것으로 사용한다.

"석판, 그다음에 석주, 그다음에 벽돌!"이라는 형식을 취한다면, 우리는 그것이 네 단어(다섯이 아니라)로 이뤄졌다고 말할 것이다. 그 단어들 중 우리는 비슷한 기능을 가진 단어군(群)을 본다. 우리는 "하나", "둘", "셋" 같은 단어의 사용법에서 "석판", "석주", "벽돌" 등의 사용법과 유사한 점을 쉽게 찾아볼 수 있다. 그래서 우리는 품사를 구별하게 된다. 8)에 나온 명제의 모든 단어들은 같은 품사에 속했다.

10) 앞의 9)에서 B가 석재를 가져와야 할 순서를 지시하는 데 서수를 사용해, 가령 "둘째, 석주. 첫째, 석판. 셋째, 벽돌!"이라고 지시할 수도 있다. 이 경우 하나의 언어놀이에서 단어 순서의 기능은 다른 언어놀이에서 특정한 단어들의 기능이 된다.

위와 같은 고찰은 명제 속에 든 단어들의 무한히 다양한 기능들을 보여준다. 그리고 우리의 예에서 보는 것과 논리학자들이 명제를 구성할 때에 부여하는 단순하고 고정된 규칙들을 비교하는 것은 흥미로운 일이다. 우리가 기능의 유사성에 따라서, 그렇게 품사를 구별해가며 단어들을 함께 묶어보면, 거기에 수많은 분류방식을 채택할 수 있음을 쉽게 알 수 있다. 예컨대 "하나"라는 단어를 "둘", "셋" 등과 함께 분류하지 말아야 할 이유도 얼마든지 쉽게 떠올릴 수 있을 것이다.

11) 언어놀이 2)를 이렇게 변형시켜보자. A가 "석판 하나!", "들보 하나!" 대신에 "석판!", "들보!"라고만 외치고, [하나 이외의] 나머지 숫자들은 2)의 경우와 동일하게 사용하는 것이다. 이 11)과 같은 소통형식에 익숙한 사람이 2)에서처럼 "하나" 같은 단어를 사용하는 방법을 소개받았

다고 가정하자. 우리는 그가 "하나"를 "2", "3" 등의 숫자와 구분하기를 거부하리라는 것을 어렵지 않게 상상할 수 있다.

(소견: '0'을 다른 기수들과 함께 분류하는 데 찬성하는 이유와 반대하는 이유를 생각해보자. "검정과 하양은 색깔인가?" 당신은 어떤 경우에 그렇다고 말하고 싶고, 어떤 경우에 그렇지 않다고 말하고 싶은가? 단어들은 여러 가지 방식으로 체스의 말에 비유할 수 있다. 체스에서 다양한 말의 종류를 구별하는 몇 가지 방식에 대해 생각해보자[예컨대 폰과 '나이트']. "둘 혹은 그 이상"이라는 구절을 기억해라.)

우리가 4)에서 사용된 몸짓들, 혹은 7)에서 사용된 그림들을 언어 요소 혹은 도구라고 부르는 것은 자연스러운 일이다(우리는 때때로 몸짓 언어에 대해 얘기한다). 7)에서의 그림들이나 언어와 유사한 기능을 갖는 다른 언어도구들을 나는 패턴이라고 부를 것이다(이런 설명은 우리가 이제까지 했던 다른 설명들만큼 모호하고, 또 모호하도록 의도된 것이다). 단어와 패턴이 다른 기능을 수행한다고 말할 수도 있다. 우리가 어떤 패턴을 사용할 때, 우리는 그것을 무언가와 예를 들어 의자를 의자의 그림과 비교한다. 우리는 석판을 "석판"이라는 단어와 비교하지 않았다. '단어/패턴'이라는 구별을 도입한 것은 최종적인 논리적 이중성[이항구분]을 설정하자는 게 아니었다. 그저 우리 언어의 다양한 도구들로부터 두 가지 특징적인 종류의 도구를 골라내자는 것이었다. 우리는 "하나", "둘", "셋"을 단어라고 부른다. 이런 기호들 대신에 "—", "— —", "— — —", "— — — —"을 사용한다면, 우리는 이를 패턴이라 부를 수 있을 것이다. 한 언어에서 이 숫자들을 "하나", "하나 하나", "하나 하나 하나"라고 한다면, 우리는 "하나"를 단어라 불러야 하나? 아니면 패턴이라 불러야 하나? 동일한 요소가 어떤 곳에서는 단어로 사용되고, 다른 곳에서는 패턴으로 사용될 수 있다. 원은 타원을 가리키는 이름일 수도 있지만, 다른 한편 특정한 투영법에 따라 타원을 비교하는 패턴일 수도 있다. 다음의 두 표현체계도 염두에 두어라.

12) A가 B에게 두 개의 기호로 이뤄진 명령을 내린다. 첫번째 것은 불규칙한 모양의 특정한 색상, 가령 녹색 얼룩이라 하자. 그리고 두번째 것은 기하학적 도형, 가령 원형의 물건이라 하자. B는 이런 모양과 색깔을 한 물건, 예를 들어 둥근 녹색의 물건을 가져온다.

13) A가 B에게 하나의 기호, 예를 들어 특정 색으로 칠해진 기하학적 도형, 즉 녹색 원형으로 이뤄진 명령을 내린다. B는 그에게 녹색의 동그란 물건을 가져온다. 12)에서 한 패턴은 색깔의 이름에 대응했고, 다른 패턴은 형태의 이름에 대응했다. 13)의 기호는 이 두 요소의 결합으로 간주될 수 없다. 따옴표 속의 단어를 패턴이라 부를 수 있다. 따라서 "그는 '지옥에나 가라'고 말했다"라는 문장에서 "지옥에나 가라"는 그가 말했던 것의 패턴이다. 이런 경우들을 서로 비교해보라. a) 누군가 "나는 ……(어떤 곡조를 휘파람으로 불면서) 휘파람을 불었다"라고 말한다. b) 누군가 "나는 𝄞♩.♩♩를 휘파람으로 불었다"라고 쓴다. "살랑살랑 소리를 내다"와 같은 의성어는 패턴이라 할 수 있다. 우리는 매우 다양한 과정들을 "어떤 대상을 어떤 패턴과 비교한다"고 부른다. 우리는 "패턴"이라는 이름 아래 많은 종류의 기호들을 망라한다. 7)에서 B는 도표에 있는 그림을 자기 눈 앞의 대상들과 비교한다. 하지만 그림을 대상과 비교하는 것

의 요체는 무엇인가? 가령 그 표가 a) 망치, 펜치, 톱, 끌의 그림, b) 스무 종(種)의 나비 그림을 담고 있다 하자. 이 두 경우에 비교의 본질이 어디에 있는지 생각해보고, 그 차이에 주목하라. 이 두 경우를 제3의 경우, 즉 c) 도표에 있는 그림들이 일정한 비례로 그려진 석재를 재현하고 있어 자와 컴퍼스를 동원해 비교해야 하는 경우를 비교해보라. B의 임무가 견본 색깔의 옷감 조각을 가져오는 것이라 가정해보자. 견본과 옷감의 색을 어떻게 비교해야 할까? 일련의 상이한 경우들을 상상해보라.

14) A가 그 견본을 B에게 보여주자, B가 가서 '기억을 더듬어' 그 옷감을 들고 온다.

15) A가 B에게 그 견본을 주자, B는 자기가 골라야 하는 그 견본과 옷감이 있는 선반으로 가서 옷감들을 견주어 본다.

16) B가 그 견본을 각 옷감의 묶음 위에 올려놓고, 견본과 옷감의 차이가 없는 것 같은 견본과 [색을] 구별할 수 없는 그런 것을 고른다.

17) 다른 한편 "이 견본보다 좀더 짙은 옷감을 가져와"라는 명령이 내려졌다고 상상해보자. 14)에서 나는 B가 '기억을 더듬어' 그 옷감을 가져온다고 말했는데, 이는 일상적인 표현형식을 차용해 말한 것이다. 하지만 '기억을 더듬어' 비교할 때에 벌어지는 일은 수없이 다양할 수 있다. 다음의 몇 가지 경우를 생각해보자.

14a) 옷감을 가지러 갈 때 B는 정신의 눈앞에 어떤 기억의 상(象)을

갖고 있다. 그는 옷감들을 바라보며 그 상을 머릿속에 불러내길 반복한다. 예컨대 그는 다섯 필의 옷감을 바라보며 이런 과정을 거친다. 어떤 경우에는 "너무 진해", 어떤 경우에는 "너무 연해"라고 중얼거리면서 말이다. 그러다가 다섯번째 묶음에서 멈춰, "바로 이거야"라고 말하고는 선반에서 그것을 꺼낸다.

14b) 어떤 기억의 상도 B의 눈앞에 없다. 그는 네 필의 옷감을 차례차례 보고 그때마다 모종의 긴장감을 느끼며 고개를 젓는다. 다섯번째 묶음에 이르자 긴장이 풀리고, 머리를 끄덕이며 묶음을 꺼낸다.

14c) B가 아무런 기억의 상도 없이 선반으로 가, 다섯 필을 차례로 살펴보고는 선반에서 다섯번째 묶음을 꺼내온다.

'하지만 모든 비교가 이런 식으로 이뤄지는 것은 아니다.'

우리가 앞의 이 세 가지 예를 기억을 더듬어 비교하는 경우라 부를 때, 우리는 그 기술이 어쩐지 불만족스럽거나 불완전하다고 느낀다. 그 기술이 그런 과정의 본질적 특징을 빠뜨리고 부차적 특징만을 전해줬다고 말하고 싶어지는 것이다. 그 본질적인 특징이란 비교 특유의 [정신적] 경험, 인지 특유의 [정신적] 경험이라고 부를 수 있는 것이리라. 기이하게도 비교하는 사례들을 면밀히 살펴보면, 수많은 행동과 정신상태들이 **많든 적든 간에** 비교 행위의 특징으로 나타난다는 것을 쉽게 알 수 있다. 실제로 그렇다. 기억을 더듬어 비교하는 경우든, 아니면 눈앞에 어떤 견본을 가지고 비교하는 경우든 가릴 것 없이 말이다. 우리는 [비교 행위의 특징적인] 그런 과정들을 **엄청나게 많이** 알고 있으며, 또 그 과정들은 엄청나게 많은 상이한 방식으로 서로 비슷하다. 우리는 색을 비교하려는 색상들을 잠시 혹은 오래, 함께 혹은 서로 가깝게 들고 서서, 그것들을 번갈아 혹은 동시에 쳐다보고, 여러 다른 조명 아래에 놓아보고, 그 동안 여러 가지 말을 하고, 기억의 상을 떠올리고, 긴장·이완과 만족·불만족을 느끼고, 동일한 대상을 오래 바라봐서 일어나는 눈과 눈 주위의 갖가지 피로와 긴장감을 느낀다. 이런 것들과 그 이외 여러 경험의 온갖 가능한 조합이 있다. 이런 경우들을 더 많이 더 자세히 관찰하면 할수록, 우리는 비교에 특유한 하나의 특정한 정신적 경험이 있을지 더 회의하게 된다. 사실, 내가 당신이 비교의 경험이라고 부를 만한 하나의 독특한 정신적 경험이 있음을 인정하고, 당신이 고집하면 "비교"라는 단어를 그 독특한 경험이 일어나는 경우에 한해 사용해야 함을 인정한다 해도, 이런 사례를 **가까이에서** 무수히 많이 살펴본 뒤에라면 당신은 그런 독특한 경험이 존재한다는 가정은 그 의미를 잃었다고 느낄 것이다. 왜냐하면 그 경험은 그것과는 다른 엄청나게 많은 경험과 나란히 위치해 있는데 지나지 않고, 우리가 그 사례들을 꼼꼼히 살펴볼 경우 그 이외의 경험이야말로 비교의 모든 경우를 [비교로서] 결합시키고 있음을 알 수 있기 때문이다. 우리가 찾았던 그 '특수한 경험'이란 우리가 살펴본 그 다수의 경험들이 수행하는 역할을 맡아야 하는 것이었다. 우리는 그 특유한 경험을 **다소간** 수많은 특징적인 경험들 중의 하나로 구했던 것은 아니다(이 문제를 바라보는 두 가지 방식이 있다고 말할지도 모르겠다. 말하자면 하나는 이 문제에 근접하여 보는 방식, 또 하나는 멀리서 독특한 분위기의 매개를 통해서 문제를 보는 방식). 실제로 우리는 "비교하다"라는 단어의 실제 사용법이 우리가 멀리 떨어져서 봤다고 믿는 것과는 다름을 알게 됐다. 우리는 비교의 모든 경우들을 연관시켜주는 것이 수없이 많은 [경험 사이에서] 중첩하는 유사성들(overlapping similarities)임을 알게 됐다. 이를 깨닫자마자 우리는 더 이상 그것들 모두에 공통된 하나의 특성이 있어야 한다고 말해야 할 강박을 느끼지 않게 된다. 그 배를 부두에 매어놓은 것은 밧줄이고, 그 밧줄은 실로 이뤄져 있다. 하지만 그 밧줄의 강도는 그 한 끝에서 다른 끝으로 지나가는 어느 하나의 실이 아니라 서로 중첩하는 수많은 실들이 있다는 사실에서 나오는 것이다.

'하지만 분명히 14c)에서 B는 완전히 자동적으로 행동했다. 만일 거기에 기술된 게 일어난 일의 전부라면, 그는 자신이 고른 묶음을 왜 선택했는지 모를 것이다. 그가 그것을 선택한 데에는 아무 이유가 없었다. 그가 적절한 것을 골랐다면, 그 일을 그는 기계라도 할 수 있을 그런 방식으로 한 것이다.' 우리의 첫번째 대답은, 14c)에서 B가 [내적인] 개인적 경험을 했다는 것을 우리는 부인하지 않았다는 것이다. 그가 선택의 후보가 된 옷감들이나 자기가 선택한 옷감을 보지 않았다고 말하지도 않았고, 그가 선택하는 동안 근육적 · 촉각적 감각이나 그와 비슷한 것을 갖지 않았다고 말하지도 않았으니까. 그렇다면 그의 선택을 정당화시켜주고 그것을 비(非)자동적인(non-automatic) 것으로 만들어준 이유는 과연 어떻게 생겨먹었을까?(다시 말해 그것이 어떻게 생겼으리라고 **상상**하는가?). 내 생각에는 이렇게 말해야 할 듯싶다. 자동적인 비교의 정반대, 즉 의식적인 비교라는 이상적인 경우란 자기 정신의 눈앞에 분명한 기억의 상을 갖고 있는 경우이거나 혹은 실제 견본을 보면서 어쩐지 이들 견본과 선택한 재료를 구별할 수 없을 것만 같은 독특한 느낌이 드는 경우라고. 나는 이 독특한 느낌이 그 선택의 이유이자 정당화라고 추측한다. 이 독특한 느낌이 두 개의 경험, 즉 견본을 보는 경험과 재료를 보는 경험을 서로 연관시켜준다. 하지만 그렇다면 이 독특한 경험을 어느 한쪽과 연관시켜주는 것은 무엇인가? 우리는 그런 경험이 중간에 끼어들 수 있다는 것을 부인하지 않는다. 하지만 우리가 방금 본 것처럼 자동적인 것과 비자동적인 것 사이의 구별은 처음에 볼 때처럼 그렇게 뚜렷하고 결정적인 것처럼 보이지 않는다. 이 구별이 특정한 경우에 그 실제적 가치를 잃는다고 얘기하려는 게 아니다. 예를 들어 특정한 상황에서 "이 묶음을 당신은 선반에서 자동적으로 꺼냈는가, 아니면 생각하며[즉, 의식적으로] 꺼냈는가?"라는 질문을 받으면, 우리는 자동적으로 행동하지 않았다고 말하면서 그 옷감들을 조심스럽게 살펴봤고, 패턴의 기억의 상을 떠올리려고 했고, 혼잣말로 의심과 결심의 말을 했다고 설명할 수 있는데, 이런 설명은 정당하다. 이는 **특정한 경우에** 자동적인 것과 비자동적인 것을 구별하는 것으로 간주될 수 있다. 하지만 다른 경우에 우리는 기억의 상이 나타나는 자동적 방식과 비자동적 방식 등을 구별해야 할 것이다.

14c)의 경우가 당신을 곤혹스럽게 만들면, 당신은 이렇게 말하고 싶을 것이다. "하지만 **왜** 그는 바로 이 옷감 묶음을 가져왔을까? 어떻게 그는 그것을 올바른 것으로 인지했을까? 무엇을 가지고?" 당신이 '왜'라고 물을 때, 당신은 원인을 묻고 있는가? 아니면 이유를 묻고 있는가? 만약 원인을 묻는 것이라면, 주어진 상황에서 이런 선택을 한 것을 설명해주는 생리학적 혹은 정신분석학적 가설을 어렵지 않게 생각해낼 수 있을 것이다. 그런 가설을 검사하는 것이 실험 과학의 과제다. 하지만 당신이 이유를 묻는 것이라면 대답은 이것이다. "그 선택에 이유가 있어야 할 필요는 없다. 이유는 선택하는 단계 이전의 단계다. 하지만 왜 모든 단계 앞에 다른 단계가 있어야 하는가?"

'만약 그렇다면 B는 그 옷감 묶음을 올바른 것으로 **인지**한 것이 아니다.' 당신은 14c)를 인지 사례의 하나로 생각하지 않아도 좋다. 하지만 우리가 인지과정이라 부르는 과정이 서로 중첩하는 유사성들의 방대한 대가족을 이룬다는 사실을 알았다면, 당신은 14c)를 그 가족 안에 집어넣는 데 별 거리낌을 안 느낄 것이다. '하지만 이 경우 B에게는 그 옷감 묶음을 인지할 수 있는 기준이 없지 않은가? 예컨대 14a)에서 그는 기억의 상을 갖고 있었고, 그 상과 일치하는지 여부에 따라 자기가 찾던 옷감 묶음을 인지했다.' 하지만 그가 [그것과 더불어] 일치의 심상도 갖고 있었던가? 그게 올바른 것이지 알기 위해 그로 하여금 패턴과 옷감의 일치를 비교하게 할 수 있게 해준 그런 심상 말이다. 반면 누군가 그에게 그런 [현실의] 그림을 줄 수는 없었을까? 예를 들어 A가 이번에는 다른 경우처럼 패턴보다 좀 짙은 옷감이 아니라 견본과 정확하게 일치하는 것을 B가 기억하기를 바랐다고 해보자. 이 경우에 A가 B에게 요구한 일치의 예로 그에게 같은 색의 견본 조각 두 개를 (일종의 기억 보조물로) 줄 수는 없었을까? [그러나] 명령과 그 명령의 실행 사이에 꼭 어떤 최종적 연관 [연결고리]이 있어야 하는가? 그리고 14b)에서 B는 적어도 올바른 옷감을 인지하게 해주는 긴장 이완을 느꼈다고 한다면, 그는 이런 이완의 상을 떠올려야만 하는가? 그래서 그것이 기준이 되어 올바른 옷감이 인지되는 것일까?

'하지만 14c)에서처럼 B가 옷감 묶음을 가져왔는데 그것을 패턴과 비교했더니 잘못된 것이었다면?' 하지만 이는 다른 모든 경우에도 있을 수 있는 일 아닐까? 14a)에서 B가 가져온 옷감 묶음이 패턴과 일치하지 않는 것으로 드러났다고 하자. 그때 우리는 그가 지닌 기억의 상이 변했다고 말할 수도, 그 패턴 혹은 옷감이 변했다고 말할 수도, 조명이 변했다고 말할 수도 있는 경우가 있지 않을까? 이런 판단들 각각이 만들어지는 경우나 상황을 어렵지 않게 상정하고 상상할 수 있다. '하지만 그래도 14a)와 14c) 사이에는 본질적인 차이가 있지 않을까?' 물론 있다! 이 경우들을 기술하는 과정에서 드러나는 차이가.

1)에서 B는 "석주!"라는 단어를 듣고 석재를 가져오도록 배웠다. 우리는 이때 일어나는 일을 이렇게 상상할 수 있을 것이다. 즉, 외쳤던 단어가 B의 마음속에 석주의 상을 불러일으킨다. 말하자면 훈련을 통해 이런 연상이 성립된다. B는 자기가 떠올린 상에 일치하는 석재를 집어 든다. 하지만 **반드시** 훈련을 통해 B의 마음속에 관념이나 상이 (자동적으로) 유발될 수 있다면, 왜 [훈련을 통해] 상의 개입 없이 B의 **행동**을 유발하지는 못한단 말인가? 연상 메커니즘을 조금만 변형시켜도 그렇게 할 수 있을 것이다. 그 단어가 불러일으킨 상이 합리적 과정에 의해 생겨난 것이 아니며(설사 그렇다 해도 그것은 우리의 논의를 그저 한 걸음 후퇴시킬 뿐이다). 이것은 버튼을 누르면 계기판에 무언가가 나타나는 메커니즘의 경우와 똑같은 과정임을 명심하라. 실제로 이런 종류의 메커니즘이 연상 메커니즘 대신에 사용될 수도 있다.

우리는 언어 소통에서 특정 역할을 하는 색깔, 모양, 소리 등의 심상을 실제로 보고 듣는 색상과 소리와 같은 범주에 집어넣는다.

18) (가령 7)에서와 같은) 도표를 사용하는 훈련의 목표가 그저 특정한 도표 사용법을 가르치는 데 그치는 게 아니라 학생들로 하여금 그것과 다르게 조합된 문자 기호와 그림 도표들을 사용하거나 스스로 만들 수 있게 하는 데 있을 수도 있다. 어떤 사람이 처음으로 사용법을 훈련받은

도표가 "망치", "펜치", "톱", "끌"이라는 네 개의 단어와 그에 상응하는 그림으로 되어 있다고 가정해보자. 거기에 그 학생 앞에 있는 또 다른 물건, 가령 대패의 그림을 더하고, 그것을 "대패"라는 단어와 서로 연관시킨다. 우리는 이 새 그림과 단어 사이의 상호관계를 가능한 한 이전 도표에 있던 상호관계들과 비슷하게 만들 것이다. 이렇게 우리는 동일한 페이지 위에 새로운 단어와 그림을 추가해, 전에 있던 단어들 아래에 새 단어를 써넣고, 전에 있던 그림들 아래에 새 그림을 그려 넣을 것이다. 이제 그 학생은 우리가 그 학생에게 첫번째 도표의 사용법을 가르쳤을 때와 같은 특별한 훈련 없이 그 새로운 단어와 그림을 사용하도록 격려받을 것이다. 이런 격려 행위의 종류는 다양할 것이나 그중 상당수는 그 학생이 반응하는 한에서만, 그것도 어떤 특정한 방식으로 반응하는 한에서만 효과가 있을 것이다. 개에게 물건을 물어오는 것을 가르칠 때 당신이 쓰는 격려의 몸짓, 소리 등을 상상해보라. 반면 고양이에게 물어오는 것을 가르치려 했을 때를 상상해보라. 고양이는 당신의 격려에 반응하지 않을 테니, 당신이 개를 훈련시킬 때 했던 대부분의 격려 행위는 고양이에게 아무 소용이 없을 것이다.

19) 그 학생은 물건들에 손수 지은 이름을 붙이고, 그 이름이 불릴 때 해당 물건을 가져오도록 훈련받을 수도 있을 것이다. 가령 한쪽은 주변 물건의 그림이 그려져 있고 다른 쪽은 비어 있는 도표를 받은 뒤 그림 맞은편에 손수 지은 이름들을 써넣고, 이 기호들이 명령으로 사용됐을 때 지금껏 해온 대로 반응하는 놀이를 하는 것이다.

20) 또는 B가 도표를 작성하고 이 도표[의 기호]에 의해 내려지는 명령에 따르는 놀이를 할 수도 있다. 어떤 도표, 예컨대 두 개의 세로 단으로 구성된 도표로서 왼쪽 칸에는 이름이 적혀 있고 오른쪽 칸에는 그림이 그려져 있어서, 각각의 이름과 그림이 수평으로 나란히 놓인 채 서로 관련이 되어 있는 도표의 사용법을 배운다고 해보자. 이때 그 훈련의 한 가지 중요한 특징은 학생이 손가락을 왼쪽에서 오른쪽으로 움직이게 하는 것이리라. 말하자면 일련의 수평선을 차례차례 평행으로 그어 내려가도록 훈련시키는 것이다. 그런 훈련이 첫번째 도표에서 새로운 항목으로 이행하는 데 도움을 줄 것이다.

나는 도표, 지시적 정의, 그리고 그와 비슷한 [언어의] 도구들을 일상적 사용법에 따라 규칙이라 부를 것이다. 어떤 규칙의 사용법은 또 다른 규칙으로 설명될 수 있다.

21) 다음의 예를 생각해보자. 도표를 읽는 또 다른 방식을 도입하는 것이다. 각각의 도표는 위에서처럼 단어와 그림으로 된 두 개의 단으로 이뤄진다. 어떤 경우에는 각각의 단어와 그림을 다음의 도식에 따라 왼쪽에서 오른쪽으로 가로로 읽어야 한다.

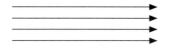

다른 경우에는 다음과 같은 도식에 따라 읽어야 한다.

아니면

등등.

이런 종류의 도식이 도표를 읽기 위한 규칙으로서 우리의 도표들에 덧붙여질 수 있다. 이런 규칙들은 또 다른 규칙들에 의해 설명될 수 있지 않을까? 물론이다. 하지만 어떤 규칙의 사용법을 위한 규칙이 주어지지 않았다고 해서 그 규칙이 불완전하게 설명된 것일까?

우리는 우리 언어놀이들에 무한열의 숫자들을 도입한다. 하지만 그 일이 어떻게 이뤄지는가? 분명히 이 방법과 20까지의 숫자를 도입하는 방법 사이의 유사성은 20까지의 숫자를 도입하는 방법과 10까지의 숫자를 도입하는 방법 사이의 유사성과 다르다. 우리의 놀이가 2)와 같지만, 무한열의 숫자와 더불어 행해진다고 하자. 우리의 놀이와 2)의 차이가 꼭 더 많은 숫자들이 사용됐다는 데에만 있지는 않을 것이다. 말하자면, 우리가 그 놀이를 하는 가운데 실제로 155개의 숫자를 사용했다고 해도, 우리가 하는 그 놀이가 10개의 숫자 대신에 155개의 숫자를 가지고 2)의 놀이를 했다고 말할 수는 없기 때문이다(그 차이란 놀이를 할 때의 마음자세 같은 것으로 생각된다). 예컨대 놀이들 사이의 차이는 거기에 사용되는 카운터의 수, 놀이판의 사각형의 수, 혹은 어떤 경우에는 사각형을 사용하고 다른 경우에는 육각형을 사용한다는 사실 같은 데 있을 수 있다. 하지만 유한 놀이와 무한 놀이 사이의 차이는 그 놀이의 물질적 도구에 있는 것 같지 않다. 왜냐하면 우리는 무한함을 물질적 도구로 표현할 수 없고, 우리의 사유 속에서만 파악할 수 있으며, 따라서 유한 놀이와 무한 놀이가 구별되는 것은 바로 이 사유 속에서라고 말하려는 경향이 있기 때문이다(이 사유가 [유한개의] 기호로 표현될 수 있다는 게 기이하기만 하다).

두 가지 놀이를 생각해보자. 그 놀이는 둘 다 숫자가 적힌 카드로 이뤄져 있고, 가장 큰 수를 얻은 사람이 이기게 된다.

22) 한 놀이는 고정된 수의 카드, 가령 32장의 카드를 가지고 행해진다. 다른 놀이에서는 정해진 상황에서 종이조각을 잘라 거기에 수를 적어 넣음으로써 원하는 만큼 카드의 수를 늘리는 것이 가능하다. 우리는 전자를 제한 놀이, 후자를 무제한 놀이라 부를 것이다. 두번째 놀이가 한 판 이뤄져, 실제로 사용된 카드의 수가 32장이었다고 가정해보자. 이 경우 a) 무제한 놀이 한 판을 두는 것과 b) 제한 놀이 한 판을 두는 것의 차이는 어디에 있을까?

그 차이는 32장의 카드를 사용하는 제한 놀이 한 판과 더 많은 카드를 사용한 제한 놀이 한 판 사이의 차이가 아닐 것이다. 사용된 카드의 수는 동일하다고 했다. 하지만 거기에는 또 다른 차이가 있을 것이다. 즉, 제한 놀이는 정상적인 한 조의 카드로 행해졌고, 무제한 놀이는 많은 수의 빈 카드와 연필로 행해졌다는 차이가 있다. 무제한 놀이는 "우리가 얼마나 올라갈까?"라는 질문으로 시작된다. 만일 선수들이 규정집에서 이 놀이의 규칙을 찾아본다면, 아마 일련의 규칙들 끝에서 "기타 등등" 혹은 "그렇게 무한히"라는 구절을 발견할 것이다. 따라서 a)와 b)라는 두 판의 차이는 거기에 사용되는 카드가 아니라 우리가 사용하는 도구에 있다. 하지만 이 차이는 사소해 보이고, 이 놀이들의 본질적 차이는 아닌 것 같다. 우리는 어디엔가 무언가 큰 본질적 차이가 있음에 틀림없다고 느낀다. 하지만 그 판이 행해질 때 무엇이 일어나는지 자세히 살펴보면, 별로 중요하지 않은 몇몇 세세한 차이밖에 찾아볼 수 없음을 알게 된다. 예컨대 카드를 다루고 내미는 행위는 두 경우에 모두 동일**할지도 모른다**. a) 놀이를 하는 과정에서 놀이꾼들은 카드를 더 늘릴까 고려하다가 그만뒀을지도 모른다. 하지만 이를 고려한다는 것은 어떤 것일까? 그것은 혼잣말로 혹은 소리 내어 이렇게 말하는 것일 수 있다. "또 다른 카드들을 준비할까 말까?" 아니면, 그런 생각이 선수들의 머리에 떠오르지 않았을 수도 있다. 제한 놀이와 무제한 놀이를 한 판 하는 것 사이의 모든 차이란 그저 놀이를 시작하기 전에 한 말, 가령 "무제한 놀이로 하자"고 말한 데 있을지도 모른다.

'하지만 두 판의 상이한 놀이가 두 개의 상이한 체계에 속해 있다고 말하는 게 옳지 않을까?' 물론이다. 다만 두 개의 상이한 체계에 속한다고 말함으로써 우리가 말하려는 사실들은 우리가 그러리라고 기대하는 것보다 훨씬 더 복잡하다.

이제 제한된 수의 숫자들을 가지고 하는 언어놀이와 무한수의 숫자들을 가지고 하는 언어놀이를 비교해보자.

23) 2)에서처럼 A가 B에게 몇 개의 석재를 가져오라고 명령한다. 그 숫

자는 "1", "2", …… "9" 같은 [아라비아 숫자] 기호로 각각 카드에 쓰여 있다. A는 이 카드들을 한 조(組) 갖고 있고, B에게 그 중의 하나를 보여 주며 "석판", "석주" 등의 단어 중 하나를 외친다.

24) 23)과 같고, 다만 숫자가 쓰진 카드 세트만 없다. 1에서 9까지 연속된 숫자는 암기시킨다. 숫자들을 명령 중에 불러주면, 어린아이들이 입으로 그것을 따라 배운다.

25) 주판이 사용된다. A가 주판에 수를 표시해 B에게 주면, B는 그것을 가지고 석판이 있는 곳으로 간다 등등.

26) B는 쌓여 있는 석판들의 수를 세야 한다. 그는 주판으로 그 일을 하는데, 그 주판은 스무 알로 되어 있다. 쌓여 있는 석판은 스무 개를 넘지 않는다. B는 그 석판들의 수를 주판에 표시하고, 그렇게 알을 놓은 주판을 A에게 보여준다.

27) 26)과 같다. 다만 이번 주판에는 스무 개의 작은 알과 한 개의 큰 알이 있다. 만약 쌓여 있는 석판이 스무 개보다 많을 경우에는 큰 알을 움직인다(그러므로 어떤 면에서 보자면 여기에서의 큰 알은 "많은"이라는 단어에 상응하는 셈이다).

28) 26)과 같다. 다만 무더기에 n개의 석판이 쌓여 있고, 그 n이 20보다 크고 40보다는 작을 경우, B는 $n-20$ 알을 움직인 후, 그렇게 놓은 주판

을 A에게 보여주고 손뼉을 한 번 친다.

29) A와 B는 (씌어진 것이든 발화된 것이든) 십진법 숫자 20까지 사용한다. 이 언어를 배우는 어린아이는 2)에서처럼 이 숫자들을 외운다.

30) 어떤 부족이 2)와 같은 종류의 언어를 갖고 있다. 사용되는 숫자들은 십진법 숫자들이다. 관찰한 바에 따르면 그 어떤 숫자도 위에서 본 몇몇 놀이들(가령 27)과 28))에서처럼 최고의 숫자로서 지배적 역할을 하지 않는다(이 문장에 이어서 우리는 "실제로 사용된 숫자 중에는 가장 큰 것이 있지만"이라고 말하고 싶어진다). 그 부족의 어린아이들은 이런 방식으로 숫자를 배운다. 즉, 2)에서처럼 1부터 20까지 기호를 배우고, "이것들을 세어보라"는 명령을 받으면 스무 개가 넘지 않는 주판알을 세도록 배우는 것이다. 학생이 숫자를 세다가 20이라는 숫자에 이르자 그에게 "계속하라"는 의미의 몸짓을 취하고, 거기에 어린아이는 (대개의 경우에는) "21"이라고 응답한다. 이와 유사하게 어린아이는 22까지, 그리고 그보다 더 높은 수까지 세게 된다. 이 연습에서도 특정한 수가 최고의 숫자로서 지배적 역할을 하지는 않는다. 훈련의 마지막 단계는 어린아이에게 20보다 꽤 많은 물건의 무더기를 세라는 명령을 내리는 것이다. 이번에는 20이라는 숫자를 넘어도 셈을 세도록 도와준 그 암시의 몸짓 없이 말이다. [처음의] 암시의 몸짓에 반응하지 않는 어린아이는 다른 사람들로부터 고립되어 바보 취급을 당하게 된다.

31) 또 다른 부족이 있다. 그들의 언어는 30)에 나오는 것과 같다. 그들

이 사용하는 숫자 중에서 최고의 숫자로 관찰된 것은 159다. 이 부족의 생활에서 159라는 숫자는 독특한 역할[지배적 역할]을 한다. "그들은 이 수를 가장 큰 수로 여긴다"라고 말한다고 하자. 이것은 무엇을 의미하는가? "그들은 그저 그게 가장 큰 수라고 말한다"고 대답해도 될까? 그들이 어떤 말을 할 때 그것이 무엇을 의미하는지 우리는 어떻게 알까? 그들이 어떤 의미로 그 말을 했는지 판단하는 기준은 우리가 "가장 큰"이라고 번역하는 그 단어가 어떤 경우에 사용되는가, 즉 그 단어가 그 부족의 생활에서 수행하는 역할일 것이다. 사실 우리는 159라는 숫자가 사용되는 상황에서 그에 수반되는 몸짓이나 행동양식에 의해 이 숫자가 넘어설 수 없는 극한의 역할을 하고 있음을 알게 되는 경우를 어렵지 않게 상상할 수 있다. 비록 그 부족에게 [우리의] "가장 큰"이라는 단어에 해당하는 단어가 없고, 159가 가장 큰 숫자라고 **말해지지** 않더라도 말이다.

32) 어떤 부족은 수를 세는 두 가지 체계를 갖고 있다. 사람들은 A부터 Z까지 알파벳으로 세는 법과 30)에서처럼 십진법으로 세는 법을 배웠다. 만일 어떤 이가 대상을 전자의 방식으로 센다면, 그는 **"닫힌 방식으로"** 수를 세라고 명령받은 것이고, 후자의 방식으로 센다면 **"열린 방식으로"** 로 세라고 명령받은 것이다. 그리고 그 부족은 "닫힌"과 "열린"이라는 단어를 닫힌 문과 열린 문을 가리키는 데에도 사용한다.

(소견: 분명히 23)은 카드 세트의 제한을 받는다. 23)에서 카드의 수에 **한계가 있는** 것과 24)에서 우리가 기억한 단어에 한계가 있는 것 사이의 유사성과 차이에 주목하라. 26)에서의 제한은 한편으로는 **도구**[스무 개의 주판알]와 놀이에서 그것이 사용되는 방법에 있고, 다른 한편으

로는 [완전히 다른 방식으로] 실제의 놀이에서 20개 이상을 셀 수 없다는 사실에 유의하라. 27)에는 후자와 같은 종류의 제한은 없었지만, 사실상 큰 주판알이 수단의 제한성을 강조했다. 28)은 제한 놀이인가, 아니면 무제한 놀이인가? 거기에서 우리가 기술했던 놀이방법은 40까지의 제한을 두고 있다. 우리는 이 놀이가 무한히 계속되는 '속성을 자체 안에 갖고 있다'고 말하고 싶어 하지만, 앞의 놀이들 역시 [무한한] 체계의 시작들로 해석될 수 있었다는 점을 기억하라. 29)에서 사용된 숫자의 체계적 측면은 28)에서보다 훨씬 더 분명하다. 만일 20까지의 숫자를 외워서 배웠다는 말만 없으면, 이 놀이의 도구에 의해 부과된 제한은 없다고 말할 수 있을지도 모른다. 이는 어린아이들이 십진법에 있는 그 체계를 '**이해**' 하도록 배우는 것은 아니라는 것을 암시한다. 30)에 등장하는 부족에 대해서 말하자면, 확실히 그들은 숫자를 무한히 구성하는 훈련을 받았고, 그들 언어 속의 산수는 유한하지 않으며, 그들의 수열은 끝이 없다고 해야 할 것이다[사람들이 무한수열을 갖고 있다고 말하는 것은 숫자들이 '무한하게' 구성되는 바로 그런 경우이리라]. 31)은 심지어 부족의 어린아이들이 배우는 숫자들을 사용하는 방식에 그 어떤 상위의 한계가 없는데도 불구하고, 그 부족의 산수가 유한수열을 다룬다고 하지 않을 수 없는 여러 경우를 상상할 수 있음을 보여준다. 32)에서는 [그 예를 약간 변형시키면 "제한"과 "무제한"으로 대체할 수도 있는] "닫힌"과 "열린"이라는 용어가 그 부족의 언어 자체에 도입된다. 그렇게 단순하고 분명하게 한정된 놀이 안에 도입됐으므로, 당연히 "열린"이라는 단어의 사용법에 신비한 구석이란 있을 수 없다. 그런데 이 단어는 우리의 "무한한"에 대응하며, 우리가 후자의 단어["무한한"]로 하는 놀이가 31)과 다른 점은, 그저 무지무지하게 더 복잡하다는 것뿐이다. 즉, "무한한"이라는 단어의 사용법은 31)에서 "열린"의 사용법만큼이나 **직설적**이다. 그 의미가 '초월적'이라는 생각은 오해에 뿌리를 둔 것이다.)

대강 말하자면 무제한 [숫자를 사용하는] 경우의 특징은 그 놀이가 **제한된** 비축물[숫자들]을 가지고 행해지는 데 있지 않고, 숫자들을 (무한정으로) 구성하는 하나의 **체계**를 가지고 행해진다는 데 있다. 누군가가 숫자를 구성하는 하나의 체계를 제공받았다고 하면, 우리는 일반적으로 다음의 세 가지 중 하나를 생각한다. a) 그는 30)에서 기술된 것과 비슷한 **훈련**을 받았다. 그리고 경험을 통해 알 수 있듯이 그 훈련의 결과 덕분에 그는 30)에서 언급된 것과 같은 종류의 테스트들을 통과할 것이다. b) 그 사람의 마음이나 두뇌 속에 그렇게 반응하도록 만드는 **기질**(disposition)을 심어놓았다. c) 그에게 숫자들을 구성하는 데 필요한 **일반적**(general) 규칙이 제공됐다.

[그런데] 무엇을 규칙이라고 부르는가? 다음의 예를 생각해보자.

33) B는 A가 자신에게 제공해준 규칙에 따라 움직인다. B는 아래와 같은 도표를 받는다.

A는 이 도표에 적힌 글자들로 만든 명령, 가령 "aacaddd" 같은 명령을 내린다. B는 이 명령의 각 문자에 해당하는 화살표를 찾아 그것에 따라

서 움직인다. 우리의 예에서는 이렇게 말이다.

이 도표 33)을 우리는 규칙이라고 불러야 한다(혹은 "규칙의 표현"이라고 해야 한다. 내가 이런 동의어적 표현을 사용하는 이유는 나중에 드러날 것이다[1]). 우리는 "aacaddd"라는 문장 그 자체를 규칙이라고 부르고 싶지 않을 것이다. 그것은 물론 B가 취해야 할 행보를 기술한 것이다. 하지만 그런 기술도 특정한 상황에서는 규칙이라 불릴 것이다. 예컨대 다음과 같은 경우에.

34) B는 다양한 장식적인 선의 디자인을 그려야 한다. 각각의 디자인은 A가 그에게 제시하는 요소의 반복이다. 그래서 A가 "cada"라고 명령한다면, B는 [모양을 반복해] 이런 모양의 선을 그린다.

이 경우 "cada"는 디자인을 그리기 위한 규칙이라 말해야 하리라. 대충 말하면, 규칙이라고 불리는 것의 특징은 무한히 많은 사례에 반복적으로 적용된다는 데 있다. 34)와 다음의 경우를 비교해볼 것.

---

1) 본문의 41)을 참조하라.

35) 체스 판 위에서 다양한 모양의 말을 가지고 하는 놀이가 있다고 해 보자. 각각의 말이 이동하는 방식은 규칙에 의해 정해진다. 그렇게 해서 어떤 말을 위한 규칙은 "ac", 또 다른 말의 규칙은 "acaa"이 된다. 따라서 첫번째 말과 두번째 말은 각각 이렇게 움직일 수 있다.

여기서는 "ac" 같은 공식도 그 공식에 상응하는 도식[_↑]도 규칙이라고 부를 수 있을 것이다.

36) 위에 기술한 방식으로 33)의 놀이를 여러 번 한 뒤에, 그 놀이에 약간의 변형을 가해보자. 즉, B는 더 이상 그 도표를 쳐다보지 않는다. A의 명령을 읽으면 그 문자들이 (연상에 의해) 화살표의 상을 떠오르게 하고, B는 이 상상의 화살표에 따라 움직인다.

37) 이처럼 놀이를 여러 번 한 뒤에, B는 이제 화살표를 실제로 보거나 떠올렸을 때처럼 씌어진 명령에 따라 움직인다. 물론 이때 그런 그림이 실제로 끼어들지는 않았다. 다음과 같은 변형도 한번 생각해보라.

38) 씌어진 명령에 따르도록 훈련받는 B에게 33)의 도표를 한 번 보여준다. 그다음부터는 도표 없이 33)에서 B가 매번 도표의 도움을 받은 것과 같은 방법으로 A의 명령에 따른다.
　어느 경우든 33)의 도표가 그 놀이의 규칙이라고 할 수 있다. 하지만 각각의 경우에 이 규칙은 다른 역할을 한다. 33)에서 그 도표는 우리가 놀이의 **실천**이라 부르는 데 사용되는 도구다. 36)에서는 그것이 연상작용으로 대체된다. 37)에서는 심지어 이 도표의 그림자마저도 놀이의 실천에서 떨어져 나갔고, 38)에서 그 도표는 누구나 알다시피 그저 B를 **훈련**시키기 위한 도구일 뿐이다.

하지만 더 나아가 다음의 경우를 상상해보라.

39) 하나의 소통체계가 어느 부족에 의해 사용되고 있다. 그 체계를 기술하자면, 훈련에 도표가 사용되지 않는 것만 빼면 38)의 놀이와 유사하다고 할 수 있다. 이 경우에 훈련은 학생의 손을 잡고 그가 갔으면 하고 바라는 길로 여러 차례에 걸쳐 이끄는 식으로 이뤄졌을 **수도 있다**. 하지만 또 다른 경우를 떠올릴 수도 있다.

40) 심지어 이런 훈련조차 필요하지 않은 경우, 가령 문자 abdc를 바라보는 것이 자연스럽게 거기에 기술된 방식으로 움직이고 싶은 충동을 만들어내는 경우도 있다. 이 경우는 언뜻 혼란스러워 보인다. 우리는 아주 이상한 정신작용을 가정하는 듯하다. 혹은 이렇게 물을지 모르겠다. "글자 a를 보고 어떻게 움직여야 할지를 그가 대체 어떻게 알까?" 하지만 이 경우 B의 반응은 37)과 38)에서 기술된 그 반응이 아닌가? 그리고 실제로 우리가 어떤 명령을 듣고 따를 때 하는 바로 그 반응이 아닌가? 38)과 39)에서처럼 훈련이 명령의 수행에 **앞서 행해졌다**는 사실이 명령 수행의 과정을 변화시키는 것은 아니기 때문이다. 다른 말로 하면 40)에서 '기이한 정신적 메커니즘'이라 믿었던 것은 37)과 38)에서 우리가 훈

련에 의해 만들어진다고 가정한 것과 다르지 않다. '하지만 그런 메커니즘을 갖고 태어**날 수 있을까?**' 하지만 **바로 그** 메커니즘을 B가 갖고 태어났고, 그것이 그로 하여금 그가 하던 식으로 훈련에 반응하게 해줬다고 가정하는 데 어떤 어려움이라도 있는가? 그리고 도표 33)으로 제시한 기호 abcd의 규칙 혹은 설명이 반드시 최종적인 것일 필요는 없다, 그 도표들의 사용법을 말해주는 또 다른 도표들을 제시할 수도 있다 등등의 사실을 기억해라(특히 21) 참조).

(그가 가야 하는 길을 화살표로 지적하며) "**이** 길로 가라"는 명령을 실행시키려면 어떻게 해야 하는지 어떻게 설명할까? 이것이 우리가 화살표의 반대 방향이라 부르는 쪽으로 가는 것을 의미할 수는 없을까? 화살표를 따라가는 방법을 설명하게 되면 그 설명 자체가 곧 또 다른 화살표가 되는 게 아닐까? "내가 이 길을 가리키면(오른손으로 가리키며), 그것은 당신 보고 이렇게(같은 길을 왼손으로 가리키며) 가라는 뜻이다." 이런 설명에 당신은 뭐라고 할 것인가? 이것은 그저 기호의 사용법들이 여러 가지로 변화할 때의 양 극단을 보여줄 뿐이다.

39)로 되돌아가보자. 누군가 그 부족을 방문해 그들 언어의 기호 사용법을 관찰한다고 해보자. 그 언어를 기술하는 가운데 그는 그 언어의 문장이 33)의 도표에 따라 사용되는 문자 abcd로 구성된다고 말한다. 이런 그의 말에서 볼 수 있듯이, "하나의 놀이가 이러저러한 규칙에 따라 이뤄진다"는 표현은 36), 37), 38)의 경우[규칙이 분명히 표현하고 있는 듯한 경우]처럼 다양하게 사용될 뿐만 아니라 심지어 그 규칙이 훈련의 도구나 놀이의 실천 도구가 아닌 경우에도, 그 규칙이 우리의 도표가 놀이 39)의 실천에 대해 갖는 것과 같은 관계를 그 놀이의 실천에 대해 갖

는 경우에도 사용된다. 이 경우 그 도표를 우리는 이 부족 사람들의 행동을 기술하는 자연법칙이라 부를 수 있다. 또는 그 도표가 그 부족의 자연사에 속하는 기록이라고 말할 수도 있다.

내가 놀이 33)에서 실행된 명령과 적용된 규칙을 뚜렷이 구분했다는 데 주목하라. 반면에 34)의 경우에는 "cada"라는 문장을 규칙이라 불렀고, 그것은 동시에 명령이었다. 이런 변형도 생각해보자.

41) 이 놀이는 33)과 비슷하다. 하지만 학생이 단 하나의 도표만을 사용하도록 훈련받는 게 아니다. 훈련은 그 학생으로 하여금 문자와 화살표를 서로 연관시키는 그 어떤 도표라도 사용하게 만드는 것을 목표로 삼는다. 이로써 나는 그저 그 훈련이 독특한 종류라는 것, 대충 말하자면 30)에서 기술된 것과 비슷한 것이라고 말하고 있을 따름이다. 나는 30)의 것과 다소간 비슷한 훈련을 **"일반적 훈련"**이라 부를 것이다. 일반적 훈련은 그 성원들이 서로 너무나 다른 하나의 가족을 이룬다. 내가 지금 생각하는 훈련은 주로 a) 어떤 제한된 범위 내에서 이뤄지는 행동의 훈련, b) 그 학생에게 그 범위를 확장하도록 본을 보이는 훈련, c) 임의의 연습과 시험들로 이뤄진 훈련이다. 일반적 훈련을 마친 뒤 내려지는 명령은 그에게 이런 종류의 기호를 주는 것이다.

rrtst

r	↗
s	↖
t	↓

그는 명령에 따라 이렇게 움직인다.

여기에서 나는 이 도표, 즉 그 규칙이 명령의 **일부**라고 말해야 한다고 가정한다.

주의하라. 우리는 '**규칙이 무엇인지**' 말하려는 것이 아니라 "규칙"이라는 단어의 여러 용례를 제시하고 있을 뿐이다. 그리고 우리는 이 일을 "규칙의 표현"이라는 말의 용례를 제시함으로써 한다.

또한 41)에서 [명령으로] 주어진 모든 기호를 문장이라고 부르는 데 반대하는 뚜렷한 경우란 없다는 것에 주의하라. 우리가 그것을 문장과 도표로 구별**할 수 있다고 하더라도** 말이다. 이 경우에 우리에게 특히 이런 구별을 하도록 꼬드기는 유혹은 도표 밖의 선형적 글쓰기에서 온다. 어떻게 보면 문장의 선형적 특성이란 그저 외면적이고 비본질적이라고 할 수도 있겠지만, 이런 특성과 그와 유사한 특성들이 우리가 논리학자로서 문장과 명제에 대해 얘기하고 싶어 하는 데에서 큰 역할을 한다. 그러므로 41)의 기호를 하나의 단위로 이해하면, 그것이 우리로 하여금 문장이 어떻게 생긴 것인지 깨닫게 해**줄지도** 모른다.

이제 다음과 같은 두 가지 놀이를 고려해보자.

42) A가 B에게 명령을 내린다. 그 명령은 점과 선으로 된 쓰여진 기호이고, B는 특정한 스텝으로 춤추며 어떤 동작을 함으로써 그 명령을 수행한다. 가령 "— · "라는 명령은 한 걸음 내딛고 한 번 도약하는 것으로 수행될 수 있다. "·· — — — "라는 명령은 두 번 도약하고 세 걸음 걸은 것

으로써 수행된다. 이 놀이에서의 훈련은 41)에서 설명된 의미에서 '일반적'이다. 그리고 나는 "주어진 명령들은 제한된 범위 내에서 제시되지 않는다. 명령들은 특정 수의 점과 선의 결합으로 이뤄진다"고 말하고 싶다. 하지만 명령들이 제한된 범위 내에서 제시되지 않는다고 말하는 것이 의미하는 바는 무엇인가? 이것은 무의미한 게 아닌가? 실제 놀이에서 주어지는 모든 명령은 제한된 범위를 이룬다. "그 명령은 제한된 범위 내에서 제시되지 않는다"라는 말로써 내가 의미하는 바는 연습에서도 실전에서도 범위의 제한이 '지배적' 역할을 하지 않는다는 것이다(30)을 보라). 혹은 놀이의 범위(굳이 제한됐다고 할 필요 없다)가 실제의 ('우연적') 놀이의 범위일 뿐이라는 것이다(이 점에서 우리의 놀이는 30)과 같다). 참고로 다음의 놀이를 살펴보자.

43) 명령과 그 수행은 42)에서와 같지만 "—", "— · ·", "· — —"의 세 기호만 사용된다. 우리는 42)에서 B가 명령을 수행할 때 자기에게 주어진 기호에 **이끌렸다**고 말한다. 하지만 위 세 기호가 명령을 수행할 때에 B를 이끌어주는지 물어본다면, 우리는 그 명령의 수행을 바라보는 관점에 따라 '예'라고도, '아니오'라고도 할 수 있을 듯싶다.

B가 43)에서 기호에 이끌렸는지 아닌지 결정하려고 할 때, 우리는 다음과 같이 대답하는 경향이 있다. a) B가 하나의 명령, 즉 "· — —"라는 명령을 통째로 보고 행동하는 게 아니라, 그 명령을 '한 자 한 자씩'(우리 언어에서 사용된 그 단어는 "·"과 "—"이다) 읽고 자기가 읽은 대로 행동하는 것이라면, 그는 기호에 이끌리고 있는 것이다.

이 경우를 좀더 분명히 만들려면, '한 자씩 읽기'가 손가락으로 문장

속의 단어를 하나씩 짚어나가는 데 있다고 상상해보라. 가령 문장의 시작부분을 짚는 식으로 전체 문장을 한꺼번에 가리키는 것과 대립되는 의미에서 말이다. 그리고 '단어에 따라 행동하기'라는 것을, 우리는 편의상 문장 속의 각 단어를 하나씩 따라서 하는(걷는 혹은 뛰는) 것으로 상정할 것이다. b) B가 한 단어를 가리키는 것과 뛰거나 걷는 행동 사이에 연관을 만들어내는 의식적 과정을 경험한다면, 그는 기호에 의해 이끌린 것이라 할 수 있다. 이런 식의 연관은 여러 방식으로 상상할 수 있다. 가령 B는 줄은 걷는 사람의 그림과 연결되고, 점은 도약하는 사람의 그림과 연관된 도표를 갖고 있다. 그렇다면 명령을 읽는 것과 그것을 수행하는 것을 연관시키는 의식적 행위는 그 도표를 참조하거나, '마음의 눈으로' 그 기억의 상을 참조하는 데 있을 것이다. c) B가 그 명령을 이루는 단어 하나하나를 볼 때마다 반응하는 게 아니라 '기호가 의미하는 바를 기억해내려고' 할 때의 독특한 긴장을 경험하고 나아가 그 의미, 즉 정확한 행동이 그의 마음에 떠오르면 이 긴장이 완화되는 것을 경험한다면, 그는 기호에 이끌린 것이라 할 수 있다.

이 모든 설명들은 어떤 특별한 방식으로 불만족스러워 보인다. 그리고 그 설명들을 불만족스럽게 만드는 게 우리가 하는 놀이의 한계다. 이는 우리에게 떠오르는 다음과 같은 설명으로도 표현된다. 즉, B가 그 세 문장 속의 글자들의 조합에 이끌렸다고 하려면, 그가 이 글자들의 다른 조합으로 된 명령들 또한 실행**할 수 있어야** 한다는 것이다. 이렇게 말하면, 다른 명령들을 수행하는 '**능력**'이 42)의 명령을 수행하는 이의 특정한 상태인 것처럼 보인다. 하지만 동시에 이 경우에 우리는 그런 상태라고 할 만한 것을 아무것도 발견하지 못한다.

"할 수 있다"(can) 혹은 "할 능력이 있다"(to be able to)는 말이 우리 언어에서 어떤 역할을 하는지 보자. 다음의 예들을 생각해보라.

44) 이러저러한 목적을 위해 사람들이 어떤 도구 혹은 연장을 사용한다고 하자. 그것은 쐐기 못의 움직임을 이끄는 홈이 파인 판으로 이뤄져 있다. 이 도구를 사용하는 이는 그 홈을 따라 쐐기 못을 미끄러뜨리듯이 움직인다. 직선 홈, 원형 홈, 타원형 홈 등등 다양한 판들이 있다. 이 도구를 이용하는 사람들의 언어는 그 홈을 따라서 쐐기 못을 이동시키는 동작을 기술하는 표현을 갖고 있다. 그들은 그것을 원형으로 움직이거나 직선으로 움직이거나 하는 등등에 대해 얘기한다. 마찬가지로 그들은 사용된 판을 기술하는 수단을 갖고 있다. 그들을 그것을 이런 식으로 표현한다. "이것은 쐐기 못을 원형으로 움직**일 수 있게** 하는 판이다. 이 경우에 우리는 "할 수 있다"라는 단어를 특정한 기능어(operator)라 부르며, 이것으로써 어떤 행동을 기술하는 표현형식을 어떤 도구의 기술로 변형시킨다.

45) "책이 서랍 안에 있다" 혹은 "물이 유리잔 안에 있다"와 같은 형식의 문장들이 없는 언어를 가진 사람들을 상상해보자. 우리가 이런 형식들을 사용하는 곳에서 그들은 대신에 "책은 서랍에서 빼내질 수 있다"거나 "물은 유리잔에서 빼내질 수 있다"고 말한다.

46) 어떤 부족의 사람들이 하는 활동 중의 하나는 막대기의 경도(傾度)를 검사하는 것이다. 그들은 이를 위해 막대기를 손으로 휘어본다. 이들

의 언어에는 "이 막대기는 쉽게 휘어질 수 있다"거나 "이 막대기는 휘어지기 어렵다"는 형식의 표현들이 있다. 이들은 이 표현들을, 우리가 "이 막대기는 말랑말랑하다"거나 "이 막대기는 딱딱하다"라는 말을 사용하는 데에서 사용한다. 내 말은 이들이 "이 막대기는 쉽게 휘어질 수 있다"는 표현을, "나는 이 막대기를 쉽게 구부리고 있다"고 말할 때처럼 사용하지 않는다는 것이다. 외려 그들은 그 말을 막대기의 상태를 기술한다고나 해야 할 그런 방식으로 사용하고 있다. 즉, 그들은 "이 오두막은 쉽게 휘어질 수 있는 막대기로 세워져 있다"와 같은 문장을 사용한다("능력이 있다"라는 어미를 이용해 동사로부터 형용사를 구성하는 방식을 생각해보라. 가령 "변형할 수 있는"[deformable]).

마지막 세 가지 경우에 "이러저러한 것이 일어날 수 있다"와 같은 형식의 문장들이 대상들의 상태를 기술했으나, 이 예들 사이에는 큰 차이가 있다. 44)에서 우리는 우리의 눈앞에서 기술된 상태를 봤다. 우리는 그 판이 원형이나 수직의 홈을 가지고 있음을 봤다. 45)에서는 적어도 몇몇 경우에만 그랬다. 우리는 상자 속의 대상들, 물잔 속의 물 등을 볼 수 있었다. 그런 경우에 우리는 "어떤 대상의 상태"라는 표현을, 우리가 고정적인(stationary) 감각경험이라 부르는 것에 조응하는 방식으로 사용한다.

다른 한편, 46)에서 막대기의 상태에 대해 얘기할 때, 이 '상태'에 그것이 지속되는 동안 함께 지속되는 어떤 특정한 감각경험이 조응하지 않는다는 데 주목하라. 그 대신에 여기서 어떤 것이 어떤 상태에 있다고 규정하는 기준은 특정한 **검사들**에 있다.

우리는 차로 30분만 달리고도 차가 한 시간에 20마일을 달린다고 말할 수 있다. 이 표현형식을 설명하기 위해 우리는 그 차가 시속 20마일의 속도로 달린다고 말할 수도 있다. 여기에서도 우리는 차의 속도에 대해서 마치 차의 운동상태에 대해 말하듯이 하고 싶어 한다. 나는 다음과 같은 경우에는 이 표현을 사용하면 안 된다고 생각한다. 즉, 우리가 특정 시간, 특정 장소에, 그리고 다른 시간에 다른 장소에 물체가 있는 것과는 다른 '운동의 경험'이 없을 경우에는 말이다. 즉, 우리의 운동 경험들이 시계의 시침이 문자반의 한 지점에서 다른 지점으로 움직이는 것을 볼 때 갖게 되는 그런 종류의 것일 때에는 말이다.

47) 한 부족의 언어에 사람들이 전쟁에서 해야 할 어떤 행동들의 수행을 위한 명령들이 있다고 하자. 가령 "쏴!", "달려!", "기어!"와 같은 것들 말이다. 그들은 또한 사람의 체격을 기술하는 방법도 갖고 있다. 그런 기술은 "그는 빨리 달릴 수 있다", "그는 창을 멀리 던질 수 있다"와 같은 형식을 띤다. 그들이 이 문장들로 사람의 체격을 기술한다는 나의 말을 정당화해주는 것은, 그들이 이런 형식의 문장을 사용하는 방식이다. 가령 발달한 다리 근육을 갖고 있으나 이러저러한 이유로 다리를 사용하지 않는 사람을 봐도, 그들은 그가 "빨리 달릴 수 있는" 사람이라고 말할 것이다. 잘 발달한 이두박근을 가진 사내의 상을, 그들은 "창을 멀리 던질 수 있는" 사람이라는 식으로 기술할 것이다.

48) 이 부족의 남자들은 전쟁에 나가기 전에 일종의 신체검사를 받는다. 검사관은 그들에게 일련의 표준검사를 실시한다. 그는 그들에게 역기를 들어올리게 하고, 팔을 돌려보게 하고, 뛰어넘어 보게도 한다. 그렇게 한

다음에 그 검사관은 "아무개는 창을 던질 수 있다"거나 "아무개는 부메랑을 던질 수 있다"거나 "아무개는 적을 쫓는 데 적합하다"라는 식의 판정을 내린다. 이 부족의 언어에는 그 검사에서 수행되는 활동들을 가리키는 특별한 표현들은 없고, 그저 전쟁에서 해야 할 어떤 활동들에 관한 검사라고만 불려진다.

이 예와 우리가 제시하는 다른 예들과 관련해 중요한 사안이 있다. 즉, 우리가 한 부족의 언어에 대해 제시하는 기술에 누군가 이렇게 반대할 수도 있다. 즉, 그들의 언어에 대해 제시한 견본 속에서 우리가 그들로 하여금 영어를 말하게 하고, 그로써 영어의 배경 전체, 즉 우리 단어들의 일상적인 의미들을 전제해버렸다는 것이다. 그리하여 내가 어떤 언어에 "뛰어넘다"는 뜻의 동사는 따로 없고 대신 "부메랑을 던지는 검사를 하다"와 같은 형식을 사용한다고 말한다 하자. 그러면 어떤 이는 도대체 내가 "……를 위한 검사를 하다", "부메랑을 던지다"와 같은 표현을 어떻게 특징지었길래, 그 부족이 사용하는 실제의 단어가 무엇이든, 그것들을 영어 표현으로 바꾸어놓는 게 정당화될 수 있냐고 물을지도 모른다. 이 질문에 우리는 그 가상의 언어의 관행들에 대해 우리가 매우 거친 기술을 제시했을 뿐이라고, 어떤 경우에는 힌트만 제시했을 뿐이라고, 하지만 이 기술들을 완벽하게 만드는 것은 어렵지 않다고 대답하지 않을 수 없다. 그러므로 48)에서 나는 검사관이 남자들로 하여금 검사를 받게 하는 명령들을 사용한다고 말할 수도 있었을 것이다. 이 명령들은 모두 내가 "검사를 받으라"라는 영어로 번역할 수 있을 하나의 특정한 표현으로 시작한다. 그리고 이 표현 다음에는 실제로 전쟁에서 사용되는 어떤 표현이 뒤따른다. 따라서 남자들이 거기에 응해 부메랑을 던지는 명령과, 내가 "부메랑을 던져라"라고 번역해야 할 그런 명령이 있다. 나아가, 어떤 이가 그의 족장에게 전투에 대해 설명한다면, 그는 "부메랑을 던져라"라고 번역한 그 표현을, 이번에는 물론 기술을 하는 데 다시 사용하는 셈이다. 하나의 명령, 하나의 기술, 하나의 질문을 이러저러한 것으로 특징짓는 것은 (우리가 말한 것처럼) 이 기호들의 발화가 언어의 모든 실천에서 발휘하는 역할이다. 말하자면, 우리가 말한 부족의 언어의 한 단어가 영어로 제대로 번역되는지 어떤지는 그 단어가 그 부족의 삶 전체에서 발휘하는 역할에 달려 있다. 즉, 단어가 사용되는 계기들, 그 단어에 일반적으로 수반되는 감정의 표현들, 그 단어가 불러일으키거나 혹은 그 말을 하도록 재촉하는 생각들 등등에 달려 있는 것이다. 연습으로 자신에게 물어보라. 당신은 어떤 경우에 그 부족 사람들이 내뱉은 특정한 단어가 인사라고 말할 것인가? 어떤 경우에 그것이 "굿바이"에 해당하고, 어떤 경우에 "헬로우"에 해당한다고 말해야 하는가? 어떤 경우에 우리는 어떤 외국어 단어가 우리의 "아마도"에 대응한다고 말할 것인가? 나아가 어느 경우에 그것이 의심, 확신, 확실성의 표현에 대응한다고 말할 것인가? 당신은 어떤 것을 의심, 확신 등의 표현이라 부르는 것에 대한 정당화는, 전적으로는 아닐지라도 대체로, 몸짓의 기술, 얼굴 표정의 움직임, 목소리의 어조에 있음을 알게 될 것이다. 이 지점에서 감정의 개인적 경험은 어느 정도는 엄격하게 국지화한(localized) 경험임에 틀림없다. 화가 나서 얼굴을 찡그릴 때 나는 이마를 수축시키는 근육의 긴장을 느끼고, 눈물을 흘릴 때에는 눈 주위의 감각이 분명 내가 느끼는 것의 중요한 일부이기 때문이다. 내 생각에, 이것이 바로 윌리엄 제임스가 사람은 슬프기 때문에 우는 게 아니라 울기 때문에 슬프다고 했을 때 의미했던 것이다. 이 점이 가끔 이해되지 않는 이유는, 우리가 감정의 발화를 마치 우리 내면에 있는 것을 다른 이들에게 알리기 위한 어떤 인위적 장치인 양 생각하기 때문이다. 하지만 그런 '인위적인 장치들'과 감정의 자연적 표현이라는 것 사이에는 뚜렷한 경계가 없다. 그런 의미에서 a) 울기, b) 화나서 목소리 높이기, c) 화난 편지를 쓰기, d) 종을 울려 꾸짖고 싶은 하인을 부르기 등을 서로 비교해보라.

49) 이런 부족을 상상해보자. 그들의 언어에는 우리의 "그는 이러저러한 일을 했다"에 대응하는 표현이 있고, 또 우리의 "그는 이러저러한 일을 할 수 있다"에 대응하는 또 다른 표현이 있다. 그렇지만 이 두번째 표현은, 오직 첫번째 표현을 정당화해주는 것과 똑같은 사실에 의해 정당화될 경우에만 사용된다. 내가 이렇게 말할 수 있는 것은 무엇 때문인가? 그들은 우리가 '지나간 사건들의 이야기'라 불러야 할 어떤 소통 형태를 가지고 있다. 우리가 그것을 그렇게 부르는 것은 그것이 기용되는 상황들 때문이다. 그런데 우리가 "아무개가 이렇게 할 수 있는가?"라는 질문을 던지고 대답해야 하는 상황들이 있다. 그런 상황들은, 예컨대 족장이 가령 강을 건너거나 산을 타는 등의 행동에 적합한 자를 뽑는다는 식으로 기술될 수 있다. "족장이 이 행동에 적합한 사람들을 뽑는 것"의 정의적 기준으로, 나는 그가 말하는 것이 아니라 그 상황의 상이한 측면들만을 취할 것이다. 이런 상황에서 족장은, 그것의 실질적 효과로 따지면, "아무개가 이 강을 헤엄쳐 건널 수 있는가?"라고 번역되어야 하는 질문을 한다. 그렇지만 이 물음에는 실제로 이 강을 헤엄쳐 건넜던 사람만이

확실하게 대답하게 된다. 이 대답은 그가 이 강을 헤엄쳐 건넌 적이 있다고 말하는 서술의 상황에서 사용되는 것과 같은 의미로 제시된 것이 아니다. 그것은 추장이 물었던 그 질문에 적합한 의미로 제시된 것이다. 하지만 그 대답은, 가령 내가 특정 강을 헤엄쳐 건넌 적은 없지만 그보다 더 어려운 수영의 재주들을 과시한 후에, "나는 이 강을 헤엄쳐 건널 수 있다"고 분명하게 말할 때와 같은 의미로 제시된 것도 아니다.

그런데, "그는 이러저러한 것을 했다"와 "그는 이러저러한 것을 할 수 있다"라는 두 구절은 이 언어에서 같은 의미를 갖는가? 아니면 다른 의미를 갖는가? 거기에 대해 생각해보면, 어떻게 보면 같은 의미를 가진 것 같고, 어떻게 보면 다른 의미를 가진 것 같다. 이는 그 물음의 의미가 여기서 분명하게 규정되지 않았음을 보여줄 따름이다. 내가 말할 수 있는 것은 이것뿐이다. 동일한 의미에 대한 당신의 기준이 그들은 그가 ……를 했을 경우에만 "그는 ……를 할 수 있다"고 말한다는 사실이라면, 이 두 표현은 같은 의미를 갖는다. 반면 하나의 표현이 사용되는 상황이 그 의미를 만드는 것이라면, 의미들은 달라진다. "할 수 있다"는 단어가 사용되는 방식(49)에서 가능성의 표현)이 벌어질 수 있는 것은 전에 이미 벌어졌음에 틀림없다는 (니체의) 생각에 빛을 던져줄 수 있다. 또한 이런 예들에 비추어서, 일어나는 일은 일어날 수 있다는 진술을 살펴보는 것도 흥미 있을 것이다.

'가능성의 표현'의 사용법을 더 고찰해보기 전에 우리 언어에서 과거와 미래에 관해 얘기하는 부분들, 즉 "어제", "일 년 전", "5분 안에", "내가 이것을 하기 전에"와 같은 표현들을 담고 있는 문장들의 사용법들을 좀더 분명히 해두기로 하자. 이 예를 생각해보라.

50) 어떤 한 어린아이가 '지나간 사건들을 이야기하기'를 실행하도록 어떤 훈련을 받을 수 있을지 상상해보자. 그 어린아이는 먼저 어떤 것들을 요구하는 훈련을 받았다(예를 들자면 명령을 내리는 훈련을 받았다. 1)을 참조하라). 이와 같은 훈련 중의 일부로 '사물들을 명명하기'라는 연습이 있었다. 그리하여 그 어린아이는 자기 장난감들 열 댓 개를 명명하는(요구하는) 것을 배웠다. 이제 그 어린아이가 그 중 세 개(예를 들면 공 하나, 막대기 하나, 딸랑이 하나)를 가지고 놀고 있으며, 그다음에 어린아이에게서 그것들을 빼앗아버리고는 그 어른이 이런 구절, 가령 "그 어린아이는 공, 막대기, 딸랑이를 하나씩 가졌었다"라고 말한다고 하자. 그와 유사한 계기에 그는 열거를 하다가 말고 어린아이로 하여금 그것을 완성하도록 유인한다. 또 다른 경우에, 그는 "그는 ……을 가졌었다"라고 말할 뿐이고 그 어린아이가 전체를 다 열거하도록 내버려둘 수도 있다. 이제 '그 어린아이가 계속하도록 유인하는' 방식은 이런 것일 수 있다. 즉, 열거를 해나가다가 특정한 표정을 지으며 기대하는 듯 목소리의 어조를 높이며 도중에 멈추는 것이다. 모든 것은 이제 그 어린아이가 이 '유인'에 반응하느냐 여부에 달려 있다. 여기서 우리가 빠질 수 있는 아주 이상한 오해가 있는데, 그것은 어린아이가 계속해 나가게 유인하기 위해 교사가 사용하는 '외적 수단들'을 그 어린아이에게 제 뜻을 전달하는 간접적 수단으로 간주하는 것이다. 우리는 그 경우에 마치 그 어린아이가 이미 언어를 갖고 있어 그것으로 생각을 하는 것처럼 간주한다. 그리고 교사의 임무란, 어린아이의 정신 앞에 가로놓여 있는 의미의 영역 안에서 자신이 의미하는 바를 알아내게 유인하는 데 있다고 생각한다. 마치 그

어린아이가 제 자신의 사적 언어로 제 자신에게 "그는 내가 계속해 나가기를 바라는가, 혹은 자기가 말한 것을 반복하기를 원하는가, 아니면 그 밖의 것을 원하는가?"라고 물을 수 있다는 듯이 말이다(이를 30)과 비교해보라).

51) 지난 사건들을 얘기하는 원초적 서술의 다른 예를 들어보자. 우리는 지평선과 대조되는 특징적인 자연적 경계표가 있는 풍경 속에 살고 있다. 그래서 특정한 계절에 해가 뜨는 장소, 해가 가장 높이 떴을 때의 장소, 해가 지는 장소를 기억하기란 쉽다. 우리에게는 풍경의 여러 위치에서 본 해의 특징적 그림들이 있다. 이 일련의 그림들을 해-시리즈라고 하자. 마찬가지로 우리는 한 어린아이의 활동에 관한 몇몇 특징적 그림들을 갖고 있다. 가령 침대에 누워 있기, 일어나기, 옷 입기, 점심 먹기 등. 나는 그 어린아이가 일상활동을 하다가 종종 해의 위치를 볼 수 있다고 상상한다. 그 어린아이가 무언가에 빠져 있는 동안, 어린아이로 하여금 특정한 곳에 와 있는 해의 위치에 주목하게 만든다. 그리고 어린아이가 몰두해 있던 그 일을 묘사한 그림과 당시 해가 와 있던 위치를 그린 그림 모두를 보게 한다. 이런 식으로 우리는 그 어린아이의 하루에 관해 얘기할 수 있다. 먼저 일상의 그림들을 죽 늘어놓고, 그 줄 위에 내가 해-시리즈라 부른 것을 올려놓고, 두 개의 열을 적절히 서로 연관시키는 식으로 말이다. 그러고 나서 우리는 그 어린아이로 하여금 우리가 불완전한 상태로 남겨놓은 그 그림 이야기를 채워 넣게 만들 것이다. 여기서 나는 이런 형태의 훈련(50)과 30)을 보라)이 언어의 사용법과 사유에 있는 커다란 특징들 중 하나라고 말하고 싶다.

52) 51)의 변형이다. 어린아이의 방에 큰 시계가 하나 있다. 편의상 그 시계에는 시침(時針)만 있다고 하자. 어린아이의 하루에 관한 이야기가 서술되는 것은 위와 똑같지만, 다만 해-시리즈는 없다. 그 대신 각각의 생활 그림에 문자반의 수들 중 하나를 적어 넣는다.

53) 시간을 결부시켜 일련의 생활 그림을 순서대로 늘어놓는 비슷한 놀이도 있을 것이라는 데 주목하라. 우리는 우리말의 "이전"과 "이후"에 해당하는 단어들의 도움으로 이 놀이를 할지도 모른다. 이런 점에서 53)은 이전과 이후라는 관념을 포함하나 시간의 측정이라는 관념은 포함하고 있지 않다고 말할 수 있다. 51), 52), 53) 같은 서술에서 말로 된 서술로 쉽게 옮겨갈 수 있으리라는 것은 두말할 필요도 없다. 이런 서술형식을 염두에 둔 이들은 아직 그 안에는 진짜 시간관념이 없고 다만 어떤 거친 대체물, 즉 시계바늘의 위치 같은 것만 들어 있다고 생각할지도 모른다. 시계로 떠올릴 수 없는 다섯 시의 관념이 있다거나, 시계란 다섯 시일 때 그 시간을 지시하는 조악한 도구일 뿐이라거나, 시간의 측정도구로 떠올릴 수 없는 한 시간이라는 관념이 있다고 주장하는 사람이 있다고 해보자. 그럼 나는 반론하기보다는 그저 "한 시간"이나 "다섯 시"라는 용어를 그가 어떻게 사용하는지 설명해달라고 할 것이다. 만약 시계와 관계없는 사용법이라면 그것은 다른 사용법이리라. 그럼 나는 "다섯 시", "한 시간", "오랜 시간", "짧은 시간" 등의 용어를 왜 이때는 시계와 연관시키고, 저때는 연관시키지 않고 사용하는지 물을 것이다. 그것은 두 사용법들 사이에 유지되는 어떤 유사성들 때문일 것이다. 하지만 이제 우리는

이 용어들의 두 가지 사용법을 갖고 있되, 그 중 하나가 다른 것보다 더 진정하고 순수하다고 말할 이유는 갖고 있지 않다. 이는 다음의 예를 생각해보면 더 분명해질 것이다.

54) 어떤 이에게 "네 머릿속에 떠오르는 수를 아무것이나 대보라"고 명령한다면, 대개 그는 즉시 그 일을 해낸다. 하루가 지나갈수록 요청에 따라서 대는 숫자들이 (모든 정상적인 사람들의 경우에) 점점 커지는 것으로 드러났다고 가정해보자. 한 사람이 매일 아침 어떤 작은 수에서 시작해 밤에 잠들기 전 가장 큰 수에 도달한다. 우리로 하여금 이 반응들을 "시간을 측정하는 수단"이라 부르게 하고, 심지어 그것들이야말로 시간의 흐름에서 **진정한** 이정표이며, 해시계 같은 것은 간접적인 표지에 불과하다고 말하도록 꼬드기는 게 무엇인지 생각해보라(인간의 마음이 모든 시계의 배후에 있는 진짜 시계라는 진술을 검토해보라).

이제 시간 표현이 들어가는 또 다른 언어놀이를 생각해보자.

55) 이 놀이는 1)에서 나온 것이다. "석판!", "석주!"라는 명령이 내려지면, B는 그것을 곧장 실행하도록 훈련받는다. 이제 이 놀이에 시계를 도입해, 시계바늘이 전에 손가락으로 지적한 지점에 온 다음 비로소 어린아이가 명령을 수행하도록 훈련시킨다(가령 이런 방식의 훈련이 있을 수 있을 것이다. 먼저 어린아이가 명령을 즉각 수행하도록 훈련시킨다. 그다음에는 명령을 하되 어린아이를 붙들고 있다가 시계바늘이 우리가 손으로 가리킨 문자반의 지점에 이르렀을 때에만 풀어주는 것이다).

이 단계에서 우리는 "지금"과 같은 단어를 도입할 수 있을 것이다.

이 놀이에는 두 가지 종류의 명령들이 있다. 하나는 1)에서 사용된 것과 같은 명령[말하자면 즉각적으로 실행되는 명령]이요, 다른 하나는 여기에서처럼 시계 문자반의 한 지점을 지시하는 몸짓과 더불어 내려지는 명령들이다. 이 두 가지 종류의 명령들을 더 분명하게 구별하기 위해 우리는 첫번째 종류의 명령에 특정한 기호를 덧붙여, 가령 "지금, 석판!"이라고 말할 수 있을 것이다.

이제 "오 분 후", "한 시간 반 전" 같은 표현이 사용되는 언어놀이들을 기술하기가 쉬울 것이다.

56) 이제 미래의 **기술**, 즉 예측(forecast)이라는 경우를 살펴보도록 하자. 누군가 한 어린아이에게 기대의 긴장감이라는 것을 일깨워주기 위해, 그 어린아이로 하여금 상당 기간 동안 예컨대 교통신호등이 색깔을 주기적으로 바꾸는 데 주목하게 할 수 있을 것이다. 우리 역시 눈앞에 빨강, 초록, 노란색 등을 두고, 다음에 나타날 색깔을 예측하면서 번갈아가며 그 중 하나를 가리킨다고 하자. 이 놀이가 그 뒤에 어떻게 전개될지 어렵지 않게 상상할 수 있다.

이런 언어놀이들을 볼 때에는 과거, 현재, 미래가 문제적 측면, 거의 신비적인 측면을 갖고 있다는 생각이 떠오르지 않는다. 이 측면이 무엇이고 그게 도대체 어떻게 나타날 수 있는지 특징적으로 예시하려면, 다음과 같은 질문을 살펴보면 된다. "그것이 과거가 될 때 현재는 어디로 가고, 과거는 어디에 있는가?" 이 물음은 어떤 상황에서 우리를 매혹시키는가? 이렇게 묻는 이유는, 특정한 상황에서는 그게 매력을 갖지 못해 그저 무의미하다고 치부되어버리기 때문이다.

확실히 이런 질문은 통나무들이 강을 따라 흘러내려가듯이 우리 곁을 흘러 지나가는 것들에 우리가 몰두해 있을 때 쉽게 일어난다. 그 경우에 우리를 **지나간** 통나무들은 모두 왼쪽 아래로 내려가고, 우리를 **지나갈** 통나무들은 모두 오른쪽으로 올라간다고 말할 수 있다. 그다음 우리는 이 상황을 시간 속에서 일어나는 모든 일에 대한 직유(simile)로 사용하고 이 직유를 우리의 언어로 구현한다. '현재의 일은 지나간다'(통나무는 지나간다), '미래의 일은 올 것이다'(통나무는 올 것이다)라고 말할 때처럼 말이다. 우리는 사건들의 흐름에 대해 얘기하지만, 시간(통나무가 여행하는 강)의 흐름에 대해서도 얘기한다.

여기에 철학적 혼란의 대단히 풍부한 원천 중 하나가 있다. 우리는 미래의 사건을 어떤 것이 내 방 안으로 들어오는 것인 양 얘기하고, 또 미래를 그 사건의 다가옴인 양 얘기한다.

우리는 "**무언가** 일어날 것이다"라고 말하기도 하고, "무언가 나를 향해 다가온다"라고 말하기도 한다. 우리는 그 통나무를 "무언가"라고 부르지만, 그 통나무가 나를 향해 다가오는 것도 그렇게 부른다.

그리하여 우리가 우리 기호체계의 함의들을 제거할 수 없는 경우가 발생한다. 그럴 때 이런 질문들이 튀어나온다. "초를 불어 껐을 때 불꽃은 어디로 가는가?", "빛은 어디로 가는가?", "과거는 어디로 가는가?" 우리는 우리의 기호체계에 사로잡혀버렸다. 억누를 수 없이 우리를 끌어당기는 유비가 우리를 혼란으로 이끈다고 할 수 있다. 이런 일은 "지금"이라는 단어의 의미가 신비해 보일 때에도 일어난다. 55)의 예에서는 "지금"이라는 단어의 기능이 결코 "다섯 시", "정오", "해뜨는 시간" 같은 표현의 기능에 비교할 수 없는 것처럼 보인다. 나중에 말한 이 일군의 표현들을 나는 "시간의 상술(specifications)"이라고 부를 것이다. 하지만 우리의 일상언어는 "지금"이라는 단어와 시간의 상술들을 비슷한 맥락에서 사용한다. 그리하여 우리는 이렇게 말한다.

"해는 여섯 시에 진다."

"해는 지금 지고 있다."

우리는 "지금"과 "여섯 시"가 공히 '시점'을 지칭한다고 말하고 싶어 한다. 단어들을 이렇게 사용하는 것은 혼란을 불러일으키는데, 그 혼란을 다음과 같은 질문으로 표현할 수 있다. "'지금'이란 대체 무엇인가? 그것을 시간의 한 순간이나 '내가 말하는 순간', 혹은 '시계가 종을 치는 순간'이라 할 수는 없으니 말이다." 우리의 대답은 다음과 같다. "지금"이란 단어의 기능은 시간을 상술하는 단어가 가진 기능과는 전적으로 다르다. 이 점은 우리가 언어를 사용할 때 이 단어가 실제로 어떤 역할을 하는지 살펴보면 쉽게 알 수 있다. 반면 **언어놀이 전체**를 살펴보는 대신 그저 그 단어가 사용된 그 언어의 문맥들, 구절들만 살펴보면 모호해진다("오늘"이라는 단어는 날짜도 아니고 그와 비슷한 것도 아니다. "오늘"이라는 단어가 날짜와 다른 것은, 망치가 나무배트와 다르듯이 다른 게 아니라, 망치가 못과 다르듯이 다른 것이다. 물론 망치와 나무배트 사이에도, 망치와 못 사이에도 연관이 있다고 말할 수는 있다).

우리는 이제까지 "지금"이란 어떤 시간 속의 순간의 이름이라고 말하는 경향이 있었다. 그리고 이는 물론 "여기"가 장소의 이름이고, "이것"이 사물 명사이고, "나"는 사람의 이름이라고 말하는 것과 같을 것이다(물론 마찬가지로 "일 년 전에"는 시간의 이름이고, "저기 너머"는 장소의 이름이고, "당신"은 사람의 이름이라고 할 수도 있을 것이다). 하지만 "이것"이라는 단어의 사용법과 고유명사의 사용법만큼 닮지 않은 것도 없다. 그 단어들이 사용되는 구절 말고 그 단어들을 가지고 하는 **바로 그 놀이들** 말이다. 가령 우리는 "이것은 짧다"고, 그리고 "잭은 키가 작다"고 말한다. 하지만 "이것은 짧다"라는 말은 가리키는 몸짓과 가리키는 대상 없이는 의미가 없음을 기억해야 한다. 이름과 비교될 수 있는 것은 "이것"이라는 단어가 아니다. 굳이 말하자면 그 단어를 이루는 기호, 몸짓, 그리고 샘플이라 할 수 있다. 이렇게 말할 수 있을지도 모른다. 고유명사 A의 특징을 가장 잘 드러내는 것은 우리가 그것을 "이것은 A다"라는 구절에 사용할 수 있다는 사실이다. 하지만 "이것은 이것이다"라거나, "지금은 지금이다"라거나, 혹은 "여기는 여기다"라고 말하는 것은 아무 의미가 없다.

미래에 일어날 일에 대해 말하는 명제라는 관념은 과거에 관한 명제라는 관념보다 우리를 더 혼란스럽게 하기 쉽다. 과거 사건과 미래 사건을 비교한답시고 우리는, 과거 사건들은 비록 환한 대낮에 진짜로 존재하지 않더라도 실제 삶을 벗어난 지하세계에 존재한다고 말하는 경향이 있다. 반면 미래 사건들은 그런 어렴풋한 존재조차도 갖고 있지 않다고 할 것이다. 우리는 태어나지 않은 것, 즉 미래 사건들의 영역을 상상할 수 있을 것이다. 미래 사건들은 그로부터 나와 현실로 들어갔다가 과거의 영역으로 사라진다. 이 은유에 입각해 생각해보면, 미래가 과거보다 덜 실재적인 것처럼 보인다는 사실에 놀랄 수도 있다. 하지만 우리의 시간 표현의 문법이 현재 순간에 대응하는 출처와 관련해서는 대칭적이지는 않다는 점을 기억하라. 때문에 기억에 관련된 표현의 문법이 미래 시제의 문법의 '반대기호'로 다시 나타나는 일은 없다. 이것이 미래 사건들과 관련한 명제들이 진짜 명제가 아니라고 얘기되어온 이유다. 그리고 이렇게 말하는 것은, 그것이 "명제"라는 용어의 사용법에 관한 결정 이상을 의미하는 게 아닌 한 모두 옳다. 비록 "명제"란 단어의 일상적 어법과 일치하지는 않아도, 그 결정은 특정 상황에서는 인간들에게 자연스럽게 다가올 수 있다. 만일 철학자가 미래에 대한 명제들이 진짜 명제들이 아니라고 말한다면, 그것은 시간 표현의 문법에 있는 비대칭에 강한 인상을 받았기 때문이다. 하지만 위험은 그가 '미래의 본질'에 대해 일종의 과학적 진술을 했다고 믿는 데 있다.

57) 이런 방식으로 놀이가 이뤄진다. 한 사람이 주사위를 던진다. 그리고 던지기 전에 종이에 그 주사위의 여섯 면 중의 하나를 그린다. 던져서 나온 주사위의 면이 그가 그렸던 것이면, 그는 만족을 느낀다(표현한다). 반면 다른 면이 나오면 불만스러워한다. 아니면, 참가자가 둘이라고 하자. 한 사람이 자기가 던져서 무엇이 나올지 알아맞힐 때마다, 그의 파트너가 그에게 1페니를 주고, 알아맞히지 못하면, 자기가 그에게 1페니를 준다고 하자. 이 놀이의 상황 속에서는 주사위의 면을 그리는 것이 "예측하기" 혹은 "추측하기"라고 불릴 것이다.

58) 어떤 부족이 달리기, 역기 들기 등의 경기를 열어 관중들이 출전자들에게 자기가 가진 것을 건다고 하자. 모든 출전자의 그림들을 일렬로 늘어놓고, 그 그림들 중 하나 아래에 자기가 가진 것을 놓으면 판돈을 거는 것이 된다. 만약 어떤 이가 경기 우승자의 그림 아래 금덩이를 놓았

다면, 그는 건 돈의 두 배를 돌려받는다. 그렇지 않으면 건 돈을 잃게 된다. 그런 관습을 우리는 '베팅'이라 불러야 할 것이다. 비록 우리가 관찰한 그 사회의 언어에는 '확률의 정도', '승산' 같은 것을 진술하는 도식이 없을지라도 말이다. 나는 관중들의 행동이 내기 결과가 알려지기 이전과 이후에 대단한 열광과 흥분을 표현할 것이라 가정한다. 나아가 판돈들의 위치를 살펴보면 '**왜**' 그것들이 그렇게 놓여 있는지 이해할 수 있을 것이다. 가령 두 씨름꾼의 경기에서는 대개 덩치가 큰 사람이 인기가 있다는 얘기다. 그렇지 않고 덩치가 작은 사람이 인기를 끌 경우에는 그가 전에 더 강한 힘을 보여준 적이 있거나, 더 덩치 큰 사람이 최근 몸이 좋지 않거나 훈련을 소홀히 한 것 등을 알게 될 것이다. 이는 그 부족의 언어에 판돈을 거는 이유를 표현하는 단어가 없을 경우에도 그럴 것이다. 말하자면, 그들의 언어에 우리 언어로 "내가 이 사람에게 베팅하는 것은 이 사람은 건강을 유지한 반면 상대는 훈련을 소홀히 했기 때문이다"와 같은 말에 대응하는 게 없을 경우라도 말이다. 이 사태를 기술하기 위해 나는 이렇게 말할 수도 있다. 관찰을 해보니 그들이 판돈을 거는 데에는 나름대로 **원인**이 있지만, 판돈을 거는 당사자들은 정작 자기들이 그렇게 하는 **이유**는 말하지 않더라고.

반면에, 그 부족에게 '이유 대기'를 이루는 언어가 있을 수도 있다. 하지만 한 사람이 특정한 방식으로 행동하는 이유를 대는 이 놀이가 (그것들이 일어나는 상황을 자주 관찰함으로써) 그 사람의 행동의 원인을 발견하는 것을 포함하지는 않는다. 다음을 상상해보자.

59) 우리 부족의 한 사람이 내기에서 돈을 잃어 놀림을 받거나 야단을

맞는다 하자. 그러면 그는 어쩌면 과장을 해가면서 자기가 판돈을 걸었던 사람의 어떤 특징들을 지적할 것이다. 우리는 찬반 논쟁이 이런 식으로 계속된다고 상상할 수 있다. 즉, 두 사람이 돌아가면서 두 선수의 특정한 특징들을 지적하며, 누구에게 승산이 있는지 토론을 하는 것이다. 가령 A는 한 선수의 큰 키를 가리키고, B는 이에 맞서 어깨를 들썩여 상대 선수의 근육 크기를 지적한다. 우리는 어렵지 않게, A와 B가 다른 이가 아닌 바로 그 사람에게 베팅한 이유를 대고 있다고 말할 수 있게 해줄 더 많은 세부사항을 덧붙일 수 있을 것이다.

이렇게 판돈을 건 이유를 대는 것은 경기 결과와 선수들의 신체적 특징 및 훈련의 특성 사이의 어떤 인과관계를 관찰하는 것을 전제한다고 할 수도 있다. 하지만 타당하든 타당하지 않던 간에, 우리의 경우를 기술하는 데 나는 이런 가정을 한 적이 없다(나는 판돈을 건 사람들이 거기에 대한 이유를 댄다고 가정한 적도 없다). 방금 기술한 그런 경우라면, 그 부족의 언어 속에 믿음, 확신, 확실성의 정도의 표현이라 부르는 것이 들어 있다고 해도, 놀라서는 안 된다. 우리는 이 표현들의 본질이 다양한 억양으로 발화되는 특정한 단어, 혹은 일련의 단어들의 사용법에 있다고 상상할 수 있을 것이다(하지만 내가 개연성의 척도를 사용하는 것을 염두에 두고 있는 것은 아니다). 그 부족 사람들이 판돈을 걸면서 동시에 "씨름에서 아무개가 아무개를 물리칠 수 **있으리라** 믿는다"라고 번역되는 언어적 표현들을 사용한다고 상상하는 것도 어렵지 않다.

60) 비슷하게, 특정 분량의 화약이 바위를 날려버리기에 충분한지 추측하는 것을 상상해보라. 그 추측들은 "이 분량의 화약이면 바위를 날려버

릴 수 있다" 같은 형태의 구절로 표현된다고 생각해보라.

61) 60)의 경우를 다음의 경우와 비교해보라. "나는 이 역기를 들어올릴 수 있을 것이다"라는 표현이 "내가 '그것을 들어올리려고 노력하는' 과정(경험)을 겪으면 이 역기를 쥔 내 손이 올라 갈 것이다"라는 추측의 줄임말로 사용되는 경우다. 앞의 두 경우에서 "할 수 있다"라는 단어는 '추측'의 표현이라 불리는 것을 특징지었다(물론 그 문장이 "할 수 있다"는 단어를 포함하고 있어서 추측이라 부른다는 얘기가 아니다. 어떤 문장을 추측이라 부를 때, 우리는 그 문장이 그 언어놀이에서 발휘하는 역할을 언급한 셈이다. 그리고 "할 수 있다"가 위에 기술된 상황에서 우리가 사용해야 할 단어라면, 우리는 그 부족이 사용하는 어떤 단어를 "할 수 있다"로 번역한다). 59)~61)에서 "할 수 있다"의 사용법은 46)~49)에서 "할 수 있다"의 사용법과 밀접히 연관되어 있다. 하지만 46)~49)에서 어떤 것이 일어날 **수 있을** 거라는 문장들이 여기서는 추측의 표현이 아니라는 것이 다르다. 여기에 반대해 이렇게 말할 수 있다. "분명히 우리는 '할 수 있다'는 단어를 46)의 경우처럼 사용하려 할 뿐이다. 왜냐하면 이 경우 한 사람이 미래에 무엇을 할지 그 사람이 통과한 테스트 혹은 그가 처해 있는 상태로부터 추측하는 게 이치에 맞으니까."

내가 46)에서 49)까지의 경우들을 이런 종류의 추측이 사리에 맞도록 의도적으로 그렇게 구성한 것은 사실이다. 그렇지만 나는 또한 그것들이 어떤 추측도 담지 **않**도록 의도적으로 그렇게 구성했다. 원한다면 우리는 이런 가정을 해볼 수도 있다. 예를 들어 경험이 그 부족에게 '……라는 것'을 보여주지 않았더라면, 그들이 49)에서 사용한 것과 같은 그런 표현을 절대로 사용하지 않으리라는 것이다. 하지만 이런 가정은 비록 옳을 수 있을지 몰라도, 46)~49)에서 내가 실제로 기술한 놀이들에 전제되어 있는 게 아니다.

62) 이런 놀이가 있다고 하자. A가 일련의 숫자를 적어 나간다. B는 그 것을 보면서 이 숫자들에서 어떤 체계를 발견해 내려고 한다. 그러고 나서 그는 이렇게 말한다. "이제 나는 계속할 수 있어." 이 예는 특히 유익하다. 그것은 '계속해 나갈 수 있다'는 것이 여기에서 명확하게 윤곽이 잡힌 사건처럼 갑자기 찾아오는 것처럼 보이기 때문이다. 가령 A가 1, 5, 11, 19, 29라는 수열을 썼다고 하자. 이 순간 B가 "이제 나는 계속할 수 있어"라고 외친다. 그가 계속하는 방법을 갑자기 깨달았을 때 무슨 일이 생긴 걸까? 너무나 많은 일들이 벌어졌을지도 모른다. 이 경우에, A가 하나씩 수를 적어나가는 동안 B가 몇 개의 대수 공식들을 거기에 적용해보며 그것들이 들어맞는지 살펴본다고 해보자. A가 "19"라고 썼을 때 B는 $a_n = n^2 + n - 1$이라는 공식에 이른다. A는 그다음에 29를 씀으로서 그의 추측은 확증된다.

63) 혹은 어떤 공식도 B의 머리에 떠오르지 않는다고 하자. A가 쓰는 수열이 늘어가는 것을 본 뒤, 그가 모종의 긴장감과 머릿속에 떠오르는 모호한 생각으로 이렇게 혼잣말을 한다고 하자. "제곱을 한 뒤 항상 하나를 더하는군." 그리고는 그 수열의 다음 숫자를 마음속으로 정하고, 그게 A가 그다음에 쓴 숫자들과 맞아떨어지는 것을 알게 된다.

64) 아니면 A가 써 나가는 수열이 2, 4, 6, 8이라 하자. B가 그것을 보고 "물론 나는 계속해 나갈 수 있어"라고 말하며 짝수 열을 이어나간다. 아니면 아무 말도 하지 않고 그냥 수만 이어나간다. A가 써 내려간 수열 2, 4, 6, 8을 살펴보고, 그는 어떤 느낌, 다시 말하면 종종 "쉽네!"라고 말할 때 수반되는 느낌을 갖게 된다. 이런 종류의 느낌은 가뿐한 출발이라고 부를 수 있을, 가볍고 빠른 들숨의 경험이리라.

이제 "B는 그 시리즈를 계속할 수 있다"라는 명제가 위에서 얘기한 일들 중의 중 하나가 일어난다는 뜻이라고 해야 할까? "B는 ……을 계속할 수 있다"라는 진술이 $a_n = n^2 + n - 1$이라는 공식이 B의 머릿속에 떠오른다는 진술과 다르다는 것은 분명하지 않은가? 사실 공식이 떠오르는 것이 실제로 일어난 일의 전부일 수도 있다(B가 하는 경험이 이 공식이 그의 눈앞에 나타나는 것이든, 그 공식을 쓰거나 말하는 것이든, 혹은 눈앞에 씌어져 있는 몇 개의 공식들 중의 하나를 눈으로 골라내는 것이든, 여기서는 아무래도 상관없다). 앵무새가 그 공식을 소리 내어 말했다면, 그 놈이 그 수열을 계속해 나갈 수 있다고 할 수 없었을 것이다. 때문에 우리는 "……할 수 있다"가 그저 공식을 소리 내어 말하는 것 이상(그리고 사실 우리가 위에서 기술한 일들 중 그 어느 것보다 더 많은 것)을 의미해야 한다고 말하고 싶어 한다. 그리고 이는, 계속해서 말하자면, 그 공식을 말하는 것은 그저 B가 계속할 수 있다는 징후일 뿐, 그것을 계속하는 능력 자체는 아니라는 것을 보여준다. 하지만 여기서 우리를 오도하는 것은, 이로써 우리가 "계속할 수 있다"라고 불리는 어떤 독특한 행위, 과정, 혹은 상태가 있다고 암시하는 듯이 보이는 바, 그것들은 웬일인지 우리 눈에는 감추어져 있고 우리가 징후(코 점막의 염증이 재채기하는 징후를 일으키는 것처럼)라 부르는 그런 일들 속에서만 제 모습을 드러낸다는 것이다. 징후들에 대해 얘기하는 것이, 이 경우에, 이런 방식으로 우리를 오도하고 있다. 우리가 "그저 그 공식을 말하는 것만으로 '……할 수 있다'라 부를 수 없으므로, 그 뒤에 무언가 다른 것이 있어야 한다"고 말한다고 하자. 여기서 "뒤에"라는 단어는 확실히 은유적으로 사용됐다. 그리고 그 공식 '뒤에'는 그것이 발화된 상황들이 있을지도 모른다. "B는 ……을 계속해 나갈 수 있다"라는 표현이 "B는 공식 ……을 말한다"와 같지 않은 것은 사실이다. 하지만 그로부터 "B는 ……을 계속해 나갈 수 있다"라는 표현이, "B는 공식을 말한다"는 말이 잘 알려진 행위(공식을 말하는 행위)를 가리키듯이 그렇게 공식 말하기와는 다른 어떤 행동을 가리킨다는 결론이 나오는 것은 아니다. 여기에서 저질러진 오류는 다음과 비슷하다. 누군가 "의자"라는 단어가 내가 가리키는 특정한 의자를 의미하지 않는다는 말을 듣고는, "의자"라는 단어가 지시하는 대상을 찾아 방을 둘러본다(그가 "의자"라는 단어의 실제 의미를 찾기 위해서 의자의 내부를 들여다보려고 한다면 그 경우는 더욱 인상적인 실례가 될 것이다). 우리가 그 공식을 쓰거나 말하는 행위와 관련해 "그는 그 수열을 계속해 나갈 수 있다"라는 문장을 사용한다면, 이는 틀림없이 공식을 쓰는 것과 실제로 수열을 이어가는 것 사이에 존재하는 어떤 연관 때문일 것이다. 그리고 이 두 과정 혹은 행위들을 경험할 때의 연관은 충분히 명확하다. 하지만 이 연관 때문인지 우리는 "B는 ……을 계속해 나갈 수 있다"라는 문장이 "B는 경험이 보여준 것처럼 대개 수열을 이어가는 것으로 귀결되던 어떤 일을 한다"와 같은 것을 의미한다고 말하고 싶어 한다. 하지만 B가 "이제 나는 계속할 수 있어"라고 말할 때, 그가 "지금 나는 경험이 보여준 것처럼 ……한 어떤 일을 하고 있다"는 것을 의미하는가? 당신의 말은 그가 이 구절을 마음속에 갖고 있다거나, 자신이 말한 것에 대한 설명으로 제시할 준비가 되어 있었을 것이라고 얘기인가? "B는 ……을 계속해 나갈 수 있다"라는 구절이 62), 63), 64)에서 기술된 그런 계기에 나왔을 때에는 제대로 사용된 것이며, 그 계기들은 특정한 상황 속에서만 (가령 경험이 어떤 연관들을 보여줬을 때) 그 구절의 사용법을 정당화한다고 말한다 하자. 이렇게 말하는 것은 "B는 ……을 계속해 나갈 수 있다"라는 문장이 이 모든 상황들, 즉 우리의 놀이의 배경을 이루는 상황 전체를 기술하기에 모자란다는 뜻이 아니다.

하지만 **특정 상황에서** "B는 수열을 계속해 나갈 수 있다"라는 말을 "B는 그 공식을 안다", "B는 그 공식을 말했다"라고 바꿔 말할 준비가 되어 있어야 한다. 의사에게 "환자는 걸을 수 있나요?"라고 물을 때, 우리는 때때로 "그의 다리가 다 나았나요?"라고 바꿔 말할 준비가 되어 있을 것이다. "그는 말할 수 있는가?"가 "그의 목은 괜찮은가?"를 의미하는 상황도 있고, (그가 어린어린아이라면) "그는 말을 배웠는가?"를 의미하는 상황도 있다. "그 환자가 걸을 수 있냐?"라는 물음에 의사는 "그의 다리는 괜찮다"라고 대답할 수 있다. 우리는 "그의 다리상태에 관한 한, 그는 걸을 수 있다"라는 구절을 사용한다. 특히 우리가 이 조건을 다른 조건, 가령 척추의 상태에 대비시키려 할 경우에는 말이다. 예컨대 우리는 그런 경우에는 원래 그가 걷기 위한 일련의 완결된 조건들이라 할 만한 것이 있다는 것을 알아야 한다. 말하자면 이 모든 조건들이 충족되면 환자는 걷지 않을 수 없고 걸어**야만** 한다.

우리는 이렇게 말할 수 있다. "B는 수열을 계속해 나갈 수 있다"라는 표현은 다양한 상황에서 다양한 구별을 하기 위해 사용된다. 그리하여 그것은 a) 한 사람이 그 공식을 아는 경우와 모르는 경우, 혹은 b) 어떤 사람이 그 공식을 알고 십진법 체계의 숫자들을 쓰는 법을 잊지 않은 경우와 그가 그 공식을 알되 숫자를 쓰는 법을 잊어버린 경우, 혹은 c) (64)에서처럼) 한 사람이 자신의 정상적 자아를 느끼는 경우와 여전히 탄환충격(shell-shock)의 상태에 있는 경우, 혹은 d) 한 사람이 전에 이런 종류의 연습을 해본 경우와 처음 해보는 경우를 구별하는 데 쓰일 수 있다. 이것들은 경우들의 대가족 중의 몇 가지일 뿐이다.

"그는 ……을 계속해 나갈 수 있다"라는 것이 "그는 그 공식을 안다"라는 것과 같은 것을 의미하는가 하는 물음에는 여러 방식으로 대답할 수 있다. 가령 우리는 이렇게 말할 수 있다. "그것들은 동일한 의미가 아니다. 다시 말해 그것들은 일반적으로 '나는 잘 지내'와 '나는 건강해'와 같은 구절들처럼 동의어로 사용되지 않는다." 혹은 우리는 "**특정 상황에서** '그는 ……을 계속해 나갈 수 있다'는 것은 그가 그 공식을 안다는 것을 의미한다"고 말할 수 있다. 한 사람의 다리가 정상적으로 움직이고 있다고 말하는 데 두 가지 표현형식, 두 가지 다른 문장이 사용되는 언어의 경우를 상상해보라. 하나의 표현형식은 탐험 여행, 도보 여행 같은 것을 준비하는 상황에만 독점적으로 사용되고, 또 하나는 그런 준비가 문제되지 않는 곳에서 사용된다. 우리는 여기서 두 문장이 같은 의미를 갖는다고 해야 할지, 다른 의미를 갖는다고 해야 할지 망설일 것이다. 어떤 경우든 진짜로는 어떤지는 오직 우리의 표현의 사용법을 들여다볼 때에만 드러날 것이다. 지금 이 경우에 우리가 두 가지 표현이 다른 의미를 갖는다고 하기로 결정한다면, 우리는 확실히 그 차이가, 두번째 문장을 진실로 만들어주는 사실이 첫번째 문장을 진실로 만드는 사실과 다르다는 데 있다고 할 수는 없을 것이다.

"그는 ……을 계속해 나갈 수 있다"라는 문장이 "그는 그 공식을 안다"는 문장과 다른 의미를 갖는다고 말하는 것은 정당하다. 하지만 우리는, 그 특별한 일들(그 공식을 알고, 다음 숫자들을 떠올리는 등)이 발생하는 차원을 넘어선 어떤 차원 위에서 첫번째 문장이 가리키는 특정한 상태를 발견할 수 있다고 상상해서는 안 된다.

이런 질문을 해보라. 이러저러한 이유로 B가 "나는 수열을 계속해 나갈 수 있다"고 말했으나, 계속해보라고 하자 그렇게 할 수 없음이 드러났다. 이것으로 계속해 나갈 수 있다고 한 그의 진술이 틀렸음이 입증됐다고 해야 할까, 그가 할 수 있다고 말했을 때에는 할 수 있었다고 해야 할까? B는 혼잣말로 "내가 틀렸다는 것을 알겠다"고 할까, "내가 말한 것은 옳다. 그때는 할 수 있었지만 지금은 할 수 없다"라고 할까? 그가 정확히 전자를 말하는 경우가 있는가 하면, 정확히 후자를 말하는 경우도 있다. 이렇게 가정해보자. a) 자기가 계속할 것이라 말했을 때 그는 머릿속에서 공식을 봤다. 하지만 계속해보라는 요구를 받자 그 공식을 잊어버렸음을 깨닫게 된다. 혹은 b) 자신이 계속해 나갈 수 있다고 말했을 때 그는 혼잣말로 수열의 다섯 숫자를 말했지만, 이제는 그것들이 머리에 떠오르지 않음을 깨닫게 된다. 혹은 c) 전에는 수열을 계속하며 다섯 자리 이상을 계산해냈고, 지금도 이 다섯 숫자들을 기억하지만, 그것들을 어떻게 계산했는지는 잊어버렸다. d) 혹은 그가 "그때는 계속해 나갈 수 있다고 생각했는데 지금은 할 수 없다"고 말하거나, e) "내가 역기를 들어 올릴 수 있다고 말했을 때는 내 팔이 아팠으나 지금은 아프지 않다"고 말하거나. 다른 한편 우리는 "이 역기를 들어올릴 수 있다고 생각했지만 그럴 수 없음을 안다"거나 "이 부분을 외워 말할 수 있다고 생각했지만, 착각이었음을 안다"고 말한다.

"할 수 있다"라는 단어의 사용법을 보여주는 이 삽화들은 "잊기"나 "해보기" 같은 용어들의 다양한 사용법을 보여주는 삽화들로 보충되어야 한다. 이 사용법들이 "할 수 있다"라는 단어의 사용법과 밀접히 연관되어 있기 때문이다. 이런 경우들을 생각해보라. a) 예전에는 B가 혼잣말로 공식을 말했지만, 지금 "그는 거기에서 완전히 빈칸을 발견한다". b) 예전에는 B가 혼잣말로 공식을 말했지만, 지금은 잠시 '그게 2^n이었는지 3^n이었는지' 확신하지 못한다. c) B가 하나의 이름을 잊어버렸고, 지금 그게 '나올 듯 말 듯 혀끝을 맴돈다.' d) B는 자신이 원래 그 이름을 알았는지, 혹은 잊어버린 건지 확실하지 않다.

이제 우리가 "해보기"라는 단어를 사용하는 방식을 살펴보도록 하자. a) 한 사람이 온 힘을 다해 문을 잡아당겨 열어보려 한다. b) 숫자의 조합을 알아내어 금고 문을 열어보려 한다. c) 기억을 더듬어가며 그 조합을 찾으려고 해본다. 혹은 d) 손잡이를 돌리고 청진기를 대고 들어보면서 금고문을 열어보려고 한다. 우리가 "기억해본다"라고 부르는 많은 과정들을 생각해보자. e) 저항을 거슬러 당신의 손가락을 움직여 보기 (예컨대 누군가 그것을 붙잡고 있다 하자), 그리고 f) 양 손을 깍지 긴 후에 '특정한 손가락 운동을 하기 위해 무엇을 해야 할지 모르겠다'고 느끼는 것, 이 두 가지 경우를 비교해보라.

(마찬가지로 우리가 "나는 이러저러한 것을 할 수 있지만 안 하겠다"라고 말하는 경우들의 부류를 생각해보라. "하려고만 한다면 할 수 있을 것이

다." 예컨대 100파운드를 들어올리는 것을. "원하기만 하면 할 수도 있을 것이다." 예컨대 알파벳을 말하는 것을.)

아마 이렇게 제안할 수도 있을 것이다. 내가 어떤 일을 할 수 있다고 말하는 것이 제한 없이 옳은 유일한 경우는, 그것을 할 수 있다고 말하면서 실제로 그것을 하는 경우이거나, 그렇지 않으면 "나는 ……에 관한 한 그것을 할 수 있다"라고 말해야 하는 경우라고 말이다. 우리는 오직 위와 같은 경우에만 한 사람이 어떤 일을 할 수 있다는 진짜 증거를 제시했다고 생각하고 싶어 한다.

65) 하지만 "나는 ……을 할 수 있다"라는 구절이 이런 방식으로 사용되는 언어놀이(즉, 실제로 무언가를 하는 것만이 누군가 그것을 할 수 있다고 말하는 데 대한 정당화로 여겨지는 놀이)를 살펴보면, 우리는 이 놀이와 "나는 이러저러한 것을 할 수 있다"는 말을 뒷받침하는 다른 정당화들이 받아들여지는 놀이 사이에 **형이상학적** 차이가 있는 게 아니라는 것을 안다. 그런데 65) 같은 종류의 놀이는 "무언가 일어난다면 그것은 확실히 일어날 수 있다"라는 구절의 실제 사용법을 보여준다. 즉, 우리 언어에서 이는 거의 쓸모없는 구절이다. 그것은 매우 명확하고 심오한 의미를 가진 것처럼 들리나, 일반적인 철학적 명제들이 대부분 그렇듯이 아주 특별한 경우가 아니라면 별 의미가 없는 것이다.

66) 이를 분명하게 만들기 위해, "나는 40파운드 무게의 역기를 들어올리고 있다"와 같은 문장에 대해 두 가지 표현을 갖고 있는 언어를 떠올려 보자. 한 표현은 그 행동이 테스트로서 (가령 운동 경기 전에) 수행될 때

마다 사용되는 것이고, 또 다른 표현은 그 행동이 테스트로서 수행되는 것이 아닐 때 사용되는 것이다.

우리는 "할 수 있다", "할 능력이 있다"와 같은 가능성의 표현들이 사용되는 경우들을 연관시키는 거대한 가족유사성의 망이 존재함을 안다. 말하자면 몇몇 특징적 모습들이 이 경우들 속에서 상이한 조합을 이루며 나타나는 것이다. 가령 추측(어떤 것이 앞으로 어떻게 행동하리라는)의 요소가 있고, 어떤 것의 상태(장차 어떤 방식으로 행동하기 위한 조건)에 대한 기술이 있고, 누군가 혹은 무엇인가가 통과한 어떤 테스트에 관한 설명이 있다.

다른 한편 우리로 하여금 무언가가 가능하며 누군가가 무언가를 할 수 있다는 사실을, 그 혹은 그것이 특정한 상태에 있다는 사실로 간주하게 하는 여러 이유들이 있다. 거칠게 말하면, "A는 무언가를 할 수 있는 상태에 있다"라는 것이 우리가 열렬히 채택하고 싶어 하는 재현의 형식이라는 얘기가 된다. 다른 식으로 표현하면, 무언가가 특정한 방식으로 행동할 수 있다고 말하는 대신에 그것이 특정한 상태에 있다고 말하고 싶은 유혹을 강하게 느낀다는 얘기다. 그리고 이런 재현방식, 이런 은유가 "그는 ……할 능력이 있다", "그는 암산으로 큰 수들을 곱셈할 능력이 있다", "그는 체스를 둘 수 있다" 같은 표현 속에 구현되어 있다. 이런 문장에서 동사는 **현재시제**로 사용된다. 이는 그 구절들이 우리가 말하는 순간에 존재하는 상태의 기술임을 암시한다.

똑같은 경향이 우리가 수학 문제를 푸는 능력, 음악 작품을 감상하는 능력 등을 특정한 정신상태라 부르는 데에서도 드러난다. 이 표현으로써 우리는 '의식적인 정신적 현상'을 의미하는 게 아니다. 여기서 말하는 정신상태란 외려 가설적 메커니즘의 상태, 즉 의식적인 정신현상을 설명하려고 만든 정신의 모델이다(무의식적 혹은 잠재의식적 정신상태 같은 것이 정신 **모델**의 특징이다). 이런 식으로 우리는 기억을 일종의 창고로 생각하지 않을 수 없게 된다. 마찬가지로 그런 심리-생리학적 일치에 대해 거의 아는 게 없는데도 어떻게 사람들이 더하거나 곱하거나 시를 암송하는 등의 능력에 한 사람의 독특한 두뇌상태가 **대응해야만 한다**고 확신하는지 주목해보라. 우리는 이 현상들을 이 메커니즘의 현시(manifestation)로 여긴다. 그리고 그것들의 가능성은 그 메커니즘 자체의 특정한 구성이다.

43)의 논의로 되돌아가자. B가 43)의 것들과는 다른 점과 선의 조합으로 이뤄진 명령들도 수행**할 수 있어야** 기호에 이끌린 것으로 볼 수 있다고 말하는 것은, B가 기호에 이끌리는 것에 대한 진짜 설명이 아님을 우리는 안다. 사실 43)에서 B가 규칙에 이끌렸는가 하는 물음을 생각하면, 우리는 더욱 더 이런 식으로 말하고 싶어진다. 즉, 기호들을 보는 것과 그것들에 따라 행동하는 것을 연관시키는 실제의 메커니즘을 들여다봐야 비로소 그 물음에 확실하게 대답할 수 있다고 말이다. 그것은 우리가 어떤 메커니즘 속에서 특정 부분이 다른 부분에 의해 이끌리는 것이라 불러야 할 것에 대한 특정한 그림을 갖고 있기 때문이다. 사실 43)과 같은 경우에 우리가 "기호에 이끌리기"라 부르는 것을 보여주고 싶을 때 당장 머리에 떠오르는 것은 자동피아노 형태의 메커니즘이다. 여기서, 자동피아노의 작동에는 특정한 동작들의 분명한 사례들이 있다. 가령 자동피아노의 롤에 난 구멍의 패턴에 따르는 피아노 망치들의 액션 같은 것 말이다. 우리는 "자동피아노는 롤에 난 구멍으로 된 기록을 **읽고 있**

다"라는 표현을 사용할 수 있을 것이다. 그리고 그 구멍들의 패턴을 **복합 기호** 혹은 **문장**이라고 부르면서, 자동피아노 속에서 그것들의 기능을 비슷한 장치들이 다른 메커니즘에서 갖는 기능에, 가령 열쇠 끝의 돌출부를 이루는 눈금(凹)과 톱니(凸)의 조합이 가진 기능에 대립시킬 수도 있다. 자물쇠청은 이 특정한 조합에 의해서 돌아가게 되지만, 나사의 움직임이 우리가 톱니와 눈금을 결합한 방식에 따른다고 말해서는 안 된다. 즉, 자물쇠청이 열쇠 끝 돌출부의 패턴에 **따라서** 움직였다고 말해서는 안 된다는 것이다. 여기서 당신은 이끌린다는 관념과 기호들의 새로운 결합을 읽을 수 있다는 관념 사이의 연관을 보게 된다. 왜냐하면 자동피아노는 그 **어떤** 구멍의 패턴이라도 읽을 **수 있다**고 해야 하기 때문이다. 그것은 (가령 뮤직 박스처럼) 하나의 곡이나 몇 개의 곡들을 위해 제작된 것이 아니다. 반면 자물쇠청은 자물쇠를 만들 때 미리 정해놓은 열쇠 끝 돌출부의 패턴에만 반응한다. 우리는 열쇠 끝 돌출부를 구성하는 눈금과 톱니는 문장을 구성하는 단어가 아니라 한 단어를 구성하는 문자들에 비유될 수 있으며, 열쇠 끝 돌출부의 패턴은 하나의 복합 기호나 문장이 아니라 하나의 단어에 대응한다고 말할 수 있을 것이다.

놀이 42)와 43)에서 B가 행동하는 방식을 기술하기 위해 그런 메커니즘의 관념을 비유(simile)로 사용할지라도, 그런 메커니즘이 실제로 이 놀이들에 들어 있는 것은 아님이 분명하다. 자동피아노와 자물쇠의 예에서 "이끌리기"라는 표현의 사용법은 그저 사용법들의 가족 내에서 하나의 사용법이라고 해야 할 것이다. 비록 그 예들이 다른 사용법들을 위해서도 은유나 재현방식 노릇을 할 수 있더라도 말이다.

"읽기"라는 단어의 사용법을 살펴봄으로써 "이끌리기"라는 표현의 사용법을 연구해보자. 여기서 "읽기"라는 단어로써 나는 글자를 소리로 번역하는 것 뿐 아니라, 받아쓰기를 하거나 한 면을 베껴 쓰는 등의 행위까지도 의미한다. 이런 의미에서의 읽기는 읽은 것을 이해하기 같은 것을 포함하지 않는다. 우리 일상생활의 환경 속에서 "읽기"라는 단어의 사용법은 매우 친숙하다(그 환경을 기술하기란 대강하더라도 매우 어려울 것이다). 한 사람, 가령 한 영국인이 어렸을 적에 학교나 집에서 하는 정상적 훈련방식 중의 하나를 거쳐서 언어를 읽는 법을 배웠다. 그다음부터 그는 책, 신문, 편지 따위를 읽는다. 그가 신문을 읽을 때 무슨 일이 생기는가? 그의 눈이 인쇄된 글자를 따라 미끄러지면, 그는 그것들을 소리 내어 발음하거나 혼잣말로 발음한다. 하지만 몇몇 단어들은 그 패턴만을 취해 통째로 발음하고, 다른 단어들은 처음 몇 글자들을 본 다음에 발음하고, 또 다른 단어들은 한 글자, 한 글자 발음한다고 하자. 그의 눈이 글자를 따라 미끄러져지는 동안 소리 내서든 혼잣말로든 그가 아무 말도 하지 않았다 해도, 나중에 그에게 물었을 때 그가 그 문장을 글자 그대로 혹은 약간 다른 말로 재현해낸다면, 그때에도 우리는 그가 그 문장을 읽었다고 해야 할 것이다. 또한 그가 이른바 단순한 읽기 기계라고 부르는 것처럼 행동할 수도 있다. 말하자면 자기가 말하는 것에 아무 주의도 기울이지 않고 자기의 주의를 전혀 다른 어떤 것에 집중시킬 수도 있다. 이 경우에 그가 믿을 만한 기계처럼 오류 없이 행동했다면, 우리는 그는 읽었다고 말해야 한다. 이 경우를 초보자의 경우와 비교해보자. 초보자는 힘겹게 단어의 철자를 힘들게 읽는다. 하지만 몇몇 단어들을 그는 문맥으로부터 추측하거나, 혹은 외워서 알 수도 있다. 그러면 교사는 그가 그 단어를 읽는 체하고 있다거나, 그가 정말로 읽고 있는 게 아니라고 말할 것이다. 이런 예를 살펴보며 읽기가 무엇이었는지 자문해보면, 그것이 의식적인 정신적 활동의 일종이었다고 말하기 쉽다. 이것이 바로 "오직 그만이 그가 읽고 있는지 아닌지 알고, 어느 누구도 그걸 알지 못한다"라고 말하는 경우다. 그러나 어떤 특정한 단어의 읽기에 관한 한, 읽는 척 할 때 초보자의 머릿속에서 일어나는 것이나, 능숙한 사람이 단어를 읽을 때 그의 머릿속에 일어나는 것이나, 서로 다를지 않을 수도 있다는 것을 당신은 인정해야 한다. 한편으로는 유창한 사람에 대해 얘기하고, 다른 한편으로는 초보자에 대해 얘기할 때, 우리는 "읽기"라는 단어를 각각 다르게 사용한다. 첫번째 경우에서 읽기라 불리는 것은 두번째 경우에서는 그렇게 불리지 않는다. 물론 우리는 단어를 읽을 때 유창한 사람에게서 일어난 것과 초보자에게서 일어난 것이 같을 리가 없다고 말하고 싶어 한다. 그리고 그 차이는, 그들의 의식상태는 아니라 할지라도, 그들의 정신이나 두뇌의 무의식적 영역에 있다고 믿고 싶어 한다. 여기서 우리는 두 개의 메커니즘을 상상한다. 우리는 그것들의 내부 작동을 들여다 볼 수 없으나[2], 이 내부의 작동이 한 사람이 읽었는지 읽은 게 아닌지를 판별하는 진짜 기준이다. 하지만 이들 경우에 그런 메커니즘 중 어떤 것도 우리에게 알려져 있지 않다. 이를 다음과 같은 방식으로 살펴보자.

67) 인간 또는 동물이 읽기 기계로 사용된다고 상상해보자. 읽기 기계가 되기 위해 특별한 훈련이 필요하다고 가정하자. 그들을 훈련시키는

---

2) 영어판에는 '……볼 수 있으나'로 되어 있다.

사람이 그들 중 몇몇에 대해서는 그들이 이미 읽을 줄 안다고 말하고, 다른 이들의 경우에는 아직 읽을 수 없다고 말한다. 아직까지 그 훈련에 반응하지 않은 사람의 경우를 들어보자. 당신이 그에게 인쇄된 단어를 보여주면 그는 때때로 소리를 낸다. 그리고 때때로 그 소리들이 인쇄된 단어에 일치하는 일이 '우연하게' 일어난다. 훈련을 받는 이 사람이 "탁자"라는 단어를 보고 정확한 소리를 내는 것을 제3자가 듣는다. 이 제3자는 "그는 읽고 있다"라고 말하지만, 교사는 "아니, 그는 읽고 있지 않아. 그것은 그저 우연일 뿐이야"라고 대답한다. 하지만 다른 단어들과 문장들을 보여줘도 그 학생이 그것들을 계속 읽어나간다고 해보자. 잠시 후 교사는 "그는 이제 읽을 수 있다"라고 말할 것이다. 처음의 "탁자"라는 단어는 그럼 어떻게 되는가? 교사는 "내가 잘못 알았다. 그는 그것 역시 읽은 것이다"라고 말해야 하나? 아니면 "아니, 그는 나중에야 비로소 읽기 시작했다"라고 말해야 하나? 그는 언제부터 진짜로 읽기 시작했을까? 아니, 그가 읽은 최초의 단어, 최초의 글자는 무엇인가? 그는 무엇을 읽는가? 분명한 것은 이런 물음이 의미를 가지려면 다음과 같은 억지스런 설명을 주어야 한다는 것이다. "그가 읽은 첫번째 단어=그가 정확하게 읽은 처음 백 단어의 연쇄 중의 첫번째 단어." 다른 한편 우리가 "읽기"라는 단어를, 한 사람의 머릿속에서 단어들의 철자를 하나씩 읽는 의식적 과정이 발생하는 경우와, 그렇지 않은 경우를 구별하기 위해 사용했다고 하자. 그럼 적어도 읽는 사람은 이러저러한 것이 자신이 실제로 읽은 첫번째 것이었노라고 말할 수 있을 것이다. 마찬가지로 또 다른 경우, 이를테면 읽기 기계의 경우를 살펴보도록 하자. 이는 가령 자동피아노처럼 기호들을 그에 대한 반응과 연관시키는 메커니즘이라 할 수 있다. 이 경우에 우리는 이렇게 말할 수 있을 것이다. "이러저러한 것이 기계에 행해졌어야, 예를 들어 어떤 부분들이 철사로 연관되어 있었어야, 그 기계가 실제로 읽은 것이다. 그것이 읽은 첫번째 문자는 d였다."

67)의 경우, 어떤 존재를 "읽기 기계"라 부르는 것은 그저 그것이 특정한 방식으로 인쇄된 기호들에 반응한다는 것을 의미할 뿐이었다. 이 경우에는 보기와 반응하기의 그 어떤 연관도, 그 어떤 내적 메커니즘도 없다. 학생이 "탁자"라는 단어를 읽었는지 묻는 질문에 교사가 "아마 그는 읽었을 것이다"라고 대답한다면, 부조리한 대답이 될 것이다. 왜냐하면 이 경우에 그가 실제로 한 일에 관해서는 전혀 의심의 여지가 없기 때문이다. [그 학생이 읽기 시작했을 때] 변화가 생겼다면, 그것은 그 학생의 일반적인 행태의 변화라 부를만한 것이다. 이 경우에는 "[그가 읽을 능력을 갖추게 된] 새로운 시기의 첫번째 단어"라는 표현에 의미를 준 것이 아니다(이것을 다음의 경우와 비교해보라. 아래 그림에서 점의 간격은 앞에서 뒤로 갈수록 넓어진다. 첫번째 시퀀스의 마지막 점은 어느 것이고, 두번째 시퀀스의 첫번째 점은 어느 것인가? 이 점들이 회전하는 사이렌 디스크 위의 구멍이라고 상상해보자. 그럼 우리는 높은 음조에 낮은 음조가 뒤따르는 것[혹은 그 반대]을 듣게 된다. 자신에 물어보라. 어느 순간에 높은 음조가 끝나고 낮은 음조가 시작하는가?).

. . . .

다른 한편 의식적인 정신적 활동을, 읽는 것과 읽는 것이 아닌 것을 구별하는 유일하게 진정한 기준으로 삼으라는 커다란 유혹이 있다. 왜냐하면 우리는 "사람은 자신이 진짜로 읽는지 그저 읽는 체하는지를 항상 안다"

거나, 혹은 "분명히 사람은 자신이 언제 정말로 읽고 있는지 항상 안다"
라고 말하고 싶어 하기 때문이다. A가 어떤 러시아어 문장을 외운 후 인
쇄된 그 문장을 보며 그것을 말하는 식으로 B를 속여서, 그로 하여금 자
신이 키릴 문자를 읽을 수 있다고 믿게 하려 한다고 하자. 이 경우 우리
는 확실히, A는 자신이 읽는 체 하고 있을 뿐임을 알고 있으며, 이 경우
그가 읽는 게 아니라는 것은 문장을 외워 말하는 특정한 개인적 경험으
로 특징지어진다고 말할 수 있다. 마찬가지로, A가 그것을 외워 말하는
데 실수를 한다면, 이 경험 역시 **읽는 데** 실수를 하는 사람이 하는 경험과
는 다를 것이다.

(68) 하지만 이제 이렇게 가정해보자. 어떤 사람이 하나 있는데 그는 문
장을 유창히 읽을 수 있다. 그런데 전에 읽어본 적 없는 문장을 읽게 된
그는 그 문장을 읽되, 그것도 그 단어의 열을 외워서 알고 있는 듯한 느
낌으로 그렇게 한다. 이 경우에 우리는 그가 읽고 있는 게 아니라고 말해
야 하는가? 말하자면 그의 개인적 경험을 읽는 것과 읽는 게 아닌 것을
구분하는 기준으로 삼아야 하는가?

(69) 혹은 이런 경우를 상상해보라. 한 사람이 어떤 약의 기운 아래 다섯
개의 기호로 된 문자열을 본다. 하지만 그것들은 현존하는 알파벳의 글
자가 아니다. 한 단어의 철자를 발음할 때에 따르는 모든 외적 표징들과
개인적 경험을 가지고 그는 "ABOVE"라는 단어를 발음한다(이런 종류
의 일은 꿈에서 생긴다. 꿈에서 깨어나서 우리는 이렇게 말하곤 한다. "이 기
호들이 실제로는 전혀 기호가 아니었는데도 나는 그것들을 읽고 있는 듯했

다"). 그런 경우에 어떤 이들은 그가 읽고 있다고 할 것이고, 다른 이들은 그건 읽는 게 아니라고 말할 것이다. 그가 "above"의 철자를 댄 후에 그에게 그 다섯 개의 기호를 달리 조합해 보여줬더니, 그가 자기에게 제시됐던 첫번째 기호 열을 읽었을 때와 일치되게 그것을 읽었다고 하자. 우리는 일련의 유사한 테스트를 통해 그가 상상의 알파벳이라고 부를 수 있는 것을 사용했음을 알게 된다. 만약 그렇다면, 우리는 "그는 읽고 있다고 상상하지만 실제로는 읽고 있는 게 아니다"라고 하기보다는 "그는 읽고 있다"라고 말할 공산이 더 크다.

마찬가지로 한 사람이 그 앞에 인쇄되어 있는 것을 외워서 아는 경우와, 문맥에서 추측하거나 외워서 아는 것 등의 보조수단 없이 모든 단어의 철자를 대는 경우 사이에는 서로 연속하는 중간적 경우들이 있다는 데 주목하라.

이렇게 해보라. 1에서 20까지의 기수를 외워서 말해보는 것이다. 시계의 문자반을 들여다보며 그 수열을 **읽으라**. 이런 경우에 당신은 무엇을 읽기라고 불렀는지, 예컨대 그것을 읽기로 만들기 위해 당신이 무엇을 했는지 물어보도록 하라.

이렇게 설명해보자. 만일 어떤 사람이 자신이 만들어내고 있는 복사본을 자신이 베끼고 있는 모델로부터 **도출한다**면, 그는 읽고 있는 것이다(나는 "모델"이라는 단어를 그가 읽어내고 있는 그것을 가리키는 데 사용할 것이다. 예컨대 그가 읽거나 베껴 쓰는 인쇄된 문장들, 42)와 43)에서처럼 자신의 동작으로 읽어내고 있는 "— — ‥ —" 같은 기호들, 혹은 피아니스트가 그것을 보고 연주하는 악보 등이 그것이다. "카피"라는 단어는, 인쇄된 문장으로부터 말해지거나 베껴 씌어진 것들, "— — ‥ —" 같은 기호를 따라서 만들어지는 동작들, 피아니스트의 손놀림이나 그가 악보를 보고 연주하는 곡조 등을 가리키는 데 사용한다). 그리하여 우리가 어떤 이에게 키릴 알파벳을 가르치고 각각의 글자를 발음하는 법을 가르쳐 줬다. 그에게 키릴 문자로 씌어진 종이 한 장을 주자 그가 우리가 가르쳐 준 각 문자의 발음대로 그것의 철자를 말한다고 하자. 그럼 우리는 의심할 여지없이 그가 모든 단어의 음을, 자기가 배운 씌어지고 말해진 알파벳에서 끌어온다고 해야 할 것이다. 그리고 이는 그가 읽기를 하는 확실한 경우가 될 것이다(이 경우 우리는 "그에게 우리가 알파벳의 **규칙**을 가르쳤다"는 표현을 사용할 수도 있을 것이다).

하지만 보자. 그가 발화된 말을 알파벳의 규칙에 따라 씌어진 말에서 **도출했다**고 말하는 이유는 무엇인가? 우리가 아는 것이라곤 그저, 우리가 그에게 이 글자는 이렇게, 저 글자는 저렇게 발음된다고 말했다는 사실, 그리고 후에 그가 키릴 문자로 된 단어들을 읽었다는 것뿐이 아닌가? 한 가지 머릿속에 떠오르는 대답은, 어떤 식으로든 그가 실제로 우리가 준 알파벳 규칙에 따라 씌어진 말을 발화된 말로 변형시켰음을 보여 줬다는 것이리라. 그가 이를 보여줬다는 것이 무슨 뜻인지 예를 바꿔보면 확실히 더 분명하게 드러날 것이다.

70) 그가 하나의 텍스트를 인쇄체에서 필기체로 고쳐 쓰는 식으로 읽어 내고 있다 하자. 이 경우에 우리는 알파벳 규칙이 인쇄체 알파벳과 필기체 알파벳을 옆 칸에 나란히 배치한 도표의 형태로 주어졌다고 가정할 수 있다. 그럼 텍스트에서 카피를 **도출하는 것을** 아마 이런 방식으로 상상할 수 있을 것이다. 즉, 베끼는 이가 일정한 간격을 두고 빈번히 각의

문자에 대해 도표를 들여다보거나, 혹은 "자, 소문자 a와 비슷한 것은 무엇인가?"라고 혼잣말을 하거나, 혹은 그 도표를 실제로 보지 않고 눈앞에 떠올리려고 애쓰는 것이다.

71) 하지만 이 모든 일을 다 한 후에 그가 만일 "A"를 "b", "B"를 "c" 등으로 바꿔 쓴다면 어떨까? 이 역시 "읽기", "도출하기"라 부르면 안 될까? 이 경우 우리는 그의 절차를 이렇게 기술할 수 있을 것이다. 즉, 비록 그가 도표를 바라볼 때 눈이나 손가락을 실제로 왼쪽에서 오른 쪽으로 수평으로 옮겼을지라도, 그가 그 도표를 아래처럼 이렇게

왼쪽에서 오른쪽으로 직선으로 볼 때가 아니라,

위에서와 같이 이렇게 봤을 때처럼 사용했다고 말이다. 하지만 이제 다음과 같이 가정해보자.

72) 찾아보기의 정상적 과정을 거치면서, 그가 "A"를 "n"으로, "B"를 "x"로 바꿔 쓴 것이다. 간단히 말해 그 어떤 단순한 규칙성도 보여주지 않는 화살표 도식에 따라 행동한 것이다. 이것도 "도출하기"라고 부를

수는 없을까? 하지만 이렇게 가정해보라.

73) 그는 이런 식으로 바꿔 쓰는 방식을 고집하지 않는다. 사실상 그는 그것을 바꾸었지만, 아주 간단한 규칙에 따라서였다. 즉, "A"를 "n"으로 바꿔 쓰고는, 그다음의 "A"는 "o"로, 그다음의 "A"는 "p" 등으로 바꿔 쓰는 것이다. 하지만 이런 절차와, 아무 체계 없이 바꾸는 그런 절차 사이의 분명한 경계는 어디에 있는가? 이제 당신은 거기에 반대해 이렇게 말할지도 모른다. "71)의 경우에 당신은 분명히 그가 **그 도표를 다르게 이해했다**고 가정했다. 따라서 그는 그것을 정상적인 방식으로 이해하지 않았다." 하지만 우리가 "도표를 특정한 방식으로 이해하기"라 부르는 것은 어떤 것인가? 당신이 이 '이해하기'를 무어라 상상하든, 그것은 내가 기술한 도출하기의 외적, 내적 과정들과 실제의 바꿔 쓰기 사이에 끼워진 또 하나의 고리일 뿐이다. 사실 이 이해의 과정은 분명히 71)에 사용된 것과 같은 도식으로 기술될 수 있을 것이다. 그러면 우리는 특정한 경우에 그가 그 도표를 이런 식으로 보고

그 도표를 이렇게 이해하고

그리고 그것을 이렇게 바꿔 썼다고 할 수 있을 것이다.

그럼 "도출하기"(또는 "이해하기")라는 단어에 아무 의미도 없다는 얘기
인가? 그 단어의 의미를 따라가봤자 그 의미가 무(無) 속으로 사라져버
리는 듯하므로? 70)의 경우에 "도출하기"의 의미는 아주 분명하게 드러
났으나, 우리는 그것이 그저 도출하기의 특수한 경우일 뿐이라고 말했
다. 여기서 도출하기 과정의 본질은 특별한 옷을 입은 채로 나타났다. 그
래서 그것의 본질에 도달하려면 그 옷을 벗겨내야 할 것처럼 보였다. [그
렇지만] 이제 71), 72), 73)에서 우리는 그 독특한 옷으로 보였던 것을 우
리가 다루는 경우로부터 벗겨내려 했으나, 결국 그저 옷으로만 보였던
것이 그 경우의 본질적 특성이라는 것을 알게 됐다(우리는 잎을 하나씩
모두 훑어냄으로써 진짜 엉겅퀴를 찾으려는 듯이 행동했다). "도출하기"라
는 단어의 사용법이 70)에서 정말로 예시된 바 있다. 이 예는 이 단어가
사용되는 경우들의 가족(family of the cases) 중 하나를 보여줬다. 그리
고 이 단어의 사용법에 대한 설명은, "읽기" 혹은 "기호에 이끌리기"와
같은 말들에 대한 설명과 마찬가지로, 본질적으로 전형적인 특징들을 나
타내는 예들을 선별해 기술하는 것으로 이뤄진다. 몇몇 예들은 그 특징
들을 과장해서 보여주고, 다른 예들은 전이(轉移)를 보여주고, 또 다른
예들은 그런 특징들이 사라지는 것을 보여줄 것이다. 누군가 당신에게
어떤 가족의, 아무개의 얼굴 특징이 이러저러하다는 관념을 전달하고자

한다고 생각해보라. 이를 위해 그는 당신에게 그 가족의 초상화를 보여주며 특정한 전형적 특징들에 주목하게 할 것이다. 이때 그의 주요 임무는 이 그림들을 적절히 **배치**하는 데 있을 것인 바, 이 배치가 당신으로 하여금 어떤 영향들이 그 특징들을 점차 변화시켰는지, 어떤 특징적인 방식으로 가족 성원들이 나이가 들어갔는지, 그들이 나이가 들어갈수록 어떤 특징이 강하게 나타났는지 볼 수 있게 해줄 것이다.

우리의 예들의 기능은 '도출하기', '읽기' 등의 본질을 어떤 비본질적인 특징들의 베일을 통해 보여주는 것이 아니었다. 그 예들은 이러저러한 이유에서 알몸으로 보여질 수 없는 내부를 추측하게 해주는 외부의 기술이 아니었다. 우리는 우리의 예들이 어떤 이의 머릿속에 특정한 상이나 관념을 만들어내는 **간접적인** 수단이라고, 즉 그것들이 자신이 직접 보여줄 수 없는 어떤 것을 **암시**한다고 말하고 싶어 한다. 실제로 그런 경우가 있기는 하다. 가령 내가 누군가의 머릿속에 그가 들어갈 수 없는 어떤 19세기 풍(風) 방의 내부 모습을 만들어내고 싶어 한다고 하자. 그때 나는 이런 방법을 취할 것이다. 즉, 그에게 그 집을 밖으로부터 보여주고, 문제가 되는 방의 창문을 가리키며, 같은 시기에 꾸며진 또 다른 방들로 그를 데려가는 것이다.

우리의 방법은 **순전히 기술적**이다. 그리고 우리가 하는 기술들은 설명의 암시가 아니다.

Ⅱ

1. 우리는 친숙한 대상을 바라보는 그때마다 친숙함의 느낌을 가지는
가? 아니면 일상적으로 그것을 갖고 있는가?

우리는 언제 실제로 친숙함을 느끼는가?

이렇게 물어보는 게 도움이 될 것이다. 우리는 친숙한 느낌을 무엇
과 대비시키는가?

우리가 그것과 대비시키는 한 가지가 바로 놀라움이다.

이렇게 말할 수 있다. "친숙하지 않음은 친숙함 이상의 체험이다."

예컨대 A가 B에게 일련의 대상을 보여준다. B는 A에게 그 대상이
친숙한지 아닌지 말해야 한다. a) 문제는 "B는 그 대상들이 무엇인지 아
는가?" 혹은 b) "그는 특정 대상을 인지하는가?"라는 것이리라.

1) B에게 저울, 온도계, 분광기 등을 보여주는 경우를 살펴보자.

2) B에게 연필, 펜, 잉크, 안경을 보여준다. 혹은

3) 친숙한 사물들 이외의 어떤 사물을 B에게 보여줬는데, 그에 대해
B는 "어떤 목적에 쓰이는 것처럼 보이기는 하는데, 무슨 목적인지는 모
르겠다"라고 말한다.

B가 무언가를 연필로 인지했을 때 무슨 일이 일어나는가?

A가 B에게 막대기처럼 보이는 대상을 보여줬다고 가정해보자. B가 그 대상을 만지자 갑자기 그것이 갈라져 하나는 모자, 다른 것은 연필이 된다. B는 "아, 이것은 연필이다"라고 말한다. [그렇다면] B는 그 대상을 연필로 인식했다.

4) 이렇게 말할 수 있을 것이다. "B는 연필이 어떻게 생겼는지 언제나 알고 있다. 가령 요구만 하면 그는 그것을 꺼내들 수 있을 것이다. 그는 제게 주어진 대상 안에 자기가 언제라도 꺼내들 수 있을 연필이 들어 있다는 것을 몰랐다." 이 경우를 5)와 비교해보라.

5) 종이에 단어를 하나 적은 후 그것을 거꾸로 돌려 B에게 보여준다. 그는 그 단어를 인지하지 못한다. 그 종이를 서서히 돌리자 마침내 B가 "나는 그게 무엇인지 안다. 그것은 '연필'이다"라고 말한다.

우리는 이렇게 말할 수 있다. "그는 '연필'이라는 단어가 어떻게 생겼는지 늘 알고 있었다. 다만 제시된 단어가 거꾸로 뒤집으면 '연필'이 되리라는 것은 몰랐다."

4)와 5)의 경우에 모두 당신은 무언가가 숨겨져 있었다고 말할지도 모른다. 하지만 "숨겨진"의 상이한 적용에 주목하라.

6) 이를 다음과 비교해보라. 당신이 편지를 읽는데 그 중 한 단어를 읽을 수가 없다. 당신은 문맥으로부터 그것이 무엇인지 추측해내고, 그러자 그것을 읽을 수 있다. 당신은 갈겨 쓴 어떤 글자를 e, 두번째를 a, 세번째를 t로 인식한다. 이는 "eat"라는 단어가 잉크 얼룩으로 가려져 있고, 당신이 이 자리에 "eat"라는 단어가 있었음에 틀림없다고 추측하는 경우와는 다르다.

7) 다음과 비교해보라. 당신이 어떤 단어를 보고 있는데 읽을 수가 없다. 누군가 대시를 붙이고, 획을 길게 하는 식으로 그것을 약간 바꿔본다. 이제 당신은 그것을 읽을 수 있다. 이렇게 바꾸는 것을 5)의 종이 돌리기와 비교해보라. 그리고 5)에서는 단어가 돌아가는 동안 모습이 바뀌지 **않았음**을 당신이 알았다는 데 주목하라. 가령 당신이 이렇게 말하는 경우가 있다. "나는 그 단어가 돌아가는 내내 지켜봤고, 내가 알아보지 못했을 때나 지금이나 그 단어가 똑같다는 것을 안다."

8) A와 B 사이에 이뤄지는 놀이의 본질이, B가 그 대상을 아는지 모르는지 말해야 하나 그것이 무엇인지는 말하지 않는 데 있다고 가정하라. 그에게 그가 전에 본 적이 없는 습도계를 보여준 후에, 그에게 다시 연필을 보여준다고 하자. 습도계를 보여줬을 때 그는 자신이 그것과 친숙하지 않다고 말했다. 연필을 보여줬을 때에는 자기가 그것을 알고 있다고 말했다. 그가 그것을 알아봤을 때 무슨 일이 일어났는가? 이때 B는, 비록 A에게 말하지는 않았지만, 자신이 본 게 연필이라고 혼잣말을 했어야 할까? 꼭 그렇게 가정해야 하는가?

그럼 그 연필을 인지했을 때 그는 그것을 무엇으로서 인지했는가?

9) 그가 "아, 이것은 연필이다"라고 혼잣말까지 했다고 가정해보자. 이 경우를 4)나 5)와 비교할 수 있는가? 후자 경우에는 "그는 이것을 저것으로 인식했다"고 말할 수 있을지도 모른다(가령 "이것"으로는 커버를 덮은 연필을, "저것"으로는 보통의 연필을 가리키면서 말이다).

8)에서 그 연필은 아무 변화를 겪지 않았다. 그리고 "아, 이것은 연필이다"라는 말은 어떤 패러다임, 즉 그 유사성을 그가 제시된 연필과 함께 인지했던 그 패러다임을 가리키지 않는다.

"연필은 무엇인가?"라는 질문을 받았다면, B는 패러다임이나 샘플로서 또 다른 대상을 가리키지 않았을 것이다. 대신에 곧바로 자기에게 보여준 그 연필을 지시할 수 있었을 것이다.

"하지만 '아, 이것은 연필이다'라고 말했을 때, 만일 그가 연필을 무언가로서 인지하지 않았다면 그게 연필인지 어떻게 알았을까?" 사실 이는 "어떻게 그가 '연필'을 그런 부류의 대상의 이름으로 인지했을까?"라고 말하는 셈이다. 글쎄, 그가 그것을 어떻게 인지했을까? 그는 그저 그 단어를 말함으로써 특정한 방식으로 반응한 것뿐이다.

10) 누군가 당신에게 색들을 보여주고 그 이름을 묻는다고 해보자. 당신은 특정한 대상을 가리키며 "빨갛다"라고 말한다. 만일 "이게 빨간지 어떻게 아느냐?"고 물으면 당신은 어떻게 대답할 것인가?

물론 B에게 일반적인 설명이 주어지는 경우가 있다. 가령 "밀랍판 위에 어렵지 않게 무언가를 쓸 수 있게 해주는 것이라면 그 어느 것이나 '연필'이라 부를 것이다." A가 B에게 다른 대상들 중에서 뾰족한 것을 보여주고, B는 "이것으로라면 적을 수 있겠군"이라고 생각한 후에 "이것은 연필이다"라고 말한다. 이 경우에는 이른바 **추론**이라는 것이 일어난다. 8)~10)에는 추론이 일어나지 않았다. 4)의 경우에는 B가 어떤 패러다임을 이용해 자기에게 제시된 대상이 연필이라고 추론했다고 할 수 있다. 그렇지 않다면 어떤 추론도 않았을 것이다.

B가 알지 못하는 도구를 본 뒤 곧장 연필을 보고서 친숙한 느낌을 가졌다고 말해야 할까? 실제로 무슨 일이 일어났을지 상상해보자. 그는 연필 한 개를 보고, 미소 짓고, 안도감을 느꼈다. 그리고 자기가 본 그 대상의 이름이 자기 머릿속에 떠오르거나 입가에서 맴돌았다.

하지만 이 안도감은 그저 친숙하지 않은 것에서부터 친숙한 것으로 넘어가는 체험을 특징짓는 그런 느낌이 아닌가?

2. 우리는 다양한 경우에 긴장, 이완, 안도, 피로, 안정을 체험한다고 말한다. 가령 한 사람이 팔을 뻗어 역기를 쥔다. 그의 팔과 몸 전체는 긴장상태에 있다. 그에게 역기를 내려놓게 한다. 긴장은 풀어진다. 한 사람이 달린다. 그러고 나서 쉰다. 그는 유클리드 기하학의 문제를 풀려고 머리를 혹사하다가 그 해(解)를 발견하고는 안도한다. 그는 어떤 이름을 기억해내려 애쓰다가 그것을 생각해내자 마음이 편해진다.

이렇게 묻는다면 어떨까? "우리로 하여금 긴장과 이완의 경우들이라 말하게 하는 이 모든 체험들에 공통된 것은 무엇일까?"

어떤 말을 기억해내려고 할 때 우리로 하여금 "우리의 기억 속에서 찾는다"라는 표현을 사용하게 만드는 것은 무엇인가?

이렇게 물어본다고 해보자. "당신의 기억에서 어떤 말을 찾는 것과 공원에서 친구를 찾는 것 사이에 어떤 유사성이 있는가?" 이런 물음에 대한 대답은 어떤 것일까?

아마도 일련의 중간적 경우들을 기술하는 것이 대답 중의 하나가 될수 있을 것이다. 가령 기억 속에서 무언가를 찾는 경우는 공원에서 친구를 찾는 경우가 아니라 사전에서 단어 철자를 찾는 경우와 더 유사하다고 할 수도 있다. 이렇게 계속 여러 경우를 끼워넣어갈 수도 있다. 그 유사성을 **지적하는** 또 다른 방식은 이렇게 말하는 것이다. "이 두 경우에 모두 우리는 처음엔 그 단어를 쓸 수 없다가 그 다음에는 쓸 수 있다." 이것이 바로 공통된 특성을 지적하는 것이라 부르는 것이다.

하지만 중요한 것은 [어떤 단어들을] 기억해내려고 하는 상황에서 "구하다", "찾아보다" 같은 단어들을 사용하도록 재촉받을 때 우리는 이런 유사성을 의식할 필요가 없다는 점이다.

이렇게 말하고 싶을지도 모르겠다. "물론 어떤 유사성이 우리에게 떠올라야 한다. 그렇지 않으면 같은 단어를 사용하도록 이끌려서는 안된다." 이 진술을 다음의 것과 비교해보라. "이 두 경우를 재현하는 데 같은 그림을 사용하고 싶은 마음이 들려면, 우리에게 둘 사이의 유사성이 떠올라야 한다." 이는 어떤 행동이 그 그림을 사용하는 행동에 앞선다는 얘기다. 하지만 "우리에게 유사성이 떠오른다"는 것이 왜 부분적으로 혹은 전적으로든 같은 그림을 사용하는 데 있으면 안 되는가? 그리고 그것이 왜 부분적으로 혹은 전적으로 우리가 같은 구절을 사용하도록 재촉받는 데 있으면 안 되는가?

우리는 이렇게 말한다. "이 그림(또는 이 구절)이 억누를 수 없이 우리 머릿속에 떠오른다." 글쎄, 이것은 체험이 아닌가?

대강 말하면, 여기서 우리가 다루는 것은 한 단어의 문법이 어떤 중간적인 단계의 '필요성'을 제시하는 듯한 경우다. 비록 그 단어가 실은 그런 중간적 단계가 없는 곳에서 사용되고 있어도 말이다. 그리하여 우리는 이렇게 말하기 쉽다. "한 사람은 명령에 따르기 전에 그 명령을 이해**해야 한다**", "그는 아픔을 가리킬 수 있기 전에 어디가 아픈지 알아야 한다", "그는 노래를 부를 수 있기 전에 곡을 알아야 한다" 등.

다음과 같이 물어보자. 내가 누군가에게 다양한 종류의 빨간 대상들을 가리킴으로써 "빨강"이라는 단어(혹은 "빨강"이라는 단어의 의미)를 설명해줬다고 하자. 이렇게 말하는 것은 무엇을 의미하는가? "만일 그가 그 의미를 이해했다면, 그는 내가 요구하는 빨간 사물을 가져올 것이다."
이는 이런 뜻으로 보인다. '그가 정말로 내가 보여준 모든 대상들의 공통점을 파악했다면 내 명령을 따를 수 있을 것이다.' 하지만 이 대상들에 공통된 것이 무엇인가?

밝은 빨강과 어두운 빨강 사이의 공통점이 무엇인지 내게 말해줄 수 있겠는가? 이를 다음의 경우와 비교해보라. 내가 당신에게 두 개의 다른 풍경을 담은 두 장의 그림을 보여준다. 두 그림 모두에, 다른 여러 사물들 중에 관목의 그림이 있는데, 그 모습이 두 그림에서 똑같다. 내가 당신에게 "이 두 그림의 공통점을 지적해보라"고 요구하자, 그 대답으로 당신은 이 관목을 가리킨다.

이제 이런 설명을 생각해보자. 내가 누군가에게 다양한 물건들을 담은 상자 두 개를 주며, "두 상자가 공통으로 가진 것은 토스팅 포크라는 것이다"라고 말한다. 내게 이 설명을 들은 사람은 두 상자 속의 대상들을 분류해 그 두 상자가 공통으로 가진 것을 발견해내야 한다. 그리고 이로써 지시적 설명에 이른다고 할 수 있다. 아니면, 이런 설명도 있다. "이 두 그림에서, 당신은 많은 색상들을 본다. 당신이 두 그림 모두에서 볼 수 있는 한 색상이 '밝은 자주색'이라는 것이다." 이런 경우라면 이렇게 말하는 게 분명한 의미를 가질 것이다. "만일 그가 이 두 그림 사이에 공통된 것을 봤다(발견했다)면, 그는 내게 밝은 자주색 대상을 가져다 줄 수 있다."

이런 경우도 있다. 내가 누군가에게 말한다. "'w'를 설명하기 위해 당신에게 다양한 사물들을 보여주겠다. 그것들 모두에 공통된 것이 바로 'w'가 의미하는 것이다." 먼저 책 두 권을 보여주자, 그가 자신에게 "'w'

가 '책'을 의미하는가?"라고 묻는다. 그 다음에 나는 벽돌을 가리킨다. 그러면 그는 혼잣말로 "'w'는 아마 '평행육면체'를 의미하나 보다"라고 한다. 마지막으로 내가 타오르는 석탄을 가리키자, 그는 이렇게 혼잣말을 한다. "그가 의미하는 것은 '빨강'이다. 왜냐하면 그것들은 모두 표면이 빨가니까." 이 놀이의 다른 형태를 생각해보는 것도 재미있을 것이다. 그 사람으로 하여금 각 단계마다 내가 의미한다고 생각하는 것을 **그리거나 칠하게** 하는 것이다. 이 놀이의 요체는 몇몇 경우에 그가 그려야 할 것이 무엇인지 아주 분명해지리라는 데 있다. 가령 그때까지 자기가 본 대상들이 모두 특정한 표징을 갖고 있음을 알게 되는 그런 경우에 말이다(그는 그 표징을 그릴 것이다). 하지만 그가 만일 모든 대상에 무언가 빨간 데가 있음을 인지했다면, 그는 뭘 그려야 할까? 붉은 색상? 그렇다면 어떤 형태와 어떤 색조로? 여기에서 규약이 정해져야 할 것이다. 가령 가장자리가 울퉁불퉁한 붉은 색상을 그리는 것은 그 대상들이 가장자리가 울퉁불퉁한 붉은 색상을 공통으로 갖고 있다는 의미가 아니라, **무언가** 빨간 것을 가지고 있다는 의미라고.

다양한 빨간 색조의 색상들을 지적하면서, 만일 당신이 어떤 사람에게 "당신이 그것들을 빨갛다고 부르게 만드는 공통점이 무엇인가?"라고 묻는다면, 그는 "그것도 몰라요?"라고 대답하고 싶을 것이다. 그리고 이는 물론 하나의 공통된 요소를 지적하는 게 아니리라.

경험에 의해서 어떤 이가 특정한 명령, 가령 "x를 가져오라"는 명령을 수행할 수 없음을 알게 되는 경우들이 있다. 가령 'x'에 대한 설명으로서 내가 가리킨 다양한 대상들 속에서 공통점을 보지 못하는 바람에 말이다. 그리고 어떤 경우에 '그것들이 가진 공통점을 보는 것'의 요체는 그 공통점을 가리키고, 이리저리 살펴보고 비교한 뒤에 시선을 특정한 색상에 머물게 하고, 혼잣말로 "이게 그가 말하는 빨강이다"라고 말하며, 아마도 동시에 다양한 대상들에 나타난 그 모든 빨간 색상들을 보는 것 등에 있었다. 하지만 이 중간적인 '공통된 것 보기'에 비교할 만한 과정이 일어나지 않는데도, 우리가 여전히 그 구절을 사용하는 경우들이 있다. 비록 이번에는 이렇게 말해야 하지만 말이다. "그에게 이것들을 보여주자 그가 내게 다른 빨간 물건을 가져온다고 하자. 그러면 나는 그가 내가 보여준 대상들의 공통된 특징을 봤다고 **말할 수 있을 것**이다." 여기서는 명령을 수행했는지의 여부가 그가 이해했는지의 여부를 판가름하는 기준이 된다.

3. "당신은 왜 모든 다른 체험들을 '긴장'이라고 부르는가?" "왜냐하면 그것들이 어떤 요소를 공통으로 갖고 있기 때문이다." "육체적 긴장과 정신적 긴장은 어떤 공통점이 있는가?" "모르겠다. 그렇지만 분명히 어떤 유사성이 있다."

그럼 당신은 왜 그 체험들이 무언가를 공통으로 갖고 있다고 말했는가? 이 표현은 그저 지금의 경우와, 두 체험이 어떤 공통점을 가진다고 말했던 경우들을 비교하는 게 아니었던가?(그리하여 우리는 기쁨의 체험과 슬픔의 체험이 때때로 가슴이 뛰는 느낌을 공통으로 갖고 있다고 말할 수도 있다). 하지만 두 가지 긴장의 체험이 무언가를 공통으로 갖고 있다고 당신이 말했을 때, 그것은 그저 그것들이 유사하다는 말의 다른 표현일 뿐이었다. 그렇다면 유사성은 어떤 공통된 요소가 나타나도록 만든다고 말하는 것은 아무 설명도 되지 못할 것이다.

또한 당신이 두 체험을 비교했을 때 유사성을 느꼈고, 이것이 당신으로 하여금 양자에 대해 같은 단어를 사용하게 만들었다고 할 것인가? 만일 당신이 유사성의 느낌을 갖고 있다고 말한다면, 그것에 대해 몇 가지 질문을 던져보자.

당신은 그 느낌이 여기 혹은 저기에 있다고 말할 수 있는가?

당신이 실제로 이 느낌을 가진 것은 **언제**인가? 우리가 두 체험을 비교한다고 말하는 것은 대단히 복잡한 행위다. 아마 당신은 두 가지 체험을 머릿속에 떠올렸을 것이다. 그리고 육체적 긴장을 상상하는 것과 정신적 긴장을 상상하는 것은 각각 그 자체로 원래 과정을 상상하는 것이지, 시간을 통해서 동일하게 지속되는 상태를 상상하는 것이 아니었다. 만일 그렇다면 이 모든 것이 지속되는 동안 어떤 순간에 당신이 유사성의 느낌을 가졌는지 스스로에게 물어보라.

'하지만 그 유사성을 체험하지 않았다면 확실히 나는 그것들이 유사하다고 말하지 않았을 것이다.' 하지만 이 체험이 당신이 느낌이라 부르는 것이어야 할까? 그게 당신에게 "유사한"이라는 단어가 떠오른 체험이라고 잠시 가정해보자. 당신은 이를 느낌이라 부를 텐가?

'하지만 유사성의 느낌은 전혀 없는가?' 나는 유사성의 느낌이라 부를 수 있는 느낌들이 있다고 생각한다. 하지만 당신이 '유사성을 알아챈다'고 해서 항상 그런 느낌을 갖는 것은 아니다. 당신이 그런 느낌을 가질 때 당신이 겪는 상이한 체험들 중 몇 가지를 생각해보라.

a) 거의 구별할 수 없음이라 부를 수 있는 종류의 체험이 있다. 예를 들어 당신이 거의 똑같아 보이는 두 개의 길이와 두 가지 색깔을 본다. 하지만 "이 체험이 어떤 독특한 느낌을 구성하는가?"라고 자문해보면,

나는 그게 그런 체험만으로 특징지어지는 것은 확실히 아니라고 말해야 할 것이다. 그 체험의 가장 중요한 부분은 다음과 같다. 즉, 두 대상 사이에서 시선을 왔다 갔다 하기, 시선을 의도적으로 하나에 뒀다가 다른 하나로 옮기기, 의혹을 표현하는 말을 하거나 고개를 내젓기 등등. 이와 같은 다층적인 체험들 사이에 유사성의 느낌을 위한 여지는 거의 없다고 할 수 있을 것이다.

b) 이 점을 두 대상을 구별하는 데 어려움을 겪는 것이 불가능한 경우와 비교해보자. 내가 "꽃밭에 비슷한 색깔의 꽃 두 종류를 심어 강렬한 대조를 피하고 싶다"고 말한다고 하자. 여기서는 체험이 하나에서 다른 하나로 시선이 쉽게 미끄러지는 것으로 묘사할 수 있다.

c) 나는 어떤 주제를 바탕으로 한 변주를 듣고, "이것이 어떻게 그 주제의 변주인지 아직 모르겠다. 하지만 어떤 유사성이 보인다"고 말한다. 이때 일어난 일은 변주의 어떤 지점, 즉 전조(轉調)되는 어떤 지점에서 '내가 그 주제 속 어디에 있는지 알게 되는' 체험이다. 그리고 이 체험은 다시, 그 주제의 어떤 음형(音型)들을 상상하거나 그것들이 내 머릿속에서 씌어지는 것을 보거나, 혹은 악보 위에서 그것들을 실제로 가리키는 것 등으로 구성됐을지도 모른다.

'하지만 두 색깔이 유사할 때, 유사성을 체험하는 것의 요체는 확실히 그것들 사이에 **존재하는** 유사성을 알아채는 것이어야 한다.' 하지만 청록(靑綠)은 황록(黃綠)과 유사한가, 유사하지 않은가? 어떤 경우에 우리는 그것들이 유사하다고 말하고, 다른 경우에는 그것들이 매우 다르다고 말해야 한다. 그 두 경우에 우리가 그것들 사이의 상이한 관계를 알아챘다고 말하는 것이 옳을까? 내가 청록이 점차 순록(純綠), 황록, 노랑,

주황으로 변하는 과정을 관찰했다고 하자. 나는 "그 색깔들은 서로 비슷해서 청록에서 황록으로 변하는 데 시간이 짧게 걸린다"라고 말한다. 하지만 이런 말을 할 수 있으려면 어떤 유사성의 체험을 했어야 하지 않을까? 그 체험은 두 가지 색깔을 보고 그게 둘 다 녹색이라고 말하는 체험일 수도 있다. 혹은 위에서 묘사한 것처럼 한 쪽 끝에서 다른 쪽 끝으로 가면서 색깔이 변해가는 띠를 바라보며 청록이 주황보다 황록에 더 가까운 것을 알아차리는 체험일 수도 있다.

우리는 "유사한"이라는 단어를 엄청나게 많은 경우에 사용한다.

우리가 정신적 긴장과 육체적 긴장 모두에 "긴장"이라는 단어를 사용하는 이유가 그것들 사이에 어떤 유사성이 있기 때문이라는 말에는 무언가 주목할 만한 것이 있다. 둘 사이에 유사성이 있어서 우리가 밝은 파랑과 어두운 파랑 모두에 "파랑"이라는 단어를 사용한다고 해야 할까? 만일 "당신은 왜 이것도 '파랑'이라 부르는가?"라고 물으면, 당신은 "왜냐하면 이것 역시 파랗기 때문이다"라고 말할 것이다.

이런 설명을 제시할 수도 있다. 즉, 이 경우에 당신은 두 색깔 사이에 **공통된 것**을 '파랑'이라고 부른다. 그리고 만일 두 종류의 긴장의 체험에 공통된 것을 당신이 '긴장'이라고 부른다면, "내가 양자를 '긴장'이라고 부른 것은 그것들이 어떤 유사성을 갖고 있기 때문이다"라고 하는 것은 옳지 않았을 것이다. 차라리 "내가 두 경우 모두에 '긴장'이라는 단어를 사용한 것은 두 경우 모두에 긴장이 현재하기 때문이다"라고 말해야 했을 것이다.

"밝은 파랑과 어두운 파랑의 공통점이 무엇인가?"라는 질문에 우리는 어떻게 대답해야 할까? 언뜻 보기에 대답은 분명해 보인다. "그것들은 둘 다 파란 색조다." 하지만 이것은 동어반복에 불과하다. 따라서 "내가 가리키는 색깔들이 가진 공통점은 무엇인가?"라고 물어보자(하나는 밝은 파랑, 다른 것은 어두운 파랑이라고 가정하자). 이 질문에 대한 대답은 실은 "나는 당신이 무슨 놀이를 하고 있는지 모르겠다"가 되어야 한다. 그리고 그것들이 도대체 공통점을 갖는다고 해야 하는지, 그리고 갖는다면 무슨 공통점을 가졌다고 해야 하는지는, 이 놀이가 어떤 것이냐에 따라 달라진다.

이런 놀이를 상상해보자. A가 B에게 여러 가지 색상들을 보여주고 그에게 그것들의 공통점이 무엇인지 묻는다. B는 특정한 원색을 가리키는 것으로써 대답을 하게 된다. 따라서 A가 분홍색과 오렌지색을 가리키면, B는 순수한 빨간색을 가리켜야 한다. A가 녹색이 감도는 파란색의 두 색조를 가리키면, B는 순수한 녹색과 순수한 파란색을 가리켜야 한다. 만일 이 놀이에서 A가 B에게 밝은 파랑과 어두운 파랑을 보여주며 그것들의 공통점을 물었다면, 어떤 대답이 나올지는 의심의 여지가 없을 게다. 하지만 그가 순수한 빨강과 순수한 녹색을 가리켰다면, 대답은 둘은 아무 공통점이 없다는 것이 될 것이다. 하지만 그런데도 그것들이 무언가 공통점을 가졌다고 말해야 하는 상황, 또 주저하지 않고 그게 무엇인지 말하는 상황도 어렵지 않게 상상할 수 있을 것이다. 가령 한편으로 녹색과 빨강을 일컫는 공통의 이름, 다른 한편으로 노랑과 파랑을 일컫는 공통의 이름이 있는 언어(문화)의 사용법을 떠올려 보자. 가령 두 신분이 있어, 귀족은 빨강과 녹색 의상을 입고, 평민은 파랑과 노랑 의상을 입는다고 해보자. 그럼 노랑과 파랑은 둘 다 항상 평민의 색이라 말해질 것이고, 녹색과 빨강은 귀족의 색으로 여겨질 것이다. 빨강과 녹색이 어떤 공통점을 갖는지 물으면, 그 부족 사람들은 주저 없이 둘 다 귀족의 색이라고 말할 것이다.

또한 우리는 밝은 파랑과 어두운 파랑에 대한 공통된 표현이 존재하지 않는 언어(그것은 다시 문화를 의미한다)를 떠올릴 수 있을 것이다. 거기서 밝은 파랑은 "케임브리지", 어두운 파랑은 "옥스퍼드"라고 불린다고 하자. 만일 당신이 케임브리지와 옥스퍼드가 갖는 공통점이 무엇인지 이 부족 사람에게 물어 본다면, 그는 주저 없이 "아무것도 없다"고 말하게 될 것이다.

다음의 놀이를 위의 것과 비교해보라. B에게 어떤 그림들, 색상의 조합들을 보여주며, 그에게 그 그림들의 공통점이 무엇인지 묻는다. 그러면 그는, 가령 둘 모두에 빨간 색상이 있으면 빨간색 견본을, 둘 모두에 녹색이 있으면 녹색 견본을 가리켜야 한다. 이는 그 똑같은 대답이 얼마나 다양한 방식으로 사용될 수 있는지 보여준다.

다음과 같은 설명을 고려해보라. "내가 의미하는 바는 이 두 색이 공통으로 가지고 있는 것이 '파랑'이라는 것이다." 지금 누군가 이 설명을 이해한다는 것이 가능하지 않은가? 예를 들어 그에게 또 다른 파란 것을 가져오라고 명령한다면, 그는 이 명령을 만족스럽게 수행할 것이다. 하지만 아마도 그가 빨간 것을 가져온다면 우리는 이렇게 말하게 될 것이다. "그는 우리가 그에게 보여준 견본들과 빨간 것 사이에 어떤 유사성을 알아챈 모양이다."

주의하라. 어떤 음을 피아노로 쳐주며 따라 불러보라고 할 때 어떤 이들은 규칙적으로 그 음의 5도 음정을 내곤 한다. 이는 한 음표와 그것의 5도 음정이 한 이름으로 불리는 언어가 있을 수 있다는 것을 상상하기 쉽게 해준다. 반면 그 악보와 5도 음정 사이에 무슨 공통점이 있느냐고 물으면, 대답하기 난감해질 것이다. "그것들 사이에 어떤 친화성이 있다"고 말하는 것은 물론 대답이 못 된다.

여기서 "어떤"이라는 단어의 문법(사용법)을 묘사하는 것이 우리의 임무 중 하나다.

'이 모든 색조들에 공통된 것'을 의미하기 위해 "파랑"이라는 단어를 사용한다고 말하는 것은, 그 자체로 그저 이 모든 경우에 우리가 "파랑"이라는 단어를 사용한다고 말하는 것에 지나지 않는다.

그리고 "그는 이 모든 색조들이 공통으로 가진 것을 본다"라는 구절은 온갖 종류의 다른 현상들을 떠올릴 수 있다. 다시 말해 온갖 종류의 현상들이 '그가 ……이라는 것을 보는 것'의 표준으로 사용된다. 혹은 그가 또 다른 색조의 파랑을 가져오라는 요청을 받고 그 명령을 만족스럽게 수행하는 것이, 일어나는 일의 전부일지 모른다. 혹은 그에게 다양한 파랑의 견본들을 보여줄 때 그의 정신의 눈앞에 순수한 파랑 색상이 하나 나타날지도 모른다. 혹은 그가 본능적으로 우리가 견본으로 보여주지 않은 다른 색조의 파랑으로 머리를 돌릴지도 모른다.

그렇다면 정신적 긴장과 육체적 긴장을 같은 의미의 '긴장'이라고 해야 할까? 아니면 다른(혹은 '약간 다른') 의미의 '긴장'이라 해야 할까? 그 대답이 의심할 여지 없이 분명한 경우들이 있다.

4. 이런 경우를 살펴보자. 우리가 누군가에게 "더 어두운"과 "더 밝은"이라는 단어의 사용법을 가르쳤다. 그는 가령 "내가 보여주는 것보다 더 어두운 색상을 칠해라" 같은 명령을 수행할 수 있을 것이다. 그에게 이렇

게 말했다고 하자. "다섯 모음 a, e, i, o, u를 듣고 어두운 순서대로 배열하라." 그는 당혹스러워하며 아무것도 안 할지 모른다. 하지만 그가 어떤 (대개는 i, e, a, o, u의) 순서대로 모음들을 나열할 수도 있다(몇몇 사람들은 기꺼이 그렇게 할 것이다). 이제 이렇게 상상할지도 모르겠다. 즉, 어두운 순서대로 모음을 나열하는 작업은 하나의 모음이 들릴 때 특정한 색깔이 한 사람의 머릿속에 떠오르는 것을 전제한다고. 그 다음에 그가 어두운 순서대로 그 모음들을 나열하고, 그에 상응하는 모음의 배열을 당신에게 불러준다고. 하지만 실제로 그럴 필요는 없다. 그 사람은 "어두운 순서대로 모음을 배열해보라"라는 명령에 따르되, 정신의 눈앞에서 그 어떤 색깔도 보지 않고 그렇게 할 것이다.

그 사람에게 u가 '**실제로**' e보다 어두운지 묻는다면, 그는 거의 틀림없이 "실제로 더 어두운 건 아니지만 왠지 더 어두운 인상을 준다"는 식으로 대답을 할 것이다.

하지만 그에게 "무엇 때문에 당신은 이 모든 경우에서 '더 어두운'이라는 단어를 사용했는가?"라고 물으면 어떨까?

우리는 다시 이렇게 말하는 경향이 있다. "그는 두 색깔 사이의 관계와 두 모음 사이의 관계 사이에서 무언가 공통점을 봤음에 틀림없다." 하지만 이 공통 요소가 무엇인지 그가 밝히지 못한다면, 우리에게 남는 것은 그저, 그가 이 두 경우에 "더 어두운", "더 밝은"이라는 단어를 사용하도록 재촉 받았다는 사실뿐이다.

"그는 무언가를 …… 봤음에 틀림없다(must have seen)"에서 "틀림없다"(must)라는 단어에 주목하라. 이 말을 했을 때 당신은, 그가 정말로 무언가를 봤으리라는 결론을 당신이 과거의 체험에서 끄집어낸다는 것을 의미하지 않았다. 그 문장이 우리가 이미 아는 것에 아무것도 덧붙이지 못하고, 사실상 그것을 묘사하는 다른 형태의 단어들을 제안하는 데 그치는 것은 바로 그 때문이다.

누군가 "나는 어떤 유사성을 본다. 그저 그것을 묘사할 수는 없을 뿐이다"라고 한다면, 나는 "그 자체가 바로 당신의 체험을 특징짓는다"고 말할 것이다.

당신이 두 얼굴을 보고 "그것들은 유사하지만, 무엇이 유사한지는 모르겠다"고 말한다고 해보자. 그리고 잠시 후에 당신이 "이제 알겠다. 그것들은 눈의 모양이 같다"라고 말한다고 하자. 그러면 나는 이렇게 말해야 할 것이다. "지금 당신이 그것들의 유사성에 대해 가졌던 체험은 당신이 그것들의 유사성을 봤으나 그게 무엇으로 구성됐는지를 알지 못했을 때의 체험과는 다르다." 이제 "당신으로 하여금 '더 어두운'이라는 단어를 사용하게 만드는 것은 무엇인가?"라고 물으면, 이 질문에 대한 대답은 아마 이런 것이리라. "나로 하여금 '더 어두운'이라는 단어를 사용하게 만든 것은 아무것도 없다. 만약 당신이 내가 그것을 사용하는 **이유**를 묻는다면 말이다. 나는 그저 그 단어를 사용했을 뿐이다. 그뿐만 아니라 그것을, 내가 그 단어를 색깔들에 적용할 때 사용하게 될 것과 똑같은 억양, 그리고 아마도 똑같은 얼굴 표정 및 몸짓을 가지고 사용했다." **깊은** 슬픔, **깊은** 소리, **깊은** 우물에 대해 얘기해보면 이를 쉽게 알 수 있다. 어떤 이들은 한 주일 안에서 뚱뚱한 요일과 마른 요일을 구별할 수 있다. 그리고 어떤 요일이 살찐 날로 여겨지는 그들의 체험은, 뚱뚱함을 표현하는 몸짓과 어떤 편안함을 가지고 그 단어를 적용함으로써 구성된다.

하지만 당신은 이렇게 말하고 싶을 게다. '그런 방식으로 단어와 몸짓을 사용하는 게 그들의 1차적인 체험이 아니다. 그들은 우선 그날을 살찐 요일로 생각(conceive)해야 한다. 그리고 그다음에 비로소 이 개념을 단어나 몸짓으로 표현하는 것이다.'

하지만 당신은 왜 "그들은 ……해야 한다"라는 표현을 사용하는가? 이 경우에 당신은 "개념 등"이라 부르는 것의 체험을 알고 있는가? 그렇지 않다면, 당신이 "그는 ……하기 전에 개념을 갖고 있어야 한다"라고 말한 것은 언어학적 편견이라는 것 때문이 아닐까?

차라리 당신은 이 사례와 다른 사례들을 통해 다음과 같은 것을 배울 수 있다. 즉, 단어나 몸짓으로 표현하기 전에 "이러저러한 사례들을 알아채고, 보고, 생각하는" 특별한 체험이라 부를 수 있는 경우가 있다는 사실을, 그리고 우리가 생각하기(conceiving)의 체험에 대해 말할 때 그 말을 특정한 단어나 몸짓 등을 쓰는 체험에 적용해야 할 다른 경우가 있다는 사실을 말이다.

그 사람이 "진짜로 u가 e보다 어두운 것은 아니다"라고 말했다 하자. 이 말로써 그가 의미하는 것은, 한 색깔이 다른 색깔보다 더 어둡다고 말할 때와, 반대로 하나의 모음이 다른 모음보다 더 어둡다고 말할 때 "더 어둡다"라는 단어가 각각 **다른 의미로** 사용됐다는 것이다.

이 예를 생각해보라. 우리가 누군가에게 "녹색", "빨강", "파랑"이라는 색상을 가리킴으로써 그 단어들의 사용법을 가르쳤다고 해보자. 우리는 그가 가령 "빨간 것을 가져와"라는 명령에는 특정 색의 대상들을 가져오거나, 무더기로 쌓인 대상들의 다양한 색깔을 분류하도록 가르쳤다. 이제 그에게 낙엽 더미를 보여준다고 하자. 그중 어떤 것은 약간 불그스름한 갈색이고, 다른 것은 약간 푸르스름한 노란색이다. 그리고 그에게 "빨간 잎과 녹색 잎을 각각 다른 더미 위에 놓아라"라고 명령한다. 이 명령에 아마도 그는 푸르스름한 노란 잎과 불그스름한 갈색 잎들을 서로 떼어놓을 것이다. 그럼 여기서 우리가 "빨간"과 "녹색"이라는 단어를 그 전의 경우들과 똑같은 의미로 사용했다고 해야 할까? 아니면 다르지만 비슷한 의미로 사용했다고 해야 할까? 후자의 견해를 취한다면 그때 우리는 어떤 이유를 제시할까? 빨간 색상을 그리라는 요구를 받고 약간 불그스름한 갈색을 그리지는 않을 것이므로, "빨간"이 두 경우에서 다른 것을 의미한다고 지적할 수도 있을 것이다. 하지만 왜 그것이 단 하나의 의미만 가지고 있고 상황에 따라 달리 사용되는 것이라 말하면 안 되는가?

문제는 이렇다. 우리는 그 단어가 두 개의 의미를 갖는다는 진술을 그 단어가 이 경우에는 이 의미를, 저 경우에는 저 의미를 갖는다는 진술로써 보충하는가? 한 단어가 두 가지 의미를 갖는 기준으로서, 우리는 한 단어에 두 개의 설명이 주어진다는 사실을 사용할 수도 있다. 그래서 우리는 "bank"라는 단어가 두 개의 의미를 갖는다고 말한다. 어떤 경우에는 그것이 (가령 강둑을 가리키면서) 이런 종류의 사물을 의미하고, 다른 경우에는 (영국 은행을 가리키면서) 저런 종류의 사물을 의미한다는 이유에서 말이다. 내가 여기서 지적하는 것은 그 단어의 사용법을 위한 패러다임들이다. 우리 언어에서 사용되는 "빨강"이라는 단어에 오직 하나의 지시적 정의만 있었다면, 누구도 다음과 같이 말할 수는 없을 것이다. "'빨강'이라는 단어는 두 가지 의미를 갖는다. 왜냐하면 어떤 경우에는 (밝은 빨강을 가리키며) 이것을 의미하고, 다른 경우에는 (어두운 빨강을 가리키며) 저것을 의미하기 때문이다." 다른 한편 두 단어가, 가령 "빨강"과 "불그스름함"이 두 가지 지시적 정의에 의해, 가령 전자는 어두운 빨강을 보여주고 후자는 밝은 빨강을 보여주는 것으로써 설명되는 언어 놀이를 상상할 수도 있을 것이다. 그런 설명을 두 개나 주어야 할지 아니면 하나만 주어야 할지는 그 언어를 사용하는 사람들의 자연적 반응에 달려 있을 것이다. 우리에게서 "이것은 (빨간 사물을 가리키며) 빨강이라고 한다"는 지시적 정의를 배운 사람이 "빨간 것을 가져오라"는 명령에 무슨 색조든 간에 빨간 사물을 가져오는 경우도 있다. 또 다른 사람은 그렇게 하지 않고, 설명을 할 때 그에게 지적한 그 색조에 가까운 특정 범위 내의 색조를 가진 대상들만 들고 올 수 있다. 우리는 이 사람이 '다양한 색조의 빨간색들 모두에 공통된 것을 보지 못한다'고 말할지도 모르겠다. 하지만 이런 말을 할 수 있는 유일한 기준은 우리가 묘사한 행위라는 점을 기억하라.

다음의 경우를 생각해보라. B는 "더 밝은"과 "더 어두운"이라는 단어의 사용법을 배웠다. 그는 다양한 색깔의 사물들을 제시받고 이것을 저것보다 더 어두운 색이라고 부르는 것을 배웠다. 그리고 "이것보다 더 어두운 것을 가져오라"는 명령을 받으면 특정 사물을 가져오도록 훈련받았고, 이것이 특정 견본보다 더 짙거나 더 밝다고 말하는 식으로 사물의 색깔을 묘사하는 훈련을 받았다 등등. 이제 그는 일련의 사물들을 짙은 순서대로 배열해 놓으라는 명령을 받는다. 이를 하기 위해 그는 책들을 한 줄로 배치하고, 일련의 동물 이름들을 적고, 다섯 개의 모음을 u, o, a, e, i 순으로 적어 내려간다. 그에게 왜 그 순서대로 적었는지 묻자, 그는 "o는 u보다 더 밝고, e는 o보다 더 밝다"라고 말한다. 우리는 그의 태도에 놀라고, 동시에 그가 말하는 것에 무언가가 있다고 인정하게 될 것이다. 아마도 우리는 이렇게 말할 것이다. "그렇지만 봐라. 분명히 e가 o보다 밝은 것은 이 책이 저 책보다 더 밝은 방식으로 그런 게 아니다." 하지만 그는 어깨를 한 번 으쓱이며, "나도 모르겠다. 하지만 e가 o보다 더 밝지 **않은가?**"라고 말할지도 모른다.

우리는 이런 경우를 일종의 비정상으로 간주하며 이렇게 말하는 경향이 있다. "B는 색깔 있는 대상들과 모음들을 배열하는 데 남다른 감각을 갖고 있는 게 틀림없다." 그리고 이 생각을 (아주) 분명히 하자면, 이런 얘기가 될 것이다. 즉, 정상인은 시각적 대상들의 밝음과 어두움을 하나의 도구에 기록하고, 우리가 소리(모음)의 밝음과 어두움이라고 부르는 것은 또 다른 도구에 기록한다. 그런 의미에서 우리는 특정한 파장의 길이를 갖는 광선을 눈으로 기록하고, 또 다른 파장의 길이를 가진 광선을 온도 감각으로 기록한다고 말할 수 있다. 반면에 우리는 B가 소리와 색을 모두 오직 하나의 도구(감각기관)만으로 읽어서 배열한다고 말하고 싶어 한다(하나의 감광판이 우리가 오직 두 가지 감각으로만 포괄할 수 있는 범위의 빛을 기록할 수도 있다는 의미에서).

바로 이것이 B가 "더 어두운"이라는 단어를 정상인과 다르게 '이해'했음에 틀림없다는 생각의 이면에 깔려 있는 대략적 그림이다. 다른 한편 이 그림과 나란히, 우리의 경우에 '또 다른 감각'이 있다는 증거가 없다는 사실도 함께 기억해두자. 그리고 사실 "B는 그 말을 다르게 이해했음에 틀림없다"라고 말할 때 "틀림없다"는 단어의 사용법은 이미, 그 문장이 우리가 관찰한 현상을 그 문장에서 틀잡힌 그림에 따라서 바라보겠다는 결심의 (진짜) 표현이라는 것을 보여준다.

"하지만 e가 u보다 더 밝다고 말했을 때 그는 '더 밝다'라는 단어를 분명히 다른 의미로 사용했다." 이것은 무엇을 의미하는가? 당신은 그가 그 단어를 사용한 의미와 그 단어의 사용법을 구별하려는 것인가? 즉, 당신은 누군가 그 단어를 B처럼 사용한다면 그의 마음속에 있는 어떤 다른 차이가 사용법의 차이와 나란히 존재해야 한다고 말하고 싶은 것인가? 아니면 그저 "더 밝다"의 사용법이 그가 그것을 모음에 적용시켰을 때의 그것과는 확실히 다르다고 말하고자 하는 것뿐인가?

그런데 그 사용법들이, 당신이 특정한 차이들을 지적할 때 기술하는 것 이상으로, 그것을 넘어선 어떤 것과 다르다는 게 사실인가?

누군가 내가 빨강이라 부른 두 색상을 가리키며, "확실히 당신은 '빨강'이라는 단어를 두 가지 방식으로 사용한다"고 말한다면 어떨까? 그럼 나는 "이것은 밝은 빨강이고 저것은 짙은 빨강이다. 근데 그것을 왜 두 개의 상이한 사용법이라고 해야 하나?"라고 말할 것이다.

확실히 그 놀이에서 "더 밝은"과 "더 어두운"이라는 단어를 색깔을 가진 대상들에 적용하는 부분과, 그 단어를 모음들에 적용하는 부분 사이의 차이점들을 지적하기란 쉽다. 첫번째 부분에는 그것들을 나란히 두고 보면서 두 대상을 비교하는 것이 있었고, 주어진 색상보다 더 진하게 혹은 더 밝게 색칠하는 것이 있었다. 두번째 부분에는 눈으로 비교하기도 없었고, 색칠하기도 없었다. 하지만 이 차이들이 지적되어도, 우리는 여전히 (우리가 방금 했던 것처럼) 그것들이 동일한 놀이의 두 부분이라고 해도 되고, 서로 다른 두 개의 놀이라고 해도 된다.

'물체의 밝고 어두움 사이의 관계가 모음 e와 u 사이의 관계와는 다르다는 것을 나는 지각하지 못하는가? 다른 한편 u와 e 사이의 관계가 e와 i 사이의 관계와 같다는 것을 지각하면서도 말이다.' 상황에 따라서 우리는 이 경우에는 다른 관계라 하고, 다른 경우에는 같은 관계라고 말하는 경향이 있다. "그것은 그것들을 어떻게 비교하는가에 달려 있다"고 할 수 있을지도 모르겠다.

이렇게 물어보자. "우리는 화살표 →와 ←이 같은 방향을 가리킨다고 해야 하나, 다른 방향을 가리킨다고 해야 하나?" 당신은 별생각 없이 "당연히 다른 방향을 가리킨다"고 말하고 싶을 것이다. 하지만 그 문제를 이렇게 한번 보자. 내가 거울을 통해 거기에 비친 내 얼굴을 본다면, 이를 나는 내 자신의 머리를 보는 기준으로 삼을 수 있다. 반면 내가 거울에서 뒤통수를 본다면, 그때 나는 "내가 보는 것은 나의 머리일 리 없고, 반대 방향을 바라보는 머리다"라고 할 것이다. 마찬가지로, 화살표와 거울에 비친 그것의 반사상이 서로를 향해 화살촉을 맞댄 형상일 때는 같은 방향을 가리키고, 한쪽의 화살촉이 다른 쪽의 꼬리를 가리킬 때는 정반대의 방향을 가리킨다고 할 수도 있을 것이다. 한 사람이 "같은 색깔", "같은 모양", "같은 길이"와 같은 경우를 통해 "같은"이라는 단어의 일반적 사용법을 배운 경우를 생각해보라. 마찬가지로 그는 "가리키는 것"이라는 단어의 사용법도 "화살표가 나무를 가리킨다"와 같은 문맥들 속에서 배웠다. 이제 그에게 서로 마주보는 두 개의 화살표와, 하나가 다른 하나를 뒤따르는 두 개의 화살표를 보여준다. 그리고 그에게 둘 중 어느 경우에 "그 화살표들은 같은 방향을 가리킨다"라는 구절을 적용할 수 있는지를 묻는다. 그의 마음속에서 어떤 적용들이 최우선적으로 여겨지느냐에 따라 그가 →←가 '같은 방향'을 가리킨다고 말하리라 상상하는 것도 쉽지 않을까?

우리는 온음계를 들을 때 일곱 개 음(音) 다음에 같은 음이 반복된다

고 말한다. 왜 그것을 같은 음이라고 부르는지 물으면 "글쎄 그냥 다시 c
니까"라고 대답하곤 한다. 하지만 이것은 내가 원하는 설명이 아니다. 왜
냐하면 이 경우 나는 다시 "무엇이 그것을 c의 반복이라고 말하게 만드
는가?"라고 물어야 하기 때문이다. 그리고 이에 대한 대답은 "한 옥타브
만 높을 뿐, 같은 음인 것도 못 듣는가?"가 될 듯하다. 여기서 다시 우리
는 어떤 사람이 "똑같은"이라는 단어의 사용법을 색깔, 길이, 방향 등에
적용되는 여러 경우를 통해 배웠다고 상상할 수 있다. 이제 그에게 온음
계를 들려주고 그가 특정한 간격으로 같은 음을 반복해 들었다고 말하
려는지 물었다 하자. 그러면 우리는 쉽게 몇 가지 대답을 상상할 수 있을
것이다. 특히 이런 대답, 예를 들어 그가 매번 네 음 혹은 세 음 뒤에 교대
로 같은 음이 반복되는 것을 들었다는 대답이 나올 수도 있을 것이다(즉
1도, 5도, 8도를 같은 음이라 부르는 것이다).

　만일 우리가 A와 B 두 사람에게 이런 실험을 했더니, A는 "같은 음"
이라는 표현을 8도에만 사용하고, B는 5도와 8도에 적용했다 하자. 그럼
이 두 사람은 그것들을 온음계로 들려줄 때 다른 것들을 듣는다고 말할
수 있을까? 만일 다른 것을 듣는다고 한다면, 이 두 경우에는 우리가 관
찰한 것 외에 또 다른 차이점이 있어야 한다고 주장하려는 것인지, 아니
면 그렇게까지 말하려는 것은 아닌지 분명히 해두자.

5. 여기서 살펴보고 있는 모든 물음들은 이 문제와 연관되어 있다. 당신
이 누군가에게 어떤 규칙에 따라 수열을 써내려가도록 가르쳤다고 하
자. 규칙은 항상 앞의 것보다 n만큼 더 큰 수를 써내려가라는 형태로 되
어 있다(이 규칙은 "더하기 n"으로 요약된다). 이 놀이에서 숫자의 역할을

하는 것은 |, | |, | | | …… 등과 같은 대시들의 집합이 될 것이다. 물론 이 놀이를 가르치는 것은 일반적 설명을 하고 예를 보여주는 데 있다. 이 예들을 1에서 85 사이의 범위에서 취하기로 하자. 우리가 학생에게 "더하기 1"이라는 명령을 내린다. 얼마 후 우리는 그가 100을 넘긴 후에는 우리가 더하기 2라 부르는 일을 한 것을 알게 된다. 300을 지난 후에 그는 우리가 더하기 3이라 부르는 것을 한다. 그렇게 한 데 대해 우리는 그를 꾸짖는다. "항상 더하기 1을 하라고 하지 않았냐? 100이 되기 전에 네가 한 것을 봐!" 학생이 102, 104 등의 수를 가리키며 이렇게 말했다고 가정해보자. "같은 것을 한 게 아닌가요? 나는 이게 당신이 내가 했으면 하고 바라는 일이라고 생각했는데." 당신도 알다시피 여기서 그에게 제시했던 규칙과 예들을 다시 가리키면서 "하지만 당신은 ……을 모르는가?"라고 말해야 아무 소용 없을 것이다. 이런 경우에 이 사람은 우리가 제시한 규칙(그리고 예들)을 자연스럽게 "100까지는 더하기 1, 200까지는 더하기 2"라는 규칙(그리고 예들)으로 이해(해석)하고 있다고 할 수 있을 것이다.

(이는 가리킴의 몸짓으로 내린 명령에 따르기 위해 자연스레 어깨에서 손으로 향하는 게 아니라 그 반대로 움직이는 사람의 경우와 비슷할 것이다. 그리고 여기서 이해하기란 반응하기와 똑같은 의미다.)

"결국 당신이 말하는 것은 '1을 더하라'는 명령에 정확히 따르려면 모든 단계에서 새로운 통찰·직관이 필요하다는 것으로 귀결되는 것 같다." 하지만 규칙을 **정확히** 따른다는 게 무슨 뜻인가? 특정 지점에서 취할 정확한 스텝은 언제, 어떻게 결정되는가? 내가 보기에 '모든 지점에서 정확한 스텝이란 **의미된**, 즉 의도된 대로 규칙과 일치하는 것이다'라는 관념은 이런 것 같다. 즉, 당신이 "더하기 1"이라는 규칙을 주고 그것을 의미했을 때, 그것은 100 다음에 101, 198 다음에 199, 1040 다음에 1041을 적는 것 등을 의미했다. 하지만 그에게 그 규칙을 줬을 때 당신은 이 모든 의미 행위들(의미 행위들의 수는 무한할 것이다)을 어떻게 수행했는가? 아니면 이것은 그것을 잘못 해석하는 것인가? 그리고 당신은 의미하기에는 단 하나의 행위만 있지만 그로부터 이 모든 행위들이, 아니면 그중의 어느 것이라도 하나씩 따라 나온다고 말할 것인가? 하지만 논점은 이게 아닐까? '일반적인 규칙에서 무엇이 따라 나오는가?' 당신은 이렇게 말할지도 모른다. "그에게 그 규칙을 줬을 때 내가 100 다음에 101이 오는 것을 의미했음을 나는 분명히 알고 있었다." 하지만 여기서 당신은 "알다"라는 단어의 문법에 의해 오도되고 있다. 그것을 아는 것이 당신으로 하여금 100에서 101로 옮겨가게 한 어떤 정신적 행위, 즉 "나는 그가 100 다음에 101을 쓰기를 원한다"고 자신에게 말하는 그런 행위였는가? 이 경우 그에게 규칙을 줬을 때 그런 행위를 얼마나 많이 수행했는지 자문해보라. 아니면 안다는 말로써 당신은 어떤 종류의 성향을 의미하는가? 그럼 오직 체험만이 그게 무엇을 위한 성향인지 알려줄 수 있을 것이다. "하지만 어떤 사람이 1568 다음에 어떤 수를 써야 하는지 물어봤다면, 나는 분명히 '1569'라고 대답했을 것이다." 감히 말하건대, 당신은 어떻게 그것을 확신할 수 있는가? 사실 당신의 생각은, 당신이 진짜로 이행을 하지 않고 다만 규칙을 **의미하는** 신비한 행위를 통해 모종의 방법으로 그 이행을 수행했다는 것이리라. 당신은 거기에 가기도 전에 모든 다리들을 건넜다. 이 기이한 생각은 "의미하기"라는 단어의 독특한 사용법과 연관되어 있다. 한 사람이 100이라는 수에 이르렀고 그다음에 102를 썼다고 해보자. 이 경우 우리는 "나는 당신이 101을 쓰는 것을 **의미했다**"고 말해야 할 것이다. "의미한다"라는 단어가 과거 시제로 되어 있는 것은, 그 규칙이 주어졌을 때 어떤 특정한 의미 행위가 이미 수행되고 있었음을 시사한다. 사실 이 표현이 그런 행위를 전혀 암시하지 않을지라도 말이다. 그 과거 시제를 이해하기 위해 그 문장을 이렇게 바꿀 수도 있을 것이다. "만약 당신이 이전에 내게 이 단계에서 당신이 뭘 하기를 바라는지 물었더라면, 나는 ……라고 해야 했을 것이다." 하지만 당신이 그렇게 말했으리라는 것은 하나의 가정일 뿐이다.

이를 더 분명하게 하기 위해 다음의 예를 생각해보라. 누군가 "나폴레옹은 1804년에 황제가 됐다"고 말한다. 나는 그에게 "당신은 아우스테를리츠 전투에서 승리했던 그 남자를 의미했는가?"라고 묻는다. 그는 "그래, 나는 그를 의미했다"고 말한다. 이것은 그가 '그를 의미했을' 때 그가 아우스테를리츠 전투에서 승리한 나폴레옹을 어떤 식으로든 생각했다는 뜻일까?

"그에게 이 규칙은 100 다음에 101이 뒤따른다는 것을 의미했다"라는 표현은 마치 이 규칙이 그것에 따라 이뤄져야 할 모든 이행들을 그것이 뜻하는 대로 **암시**하는 것처럼 보이게 한다. 하지만 이행의 암시라는 가정은 더 이상 우리를 돕지 못한다. 왜냐하면 그것은 이행의 암시와 실제의 이행 사이의 깊은 틈을 건널 수 없기 때문이다. 한갓 규칙의 단어들만으로 미래의 이행을 예견할 수 없다면, 그 단어들을 수반하는 그 어떤 정신적 행위도 그런 일을 할 수 없을 것이다.

우리는 정신적 행위가 거기에 닿기도 전에 다리를 건널 수 있다는 (이렇게 불러도 될지 모르겠지만) 이런 신기한 미신과 계속해서 마주치게 된다. 이 난점은 우리가 생각하고, 바라고, 기대하고, 믿고, 알고, 수학적 문제, 수학적 귀납 등을 풀려고 애쓰는 것 등의 관념에 대해 생각해보려고 할 때마다 생겨난다.

수열의 특정 지점에서 우리로 하여금 늘 하던 대로 규칙을 사용하게 만드는 것은 통찰이나 직관의 행위가 아니다. 그것을 결정의 행위라 부르는 게 덜 혼란스럽겠지만 이 역시 우리를 오도할 수 있다. 왜냐하면 그때 꼭 결정의 행위 같은 게 일어나야만 하는 것은 아니기 때문이다. 행여 쓰거나 말하는 행위가 일어나는지는 몰라도. 그리고 이와 유사한 수많은 경우에 저지르기 쉬운 실수는 "우리로 하여금 늘 하던 대로 규칙을 사용하게 만드는 것은 통찰의 행위가 아니다"라는 문장에 있는 "만들다"라는 단어와 밀접한 관련이 있다. 왜냐하면 (그런 표현을 쓰는 바탕에는) '무언가가 우리로 하여금' 우리가 하는 것을 하게 '만들어야 한다'라는 발상이 깔려 있기 때문이다. 그리고 이는 다시 원인과 이유를 더 혼동시킨다. **우리는 우리가 하던 대로 규칙을 따르는 데** [어떤 특별한] **이유를 가질 필요가 없다.** 그 이유들의 사슬에는 끝이 있다.

이 문장들을 비교해보라. "만일 당신이 100 다음에 102, 104 등으로 나아간다면, 그것은 물론 '더하기 1'이라는 규칙을 다른 방식으로 사용하는 것이다." 그리고 "그것을 '더 어두운'이라는 단어를 색상에 적용한 뒤 다시 모음에도 적용한다면, 그것은 물론 '더 어두운'이라는 단어를 다른 방식으로 사용하는 것이다." 나는 이렇게 말할 것이다. "그것은 당신이 '다른 방식'이라고 부르는 것에 달려 있다."

하지만 나는 아마도 "더 밝은"과 "더 어두운"이라는 단어를 모음들에 적용시켜 부르는 것을 '그 단어들의 또 다른 사용법'이라고 불러**야 한**

다고 말해야 할 것이다. 또한 마찬가지로 나는 '더하기 1'의 수열을 101, 102 ……와 같은 방식으로 계속해 나가야 할 것이나, 이는 어떤 다른 정신적 행위가 그것을 정당화해주기 때문이 아니며, 혹은 반드시 필연적이어야 하는 것도 아니다.

6. 마치 저수지에서 솟아나는 것처럼 우리의 모든 행위가 솟아나는 정신적 상태라고 불려지는 것을 늘 찾아 헤매는(그리고 발견하는), 일종의 널리 퍼진 정신적 질병이 있다. 그리하여 우리는 "유행이 변하는 것은 사람들의 취향이 변하기 때문이다"라고 말한다. 취향은 정신적 저수지다. 하지만 어느 재단사가 오늘 한 벌의 드레스를 일 년 전에 디자인했던 것과 다르게 디자인한다면, 그의 취향의 변화라 불리는 것의 요체가, 부분적으로든 전체적으로든, 그냥 그가 다르게 디자인한다는 사실에 있다고 하면 안 되나?

그리고 여기서 우리는 이렇게 말한다. "새롭게 디자인하는 것은 분명 그 자체로서는 자신의 취향을 변화시키는 것이 아니다. 한 단어를 말하는 것이 곧 그것을 의미하는 것은 아니다. 내가 믿는다고 말하는 것이 곧 믿는 것은 아니다. 이 계열들, 이 단어들과 함께 나아가는 느낌들, 정신적 행위들이 있어야 한다." 그리고 우리가 이렇게 말하는 이유는, 한 사람이 제 취향을 바꾸지 않고도 분명 새로운 모양을 디자인할 수 있고, 어떤 것을 믿지 않으면서도 말로는 믿는다고 할 수 있기 때문이다. 이는 분명히 옳다.

하지만 제 취향을 변화시킨 경우와 그렇게 하지 않은 경우를 구별해주는 것은 그저 어떤 특정한 상황에서 전에 디자인하지 않은 것을 디자인했다는 사실뿐이다. 또한 새로운 형태를 디자인하는 것이 취향의 변화에 대한 기준이 아니라고 해서 그 기준이 반드시 우리 마음의 어떤 특정 영역에서 일어난 변화여야 하는 것은 아니다.

말하자면, 우리는 "취향"이라는 단어를 느낌의 이름으로 사용하지 않는다. 우리가 그렇게 한다고 생각하는 것은 우리의 언어를 부적절하게 단순화해 사용한다는 것을 나타낸다. 바로 이것이 일반적으로 철학적 혼란이 야기되는 방식이다. 그리고 이 경우는 술어적 진술을 할 때마다 주어가 어떤 성분을 하나 갖는다고 진술하는 것으로 생각하는 경우와 무척 비슷하다("맥주는 알코올이다"라고 말할 때 우리가 실제로 그렇게 하듯이).

어떤 취향을 갖고, 제 취향을 바꾸고, 제 말을 의미하기 등에 특징적인 느낌 혹은 느낌들과 나란히, 같은 상태나 사태에서 특징적인 얼굴 표정(몸짓이나 어조)을 고려하는 것이 우리 문제를 다루는 데 도움이 될 것이다. 만일 누군가 감정은 체험이고 얼굴 표정은 체험이 아니므로 감정과 얼굴 표정이 비교될 수 없다고 반대한다면, 그에게 몸짓이나 얼굴 표정과 결부된 근육적, 동각적, 촉각적 체험을 생각게 해보라.

7. "무언가를 믿는 것의 요체가 그것을 믿는다고 말하는 데 있지 않다면, 그 말을 할 때 당신은 어떤 표정, 몸짓, 어조를 덧붙여야 한다"라는 명제를 생각해보자. 우리가 어떤 표정, 몸짓 등을 믿음의 표현을 위한 특징으로 여기는 데에는 의심의 여지가 없다. 우리는 '확신에 찬 어조'에 대해 말한다. 하지만 이 확신에 찬 어조가 우리가 확신을 말할 때마다 항상 나타나는 것은 아니다. 당신은 이렇게 말할지도 모른다. "바로 그거야. 이

는 그 몸짓들 뒤에 무언가 다른 것이, 즉 단순한 믿음의 표현에 대립되는 진짜 믿음인 그 무언가가 있음을 보여준다"고. 하지만 나는 이렇게 말할 것이다. "절대로 그렇지 않다. 매우 다양한 기준들이 다양한 상황에서, 당신이 말하는 것을 믿는 경우와 당신이 말하는 것을 믿지 않는 경우를 구별한다." 몸짓이나 어조 등과 결부된 것과는 다른 어떤 감각의 현전이 당신이 말하는 것을 의미하는 것과 의미하지 않는 것을 구별하는 경우들이 있을 수 있다. 그러나 때로는 우리가 말하는 동안에 일어나는 그 무언가가 아니라 말하기 전과 그 후에 발생하는 다양한 행동들과 여러 체험들이 이 두 가지를 구별해주기도 한다.

이 경우들의 가족을 이해하려면 얼굴 표정에서 끌어온 유사한 경우를 생각해보는 게 도움이 될 것이다. 친절한 얼굴 표정들의 가족이 있다. 우리가 "친절한 얼굴을 특징짓는 것은 어떤 특징인가?"라고 물었다 하자. 처음에 우리는 친절한 특성이라고 부를 수 있는 특성들이 있다고 생각할 것이다. 그 각각이 조금씩 얼굴을 친절해 보이게 만들고, 그 특성들이 많이 있으면 친근한 표정을 이루게 된다. 이런 관념은 '친근한 눈', '친근한 입' 등과 같은 표현을 사용하는 우리의 일상적 어법에서 탄생한 것이리라. 하지만 우리가 쉽게 볼 수 있듯이, 얼굴이 친절하게 보이도록 해준다고 하는 그 눈들이, 이마 주름이나 입 주위의 잔주름과 더불어 있을 때에는 친절해 보이지 않고, 심지어 불친절해 보일 수 있다. 그런데 우리는 왜 친절해 보이는 것은 이 눈들이라고 말하는가? 그것들이 얼굴을 친절한 모습으로 특징지어 준다고 말하는 것은 잘못이 아닌가? 그 눈들이 '어떤 상황에서만'(이 상황들이란 그 얼굴의 다른 특징들이다) 얼굴을 친절한 모습으로 만들어준다면, 왜 우리는 여러 가지 것들 가운데서 바로 그 특징 하나를 골라냈을까? 이에 대한 대답은 친절한 얼굴의 대가족에는 특정한 종류의 눈으로 된 주요 부문이 있고, 특정한 종류의 입 등으로 이뤄진 또 다른 부문이 있다는 것이리라. 비록 불친절한 얼굴들의 대가족 속에 똑같은 눈들이 있고, 그때 그것들이 불친절한 표정을 누그러뜨려주지 않더라도 말이다. 나아가 우리가 어떤 얼굴에서 친절한 표정을 볼 때 우리의 주의, 우리의 시선은 얼굴에 나타난 특정한 특징, 가령 '친절한 눈들', '친절한 입' 등에 모아진다. 그리고 이는 다른 특성들에 의존하지 않는다. 비록 이 다른 특성들 역시 친절한 표정을 만드는 데 한몫을 해도 말이다.

'하지만 무언가를 말하면서 의미하는 것과, 무언가를 의미하지 않고 말만 하는 것 사이에 차이가 없는가?' 그가 그 말을 하는 동안에는 어떤 차이도 있을 필요가 없다. 그리고 만일 차이가 있다면, 주변 상황에 따라 온갖 다양한 종류가 있을 것이다. 우리가 친절한 눈 표정이라 부르는 것과 불친절한 눈 표정이라 부르는 것이 있다는 사실에서, 친절한 얼굴의 눈과 불친절한 얼굴의 눈 사이에 반드시 차이가 있어야 한다는 결론이 나오는 것은 아니다.

이렇게 말하고 싶을지도 모르겠다. "이 특징이 얼굴을 친절해 보이게 만든다고는 할 수 없다. 다른 특징에 의해 잘못 전달될 수 있으므로." 이는 마치 이렇게 말하는 것이나 다름없다. "확신의 어조를 가지고 말을 하는 것이 확신의 특징이 될 수는 없다. 거기에 수반되는 다른 체험들에 의해 잘못 전달될 수 있으므로." 하지만 이 문장은 둘 다 옳지 않다. 그 얼굴의 다른 특성들이 그 눈의 친절한 성격을 앗아갈 수 있을지라도, 그 얼굴에서 두드러지게 친절한 특성은 눈이다.

"그는 그것을 말했고 그것을 의미했다"와 같은 구절은 우리를 오도하기 매우 쉽다. "당신을 만나면 기쁠 것이다"를 의미하는 것과 "기차는 3시 30분에 떠난다"를 의미하는 것을 비교해보라. 당신이 누군가에게 첫 문장을 말했고, 나중에 "당신은 그걸 의미했느냐?"라는 질문을 받았다고 가정해보자. 그러면 당신은 아마도 그 말을 하던 당시에 가졌던 그 느낌, 그 체험을 생각할 것이다. 이 경우에 당신은 그에 따라 "내가 그것을 의미하는지 몰랐는가?"라고 말하고 싶을 것이다. 반면에 "기차가 3시 30분에 떠난다"는 정보를 누군가에게 준 후에 그가 당신에게 "당신은 그걸 의미했는가?"라고 물으면, 당신은 "물론이다. 내가 왜 의미하지 말았어야 하는가?"라고 대답하고 싶을 것이다.

첫번째 경우에 우리는 말한 것을 의미하는 데 따르는 느낌에 대해 말하고 싶어 한다. 하지만 두번째 경우에는 그렇지 않을 것이다. 마찬가지로 이 두 경우에 거짓말하는 것을 비교해보자. 첫번째 경우에 거짓말하는 것의 요체는 그 말을 그에 맞는 감정 없이, 혹은 정반대의 감정을 가지고 하는 데 있다. 기차에 관한 정보를 주는 데 거짓말을 할 경우, 우리는 제대로 된 정보를 줄 때와는 다른 체험을 하게 될 것이다. 하지만 여기서는 그 차이가 특징적인 느낌의 부재가 아니라, 불편한 느낌의 존재에 있을 것이다.

심지어 우리가 거짓말을 하는 동안에도, 우리는 우리가 말하는 것을 의미한다는 것의 특징이라고 할 수 있는 것을 아주 강하게 체험할 수 있다. 그런데도 특정한 상황에서, 그리고 아마도 일상적인 상황에서, 우리는 "나는 내가 말한 것을 의미했다"고 말할 때 바로 이 체험을 가리킨다. 그 무언가로 인해 이 체험들이 거짓으로 드러날 경우들이 전혀 고려되지 않기 때문이다. 이 때문에 많은 경우에 우리는 "내가 말하는 것을 의미하기"가 내가 그 말을 하는 동안 이러저러한 체험을 하는 것을 의미한다고 말하고 싶어한다.

"믿기"라는 단어가 우리가 믿는다고 말하는 동안 일어나는 어떤 행동, 어떤 과정을 의미한다면, 믿기란 믿음을 표현하는 것과 유사하거나 그와 똑같은 것이라 할 수 있을 것이다.

8. 이에 대한 반론을 살펴보는 것도 재미있을 것이다. 만일 내가 "나는 비가 올 거라고 믿는다"고 말하고(그 말을 의미하고), 누군가가 영어를 모르는 프랑스인에게 내가 믿는 것이 무엇인지 설명하고 싶어 한다고 하자. 그럼 어떻게 될까? 그저 그 문장을 말하는 게 내가 믿을 때에 내가 한 일의 전부라면, 그 프랑스인에게 내가 사용한 단어들을 정확하게 말해주거나 "Il croit 'it will rain'"['비가 올 것'이라고 믿는다]이라고 말해주면, 그는 내가 무엇을 믿는지 안 셈이 될 것이다. 하지만 이것이 그에게 내가 무엇을 믿는지 말해주지 않으리라는 것은 분명하다. 따라서 우리는 중요한 것, 즉 믿기라는 진짜 정신적 행위를 그에게 전달하는 데 실패했다고 말할 수도 있다. 하지만 대답은 이것이다. 만일 내 말에 온갖 체험들이 동반되어도, 우리가 그 프랑스인에게 이 체험들을 전달할 수 있었을지라도, 그는 여전히 내가 믿고 있는 바를 알지 못했을 것이다. 왜냐하면 "내가 믿는 바를 아는 것"이란 그저 그 말을 하는 동안 내가 하고 있는 것을 느끼는 것이 아니기 때문이다. 이는 체스에서 내가 이런 수를 가지고 의도하는 바를 안다는 것이 그 수를 두는 동안 내 정확한 정신상태를 아는 것을 의미하는 게 아닌 것과 마찬가지다. 비록 어떤 경우에는 이 정신상

태를 아는 것이 당신에게 내 의도에 관해 매우 정확한 정보를 제공해주더라도 말이다.

내 말을 그에게 프랑스어로 번역해줬다면, 내가 믿는 것을 그 프랑스인에게 말했다고도 해야 할 것이다. 하지만 그로써 그에게 내 믿음을 발화했을 때 '내 안에서' 일어난 일에 대해 그에게 아무것도 (간접적으로도) 말해주지 **않았을지 모른다**. 외려, 우리가 그에게 그의 언어 속에서 내 문장이 영어에서 차지한 것과 유사한 자리를 차지하는 문장을 지적했다고 하는 게 낫겠다. 한편, 적어도 어떤 경우에는 내가 믿은 바를 그에게 훨씬 더 정확하게 말해줄 수 있었을지도 모르겠다. 가령 그가 영어를 유창하게 했다면 말이다. 그랬다면 내가 말했을 때 그가 내 안에서 일어난 일을 정확하게 알았을 테니까.

우리는 "의미하기", "믿기", "의도하기" 같은 단어들을 그것들이 특정한 행위나 정신상태를 가리키는 양 사용한다. "누군가에게 장군을 부르다"라는 표현으로써 킹을 취하는 행동을 가리키듯이 말이다. 반면에 누군가가, 가령 체스 말을 갖고 놀던 어린아이가 체스 판에 말 몇 개를 올려두고 킹을 취하는 동작을 했다 하자. 이 경우에는 그 어린아이가 누군가에게 장군을 불렀다고 하면 안 될 것이다. 그리고 여기서 또 다시 우리는 이 경우와 진짜로 장군을 부르는 경우를 구별하는 것이 그 어린아이의 머릿속에서 일어난 어떤 것이라고 생각할지 모른다.

내가 한 수(手)를 두자, 누군가 내게 "당신은 그에게 장군을 부를 의도였는가?"라고 묻는다고 하자. 나는 "그랬다"라고 대답한다. 그러자 그가 내게 "그랬다는 것을 어떻게 알 수 있었는가? 당신이 **알았던 것**의 전부는 그 수를 뒀을 때 당신 내부에서 일어난 것뿐인데"라고 묻는다. 여기에 대해 나는 "**이러이러한** 상황에서는 이것이 그에게 장군을 부르려고 의도하는 것이었다"라고 대답할 수 있을 것이다.

9. '의미'에 적용되는 것은 '사유'에도 적용된다. 우리는 종종 반쯤 소리 내어 혼잣말을 하지 않고서는 생각하는 것이 불가능하다는 것을 발견한다. 하지만 이때 무슨 일이 일어났는지 기술하라는 요청을 받으면 그 누구도 어떤 것(생각)이 말하기에 수반된다고 말하지 않을 것이다. 만일 "말하기"/"생각하기"라는 동사의 쌍에 의해, 그리고 그 사용법들이 평행을 이루는 수많은 일상적 구절들에 의해 그렇게 하도록 이끌리지 않는다면 말이다. 이 예들을 생각해보라. "말하기 전에 생각하라!", "그는 생각 없이 말한다", "내가 말한 것은 내 생각을 똑부러지게 드러내지 못했다", "그는 말하는 것과 생각하는 것이 정반대다", "내가 말한 것 중에 한 마디도 내가 진짜로 의미한 게 아니다", "프랑스어는 그 단어들을 생각의 순서대로 사용한다."

그런 경우에 무언가가 말하기와 함께 간다고 할 수 있다면, 그것은 목소리의 변조, 음색의 변화, 억양 혹은 그와 같은 것이리라. 이 모두를 우리는 표현의 수단이라고 부를 수 있을 것이다. 이것들 중에 몇몇은, 가령 어조와 억양 같은 것들은, 그 누구도 어떤 뚜렷한 이유에서 발화 행위(speech)의 부속물이라 부르지 않을 것이다. 그리고 발화 행위에 수반된다고 할 수 있을 얼굴 표정이나 몸짓 같은 표현 수단들을, 그 누구도 생각하기라고 부르지는 않을 것이다.

10. 색깔을 가진 사물들과 모음들에 "더 밝은"과 "더 어두운"이라는 표현을 사용했던 예로 되돌아가 보자. 이것이 하나가 아니라 두 가지 사용

법이라고 말하고 싶어 하는 이유는 이런 것이리라. 즉, "우리가 '더 어두운', '더 밝은'이라는 단어가 실제로 모음들 간의 관계에 들어맞는다고 생각하는 것은 아니다. 그저 음들 사이의 관계와 더 어둡고 더 밝은 색깔들의 관계 사이에서 어떤 유사성을 느낄 뿐이다." 이것이 어떤 느낌인지 알고 싶다면, 당신이 누군가에게 사전 교육 없이 "모음 a, e, i, o, u를 어두운 순서대로 말해보라"고 요구했던 것을 상상해보라. 그렇게 한다면, 그것을 말할 때의 나의 어조는 "이 책들을 어두운 순서대로 배열하라"라고 말할 때의 그것과 확실히 다를 것이다. 즉, 그 말을 할 때의 나의 어조는 묘한 미소를 지으며 "당신이 내 말을 알아들을지 모르겠다"라고 말할 때의 그것과 비슷할 것이다. 나의 **느낌**을 묘사해주는 게 도대체 있다면, 바로 이것이리라.

이는 나를 다음과 같은 논점으로 데려간다. 누군가 나에게 "저기에 있는 책은 무슨 색인가?"라고 묻자, 내가 "빨간색"이라고 대답한다. 그가 재차 "왜 이 색을 '빨간색'이라고 부르는가?"라고 물으면, 대부분의 경우 나는 이렇게 말해야 할게다. "그것을 빨간색이라고 부르게 **만드는** 것은 없다. 말하자면, **그럴 이유는 아무것도 없다.** 나는 그저 그것을 바라보며 '그것은 빨갛다'라고 말했을 뿐이다." 그럼 이렇게 말하고 싶어질 것이다. "물론 이것이 일어난 일의 전부가 아니다. 내가 어떤 색을 보고 단어를 말하면서도 여전히 색깔을 명명하지 못할 수가 있기 때문이다." 그리고는 계속해서 이렇게 말하고 싶어진다. "눈에 보이는 색깔을 명명하면서 '빨강'이라고 발음할 때에는 그 단어가 우리에게 **특별한 방식으로 다가온다.**" 하지만 동시에 "당신이 말하는 그 방식이 무엇인지 기술할 수 있는가?"라는 질문을 받으면, **그 어떤** 기술도 제공할 준비가 되어 있다고 느끼지는 못할 것이다. 이제 우리가 이렇게 묻는다고 가정해보자. "어쨌거나 그 색의 이름이 그 전에 당신이 색깔들을 명명할 때마다 **바로 그 특정한 방식으로** 당신에게 다가왔던 것을 기억하는가?" 그는 늘 발생하곤 했다고 여긴 그 특정한 방식이 전혀 떠오르지 않는다는 것을 인정해야 할 것이다. 사실 우리는 색을 명명하는 것이 온갖 종류의 체험들을 수반할 수 있음을 어렵지 않게 그에게 알려줄 수 있을 것이다. 이런 경우들을 서로 비교해보라. a) 철(鐵)을 불 속에 집어넣고 붉은 빛을 낼 정도로 가열한다. 나는 당신에게 철을 보라고 요구하며, 이따금씩 그것이 어느 정도 **달궈졌는지** 말해주기를 원한다. 그것을 바라보고 당신이 말한다. "붉은 빛을 내기 시작한다." b) 우리가 교차로에 서 있고, 내가 말한다. "파란 신호를 잘 봐. 파란불이 들어오면 말해줘. 그러면 나는 길을 건널 거야." 스스로 이렇게 질문해보라. 만일 당신이 어떤 경우에는 "파란불!"이라고, 또 다른 경우에는 "건너라!"라고 소리친다면 이 말들은 같은 방식으로 다가오는가? 아니면 다른 방식으로 다가오는가? 이에 대해 일반적 방식으로 말할 수 있는가? c) 내가 이렇게 물어봤다 하자. "당신이 손에 들고 있는 그 물체는 무슨 색인가?"(그리고 나는 볼 수가 없다). 당신은 이렇게 생각한다. "이것을 뭐라고 부르더라? 이게 '감청색'이던가, '남색'이던가?"

매우 주목할 만한 것은 철학적 대화에서 "색의 이름은 어떤 특정한 방식으로 다가온다"고 말할 때, 그 이름이 다가오는 수없이 다양한 경우와 방식을 우리가 생각해내는 데 별 문제가 없다는 것이다. 그런데 사실 우리의 주요 논점은 색을 명명한다는 것은 어떤 색을 보는 [각각의] 상이한 경우에 그저 한 단어를 발음하는 것과는 다르다는 것이다. 따라서 이렇게 말할 수 있다. "우리가 탁자 위에 놓여 있는 몇몇 물건들, 파란 것, 빨간 것, 흰 것, 검은 것을 센다고 해보자. 그것들 각각을 돌아가며 보면서 '하나, 둘, 셋, 넷'이라고 말한다. 이 경우 우리가 그 단어들을 발음할 때, 누군가에게 그 대상들의 색깔을 말해줘야 할 때 발생하는 것과는 무언가 다른 것이 발생한다는 것을 쉽게 알 수 있지 않을까? 그리고 전과 동일한 권리를 가지고 '숫자를 말할 때는 그 대상들을 보며 그것들을 말하는 것 외에는 아무 일도 일어나지 않는다'라고 말할 수 있지 않을까?"

이에 대해 두 가지로 대답할 수 있다. 첫째, 의심할 여지 없이 대개의 경우에 대상들을 세는 데에는 그것들의 색깔을 명명하는 것과는 다른 체험들이 수반될 것이다. 그리고 그 차이가 무엇인지 대강 기술하기는 어렵지 않다. 우리는 수를 셀 때 우리가 사용하는 특정한 몸짓을 알고 있다. 손가락을 꼽거나, 고개를 끄덕이는 것이 그것이다. 다른 한편 그로부터 깊은 인상을 받으면서 "색깔에 주의를 집중한다"고 부를 수 있는 체험도 있다. 그리고 이것들이 "대상들을 셀 때와 그 색을 명명할 때 무언가 다른 일이 일어나는 것을 알기는 쉽다"고 말할 때 우리가 떠올리는 것이다. 하지만 수를 셀 때 갖게 되는 몇몇 독특한 체험들이 반드시 우리가 수를 세는 동안 일어나야 하는 것은 아니며, 색깔을 응시할 때 일어나는 독특한 현상이 우리가 그 대상을 보고 그 색깔을 명명할 때에 반드시 일어나야 하는 것도 아니다. 사실 네 개의 대상을 세는 것과 그 색을 명명하는 과정은 어쨌든 대개의 경우 전체적으로 보아 서로 다를 것이다. 우리에게 깊은 인상을 주는 것은 바로 **이것**이다. 하지만 그렇다고 해서 한편으로는 숫자를 발음하고, 다른 한편으로는 색깔의 이름을 발음하는 두 경우에 매번 무언가 다른 일이 벌어진다는 것을 우리가 알고 있다는 의미는 전혀 아니다.

이런 종류의 문제를 놓고 철학을 할 때 우리는 거의 변함없이 이런 종류의 것을 하게 된다. 즉, 어떤 대상을 뚫어지게 바라보며 그 색명을 '읽어내려 하는' 체험을 우리 스스로 반복하는 것이다. 그리고 그런 일을 반복해서 하게 되면 자연스레 "'파랑'이라고 말하는 동안 무언가 특정한 일이 일어난다"고 말하고 싶어진다. 왜냐하면 똑같은 과정을 반복적으로 겪는 것을 의식하기 때문이다. 하지만 스스로 물어보라. 이것이 또한 (철학을 할 때만 빼고) 다양한 계기에 우리가 어떤 사물의 색을 명명할 때 우리가 늘 겪는 과정이던가?

11. 지금 다루는 문제는 의지작용, 즉 의지적 행위와 무의지적 행위에 대해 생각할 때에도 마주치게 된다. 이런 예들을 생각해보라. 어떤 무거운 역기를 들어올릴지 심사숙고해보고 들어올리기로 결심한 뒤 힘을 써서 들어올린다. 당신은 이것이 완전히 의지적이고 의도적인 행동의 예라고 말할지 모른다. 자기 담배에 불을 붙일 때 상대도 담배에 불을 붙이려 하는 것을 보고 불붙은 성냥을 건네주는 경우와 이것을 비교해보라. 또는 편지를 쓰며 손을 움직이는 경우나 말을 하며 입, 후두 등을 움직이는 경우와 비교해보라. 첫번째 예를 의지작용의 완전한 예라고 불렀을 때, 나는 이 오도하기 쉬운 표현을 일부러 사용했다. 왜냐하면 이 표현이 잘 보여주듯이, 의지작용에 대해 생각할 때 사람들은 이런 종류의 예를 의지작용의 전형적 특징을 가장 명확히 보여주는 예로 간주하는 경향이 있기 때문이다. 사람들은 의지 작용에 관해 이런 예로부터 자신의 관념과 자신의 언어를 취하고는, 의지 작용이라 부를 수 있을 만한 모든 경우에

(비록 그렇게 명확한 방식으로는 아니라 하더라도) 이를 적용해야만 한다고 생각한다. 이는 우리가 반복해서 만나곤 했던 경우와 똑같다. 우리 일상 언어의 표현 형식들은 "의지하기", "생각하기", "의미하기", "읽기" 등의 단어의 어떤 특별한 용례들에 아주 분명하게 들어맞는다. 이 때문에 우리는 어떤 사람이 '우선 생각하고 그러고 나서 말하는' 경우를 제대로 된 생각하기의 예라고 부르고, 어떤 사람이 자기가 읽는 단어의 철자를 대는 경우를 제대로 된 읽기의 예라고 불렀는지도 모른다. 우리는 의도된 행동과는 구별되는 '의지 행위'(act of volition)에 대해 이야기한다. 그리고 첫번째 예에서 이 경우와, 손과 역기가 들어올려진 것이 일어난 일의 전부인 그런 경우를 분명하게 구별하게 해주는 수많은 다양한 행위들이 있다. 가령 생각해서 결정을 내리기 위한 준비들이 있고, 그것을 들어올리려는 노력이 있다. 하지만 우리가 든 다른 예들, 그리고 우리가 제시할 수 있는 수많은 예들 속에서 이 과정들과 유사한 것을 어디서 찾아볼 수 있는가?

다른 한편 한 사람이 아침에 자리에서 일어날 때 생기는 일의 전부는 이럴 것이다. "지금이 일어날 시간인가?"라고 심사숙고한 뒤 마음을 굳히려 해보는데 갑자기 **자기가 일어나고 있는 것을 알게 된다.** 이런 식의 기술은 의지 행위의 부재를 강조한다. 첫째, 그런 행동의 원형을 어디에서 찾아볼 수 있는가? 즉, 그런 행동에 관한 관념을 어떻게 얻었는가? 나는 그 의지 행위의 원형이 근육을 쓰는 체험이라고 생각한다. 하지만 위의 기술에는 우리로 하여금 그것을 반박하도록 이끄는 무언가가 있다. 우리는 이렇게 말한다. "우리는 마치 다른 사람을 관찰하듯이 그저 우리 자신이 일어나는 것을 '발견하거나' 관찰하는 게 아니다! 즉, 그것은 어떤 반사 행동을 지켜보는 것과는 다르다. 가령 내가 벽에 서 있다. 벽 쪽의 팔은 쭉 펴서 늘어뜨리고, 손등은 벽에 대고 있다. 그리고 팔을 뻣뻣하게 뻗고 삼각근을 이용해 벽에 댄 손등에 힘을 가하고, 그다음에 벽에서 재빨리 떨어져 힘을 뺀 채로 팔을 늘어뜨렸더니, 내 팔이 [반사작용으로] 내 의지와 관계없이 저절로 올라가기 시작한다고 하자. 그런 일이 있다면, 이것이야말로 '나는 내 팔이 올라가는 것을 **발견한다**'고 말하는 것이 적절한 경우가 될 것이다."

다시 이 실험에서 내 팔이 올라가는 것을 관찰하거나 다른 사람이 침대에서 일어나는 것을 보는 경우와, 내가 일어나는 것을 내가 발견하는 경우에는 분명히 놀라운 차이들이 있다. 후자의 경우에는 놀라움이라 불리는 것을 가질 여지가 전혀 없다. 그리하여 나는 내 자신의 움직임을, 누군가가 침대에서 뒤척이는 것을 보고 "이제 일어나려나?"하고 혼잣말을 할 때처럼 **보지** 않는다. 침대에서 일어나는 의지적 행위와 팔이 올라가는 무의지적 행위에는 어떤 차이가 있다. 하지만 소위 의지적 행위과 무의지적 행위 사이에 단 하나의 공통된 차이, 즉 '의지 행위'라는 한 가지 요소의 현존과 부재가 있는 것은 아니다.

"나는 내 자신이 일어나는 것을 발견한다"라는 말은 곧 그가 자신이 일어나는 것을 보는 것을 **관찰한다**는 단어를 기술하고 싶어 한다는 것을 시사한다. 하지만 이 경우에 관찰하는 태도는 없다고 분명히 말할 수 있다. 관찰하는 태도는 하나의 지속되는 정신의 상태가 아니다. 그렇지 않다면, 그것이 우리가 관찰하는 모든 시간 내내 존재한다고 해야 할 것이다. 외려, 우리가 관찰하는 태도라 부르는 활동과 체험들의 집합으로서 한 가족이 있다고 하는 게 낫겠다. 거칠게 말하면 호기심, 조심스런 기대감, 놀라움이라는 관찰의 요소들이 있고, 또한 호기심, 조심스런 기대감, 놀라움을 표현하는 얼굴 표정과 몸짓이 있다고 해야 할 것이다. 그리고 만일 이들 각각의 경우를 특징짓는 얼굴 표정에 여러 가지가 있으며, 이 경우들이 어떤 얼굴 표정도 없이 나타날 수도 있다는 데 동의한다면, 당신은 이 세 가지 단어 각각에 하나의 **가족**을 이루는 현상들이 대응한다는 것을 인정할 것이다.

12. 내가 이렇게 말했다고 하자. "내가 실제로 그렇게 믿으면서 그에게 기차가 3시 30분에 떠날 예정이라고 말했을 때, 내가 문장을 발화했다는 것 말고는 아무 일도 일어나지 않았다." 그러자 누군가 이렇게 말하며 내 말을 반박한다고 해보자. "분명히 그렇지는 않았을 것이다. 왜냐하면 당신이 그것을 믿지는 않은 채로 '그저 문장을 말하기'만 할 수도 있었으니까." 내 대답은 이런 것이리라. "믿으면서 말을 하는 것과 믿지 않으면서 말을 하는 것 사이에 아무런 차이가 없다는 얘기가 아니다. 하지만 '믿기'/'안 믿기'의 쌍은 다양한 경우의 다양한 차이들(하나의 가족을 형성하는 차이들)을 가리키는 것이지, 단 하나의 차이, 즉 어떤 정신상태의 현존과 부재의 차이를 가리키는 게 아니다."

13. 의지적 행위와 무의지적 행위의 다양한 특성들을 생각해보자. 무거운 역기를 들어올리는 경우, 힘을 쓰는 다양한 체험들이 그 역기를 의지적으로 들어올리는 것을 명확하게 특징짓는다. 다른 한편, 이것을 자발적으로 쓰기를 하는 경우와 비교해보라. 일상적인 경우에 쓰기를 할 때에는 대부분은 힘을 쓸 일이 없을 것이다. 설사 쓰기가 손을 피곤하게 하

고 긴장시키는 것을 느껴도, 이는 우리가 전형적인 의지적 행위라 부르는 '밀기'와 '당기기'의 체험은 아니다. 나아가 당신이 역기를 들어올리느라 손을 올리는 것을, 가령 위에 있는 어떤 대상을 가리키느라 손을 올리는 것과 비교해보라. 후자는 확실히 의지적 행위로 여겨질 것이다. 비록 힘쓰기라는 요소가 전혀 없어도 말이다. 사실 대상을 가리키기 위해 팔을 드는 것은 그것을 바라보려고 눈을 올리는 것과 아주 비슷하다. 여기에서 힘을 쓰는 것을 상상하기란 거의 불가능하다. 이제 무의지적으로 팔을 올리는 행위를 기술해보자. 이미 우리가 한 실험이 있다. 그 실험은 근육의 긴장의 완전한 부재와, 팔 들어올리기를 바라보는 주의 깊은 태도로 특징지어졌다. 하지만 우리는 방금 근육의 긴장이 없는 경우를 봤다. 그리고 우리가 그것들을 향해 주의 깊은 태도를 취하더라도 의지적 행위라 불러야 할 경우들이 있다. 대부분의 경우에 특정한 행위를 의지적 행위로 특징짓는 것은 독특하게도 그것에 주의 깊은 태도를 취하는 게 불가능하다는 사실이다. 가령 당신이 손을 의지적으로 들어올릴 때 손이 올라가는 것을 관찰해보라. 물론 당신은 그 실험에서 그렇게 할 때 손이 올라가는 것을 **본다**. 하지만 어쩐 일인지 눈을 가지고는 같은 방식으로 그 움직임을 따를 수가 없다. 이는 당신의 눈이 종이에 그려진 선을 따라가는 두 경우를 비교해보면 더 분명해질 것이다. a) 아래와 같은 불규칙한 선과

b) 씌어진 문장을. 그럼 a)에서는 눈이 이리저리 흘러 부딪히지만, 문장

을 읽을 때는 눈이 부드럽게 따라간다는 것을 알게 되리라.

우리가 의지적 행위를 주의 깊게 대하는 경우를 생각해보라. 가령 종이 위에 거울을 올려놓고 거기에 비친 모습에 따라 손을 움직여 대각선을 가진 정사각형을 그리는 매우 유용한 경우를 말이다. 여기서 우리는 진짜 **행위**, 즉 의지 작용이 **직접적으로** 적용되는 그런 행위는 우리 손의 움직임이 아니라 훨씬 더 뒤에 있는 것, 말하자면 근육의 행위라고 말하는 경향이 있다. 우리는 그 경우를 다음의 것과 비교하고 싶어 한다. 가령 우리 앞에 일련의 레버가 있다. 그것으로 어떤 감추어진 메커니즘을 통해 종이 위에 그림을 그리는 연필의 움직임을 지시할 수 있다고 하자. 그럼 우리는 아마 연필을 원하는 대로 움직이기 위해 어떤 레버를 당겨야 할지 망설일 것이다. 이때 **우리는 의도적으로** 특정한 레버를 당긴다고 할 수 있다. 물론 잘못된 결과가 나올지라도 우리가 의도적으로 그런 결과를 만들려 했던 건 아니리라. 하지만 이 비교는 비록 쉽게 떠오르기는 하지만, 오도되기 매우 쉽다. 왜냐하면 우리가 앞에서 본 레버들의 경우에는 그것을 당기기 전에 당겨야겠다고 결심하는 그런 것이 있었다. 하지만 가령 우리의 의지작용이 근육을 건반처럼 연주하는가? 다음에 어느 것을 사용할지 고르면서? 어떤 의미에서, 우리가 의도적이라 부르는 몇몇 행위들은 그것을 하기 전에 '우리가 무엇을 해야 할지 안다'는 특징이 있다. 이런 의미에서 우리는 우리가 가리키려는 대상이 무엇인지 안다고 말한다. 그리고 우리가 '앎의 행위'라 부르는 것의 요체는 우리가 그것을 가리키기 전에 바라보거나, 단어나 그림으로 그것의 위치를 기술하는 데 있을지도 모른다. 거울을 보고 정사각형을 그리는 것을 우리는 이렇게 기술할 수도 있을 것이다. 즉, 그때 우리의 행위들은 운동기관에 관한 한 의도적이었으며, 시각적 측면에 관한 한 그렇지 않았다고. 이는, 예를 들어, 그렇게 하라는 명령이 내려지면 잘못된 결과를 낳은 그 손동작을 얼마든지 반복할 수 있다는 사실로 예증될 것이다. 하지만 의지적 행위의 이 운동기관적 성격이 우리가 무엇을 할지 미리 아는 데 그 요체가 있다고 말한다면, 그것은 명백히 부조리한 얘기가 될 것이다. 비록 우리가 그때 머릿속에 동각적(動覺的) 감각의 그림을 갖고 있었고, 그 감각을 불러일으키겠다고 결심한 게 사실이라 하더라도 말이다. 그 주체가 손가락을 깍지 낀 실험을 기억해보라. 만약에 당신이 그에게 움직여 보라고 명령한 그 손가락을 멀리에서 가리키는 대신에 그의 손가락을 만진다면, 그는 언제든 조그만 어려움도 없이 그것을 움직일 것이다. 그리고 여기서 우리는 이렇게 말하고 싶은 유혹을 느낀다. "물론 이제 나는 그것을 움직일 수 있다. 왜냐하면 어느 손가락을 움직이도록 요구받았는지를 아니까." 이는 마치 내가 당신에게 바람직한 결과를 초래하려면 어떤 근육을 수축시켜야 하는지 당신에게 보여준 것처럼 비친다. "물론"이라는 단어는, 마치 내가 당신의 손가락을 만짐으로써 당신에게 무엇을 해야 할지 알려주는 정보를 하나 준 것처럼 보이게 한다(마치 흔히 당신이 한 사람에게 손가락을 이러저러하게 움직이라고 말할 때, 그가 당신의 명령에 따를 수 있는 것이 그 동작을 어떻게 하는지 알고 있기 때문이라는 듯이 말이다).

(여기서 튜브를 통해 액체를 빨아들이는 경우를 생각해보는 것도 재미있겠다. 몸의 어느 부분으로 빨아들였는지 물으면, 당신은 입이라고 말하기 쉬울 것이다. 그 일은 숨을 들이마시는 근육이 한 것이라도 말이다.)

이제 무엇을 "무의지적으로 말하기"라 부르는지 스스로 물어보기로 하자. 먼저 정상적인 경우에 당신이 무의지적으로 말할 때, 이때 벌어지는 일은, 어떤 의지작용의 행위에 의해 입, 혀, 후두 등을 소리를 내는 수단으로서 움직인다는 식으로 기술할 수 없다는 점에 주목해라. 우리의 입, 후두 등에서 무슨 일이 일어나든, 말을 하는 동안에 당신이 무슨 감각을 갖게 되든, 그것들은 소리의 산출에 수반되는 이차적인 현상들처럼 보일 것이다. 그리고 의지작용은 매개적 메커니즘 없이 소리들 그 자체 위에서 작동한다고 말하고 싶을 것이다. 이는 이 '의지작용'이라는 중개자에 대한 우리의 관념이 얼마나 막연한지 보여준다.

이제 무의지적인 말하기로 넘어가 보자. 당신이 하나의 경우를 기술해야 한다고 해보자. 당신은 무엇을 할 것인가? 물론 잠꼬대를 하는 경우가 있다. 이것의 특징은 알지 못하는 채로 말을 하고, 말을 한 다음에도 기억을 하지 못한다는 데 있다. 그러나 당신은 분명히 이것을 무의지적 행위의 특징이라 부르지 않을 것이다.

무의지적인 말하기의 더 좋은 예는 아마도 "와우!", "도와줘!" 같은 무의지적인 감탄사일 것이다. 이런 발언은 통증으로 비명을 지르는 것과 비슷하다(그런데 이는 우리로 하여금 '감정 표현으로서의 말'에 대해 생각하게 한다). 우리는 이렇게 말할 것이다. "분명히 이것들은 무의지적인 언어 행위의 좋은 예들이다. 왜냐하면 이 경우들에는 말을 하겠다는 의지 행위가 없을 뿐 아니라, 많은 경우에는 우리 의지를 **거슬러** 이 말들을 입 밖에 내기 때문이다." 나는 이렇게 말할 것이다. 물론 나는 이를 무의지적인 말하기라고 부를 것이다. 그리고 나는 이 말들을 미리 준비하거나 수반하는 의지 행위가 없다는 데 동의한다. "의지 행위"라는 말로서 의도하기, 미리 생각하기, 애쓰기 같은 특정한 행위를 가리킨다면 말이다. 하지만 의지적인 발화 행위의 많은 경우에 나는 어떤 노력도 들이지 않고, 내가 의지적으로 말하는 것이 늘 미리 생각되어진 것도 아니며, 어떤 의도적인 행위가 말하기에 앞서는지도 모른다.

고통 때문에 의지를 거슬러 소리 지르는 것은 누군가와 싸움을 하다가 그의 주먹을 막으려고 의지를 거슬러 손이 올라가는 것과 비교할 수 있을 것이다. 하지만 소리를 지르지 않겠다는 의지(혹은 '바람'이라고 해야 할까)는 우리의 저항이 적의 강함에 꺾이는 것과는 다른 방식으로 꺾인다. 우리가 의지를 거슬러 소리 지를 때, 우리는 말하자면 허를 찔린 것이다. 마치 누군가 우리 옆구리에 총구를 대고 "손들어!"라고 명령해 우리 손을 들어올리듯이 말이다.

14. 그럼 이제까지의 고찰에 매우 도움이 될, 다음의 예를 생각해보라. 한 단어를 이해할 때 무슨 일이 일어나는지 알기 위해 우리가 이런 놀이를 한다고 하자. 당신이 단어 목록을 하나 갖고 있고, 그 단어들의 일부는 내 모국어로 되어 있고, 일부는 다소간 내게 알려진 외국어로 되어 있으며, 일부는 내가 전혀 모르는 언어로 되어 있다(아니면, 결국 같은 얘기겠지만, 이 경우를 위해 고안된 무의미한 단어들일 수도 있다). 다시 내 모국어로 된 단어들 중 몇 개는 일상생활에 사용된다. 그것들 중 몇 개는 "집", "탁자", "사람" 같이 우리가 원초적 언어라 부를 수 있는 것으로 어린아이들이 처음 배우는 단어들에 속하고, 다시 이것들 중 몇 개는 "엄마", "아빠" 같이 아기가 말하는 단어다. 또한 "카뷰레터", "발전기", "퓨즈"와 같은 다소간 널리 사용되는 기술적인 용어가 있다. 누군가 내게 이 단어들을 읽어주면, 매 단어가 끝날 때마다 그 단어를 이

해했는지 여부에 따라 나는 "예" 또는 "아니오"라고 말해야 한다. 그러고 나서 나는 내가 그 단어를 이해했을 때와, 그것을 이해하지 못했을 때, 내 머릿속에서 각각 무슨 일이 일어났는지 기억해내려 한다. 그리고 여기서 다시 "예", "아니오"라고 말할 때 수반되는 특정한 목소리와 얼굴 표정을, 소위 정신적 사건들과 나란히 함께 생각해보는 것이 유용할 것이다. 이를 알면 놀랄지도 모르겠지만, 이 실험이 비록 우리에게 수없이 다양한 특징적인 체험들을 보여주더라도, 이해하기의 체험이라 부를 수 있을 단 하나의 체험을 보여주지는 않을 것이다. 다음과 같은 체험들이 있을 것이다. "나무"라는 단어를 듣고, "물론"이라고 말할 때의 목소리의 어조와 감각으로 내가 "예"라고 말한다. 또는 "확증"이라는 단어를 듣는다. "어디 보자"라고 혼잣말을 하면서 나는 도움의 예를 어렴풋이 기억하며 "예"라고 대답한다. "장치"라는 단어를 듣고서 나는 항상 그 단어를 사용하는 사람을 떠올리며 "예"라고 말한다. "엄마"라는 단어를 듣는다. 우습고 유치하게 느껴지지만, "예"라고 말한다. 외국어 단어의 경우에는 종종 대답하기 전에 머릿속에서 영어로 번역을 할 것이다. "스핀서리스코프"(알파입자가 형광판에 부딪혀서 생기는 입자를 관찰하는 확대경)라는 단어를 듣고, "모종의 과학도구임에 틀림없어"라고 혼잣말을 하며, 그 의미를 그것의 파생어에서 생각해내려고 해보지만 결국 실패하고 만다. 그래서 "아니오"라고 말한다. 또 다른 경우에는 "중국어 같은데"라고 혼잣말을 하고는, "아니오"라고 말한다. 다른 한편, 단어를 듣고 대답을 하는 것 외에는 그 어떤 일도 일어나지 않는 그런 경우도 꽤 많을 것이다. 그리고 그 단어와 전혀 관계없는 체험(감정, 사유)을 떠올리는 경우도 있을 것이다. 따라서 내가 묘사할 수 있는 체험들 가운데에는 이해하기의 전형적인 체험들이라 부를 수 있을 부류도 있고, 몇몇 이해하지 못하기의 전형적 체험들도 있을 것이다. 하지만 이것들과 반대로 "어떤 특정한 체험도 전혀 아는 바가 없다. 그저 '예' 또는 '아니오'라고 말했을 뿐이다"라고 해야 할 경우들도 엄청나게 많을 것이다.

누군가 이렇게 말한다 하자. "하지만 당신이 '나무'라는 단어를 이해했을 때 분명히 무슨 일이 일어났다. 그렇지 않다면 당신이 '예'라고 말할 때 정신이 나간 상태였다는 얘기가 된다." 그럼 나는 돌이켜보고 이렇게 혼잣말을 할지도 모른다. "'나무'라는 단어를 이해했을 때 어떤 친근한 느낌이 들지 않았었나?" 하지만 내가 말하는 그 느낌이 내가 그 단어를 듣거나 사용할 때마다 항상 드는가? 그 느낌이 들었었다는 것을 기억하고 있는가? 내가 그 단어를 이해했었다고 할 수 있는 모든 경우에 느꼈던 감각들 중 몇 개, 가령 다섯 개를 기억하는가? 나아가 내가 말한 그 '친근한 느낌'이란 내가 처한 특정한 상황, 즉 이해하기에 대해 철학을 하는 상황의 특징이 아닌가?

물론 우리의 실험에서 우리는 "예" 또는 "아니오"라고 말하는 것을 이해하기 혹은 이해하지 못하기의 특징적 체험이라 부를 수 있다. 하지만 우리가 그저 어떤 문장에서 한 단어를 들었을 뿐, 그에 대한 반응이 문제조차 되지 않는다면 어떨까? 여기서 우리는 기이한 난점에 빠져 있다. 한편으로 하나의 단어를 이해하는 모든 경우에 하나의 특징적인 체험이 현재한다고 말할 이유가 없어 보인다. 그런데도 그저 내가 그 단어를 듣거나 말하는 것이 일어난 일의 전부라고 말하는 것은 확실히 잘못이라는 느낌이 든다. 왜냐하면 그것은 우리가 그 시간 동안 단순히 자동 기계처럼 행동한다는 말처럼 들리기 때문이다. 대답은 어떤 의미에서 우리는 그렇게 행동하고, 어떤 의미에서는 그렇게 하지 않는다는 것이리라.

누군가 내게 상냥한 얼굴 표정을 연출하며 말을 건넨다고 하자. 그의 얼굴이 매순간, 그 어떤 상황에서 보아도 분명히 상냥한 표정이라고 해야 할 그런 모습으로 보일 필요가 있는가? 그렇지 않다면 '상냥한 표정의 연출'이 무표정한 동안에는 중단됐다는 것을 의미하는가? 내가 가정하고 있는 상황에서는 그렇게 말하지 않을 것이다. 비록 [그 상황을] 따로 떼어내면 무표정하다고 불러야 한다 해도, 우리는 이 순간의 모습이 그 [상냥한] 표정을 중단시킨다고 느끼지는 않는다.

바로 이런 방식으로 우리는 "한 단어를 이해하기"라는 구절로써 우리가 반드시 말하거나 듣는 동안에 일어나는 일을 가리키는 것은 아니다. 그 말로써 우리는 외려 그것을 말하는 일이 일어나는 상황 전체를 가리킨다. 그리고 이는 누군가가 자동인형이나 앵무새처럼 말을 한다고 할 때에도 적용된다. 이해하고서 말하는 것은 분명히 자동인형처럼 말하는 것과는 다르다. 하지만 이것이, 첫번째 경우의 말하기에는 항상 두번째 말하기에 결여된 무언가가 수반된다는 것을 의미하지는 않는다. 두 사람이 상이한 궤적을 그리며 움직인다고 말할 때에도 그 말이 곧 그들이 동일한 환경에 있는 거리를 걸을 수 없다는 것을 의미하지는 않는 듯이 말이다.

따라서 많은 경우에 의지적으로(또는 무의지적으로) 행위하는 것은 의지적 행위 특징이라고 부르는 체험보다는, 그 행동이 일어나는 수많은 상황들에 의해 특징지어진다. 그리고 이런 의미에서 내가 침대에서 일어났을 때(분명 이를 무의지적이라 불러서는 안 될 것이다) 벌어진 일이란 내가 일어나는 것을 스스로 발견했다고 말하는 것은 옳다. 아니, 그것도 하나의 가능한 경우라 하는 게 낫겠다. 당연한 얘기지만 매일 다른 일이 벌어지기 때문이다.

15. [『갈색책』 2부의] 7)부터 우리가 다룬 문제들은 "특정한"이라는 단어의 사용법과 긴밀히 연관되어 있다. 친숙한 대상을 보면 독특한 느낌을 갖게 된다거나, "빨강"이라는 단어는 우리가 그 색을 빨강으로 인지했을 때 우리에게 특정한 방식으로 다가왔다거나, 우리가 의지적으로 행동했을 때 어떤 특정한 체험을 했다고들 말하는 경향이 있다.

"특정한"이라는 단어의 사용법은 일종의 망상을 만들어 내는 경향이 있다. 거칠게 말하면 이 망상은 이 단어의 이중적 사용법에서 비롯된다. 한편으로 그것은 상술, 묘사, 비교의 예비행위로 사용되고, 다른 한편으로는 우리가 강조라 기술할 수 있는 것으로 사용된다. 나는 전자를 타동사적 사용법, 후자를 자동사적 사용법이라고 부를 것이다. 한편으로 나는 "내게 이 얼굴은 말로 묘사할 수 없는 특정한 인상을 준다"고 말한다. 이 문장은 아마도 "이 얼굴은 내게 강한 인상을 준다" 같은 뜻일게다. 이 예들은 "특정한"이라는 단어를 "독특한"(peculiar)이라는 단어로 대체하면 아마 그 성격이 더 분명하게 드러날 것이다. 만일 내가 "이 비누는 독특한 냄새가 난다. 우리가 어린 시절에 사용했던 것과 같은 종류다"라고 말한다면, 여기서 "독특한"이라는 단어는 그저 그다음에 나올 어떤 비교를 도입하기 위해 사용된 것일 수도 있다. 가령 내가 "이 비누는 …… 같은 냄새가 난다"라고 말할 때처럼 말이다. 다른 한편으로 만일 내가 "이 비누는 **독특한** 냄새가 난다"거나 "이것은 아주 **독특한** 냄새가 난다"고 말한다면, 여기서 "독특한"이라는 단어는 "보기 드문", "희한한", "인상적인" 같은 표현을 대신하는 것이다.

　이렇게 물을 수도 있다. "거기서 평범한 냄새에 대립되는 독특한 냄새가 난다는 말인가? 아니면 그저 다른 냄새들과 대립되는 그 냄새가 난다는 말인가? 아니면 둘 다를 의미한 것인가?" 내가 철학을 하는 가운데 내가 본 것이 빨갛다고 기술할 때 "빨강"이라는 단어가 특정한 방식으로 다가왔다고 하자. 그 단어로써 나는 "빨강"이라는 단어가 내게 다가오는 방식을 기술하려고 하는가? 가령 "색깔 있는 대상들을 셀 때 그 단어가 항상 '둘'이라는 단어보다 빨리 떠오른다"거나 "그것은 항상 충격과 더불어 떠오른다"라고 말할 때처럼? 그게 아니면 "빨강"이 어떤 눈에 띄는 방식으로 다가온다고 말하고자 하는 것인가? 이 역시 정확하게 맞는 얘기가 아니다. 하지만 아마도 전자보다는 후자 쪽이 더 옳을 것이다. 이것을 좀더 분명히 보기 위해서, 또 다른 예를 생각해보자. 당연하게도 당신은 하루 종일 몸의 위치를 바꾸고 있다. 그 어떤 자세(글을 쓰고, 읽고, 말하는 동안)에 자신을 고정시켜 두고, "'빨강'은 …… 어떤 특정한 방식으로 다가온다"고 말하던 것처럼, 혼잣말로 "나는 지금 특정한 자세를 취하고 있다"고 말해보라. 당신은 이 말을 꽤 자연스럽게 할 수 있음을 알게 될 것이다. 하지만 당신은 그러잖아도 언제나 어떤 특정한 자세에 있지 않은가? 물론 당신은 바로 그때 특별하게 인상적인 자세에 있다는 것을 의미하지 않았다. 거기서 무슨 일이 일어났는가? 당신은 당신의 느낌에 집중했다. 말하자면 그것을 응시했다. 바로 이것이 "빨강"이 어떤 특정한 방식으로 다가왔다고 말했을 때 당신이 한 일이다.

　"하지만 내가 '빨강'이 '둘'과는 다른 방식으로 다가왔다는 것을 의미하지 않았던가?" 당신은 그것을 의미했을지도 모른다. 하지만 "그것들이 다른 방식으로 다가왔다"라는 구절은 그 자체가 혼란을 일으키기 쉽다. "스미스와 존은 늘 다른 방식으로 내 방에 들어간다"고 말한다 하자. 계속해서 나는 "스미스는 빠르게, 존은 느리게 들어간다"라고 말할지도 모른다. 즉, 그 방식을 구체적으로 명시하는 셈이다. 하지만 "나는 그 차이가 뭔지 모르겠다"라고 말하며, 내가 그 차이를 알아내려 **애쓰고** 있음을 시사할 수 있다. 그리고 얼마 후에 "이제 그게 뭔지 알겠다. 그것은 ……이다"라고 말할지도 모른다. 다른 한편, 나는 당신에게 그것들이 다른 방식으로 다가왔다고 말할 수 있을 것이다. 당신은 이 진술을 어떻게 이해해야 할지 몰라서 아마 이렇게 대답할 것이다. "당연히 그것들은 다른 방식으로 다가온다. 그것들은 그냥 다를 뿐**이다.**" 우리가 닥친 문제를 이렇게 기술할 수 있을 것이다. 즉, 그것의 사용법에 대해 우리 스스로 입장을 정하지 않고도, 실제로 그것을 사용할 의도 없이도, 마치 하나의 체험에 이름을 부여할 수 있을 것만 같다고. 그리하여 "빨강"이 특정한 방식으로 다가온다고 말할 때, 나는 그 방식에 아직 이름이 없다면 거기에 이름을, 가령 "A"라는 이름을 부여할 수 있을 것처럼 느낀다. 하지만 동시에 나는 이것을, 그런 계기에 "빨강"이 항상 다가오던 그 방식으로 인지한다고 말할 준비가 되어 있지 않다. 아울러 A, B, C, D의 네 가지 방식이 있어, 그것이 항상 이 중 한 가지 방식으로 다가온다고 말할 준비도 되어 있지 않다. "빨강"과 "둘"이 다가오는 두 가지 방식이, 가령 "빨강"을 두번째 기수로, "둘"을 색깔의 이름으로 바꿈으로써, 동일시될 수 있다고 할지 모르겠다. 그럼 눈이 몇 개냐는 물음에는 "빨강"이라고 대답하고, "피는 무슨 색이냐?"라는 물음에는 "둘"이라고 대답해야 할 것이다. 하지만 여기서 그 단어들이 사용되는 방식들(방금 위에서 기술한 방식들)과 관계없이 당신이 '이 단어들이 다가오는 방식'을 동일시할 수 있을지 의문이 생긴다. 당신은 이렇게 말하고 싶은가? 즉, 체험상 **이런** 방식으로 사용될 경우 그 단어는 A라는 방식으로 다가오지만, 다음에는 "둘"이라는 단어가 일상적으로 다가오는 방식으로 다가올 수도 있다고? 그러면 당신은 당신이 그런 것을 의미한 게 아니라는 것을 알게 될 것이다.

"빨강"이 다가오는 방식에서 **특정한** 것은 그것이 당신이 그것에 대해 철학을 하는 동안에 생긴다는 것이다. 이는, 당신이 당신의 자세에 집중했을 때 그 자세에서 특정한 것이 집중이었던 것과 마찬가지다. 우리는 그 방식을 기술하는 데 거의 다다른 것 같지만, 실은 그것을 실제로 다른 방식에 대비시키고 있지는 않다. 우리는 비교를 하는 게 아니라 그저 강조를 하고 있을 뿐이다. 그런데도 우리는 이 강조가 정말로 그 사물을 그 자체와 비교하는 것인 양 표현한다. 그러다 보니 마치 재귀적인 비교라는 게 있는 것처럼 보이는 것이다. 내 얘기를 이렇게 풀어보자. 가령 A가 방에 들어가는 방식에 대해 얘기한다고 가정해보라. 이때 나는 "나는 A가 방에 들어가는 방식을 관찰했다"고 말할 수 있다. 그리고 "그 방식이 어땠느냐?"는 질문에, "그는 방에 들어오기 전에 항상 머리부터 들이민다"고 대답할 수 있다. 여기서 나는 어떤 뚜렷한 특징에 대해 얘기하고 있다. 그리하여 나는 B도 똑같이 한다거나, 혹은 A가 더 이상 그렇게 하지 않는다고 말할 수도 있을 것이다. 다른 한편 "나는 지금까지 A가 앉아서 담배를 피는 방식을 관찰했다"는 진술을 생각해보라. 나는 그를 이처럼 묘사하고 싶어 한다. 이 경우에 나는 그의 태도가 가진 어떤 특성에 대한 묘사를 제시할 필요가 없다. 내 진술은 그저 "나는 A가 앉아서 담배를 피우는 동안 그를 관찰하고 있었다"는 것을 의미할 뿐이다. 이 경우에 '그 방식'은 그 자신과 분리될 수 없다. 하지만 그가 거기에 앉아 있는 모습을 그리려고 그의 태도를 관찰하고 연구하는 그런 경우라면, 그렇게 하는 동안 "그는 독특한 방식으로 앉아 있군"이라고 말하거나 반복적으로 혼잣말을 하기 쉬울 것이다. 하지만 "어떤 방식?"이라 물으면, "음, **이런** 방식"이라 대답을 할 것이다. 그리고 아마도 그 대답을 하느라 그의 태도의 특징적인 윤곽을 그릴 것이다. 다른 한편, "그는 ……하는 특정한 방식을 갖고 있다"라는 구절은 그냥 "나는 그의 태도를 정관(靜觀)하고 있다"로 번역되어야 할 것이다. 그것을 이런 형태로 바꾸어 제시함으로써 우리는 그 명제를, 말하자면, 분명하게 만든 셈이다. 반면 먼젓번의 형식을 취하고 있을 경우 그 명제의 의미는 마치 고리를 그리는 듯이 보인다. 말하자면 "특정한"이라는 단어가 여기서 타동사적으로, 더 자세히 말하면, 재귀적으로 사용되는 것처럼 보인다는 것이다. 다시 말하면 우리가 그것의 사용법을 타동사적 사용법의 특별한 경우로 여기고 있다는 얘기다. "어떤 방식을 말하는 건가?"라는 물음에 우리는 "**이** 방식"이라 대답하는 경향이 있다. "어느 특정한 특징을 가리킨 게 아니다. 나는 그저 그의 자세를 정관하고 있었을 뿐이다"라고 대답하는 대신에 말이다. 내 표현 때문에 마치 내가 그가 앉아 있는 방식에 **관해**, 혹은 지난번의 경우에는 "빨강"이라는 단어가 떠오르는 방식에 관해 무언가를 지적하는 것처럼 보였다. 하지만 여기에서 내가 "특정한"이라는 단어를 사용한 것은 그 현상을 대하는 나의 태도로서 그것을 강조하기 위함이었다. 나는 거기에 집중하고 있다, 마음속으로 되살피고 있다, 혹은 그것을 그리고 있다 등등.

바로 이것이 철학적 문제들에 대해 생각할 때 처하게 되는 전형적인 상황이다. 이런 방식으로 많은 어려움들이 생겨난다. 그중 하나가 한 단어가 동시에 타동사적 사용법과 자동사적 사용법을 갖는 것이다. 이 경우 우리는 후자를 전자의 특별한 경우로 간주해, 그 단어가 자동사적으로 사용될 때 그것을 재귀적 구성으로써 설명하게 된다.

그리하여 우리는 "'킬로그램'으로써 나는 1리터의 물의 무게를 의미한다"거나, "'A'로써 나는 'B'를 의미한다. 여기서 B는 A에 관한 설명이다"라고 말한다. 하지만 자동사적 사용법도 있다. 가령 "나는 그게 지겹다고 말했고, 그 말을 의미했다"라는 문장이 그것이다. 여기서 다시, 당신이 말한 의미하기는 "그것을 되풀이하기", "그것을 강조하기"라 부를 수 있다. 하지만 이 문장에 "의미하기"라는 단어가 사용되다 보니, "당신은 **무엇을** 의미했는가?"라고 묻고 "내 말로써 나는 내가 말한 것을 의미했다"라고 대답하는 것이 말이 되는 것처럼 여겨진다. 즉, "나는 내가 말하는 것을 의미한다"는 말을 "A라는 말로써 나는 B를 의미한다"는 말의 특수한 예로 간주하는 셈이다. 사실 우리는 "나는 내가 말하는 것을 의미한다"는 표현을, "나는 그것을 설명할 길이 없다"고 말해야 할 곳에서 사용한다. "이 문장 p는 무엇을 의미하는가?"라는 물음은, 만일 그것이 p를 다른 기호로 번역하는 것을 요구하는 게 아니라면, 실은 아무 의미도 없는 것이다. "이 단어들의 열(列)로 어떤 문장이 만들어지는가?"라는 말이 의미가 없는 것처럼 말이다.

"1킬로그램은 무엇인가?"라는 물음에 내가 "그것은 1리터의 물이 나가는 무게다"라고 대답했다고 가정하자. 그리고 누군가 "그럼 1리터의 물의 무게는 얼마인가?"라고 물었다고 가정해보자.

우리는 발화의 재귀적 형식을 종종 무언가를 강조하는 수단으로 사용하곤 한다. 그리고 그런 모든 경우에 우리의 재귀적 표현은 '분명하게 해명'될 수 있다. 그리하여 우리는 이런 표현을 사용한다. "내가 할 수 없다면, 할 수 없는 것이다", "나는 나다", "그것은 그것일 뿐이다", 그리고 "그것은 그것이다". 마지막 구절은 "그것으로 끝났다"는 정도의 뜻이다. 그런데 우리는 왜 "그것으로 끝났다"를 "그것은 그것이다"라고 표현해야 하는가? 그 대답은 우리 앞에 한 표현에서 다른 표현으로 이행하게 해주는 일련의 해석들을 늘어놓음으로써 제시될 수 있을 것이다. 그리하여 "그것으로 끝났다" 대신에 나는 "그 사안은 종결됐다"라고 말할 것이다. 이 표현은, 말하자면, 그것을 철(綴)해 선반 위에 올려놓는 셈이다. 그리고 그것을 철한다는 것은 그것의 둘레에 선을 긋는 것과 같다. 마치 우리가 때때로 계산 결과에 동그라미를 침으로써 최종 결과라고 표시하듯이 말이다. 하지만 이 역시 그것을 두드러지게 만드는 것이다. 그것을 강조하는 방법일 뿐이다. 그리고 "그것은 그것이다"라는 표현이 하는 일도 '그것'을 강조하는 것이다.

우리가 방금 본 것과 비슷한 또 다른 표현이 있다. "여기 그게 있다. 가져가든지 말든지 해라!" 이 역시 우리가 종종 어떤 선택에 대해 언급하기 전에 말하는 일종의 예비적 진술에 가깝다. 가령 "비가 오든지 안 오든지 할 것이다. 만일 비가 오면 우리는 집에 머물 것이고, 그렇지 않으면 ……"이라고 할 때처럼 말이다. 이 문장의 첫번째 부분은 정보의 가치가 없다("가져가든지 말든지 해라"가 전혀 명령이 아닌 것처럼). "비가 오든지 오지 않든지" 대신에, 우리는 "두 경우 ……를 생각해보라"라고 말할 수도 있었을 것이다. 우리의 표현은 이런 경우들을 강조해, 당신의 관심이 그리로 쏠리게 만든다.

우리가 [「갈색책」 1부의] 30) 같은 경우를 묘사할 때 **"물론** 그 부족 중의 그 누구도 그 이상 세지 못했던 숫자가 있다. 그 수가 ⋯⋯라고 하자"와 같은 구절을 사용하고 싶어 하는 것은 이와 밀접하게 연관되어 있다. 이를 정돈하면 이렇게 읽힌다. "그 부족의 누구도 그 이상 세지 못했던 수가 ⋯⋯라 하자." 우리가 이렇게 정돈한 표현보다 첫번째 표현을 더 좋아하는 것은, 그것이 우리의 관심을 그 부족이 일상생활에서 사용하는 수의 범위의 맨 위로 돌려놓기 때문이다.

16. 이제 "특정한"이라는 단어의 사용법이 매우 교훈적으로 쓰인 경우를 살펴보도록 하자. 여기서는 그 단어가 비교를 가리키지 않는데도 흡사 그런 것처럼 보인다. 가령 다음과 같이 원시적으로 그린 얼굴 표정에 대해 생각하는 경우 말이다.

이 얼굴이 당신에게 어떤 인상을 준다고 하자. 그러면 당신은 이렇게 말하고 싶을 것이다. "확실히 내가 보는 것은 그저 선들이 아니다. 내가 보는 것은 **특정한** 표정을 가진 얼굴이다." 하지만 이는 그것이 특이한 표정을 가졌다는 말이 아니다. 그렇다고 표정의 기술을 도입하기 위해 한 말도 아니다. 그럼에도 불구하고 우리는 그런 기술을 제시하며 예를 들어 이렇게 말할 수 있다. "그것은 멍청할 정도로 거만하고, 뚱뚱한데도 여성을 잘 호린다고 상상하는 흡족한 사업가처럼 보인다." 하지만 이는 그저 그 표정에 대한 근사적 기술에 지나지 않을 것이다. "말로는 그것을 정확히 기술할 수 없다." 우리는 때때로 이렇게 말한다. 그러면서도 얼굴 표정이라는 것이 얼굴의 그림에서 떼어낼 수 있는 어떤 것이라 느낀다. 이는 마치 이렇게 말하는 것과 같다. (무언가를 가리키며) "이 얼굴은 특정한 표정을 갖고 있다. 말하자면 바로 이 표정". 하지만 이때에 내가 가리켜야 할 것이 있다면, 그것은 내가 바라보고 있는 그림이어야 할 것이다(가령 우리는 어떤 착시 현상의 영향 아래에 있는 듯하다. 그리하여 모종의 반사에 의해 대상이 하나밖에 없는데 두 개가 있다고 믿는 것이다. 그 착각은 우리가 "그 얼굴은 특정한 표정을 갖고 있다"고 말하는 가운데 **갖고 있다**는 동사를 사용함으로써 강화된다. 그 대신 이렇게 말하면 상황은 달라 보이게 된다. "이것은 독특한 얼굴**이다**." 즉, 어떤 것이 있다는 말은 [얼굴이] 그것과 묶여 있다는 말이며, [얼굴이] 갖고 있다는 어떤 것은 [얼굴에서] 떼어낼 수 있다는 말이다).

'이 얼굴은 특정한 표정을 갖고 있다.' 이렇게 말하고 싶어지는 것은 그 얼굴이 내게 깊은 인상을 줄 때이다.

여기서 진행되는 일은 하나의 행동, 말하자면 그것을 소화하는 행동, 그것을 파악하는 행동이다. 그리고 "이 얼굴의 표정을 파악한다"는 구절은 우리가 얼굴 **속에** 있으나 그것과는 다른 어떤 것을 움켜쥐는 것을 암시한다. 마치 우리가 무언가를 찾고 있으나 우리가 보는 얼굴 밖에서 표정의 모델을 찾는다는 의미가 아니라, 주의 없이 그 사물을 타진한다는 의미에서 그렇게 하는 것처럼 보인다. 그 얼굴이 내게 어떤 인상을 줄 때, 마치 그 표정의 복제가 있어, 그 복제가 그 표정의 원형이며, 그 얼굴의 표정을 보는 것은 거기에 조응하는 원형을 찾는 것인 듯이 느껴진다. 마치 우리의 정신 속에 어떤 주형이 있었고, 우리가 보는 그림이 그 주형에 들어가 딱 맞아떨어지는 듯이 느껴진다. 하지만 실은 우리가 그 그림을 우리의 정신 속에 침전시켜 놓고 거기서 주형을 만든다고 하는 게 옳을 것이다.

우리가 "이것은 **얼굴**이지, 그저 선들에 불과한 게 아니다"라고 말할 때, 우리는 물론 이런 그림을

가령 다음과 같은 것과 구별하고 있는 셈이다.

그리고 사실 당신이 누군가에게 (첫번째 그림을 가리키면서) "이것이 무엇이냐?"고 물으면, 그는 아마도 "그것은 얼굴이다"라고 대답하고는, 이어서 "이게 남자냐, 여자냐?", "웃고 있느냐, 울고 있느냐?" 등등의 질문에 계속 대답할 수 있을 것이다. 하지만 당신이 그에게 (두번째 그림을 가리키면서) "이것이 무엇이냐?"고 물으면, 그는 아마도 십중팔구는 "그것은 아무것도 아니야"라거나, 혹은 "그저 선들일 뿐이야"라고 대답할 것이다. 이제 그림 퍼즐에서 사람의 얼굴을 찾는 것을 생각해보자. 첫눈에 단순한 선들로 보이는 것들이 나중에 얼굴로 나타나는 일이 종종 벌어진다. 그런 경우에 우리는 "이제 그게 얼굴로 보인다"라고 말한다. 당신

도 분명히 알겠지만, 이것이 우리가 그것을 친구의 얼굴로 인지한다거나 혹은 우리가 '진짜' 얼굴을 보는 착시에 빠져 있음을 의미하는 것은 아니다. 외려 '그것을 **얼굴로** 보기'는,

위 그림을 정육면체로 보느냐, 아니면 정사각형 하나와 마름모꼴 두 개로 된 평면도형으로 보느냐 하는 것과 비교하는 게 나을 것이다.

혹은 위 그림을 '대각선이 있는 정사각형으로' 보느냐, '만자(卍字)로' 보느냐, 즉 아래 그림 같은 제한적 경우로 보느냐 하는 것과 비교해야 할 것이다.

혹은 다시, 이 네 점들을 …… 두 쌍의 점들이 나란히 있는 것으로 볼 것이냐, 서로 맞물린 두 쌍으로 볼 것이냐, 내부의 한 쌍과 외부의 한 쌍이 있는 것으로 볼 것이냐 등과 비교해야 할 것이다.

위의 그림을 '만자로 보기'는 각별한 관심을 끈다. 왜냐하면 이 표현은, 그 정사각형이 완전히 닫혀 있지 않아 이 그림과 만자를 구별해주는 틈새들이 있는 것처럼 보이는 착시에 빠져 있음을 의미하기 때문이다. 다른 한편, 이게 우리가 "우리의 그림을 만자로 보기"로써 의미했던 게 아니라는 점 역시 아주 분명하다. 우리는 그것을, "나는 그것을 만자로 본다"는 기술을 암시하는 방식으로 봤다. "나는 그것을 닫힌 만자로 봤다"고 말했어야 한다고 제안할지도 모르겠다. 하지만 닫힌 만자와 대각선을 가진 정사각형 사이에 그럼 어떤 차이가 있단 말인가? 이 경우에 "우리가 그 형체를 만자로 볼 때 무슨 일이 벌어지는지" 쉽게 깨달을 수 있다고 생각한다. 나는 그게 이런 것이라 믿는다. 즉, 눈으로 그 형체를 특정 방식으로 추적하는 것이다. 가령 중심에서 출발해, 반지름을 따라가다가, 거기에 인접한 변을 따라간다. 이어 또 다시 중심에서 출발해, 그다음 반지름과 그것에 인접한 변을 따라간다. 이렇게 계속 오른쪽으로 회전해 나가는 것이다. 하지만 그 형체를 만자로 보는 것에 대한 이 **설명**은 우리에게 그리 중요하지 않다. 그저 "그 형체를 만자로 보기"라는 표현이 **이것** 혹은 **저것**을 보는 것, 또는 하나의 사물을 또 다른 어떤 것으로 보는 것을 의미하는 게 아님을 보여주는 데 도움이 되면 그만이다. 특히 **두 개**의 시각적 대상이 그렇게 하는 과정 속으로 들어올 때에 말이다. 그러므로 첫번째 형체를 입방체로 보는 것이 '그것을 입방체로 인지한다'는 것을 의미하는 것은 아니다(왜냐하면 우리는 입방체를 전에 본 적이 없으면서도 여전히 그것을 입방체로 보는 체험을 할 수 있기 때문이다).

이처럼 '선들을 얼굴로 보기'는 한 무리의 선들과 진짜 인간의 얼굴을 비교하는 것을 포함하고 있는 게 아니다. 하지만 다른 한편, 이 표현형식은 우리가 비교를 암시하고 있음을 매우 강하게 시사한다.

또한 다음의 예를 생각해보라. W를 한번은 대문자 U가 겹친 것으로, 또 한번은 대문자 M을 엎어놓은 것으로 보는 것이다. 전자와 후자의 행위를 하는 것의 요체가 각각 어디에 있는지 관찰해보라.

우리는 어떤 선묘를 그림으로 보는 것과 그밖의 다른 것이나 '그저 선들'로만 보는 것을 구별한다. 또한 우리는 하나의 그림을 (그것을 얼굴로 보며) 피상적으로 보는 것과 그 얼굴에서 깊은 인상을 받는 것을 구별한다. 하지만 "나는 그 얼굴에서 **특정한** 인상을 받는 중이다"라고 말하면 어딘지 이상하게 들린다(동일한 얼굴이 당신에게 상이한 인상을 준다고 말할 수 있는 경우들을 제외하면 말이다). 그리고 그 얼굴이 내게 어떤 인상을 줄 때와 그 얼굴의 '특정한 인상'에 대해 숙고할 때, 한 얼굴의 다양한 측면 중 두 가지가 서로 비교되는 것이 아니다. 그저 강조된 **하나의** 얼굴이 있을 뿐이다. 그것의 표정을 받아들이면서, 내가 마음속으로 그 표정의 원형을 발견하는 것은 아니다. 그보다는 차라리 그 인상으로부터 봉인을 떼어낸다고 하는 게 나을 것이다.

또한 이것은 [「갈색책」 2부의] 15)에서 우리가 "'빨강'이라는 단어는 …… 어떤 특정한 방식으로 다가온다"고 혼잣말 할 때에 일어나는 일을 기술해준다. 그 대답은 이런 것이리라. "알겠다. 당신은 자신에게 어떤 체험을 반복하면서 그것을 보고 또 보고 있는 중이다."

17. 방으로 들어오는 어떤 이의 얼굴을 기억할 때, 즉 그를 아무개 씨로 인지할 때 무슨 일이 벌어지는지 비교해보면, 이 모든 고려에 빛을 비출 수 있을지 모른다. 즉, 그런 경우에 정말로 일어난 일을, 우리가 종종 그

런 사건에 관해 만들어내려고 하는 표상들과 비교해보면 말이다. 왜냐하면 여기서 우리는 어떤 원시적 관념, 즉 우리가 보는 그 사람을, 우리 마음속의 상과 비교해, 양자가 서로 일치함을 알게 된다는 관념에 사로잡혀 있기 때문이다. 즉, '누군가를 인지하는 것'을 어떤 그림을 이용한 동일시의 과정으로 표상하는 것이다(가령 어떤 범죄자를 그 사진을 보고 확인하는 것처럼). 우리가 누군가를 인지하는 대부분의 경우에 그와 정신적 그림 사이에 그 어떤 비교도 일어나지 않음은 말할 필요도 없다. 물론 우리는 기억의 상이 존재한다는 사실 때문에 그런 기술을 주고 싶어 한다. 예를 들어 우리가 누군가를 인지한 **직후에** 그런 상이 자주 우리의 마음에 떠오르곤 한다. 그가 십 년 전에 마지막으로 만났을 때의 모습으로 보이는 것이다.

나는 여기서 당신이 어떤 이가 방으로 들어오는 것을 인지할 때 당신의 마음속에서 혹은 그 밖의 방식으로 일어나는 일의 **종류**를 기술할 것이다. 그것도 당신이 그를 인지했을 때 할 법한 **말**을 가지고서 말이다. 그것은 그저 "안녕!"이라고 말하는 것일지도 모른다. 그리하여 어떤 사물을 인지할 때 벌어지는 사건들 중에 한 가지 종류는 그것을 향해 단어나 몸짓이나 얼굴 표정 등을 가지고 "안녕!"이라고 말하는 데 있다고 할 수도 있을 것이다. 하지만 마찬가지로 그 그림을 보고 그것을 얼굴로 지각할 때 우리가 그것을 어떤 패러다임과 비교하며, 그것이 그 패러다임과 일치하거나, 혹은 그것이 우리 마음속에 그것을 위해 준비된 주형에 맞아떨어진다고 생각할 수도 있다. 하지만 그런 주형이나 비교는 우리의 체험 속으로 들어오지 않는다. 존재하는 것은 오직 이 형상뿐이며, 그것과 비교할 만한 것이 존재하지 않는다. 말하자면 거기에 대해 "물론이지"라고 말할 게 없다. 가령 조각 그림 맞추기를 할 때 어딘가에 빈 공간이 있고, 어떤 조각이 그 자리에 분명히 들어맞는 것을 보고, 그 조각을 그 자리에 갖다놓으면서 속으로 "물론이지"라고 말할 때처럼 말이다. 하지만 여기서 우리가 "물론이지"라고 말하는 것은, 그 조각이 주형에 들어맞기 **때문이다**. 반면 어떤 그림을 얼굴로 보는 경우에는 그와 똑같은 태도를 가져야 할 이유가 **전혀 없다**.

실은 그 특징들이 우리 앞에 이미 다 드러나 있는데도 한 얼굴이 표현하는 어떤 것을 찾으려 할 때 우리가 갖게 되는 이상한 환상, 그와 똑같은 환상이 더 강하게 우리를 사로잡는 경우가 있다. 가령 어떤 곡조를 혼자 반복하며 그 곡조에서 깊은 인상을 받아 "이 곡조는 **무언가**를 말해준다"고 하는 경우다. 이때 나는 그 곡조가 **무엇을** 말해주는지 꼭 찾아내야 할 것처럼 느낀다. 하지만 나는 그것이 내가 단어나 그림으로 표현할 만한 어떤 것도 말해주지 않는다는 것을 안다. 그리고 이를 깨닫고 포기해 "그것은 그저 음악적 사유를 표현할 뿐이야"라고 말한다면, 이는 그저 "그것은 그것 자신을 표현한다"는 것만을 의미할 뿐이리라. "하지만 확실히 그것을 연주할 때 너는 **아무렇게나** 하는 게 아니라, 특정한 방식으로 한다. 가령 여기서는 크레센도를 하고, 저기서는 디미뉴엔도를 하고, 이곳에서는 중간휴지를 하는 등등." 바로 그것이 내가 그것에 대해 말할 수 있는 것의 전부다. 아니면 전부일지도 모른다. 왜냐하면 어떤 경우에 나는 내가 그것을 연주할 때 사용하는 특정한 표현을 정당화하거나 설명하려고 어떤 비교를 활용할 수 있기 때문이다. 가령 "주제의 이 지점에, 말하자면 콜론이 있는 셈이다"라거나, 혹은 "이것은 말하자면 앞에 나왔던 것에 대한 응답이라고 할 수 있다"고 말할 때처럼 말이다

(그런데 이는 미학에서 '정당화'나 '설명'이 어떻게 이뤄지는지를 보여주는 것이다). 사실 나는 어떤 곡조가 연주되는 것을 듣고 "이것은 그것을 연주하는 방식이 아니다. 그것은 이렇게 가야 한다"고 말하며 다른 템포로 그 곡조를 휘파람으로 불 수 있다. 여기서 우리는 이렇게 묻고 싶어진다. "어떤 음악의 곡조가 연주되는 템포를 아는 것이란 과연 어떤 것인가?" 이때 떠오르는 생각은 우리 마음 속 어딘가에 어떤 패러다임이 있음에 **틀림없어** 우리가 템포를 그 패러다임에 맞추었다는 것이리라. 하지만 대부분의 경우에 누군가 내게 "이 선율을 어떻게 연주해야 하지?"라고 물으면, 나는 대답으로서 특정한 방식으로 휘파람을 불 뿐, (**그것**의 상이 아니라) **실제로 휘파람으로 분** 그 곡조 외에 그 어떤 것도 내 정신에 현전하지 않을 것이다.

그렇다고 해서 어떤 음악적 주제를 갑자기 이해하는 것의 요체가 내가 그 주제의 언어적 대칭으로 생각하는 어떤 구두표현의 형태를 발견하는 데 있지 않다는 의미는 아니다. 마찬가지로 나는 "이제 나는 이 얼굴의 표정을 이해한다"라고 말할 수 있는 바, 이렇게 이해를 하게 됐을 때 일어나는 일이란 내가 그 이해를 요약하는 듯이 보이는 말을 발견한 것이었다.

다음의 표현을 생각해보라. "자신에게 그것이 **왈츠**라고 말하라. 그러면 너는 그것을 정확하게 연주하게 될 것이다."

우리가 "한 문장을 이해하기"라 부르는 것은, 많은 경우에, 어떤 음악적 주제를 이해하는 것과, 생각보다 훨씬 더 큰 유사성을 갖고 있다. 하지만 그렇다고 해서 하나의 음악적 주제를 이해하는 것이 문장 이해하기에 관해 우리가 만들어내곤 하는 그 그림과 더 닮았다는 얘기는 아니다. 외려 그 그림은 잘못됐으며, 한 문장을 이해하는 것은 처음 봤을 때 드러나는 것보다 우리가 한 곡조를 이해할 때 실제로 일어나는 것에 더 가깝다는 얘기다. 우리는 한 문장을 이해하는 것이 문장 밖에 있는 실재를 가리킨다고 말한다. 하지만 "한 문장을 이해한다는 것은 그것의 내용을 파악하는 것이며, 그 문장의 내용은 그 문장 **안에** 있다"고 말할 수도 있을 것이다.

18. 이제 '인지하기'와 '친숙함'이라는 관념으로, 즉 이 용어들과 연관된 다수의 용어들의 사용법에 관한 우리의 성찰을 출발시켰던 바로 그 인지하기와 친숙함의 예로 돌아가 보자. 읽기의 예, 즉 알려진 언어로 씌어진 문장을 읽는 예 말이다. 읽기의 체험이 어떤 것인지, 사람이 읽을 때 어떤 일이 '실제로 일어나는지' 알기 위해 나는 그 문장을 읽는다. 그리고 내가 읽기의 체험이라고 간주하는 특정한 체험을 얻는다. 이때 그것이 그저 단어를 보고 발음하는 데 있는 게 아니라, 굳이 말하자면 어떤 내밀한 성격의 체험에 있는 것처럼 보인다(말하자면 내가 '나는 읽는다'라는 단어와 더불어 내밀한 토대 위에 서 있는 것이다).

읽기를 할 때 발화된 단어들은 특정한 방식으로 다가온다고, 나는 말하고 싶어진다. 그리고 내가 읽는 씌어진 단어들 자체는 그저 갈겨 쓴 낙서처럼 보이지 않는다. 그런데도 나는 그 '특정한 방식'을 가리키거나, 혹은 파악할 수가 없다.

그 단어들을 보고 말하기라는 현상은 특정한 분위기로 뒤덮여 있는 것처럼 보인다. 하지만 나는 이 분위기를 보통 읽기가 이뤄지는 그 상황의 분위기로 인지하지 못한다. 그것을 알아채는 것은 외려 읽기라는 것이 어떤 것인지 알아내려 하면서 행을 읽을 때이다.

이 분위기를 인지할 때 내가 처하게 되는 상황은, 제 방에서 일하고, 읽고, 쓰고, 말하다가 갑자기 어떤 통일된 형태의 부드러운 소음에 집중하는 사람의 상황과 같다. 그 소음은 특히 도시에서라면 거의 언제라도 들을 수 있는 그런 소음(바람 소리, 빗소리, 작업장의 소리 등, 거리의 그 모든 다양한 소음들로 만들어진 희미한 소음)이라 해두자. 우리는 이 사람이 어떤 특정한 소음을 그가 이 방 안에서 하게 되는 모든 체험에 공통된 요소라고 생각하는 상황을 상상할 수 있다. 그러면 우리는 그로 하여금 그가 대부분의 시간 동안에 바깥에서 들려오는 소음을 알아차리지 못했다는 사실에, 그리고 두번째로는 그가 들을 수 있었던 소음이 항상 똑같지는 않았다는 (때로는 바람이 불었다가 때로는 아니었다는 등등의) 사실에 주목하게 할 것이다.

우리는 오도하기 쉬운 표현을 사용해, 읽기에는 보고 말하는 체험 외에 다른 체험이 있다고 말했다. 이는 곧 특정한 체험들에 또 다른 체험이 덧붙여진다는 얘기다. 이제 어떤 선묘에서 슬픈 얼굴을 보는 체험을 예로 들어보자. 우리는 그 그림을 슬픈 얼굴로 보는 것은 '그저' 그것을 선들의 복합체(퍼즐 그림을 생각해보라)로 보는 것이 아니라고 말할 수 있다. 하지만 여기서 '그저'라는 단어는, 그 그림을 얼굴로 볼 경우에는 그것을 그저 선들로 보는 체험에 모종의 다른 체험이 덧붙여진다는 것을 암시한다. 그리하여 마치 그 그림을 얼굴로 보는 것은 두 개의 체험들, 두 개의 요소들로 이뤄진다고 해야 할 것만 같다.

이제 하나의 체험이 몇 개의 요소로 이뤄진다거나 그것이 **복합적인** 체험이라고 말하는 다양한 경우들을 서로 구별해야 한다. 우리는 의사에게 이렇게 말할 수 있다. "나는 통증이 하나만 있는 게 아니다. 나는 두통과 치통, 두 개의 통증을 갖고 있다." 이를 이렇게 표현할 수도 있다. "나의 통증 체험은 단순하지 않고 복합적이다. 나는 두통과 치통을 갖고 있다." 이를 내가 다음과 같이 말하는 경우와 비교해보라. "나는 복통과 어떤 일반적인 병의 느낌을 갖고 있다" 여기서 나는 고통의 장소 두 곳을 지적함으로써 통증을 구성하는 체험들을 따로 떼어놓지 않고 있다. 혹은 이런 진술을 생각해보라. "달콤한 차를 마실 때, 나의 미각 체험은 설탕의 맛과 차의 맛으로 이뤄진 복합적인 것이다." 혹은 "내가 다장조의 화음을 들을 때 내 체험은 도, 미, 솔을 듣는 것으로 이뤄진다." 다른 한편 이런 진술을 생각해보라. "나는 피아노 연주와 거리에서 들려오는 어떤 소음을 듣는다." 가장 유익한 예는 노래를 부를 때에 가사가 음표에 덧붙여 불려진다는 것이리라. 어떤 의미에서 도라는 음표에 a라는 모음을 붙여 불려지는 것을 듣는 게 복합적 체험인가? 이 각각의 경우에 자신에게 물어보라. 복합적인 체험에서 그것을 구성하는 체험들을 하나씩 골라내는 게 어떤 것인지.

　하나의 그림을 얼굴로 보는 게 그저 선들을 보는 게 아니라는 표현은 거기에 무언가 다른 종류의 체험이 덧붙여지는 것을 암시하는 듯하다. 그럼에도 불구하고 우리는, 하나의 그림을 얼굴로 볼 때 그것을 그저 선들로 보는 체험을 하고 **그 외에** 또 다른 체험을 한다고 말해서는 안 될 것이다. 그리고 이를 좀더 분명하게 하기 위해서, 누군가가 다음과 같은 그림을 입방체로 보는 것의 요체가 그것을 평면체로 보는 것에 깊이의 체험을 더하는 데 있다고 말한다고 상상해보라.

나는 읽기를 하는 동안 어떤 항시적 체험이 계속 진행된다고 느끼면서도 어떤 의미에서는 그 체험을 파악할 수 없다고 느꼈다. 그때 나의 난점은 이 경우를 그릇되게도 내 체험의 한 부분이 다른 부분의 수반이라고 할 수 있을 그런 경우와 비교하는 데서 비롯된다. 그리하여 우리는 때때로 이렇게 묻고 싶어 한다. "내가 읽는 동안에 이 항시적 웅얼거림을 느낀다면, 그것은 **어디에** 있는가?" 이때 나는 가리키는 몸짓을 하고 싶으나 가리킬 것이 없다. 그리고 "파악하다"라는 단어도 똑같이 오도하기 쉬운 유비를 표현한다.

"내가 읽기를 하는 동안 내내 지속되는 듯이 보이는 이 항시적인 체험은 어디에 있는가?"라고 묻는 대신에, 이렇게 물어야 한다. "'어떤 특정한 분위기가 내가 읽고 있는 단어들을 둘러싸고 있다'고 말할 때, 나는 이 경우를 대체 무엇과 비교하고 있는가?"

유사한 예를 들어 이를 해명해보자. 우리는 다음과 같은 그림의 3차원적 외양에 혼란을 느끼는 경향이 있다.

이 당혹감은 "무엇이 그것을 3차원적으로 보이게 만드는가?"라는 질문으로 표현된다. 그리고 이것은 실제로 '우리가 그 그림을 3차원적으로 볼 때 단순히 그것을 보는 데 더해지는 것이 무엇이냐?'라는 질문이다. 하지만 이 물음에 우리가 어떤 대답을 기대할 수 있을까? 당혹감을 만들어내는 것은 이 질문의 형식이다. 헤르츠의 말처럼 "하지만 그것이 기대하는 대답에 관해 말하면, 분명히 질문이 잘못됐다"(『역학의 원리』, 서문 9쪽). 질문 자체가 정신에게 계속 문 없는 벽을 밀게 해 결코 출구를 발견하지 못하게 하는 셈이다. 한 사람에게 출구를 보여주려면 먼저 그를 그 질문이 오도하는 영향에서 해방시켜야 한다.

어떤 씌어진 단어, 가령 "읽다"를 보라. 나는 이렇게 말하고 싶어진다. "그것은 그저 낙서 쪼가리가 아니라 '읽다'이다. 그것은 뚜렷한 관상을 갖고 있다." 하지만 내가 그것에 대해 실제로 말하는 것은 무엇인가? 이 진술을 명확히 풀어서 말하면 무슨 뜻이 되는가? 우리는 이렇게 설명하고 싶어 한다. "그 단어는 그것을 위해 **오래전부터** 준비됐던 정신의 주형에 맞아떨어진다." 하지만 내가 단어와 주형을 동시에 지각하는 것은 아니다. 그러므로 그 단어가 어떤 주형에 맞아떨어진다는 은유는 빈(hollow) 형태와 찬(solid) 형태를 서로 맞추기 전에 비교하는 체험이 아니라 외려 꽉 찬 형태가 특정한 배경에 의해 두드러지는 것을 보는 체험을 시사한다.

i)은 빈 형태와 찬 형태가 서로 맞추어지기 전의 그림일 것이다. 여기에서 우리는 두 개의 원을 보고, 그것들을 비교할 수 있다. ii)는 찬 형태가 빈 형태 안에 들어가 있는 모습이다. 원이 하나밖에 없고, 우리가 주형이라 부르는 것은 그저 그것을 두드러지게 하고, 우리가 때때로 말하듯이, 그것을 강조할 뿐이다.

나는 이렇게 말하고 싶다. "이것은 그저 낙서가 아니다. 그것은 **이** 특정한 얼굴이다." 하지만 "나는 **이것**을 **이** 얼굴로 본다"고 말해서는 안 되고 "나는 이것을 **하나의** 얼굴로 본다"고 말해야 한다. 그런데도 나는 "나는 이것을 **하나의** 얼굴로 보는 게 아니라, 그것을 **이** 얼굴로 본다"고 말하고 싶어 한다. 하지만 이 문장의 뒷 절에 나오는 "얼굴"이라는 단어 는 잉여적이다. 따라서 그것은 이런 말이 됐어야 한다. "나는 이것을 얼 굴로 보지 않는다. 나는 그것을 **이**처럼 본다."

내가 "나는 이 낙서를 **이**처럼 본다"고 말하며, "이 낙서"라고 말하는 동안에는 그것을 그저 낙서로만 보고, "**이**처럼"이라고 말하는 동안에는 얼굴을 본다고 하자. 이는 "어떤 때에는 이처럼 보이는 것이 다른 때에 는 저처럼 보인다"고 말하는 것과 비슷할 것이다. 그리고 여기서 "이"와 "저"에는 두 개의 상이한 보기의 방식이 수반될 것이다. 하지만 우리는 그것에 수반되는 과정과 더불어 이 문장이 어떤 놀이에 사용될 수 있는 지 자문해봐야 한다. 예를 들어, 나는 이를 누구에게 말하고 있는가? 그 대답이 "나는 그것을 내 자신에게 말하고 있다"라고 가정해보자. 하지만 그것으로 충분하지 않다. 여기서 우리는 한 문장이 다소간 우리 언어의 일상적 문장들처럼 보이면 그 문장을 가지고 무엇을 해야 할지 알고 있 다고 믿는 심각한 위험에 빠져 있다. 미혹에 빠지지 않으려면 자신에게 이렇게 물어야 한다. 가령 "이"와 "저"라는 단어의 사용법은 무엇인가? 아니면 우리가 그것들을 어떻게 상이하게 사용할 수 있는가? 우리가 그 것들의 의미라 부르는 것은 그것들이 자체 내에 갖고 있는 어떤 것, 혹은 우리가 그것들을 사용하는 방식과는 별개로 그것들에 들러붙어 있는 어 떤 것이 아니다. 따라서 무언가를 가리키는 몸짓과 함께 나아가는 것은

"이"라는 단어의 한 가지 사용법이다. 가령 우리는 만자를 가리키며 "나는 대각선을 가진 이 정사각형을 이처럼 본다"고 말한다. 그리고 대각선을 가진 정사각형을 가리키며 나는 이렇게 말할 수도 있었다. "어떤 때에는 내게 앞의 것처럼 보이는 것이 다른 때에는 뒤의 것처럼 보인다."

그리고 이것은 확실히 위의 경우에서처럼 우리가 그 문장을 사용하는 방식이 아니다. 이 두 경우의 모든 차이가 첫번째 경우에는 그림들이 정신적이고, 두번째 경우에는 진짜 선묘들이라는 데 있다고 생각할지도 모르겠다. 여기서 우리는 어떤 의미에서 심상을 그림이라 부를 수 있는지 물어야 한다. 왜냐하면 어떤 면에서 그것들은 그려지거나 칠해진 그림에 비유될 수 있지만, 다른 면에서는 전혀 그렇지 않기 때문이다. 예를 들어 '물질적' 그림의 사용법에 대한 본질적 특징 중에 하나는 다음과 같다. 즉, 우리가 어떤 그림이 여전히 동일하다고 말하는 것은 그 그림이 우리에게는 [예전과] 동일한 것처럼 보이기 때문만은 아니며, 과거에도 지금처럼 보였다는 것을 우리가 기억하고 있기 때문만도 아니다. 사실 특정 상황 속에서 우리는 그 그림이 변한 것처럼 보이는 데에도 불구하고 그 그림이 변하지 않았다고 말하기도 한다. 이때 우리가 그것이 변하지 않았다고 말하는 이유는 그것이 특정한 방식으로 보존되고, 특정한 영향이 배제됐기 때문이리라. 그러므로 "그 그림은 변하지 않았다"는 표현은 한편으로 물질적 그림에 대해 얘기할 때와, 다른 한편으로 정신적 그림에 대해 얘기할 때 각각 다른 방식으로 사용된다. "이 똑딱거림은 동일한 간격을 두고 이뤄진다"는 말은 그 똑딱거림이 시계추의 똑딱거림이어서 그것의 규칙성이 우리가 장치를 사용해 수행한 측정의 결과일 때와, 그 똑딱거림이 그저 우리가 상상한 똑딱거림일 때, 서로 다른 문법을 갖는다. 예를 들어 나는 이런 질문을 던질 수 있다. 내가 "어떤 때에는 내게 이처럼 나타나는 것이 다른 때에는 ……"이라고 혼잣말을 할 때, 나는 이 (this)와 저(that)의 두 측면을, 그전의 경우들에 봤던 것과 똑같은 것으로 인지했는가? 아니면 그것들이 내게 새롭고, 그리하여 그것들을 미래의 경우들로부터 기억해내려 애쓴 것인가? 아니면 내가 말하려던 것이 그저 "나는 그 형상의 측면을 변화시킬 수 있다"는 것이었는가?

19. '이'와 '저'라는 측면에 A와 B라는 이름을 붙여보면, 우리가 빠진 미혹의 위험성이 아주 분명해진다. 왜냐하면 우리는 이름을 부여하는 것의 요체가 어떤 독특한, 아니 어떤 신비스런 방식으로 하나의 음(혹은 다른 기호)에 무언가를 연관시키는 데 있다고 상상하는 경향이 있기 때문이다. 그러면 이 독특한 연관을 어떻게 사용하느냐하는 문제는 거의 이차적인 문제로 여겨지게 된다(우리는 거의 그 명명이 어떤 독특하고도 성스러운 행위에 의해 이뤄지면, 이것이 이름과 사물 사이에 어떤 마술적인 관계를 만들어낸다고 상상하는 경향이 있다).

하지만 한 가지 예를 보자. 다음과 같은 언어놀이를 보라. A가 B를 마을의 여러 집에 보내서 여러 사람들로부터 여러 종류의 상품을 가져오게 한다. A는 B에게 다양한 목록들을 준다. 그는 각 목록의 맨 위에 낙서를 적어 넣는다. 그리고 B는 문에 이와 똑같은 낙서가 적혀 있는 집을 찾아가도록 훈련을 받는다. 그 낙서가 그 집의 이름이 되는 셈이다. 각 목록의 첫번째 란에서 그는 자신이 읽는 법을 배운 하나 혹은 그 이상의 낙서들을 본다. 그 집에 들어갈 때 그는 이 단어들을 상기한다. 그리고 그 집에 사는 이들은 그것들 중에 특정한 소리가 들리면 그에게 달려 나가도록 훈련을 받았다. 이 소리들이 그들의 이름이 되는 셈이다. 이어서 그는 그들 각각에게로 다가가, 각 사람에게 그들의 이름이 적힌 란의 맞은편에 적힌 두 개의 연속되는 낙서를 보여준다. 둘 중에 첫번째 것을 보고 그 마을의 사람들은 특정한 종류의 대상, 가령 사과를 연상하도록 훈련받았다. 두번째 것은 그 마을 사람들 각각이 한 장의 종이 위에 적어서 늘 갖고 다니는 일련의 낙서들 가운데에 하나다. 그런 식으로 호출된 이들이, 가령 다섯 개의 사과를 가져온다고 하자. 첫번째 낙서는 요청된 대상의 종명(種名)이고, 두번째는 그것들의 숫자의 이름이 되는 셈이다.

그렇다면 이름과 명명된 대상, 가령 집과 그 이름 사이의 관계는 무엇인가? 여기에 우리는 두 가지 중 하나로 대답할 수 있을 것이다. 첫번째 대답은 그 집의 문에 그려진 어떤 선들이 [집과 그 이름 사이의] 관계를 구성해준다는 것이리라. 내가 시사한 두번째 대답은 문제가 되는 그 관계가 그저 문에 선들을 그려 넣는 행위에 의해서가 아니라, 우리가 그 모습을 그려낸 그 언어의 실천 속에서 그 선들이 발휘하는 특정한 역할에 의해 확립된다는 것이리라. 다시 말하면, 여기서 한 사람의 이름과 그 사람의 관계는 그 사람이 제 이름을 부르는 사람에게 달려가도록 훈련을 받았다는 사실에 그 요체가 있다는 얘기다. 아니, 또 다시 말하면, 그 관계는 이것과 우리의 언어놀이에서 그 이름의 사용법 전체에 달려 있다는 얘기다.

이 언어놀이를 들여다보고, 그 안에 대상과 그것의 이름 사이의 신비한 관계랄 게 있는지 보라. 이름과 대상의 관계가 하나의 대상에 낙서가 씌어지는 데(혹은 그밖의 다른 매우 사소한 관계들에) 있으며, 그게 거기에 있는 것의 전부라고 말할지도 모르겠다. 그러면서도 우리는 거기에 만족하지 못한다. 왜냐하면 어떤 대상에 적힌 낙서 그 자체는 중요하지 않으며, 결코 우리의 관심을 끌지 못한다고 느끼기 때문이다. 그리고 이는 맞는 말이다. 중요한 모든 것은 우리가 대상에 적힌 그 낙서를 가지고 하는 특정한 사용법에 있기 때문이다. 그런데도 우리는 어떤 의미에서 사태를 단순화해, 이름은 그것의 대상에 대해 독특한 관계를 갖고 있으며, 그 관계는 가령 대상 위에 씌어지거나 혹은 손가락으로 그것을 가리키는 이에 의해 발화되는 것과는 다르다고 말하곤 한다. 원시적인 철학은 이름의 그 모든 사용법을 관계라는 관념 속으로 응축시킨다. 그로써 그 관계가 무언가 신비스러운 관계가 되어버리는 것이다(바라기, 믿기, 생각하기 등과 같은 정신적 활동들에 관념을 비교해보라. 이것들 역시 똑같은 이유에서 무언가 그 안에 신비스러운 것, 설명할 수 없는 것을 갖고 있는 것으로 여겨진다).

이제 우리는 "이름과 그 대상의 관계는 그저 이런 종류의 사소한, '순전히 외적인' 연관에 있는 것이 아니다"라는 표현을 사용할 수 있게 된다. 그리고 이는 우리가 이름과 그 대상의 관계라 부르는 것이 그 이름의 전체 사용법으로 특징지어진다는 의미일 수 있다. 하지만 그렇다면 이름과 그 대상 사이에 단 하나의 관계가 있는 것이 아니라, 우리가 이름들이라고 부르는 소리들 혹은 낙서들의 사용법만큼이나 수많은 관계들이 있음이 분명하다.

따라서 무언가를 명명하는 것이 그저 무언가를 가리키며 소리를 내는 것 이상이라면, 어떤 식으로든 특정한 경우에 그 소리나 낙서가 어떻게 사용되는지에 관한 지식이 있어야 한다고 할 수 있다.

우리가 그림의 여러 측면에 이름들을 부여했을 때, 그 그림을 두 개의 상이한 방식으로 바라보고 매번 무언가를 말함으로써, 마치 우리가 그저 이 재미없는 행동을 수행하는 것 이상을 한 것처럼 보였다. 하지만 이제 우리는 바로 '이름'의 사용법, 사실상 그 사용법의 세부사항이 명명하기에 그 독특한 중요성을 부여해준다는 것을 알게 됐다.

따라서 다음의 질문은 중요하지 않은 게 아니라 사안의 본질에 관한 질문이다. "'A'와 'B'가 내게 그 측면들을 연상시키는가? 내가 '이 그림을 A라는 측면으로 보라'와 같은 명령을 수행할 수 있는가? 그리고 어떤 식으로든 'A'나 'B'라는 이름과 (마치 아래의 두 그림처럼) 서로 연관된 그 측면들의 그림이 있는가?

혹은 'A'와 'B'가 다른 사람들과 소통을 할 때 사용되는가? 그리고 그것들을 가지고 하는 놀이는 정확히 어떤 것인가?"

"나는 그저 단순한 선들(단순한 낙서들)이 아니라 특정한 관상을 가진 얼굴(혹은 단어)을 본다"라고 말할 때, 이는 내가 보는 것의 어떤 일반적 특징을 확인코자 함이 아니라 내가 눈에 보이는 그 특정한 용모를 보고 있다고 단언코자 함이다. 그리고 여기서 내 표현은 분명히 하나의 순환을 이루고 있다. 하지만 이것은 내가 본 그 특정한 관상이 정말로 내 명제 안에 들어와야만 하기 때문이다. "한 문장을 읽는 내내 독특한 체험이 지속된다"고 느낄 때, 나로 하여금 그 말을 하게 하는 그 독특한 인상을 받으려면 사실 기나긴 동화를 읽어야 한다.

나는 "똑같은 체험이 내내 지속되는 것을 안다"라고 말할 수도 있었다. 하지만 나는 이렇게 말하기를 원했다. "나는 그저 똑같은 체험이 내내 지속되는 것을 인지한 게 아니라 특정한 체험을 인지한다." 단색으로 칠해진 벽을 바라보며 나는 이렇게 말할 수도 있다. "나는 그저 벽이 온통 같은 색으로 칠해진 것을 보는 게 아니라 특정한 색깔을 본다." 하지만 이렇게 말할 때 나는 문장의 기능을 오해하고 있다. 당신은 당신이 보는 색을 명시하고자 하는 듯하다. 하지만 그에 관해 무언가를 말함으로써도 아니고, 그것을 샘플과 비교함으로써도 아니고, 그저 그것을 가리킴으로써 그렇게 하고 있다. 당신은 그것을 샘플로 사용하는 동시에 그 샘플과 비교되는 어떤 것으로도 사용하는 셈이다.

다음과 같은 예를 생각해보라. 당신이 내게 몇 줄을 쓰라고 말한다. 그리고 내가 그렇게 하는 동안 이렇게 묻는다. "쓰고 있는 동안에 당신의 손에서 무언가를 느끼는가?" 나는 말한다. "그렇다. 나는 독특한 느낌을 갖고 있다." 글을 쓸 때에 내가 혼잣말로 "나는 이 느낌을 갖고 있다"고 말할 수는 없을까? 물론 나는 그렇게 말할 수 있다. 그리고 "이 느낌"이라고 말하면서 나는 그 느낌에 집중한다. 하지만 이 문장을 가지고 내가 무슨 일을 했는가? 내게 그것은 어떻게 사용되고 있는가? 마치 나는 내가 느끼는 것을 내 자신에게 가리키는 듯하다. 마치 집중하는 것이 '내면적인' 가리킴의 행위인 것처럼 말이다. 이 내면적 가리킴은 나 말고 그 어떤 사람도 알 수 없다. 하지만 이는 중요한 게 아니다. 나는 그 느낌에 주목함으로써 그것을 가리킨 게 아니다. 그 느낌에 주목한다는 것은 차라리 그것을 만들어 내거나 수정하는 것을 의미한다(반면, 하나의 의자를 관찰하는 것은 그 의자를 만들어 내거나 수정하는 것이 아니다).

"나는 쓰고 있는 동안 **이** 느낌을 갖는다"는 우리의 문장은 "나는 이것을 본다"는 문장과 같은 종류의 것이다. 가령 이 문장은 내 자신이 가리키는 대상을 내가 바라본다고 누군가에게 말할 때의 그 문장이 아니다. 또한 위에서처럼 내가 어떤 대상을 B가 아니라 A의 방식으로 보고 있음을 누군가에게 알릴 때에 사용하는 문장인 것도 아니다. 내가 말하는 "나는 이것을 본다"라는 문장은 우리가 특정한 철학적 문제에 대해 골머리를 썩일 때에 우리가 골똘히 생각하게 되는 그 문장을 가리킨다. 이 경우 우리는 가령 어떤 대상을 응시함으로써 특정한 시각적 인상에 매달리게 된다. 그리고 이때 우리는 혼잣말로 "나는 이것을 본다"라고 말하는 게 자연스럽다고 느낀다. 그럼에도 불구하고 이 문장을 그 이상 어떻게 사용해야 할지는 더 이상 알지 못한다.

20. '확실히 내가 무엇을 보는지 말하는 것은 의미를 갖는다. 그리고 그 일을 하는 가장 좋은 방법은 내가 보는 것으로 하여금 스스로 말하게 하는 것이다!'

하지만 그 문장에서 "나는 본다"라는 말은 잉여적이다. 나는 내 자신에게 이것을 보는 것이 나라고 말하려는 것도, 내가 그것을 **본다**고 말하려는 것도 아니다. 다른 말로 하면, 내가 **이것**을 보지 않는 것은 불가능하다. 이는 결국 내가 시각의 손으로 내가 보는 것을 가리키는 게 불가능하다는 얘기다. 왜냐하면 그 (시각적) 손은 내가 보는 것을 가리키는 게 아니라 그저 내가 보는 것의 일부이기 때문이다.

그 문장은 마치 내가 본 특정한 색깔을 골라내는 듯이 보인다. 마치 그 색깔이 내게 현전하는 듯이.

내가 보는 색깔은 마치 그 색깔 고유의 기술인 듯이 보인다.

왜냐하면 손가락으로 가리키는 것은 효력이 없었기 때문이다(바라보는 것은 가리키는 것이 아니다. 한 방향을 다른 방향에 대비시킨다는 의미에서 보면, 그것은 내게 어떤 방향을 지시하지 않는다).

내가 보고 느끼는 것이 샘플처럼 내 문장 속으로 들어온다. 하지만 이 샘플은 사용되지 않는다. 내 문장의 단어들은 중요하지 않은 듯하다. 그것들은 그저 그 샘플을 내게 현전시켜줄 뿐이다.

사실 나는 내가 보는 것에 **관해**서가 아니라 그것**에게** 말한다.

사실 나는 샘플의 사용법에 수반되는 주목하기의 행위를 수행하고 있다. 그리고 이것이 내가 마치 그 샘플을 사용하는 듯이 보이게 한다. 이 오류는 지시적 정의가 그것이 주목시키는 대상에 관해 무언가를 말해준다고 믿는 것과 비슷한 오류다.

나는 "내가 문장의 기능에 대해 오류를 범하고 있다"고 말했다. 이는 그 문장 때문에 내가, 실은 그저 하나의 색깔 샘플에 집중하고 있었을 뿐인데도, 마치 내가 보는 것이 어떤 색인지 내 자신에게 가리키는 듯이 보였기 때문이다. 내게 그 샘플은 마치 그 자신의 색깔에 대한 기술인 것처럼 보였다.

21. 내가 누군가에게 이렇게 말한다고 가정해보자. "이 방의 특정한 조명을 관찰해보라." 어떤 상황에서는, 가령 그 방의 벽들이 석양을 받아 붉은 색을 띠고 있다면 이 명령의 의미는 매우 뚜렷할 것이다. 하지만 조명에 별 특이점도 없는 경우에 내가 "이 방의 특정한 조명을 관찰해보라"

라고 말한다고 하자. 자, 특정한 조명이 있지 않은가? 그럼 그것을 관찰하는 데 무슨 어려움이 있는가? 하지만 거기에 별 특이점도 없는데도 조명을 관찰하라는 말을 들은 사람은 아마도 방을 돌아보며 "글쎄, 뭘 말이야?"라고 말할 것이다. 이때 나는 계속해서 이렇게 말할 수 있다. "그것은 어제 이 시간과 정확히 똑같은 조명이야", 혹은 "당신이 이 방의 그림에서 보는 것은 그저 이 옅고 희미한 빛뿐이다."

방이 특이하게 붉게 조명되어 있던 첫번째 경우에 당신은 비록 명확하게 말하진 않았더라도 당신이 관찰해보라고 한 그 특이성을 지적할 수 있었을 것이다. 예를 들어 당신은 그렇게 하는 데 특정한 색깔의 샘플을 사용할 수 있었을 것이다. 이 경우에 우리는 그 방의 정상적인 외양에 어떤 특이성이 더해졌다고 말하고 싶어질 것이다.

그 방의 조명이 정상적이어서 그 외양에 특기할 만한 것이 없었던 두번째 경우에, 그 방의 조명을 관찰하는 말을 듣고 당신은 뭘 해야 할지 몰랐다. 당신이 할 수 있었던 것이라곤 고작 주위를 둘러보며, 먼저 한 명령에 충분히 의미를 줄 만한 무언가 다른 얘기가 더 나오기를 기다리는 것뿐이었다.

하지만 이 두 경우 모두에 그 방은 특정한 방식으로 조명이 되어 있지 않았던가? 글쎄, 이 물음은 그 자체로는 의미가 없고 "그것은 … …"라는 대답도 마찬가지로 무의미하다. "이 방의 특정한 조명을 관찰하라"라는 명령은 이 방의 외양에 관해 그 어떤 진술도 함축하고 있지 않다. 그것은 마치 이런 말인 것처럼 보인다. "이 방은 독특한 조명을 갖고 있다. 내가 그것을 굳이 명명할 필요는 없고, 그냥 봐라!" 마치 언급된 그 조명이 어떤 샘플에 의해 주어지고, 당신이 그 샘플을 이용해야 하는 것처럼 보인다. 팔레트 위에서 어떤 색깔 샘플의 정확한 색조를 베낄 때에 그렇게 하는 것처럼 말이다. 하지만 그 명령은 실은 다음과 비슷한 것이다. "이 샘플을 파악하라!"

당신이 이렇게 말한다고 상상해보라. "내가 관찰해야 할 특정한 조명이 있다." 이 경우 당신은 자신이 헛되이, 말하자면 조명을 보지 못한 채 주위를 둘러보는 상황을 상상할 수 있을 것이다.

당신에게 어떤 샘플, 가령 한 조각의 색깔 있는 물체를 쥐어주며 이렇게 요청할 수도 있었을 것이다. "이 조각의 색깔을 관찰하라!" 그리고 우리는 그 샘플의 형태를 관찰·주목하는 것과 그 색깔에 주목하는 것을 구별할 수 있다. 하지만 색깔에 주목하는 것은 그 샘플과 연관된 사물을 바라보는 것으로 기술될 수 없고, 그보다는 그 샘플을 독특한 방식으로 바라보는 것으로 기술해야 할 것이다.

"……[한] 색깔을 관찰하라"는 명령에 따를 때, 우리가 하는 일은 그 색깔에 우리의 눈을 여는 것이다. "……[한] 색깔을 관찰하라"는 "네가 보는 색깔을 보라"는 뜻이 아니다. "이렇게 저렇게 바라보라"는 명령은 "네 머리를 이 방향으로 돌리라"는 것과 같은 종류의 명령이다. 당신이 그렇게 할 때 보게 되는 것은 이 명령에 들어가지 않는다. 즉, 주목하고 바라봄으로써 당신은 인상을 만들어내나 당신이 그 인상을 볼 수 있는 것은 아니다.

누군가 우리의 명령에 응했다고 가정해보자. "알았어. 나는 지금 이 방이 가진 특정한 조명을 관찰하고 있어." 이는 마치 그가 그게 무슨 조명인지 우리에게 가리킬 수 있다는 얘기처럼 들린다. 즉, 언뜻 보기에 이 명령은 당신으로 하여금 그 특정한 조명을 가지고 무언가를, 즉 또 다른 것("이 조명을 그리라, 저게 아니라"처럼)에 반대되는 무언가를 하라고 말한 것처럼 보인다. 하지만 그 명령을 따를 때에 당신은 면적, 형태 등과 대조되는 의미에서 **조명**을 받아들이고 있다.

("이 샘플의 색깔을 파악하라[get hold of]"를 "이 연필을 파지하라[get hold of]"와 비교해보라. 후자는 연필을 꽉 쥔다는 뜻이다.)

우리의 문장으로 돌아가자. "이 얼굴은 특정한 표정을 갖고 있다." 이 경우에도 역시 나는 나의 인상을 그 어떤 것과 비교하거나 대조하지 않았다. 나는 내 앞에 있는 샘플을 사용하지 않았다. 그 문장은 주목하는 상태에 관한 발화 행위*였다.

다음 문장에서 설명되어야 할 것은 무엇인가? 왜 우리는 우리의 인상에다가 말을 거는가? 당신은 무언가를 읽으며 자신을 주목하는 상태에 집어넣고 이렇게 말한다. "의심할 여지 없이 무언가 독특한 것이 일어나고 있다." 나아가 당신은 이렇게 말하고 싶어 한다. "거기에는 어떤 부드러움이 있다." 하지만 당신은 이것이 그저 적절하지 못한 기술일 뿐이며 그 체험은 그저 그 자체만을 대신할 수 있을 뿐이라고 느낀다. "의심할 여지 없이 무언가 독특한 것이 일어나고 있다"는 말은 "내가 어떤 체험을 했다"는 것과 같은 말이다. 하지만 당신은 자신이 가진 특정한 체험과 관계없는 어떤 일반적 진술을 하려는 게 아니다. 외려 그 체험에 들어맞는 진술을 하기를 원한다.

당신은 어떤 인상을 받고 있다. 이것이 당신으로 하여금 "나는 **특정한** 인상을 받고 있다"고 말하게 한다. 그리고 이 문장은 적어도 당신 자

---

* [편집자주] 『철학적 탐구』, §256을 참조하라.

신에게는 당신이 어떤 인상의 영향 아래에 있는지 말해주는 듯하다. 마치 당신이 당신의 마음속에 준비된 어떤 그림을 가리키며, "내가 받는 인상은 이것처럼 생겼다"고 말하는 듯이 말이다. 하지만 당신은 그저 당신이 받은 인상을 가리켰을 뿐이다. 우리의 경우(310~12쪽)에 "나는 이 벽의 특정한 색깔을 인지한다"고 말하는 것은 가령 벽의 조그만 조각을 둘러싼 검은 직사각형을 그려놓고, 그 조각을 그로써 이후의 사용법을 위한 샘플로 지명하는 것과 같다.

당신은 글을 읽을 때, 말하자면 글을 읽는 동안 무엇이 일어나는지 주의하면서 글을 읽을 때, 당신은 읽는 과정을 보기 위해 마치 확대경으로 글 읽기를 들여다보는 듯하다(하지만 이는 무언가를 색유리를 통해 들여다보는 것에 더 가깝다). 당신은 읽기의 과정을, 기호들이 발화된 말로 번역되는 특정한 방식으로 인지했다고 생각한다.

22. 내가 독특한 방식으로 주목을 하면서 한 줄의 글을 읽었다. 읽기를 할 때 나는 어떤 인상을 받는다. 그리고 이 때문에 나는 내가 그저 씌어진 기호를 읽고 단어를 발화하는 것 외에 다른 무언가를 관찰했다고 말하게 된다. 나는 그것을 또한, 보기와 말하기를 둘러싼 특정한 환경을 인지했다는 식으로 표현하기도 했다. 이 마지막 문장에 구현되어 있는 그런 은유가 어떻게 내 머릿속에 떠오를 수 있는지는 다음과 같은 예를 보면 더 분명히 드러난다. 문장들이 단조로운 톤으로 말해지는 것을 들으면, 당신은 그 단어들이 어떤 특정한 환경에 휩싸여 있다고 말하고 싶을 것이다. 하지만 문장을 단조로운 톤으로 말하는 것이 그저 그것을 말하는 것에 그 무언가를 더한 것이라 말한다면, 그것은 독특한 서술 방식을

사용하는 게 아닐까? 심지어 단조로운 톤으로 말하는 것이란 결국 문장에서 그 억양을 **빼앗는 것**이라 생각할 수도 있지 않을까? 다양한 상황들이 우리로 하여금 다양한 서술 방식을 채택하게 만든다. 예를 들어 만약 어떤 단어들이 단조로운 톤으로 읽혀져야 한다면, 그리고 씌어진 단어들 아래에 적힌 어떤 보표(譜表)와 지속음이 그렇게 하라고 지시하고 있다면, 이 표기법은 그저 그 문장을 소리 내어 읽는 것에 무언가가 덧붙여졌다는 생각을 강하게 암시할 것이다.

나는 한 문장을 읽으며 어떤 인상을 받았다. 그리고 나는 그 문장이 내게 무언가를 보여줬다고, 나는 그 문장 안에서 무언가를 알아챘다고 말한다. 이는 내게 다음과 같은 예를 떠올리게 한다. 한 친구와 내가 언젠가 팬지꽃 화단들을 본 적이 있다. 각 화단들에는 다른 종류의 팬지꽃이 있었다. 우리는 각각의 화단을 차례로 보면서 거기서 각각 어떤 인상을 받는다. 거기에 대해 얘기하는 가운데 내 친구가 말했다. "색깔의 패턴들이 아주 다양하네. 그리고 그 각각이 무언가를 말해주고 있군." 그리고 나 역시 마음속으로 같은 말을 하고 싶었다.

이를 다음과 같은 문장과 비교해보라. "이 사람들 각각은 모두 무언가를 말한다."

만약 그 팬지꽃의 색깔 패턴이 무엇을 말했는지 물었다면, 올바른 대답은 그것이 그 자신을 말했다는 것이었으리라. 그리하여 우리는 가령 "이 각각의 색깔 패턴들이 인상을 준다"는 식으로 자동사적 표현을 사용할 수도 있었을 것이다.

때때로 음악이 우리에게 전달하는 것은 기쁨, 우울함, 승리감 등의 느낌이라고 말해져 왔다. 이 설명에서 우리를 반발케 하는 것은 이 말이 마치 음악이 우리 안에 감정의 흐름들을 만들어내는 도구라고 말하는 듯하다는 것이다. 그래서 이로부터 그런 감정을 만들어내는 다른 수단이 음악을 대신해주리라 추측할 수도 있다. 이런 말에 우리는 이렇게 대꾸하고 싶어진다. "음악은 우리에게 **그 자체**를 전달해준다!"

"이 각각의 색깔 패턴들이 인상을 준다"는 표현의 경우에도 마찬가지다. 우리는 하나의 색깔 패턴이 우리 안에 특정한 인상을 만들어내는 수단이라는 생각을 떨쳐버리고 싶어 한다. 그 색깔 패턴이 어떤 약물과 같고 우리가 그 약물이 산출해내는 효과에만 관심이 있다는 그런 생각을 말이다. 우리는 어떤 대상이 주체에게 내는 효과를 가리키는 듯이 보이는 그 어떤 형태의 표현도 피하기를 원한다(여기서 우리는 관념론과 실재론의 문제, 그리고 미학의 진술이 주관적이냐 객관적이냐 하는 문제에 접근해 있다). "나는 이것을 보고 인상을 받는다"는 말은 그 인상이 그 보기에 수반되는 어떤 느낌인 듯한 인상을 주기 쉽다. 그 문장은 "나는 이것을 보고 어떤 압박을 느낀다"는 식의 말을 하는 듯하다.

"이 색깔 패턴들은 각각의 의미를 갖는다"는 문장을 사용할 수도 있었을 것이다. 하지만 나는 "의미를 갖는다"고 말하지 않았다. 그것은 그렇게 할 경우 당장 "무슨 의미냐?"라는 물음이 제기될 것이고, 우리가 지금 살펴보는 경우에 이 물음은 의미가 없기 때문이다. 우리는 의미를 가진 패턴들과 의미가 없는 패턴들을 구별하는 중이다. 하지만 우리의 놀이에는 "이 패턴이 이러저러한 의미를 갖는다"와 같은 표현들이 존재하지 않는다. 심지어 "이 두 패턴이 상이한 의미를 갖는다"는 표현도 존재하지 않는다. 그것이 "이것들은 두 개의 상이한 패턴이며 둘 다 의미를 갖는다"고 말하는 것이 아니라면 말이다.

하지만 왜 우리가 타동사적 형태의 표현을 사용하는 경향이 있는지
는 쉽게 이해할 수 있다. 그 이유를 알기 위해 우리가 "이 얼굴이 무언가
를 말해준다" 같은 표현을 어떻게 사용하는지, 즉 우리가 이 표현을 사용
하는 게 어떤 상황들 속에서인지, 그리고 이 문장의 앞뒤에 어떤 문장들
이 따라오는지(그것이 어떤 종류의 대화의 일부인지) 살펴보자. 우리는 아
마도 그 언급을 뒷받침하려고 이렇게 말할 것이다. "이 눈썹의 선을 봐",
혹은 "저 **검은** 눈동자와 **창백한** 얼굴!" 이 표현들은 어떤 특성들에 관심
을 주목시킬 것이다. 같은 맥락에서 우리는 비교를 사용해, 가령 "그 코
는 매부리 같다"고 말하기도 하고, 아울러 "전체 얼굴이 당혹감을 표현
하고 있다"와 같은 표현들을 사용하기도 할 것이다. 여기서 우리는 "표
현하고 있다"는 말을 타동사적으로 사용했다.

23. 이제 우리는 가령 얼굴에서 우리가 받는 인상에 대한 분석을 제시한
다고 할 수 있을, 그런 문장들을 고려해보자. 이런 문장을 취해보자. "이
얼굴의 특정한 인상은 작은 눈과 낮은 이마에서 온다." 여기서 "특정한
인상"이란 말은 어떤 상술, 가령 "멍청한 표정"을 대신할 수도 있다. 하
지만 그 말은 '이 표정을 충격적인 것으로 만드는 것'(즉 무언가 평범하지
않은 것), 혹은 '이 얼굴에서 충격적인 것'(즉 사람의 주목을 끄는 것)을 의
미할 수도 있다. 아니, 그 문장은 "**이** 특징들을 살짝 바꾸기만 해도 표정
이 전혀 달라질 것이다(반면 다른 특징들을 바꿀 경우에는 표정이 그 정도
로까지 바뀌지는 않을 것이다)"라는 것을 의미할 수도 있다. 하지만 이 진
술의 형식 때문에 모든 경우에 "먼저 그 표정은 **이러**했다가, 변화 후에
는 **저러**했다"는 형식의 보충적 진술이 있다고 잘못 생각하면 안 된다. 물

론 우리는 "스미스가 찡그렸다. 그러자 그의 표정이 이것에서 저것으로 변했다"고 말하며, 가령 그의 얼굴을 보여주는 두 개의 그림을 가리킬 수 있다(이것과 다음 두 진술을 비교해보라. "그는 이런 단어를 말했다", 그리고 "그의 단어는 무언가를 말했다").

읽기의 요체가 무엇인지 알아내기 위해, 내가 어떤 씌어진 문장을 읽으며, 그 읽기에서 어떤 인상을 받고, 내가 특정한 인상을 받았다고 말했다고 하자. 그러면 사람들은 내게 내가 받은 인상이 혹시 특정한 필체에서 비롯된 것이 아니냐는 식의 질문을 할 수도 있을 것이다. 이는 만약 그 글이 다른 것이었다면, 즉 그 문장의 각 단어들이 다른 필체로 씌어졌다면 내가 받은 인상도 달라지지 않겠냐고 묻는 것이리라. 이런 의미에서 우리는 또한 혹시 그 인상이 결국 내가 읽는 특정한 문장의 **의미**에 달려 있는 게 아니냐고 물을 수도 있다. 그리하여 이렇게 제안할 수도 있을 것이다. 다른 문장(혹은 다른 필체로 씌어진 같은 문장)을 읽고, 당신이 여전히 똑같은 인상을 받았다고 말할 것인지 생각해보라. 그 대답은 이런 것일지도 모른다. "그렇다, 내가 받은 인상은 실은 필체에서 비롯된 것이다." 하지만 이것이, 그 문장이 내게 특별한 인상을 준다고 처음 말했을 때 내가 하나의 인상을 다른 인상과 대비시켰다거나, 혹은 내 진술이 "이 문장은 **그 자신의 특성**을 갖고 있다"는 것과 같은 종류가 아니었으리라는 것을 함축하지는 **않을** 것이다. 이는 다음과 같은 예를 보면 더 분명해질 것이다. 우리 앞에 세 개의 얼굴이 나란히 그려져 있다고 하자.

a)   b)   c)

첫번째 것을 오랫동안 바라보고 나는 "이 얼굴은 독특한 표정을 갖고 있다"고 혼잣말을 한다. 그다음에 누군가 내게 두번째 것을 보여주며 그게 똑같은 표정을 갖고 있는지 여부를 묻는다. 나는 "그렇다"라고 대답한다. 이어 누군가 내게 세번째 얼굴을 보여주고, 거기에 나는 "그것은 다른 표정을 갖고 있다"고 말한다. 두 번의 대답을 통해 나는 얼굴과 그것이 가진 표정을 구별했다고 말할 수도 있을 것이다. 왜냐하면 b)는 a)와 다른데도 나는 그 둘이 같은 표정을 갖고 있다고 말하고, 반면 c)와 a)의 차이는 표정의 차이에 대응하기 때문이다. 그리고 이는 우리로 하여금 나의 첫번째 발화 속에서도 내가 얼굴과 표정을 구별했다고 생각하게 만들 수 있다.

24. 친숙함의 느낌이라는 생각으로 다시 돌아가 보자. 그 느낌은 내가 친숙한 대상들을 바라볼 때 일어난다. 그런 느낌이 도대체 있는지, 없는지에 관한 질문에 대해 숙고할 때, 우리는 어떤 대상을 응시하며 이렇게 말하기 쉽다. "낡은 외투와 모자를 바라볼 때 나는 특정한 느낌을 받지 않는가?" 하지만 여기에 우리는 이제 이렇게 대답한다. 어떤 느낌을 당신은 이것과 비교하거나 거기에 대립시키는가? 당신은 당신의 낡은 외투가 당신에게 익숙한 외모를 가진 오랜 친구 A와 같은 느낌을 준다고 말할 것인가? 혹은 당신이 우연히 당신의 외투를 **볼 때마다** 그 느낌, 즉 친숙함과 온화함의 느낌을 갖게 된다고 말할 것인가?

'하지만 친숙함의 느낌과 같은 것은 없는가?' 나는 매우 다양한 체험들이 있다고 말하겠다. 그리고 그 느낌들 중의 몇몇은 "친숙함의 체험들(느낌들)"이라 부를 수 있을 것이다.

친숙함의 상이한 체험들을 보자. a) 누군가 내 방에 들어오고, 나는 그를 오랫동안 보지 못했고, 그가 오리라고 기대하지도 못했다. 그를 바라보며 나는 "오, 너였구나"라고 말하거나 느끼게 된다. 이 예를 제시할 때 나는 왜 내가 그를 오랫동안 보지 못했다고 말했는가? 그로써 나는 친숙함**의 체험**을 기술하기 시작하기 시작한 게 아닌가? 하지만 내가 암시한 것이 어떤 체험이건 간에, 그를 30분 전에 봤을 때에도 그런 체험을 할 수 있지 않았을까? 즉, 내가 그 사람을 인지한 정황을 제시한 것은 인지의 정확한 상황을 기술하기 위한 수단으로서였다. 그 **체험**을 이런 방식으로 기술하는 데 반대해 그것이 전혀 관계없는 것들을 끌어들였다고, 그리고 사실 그것은 전혀 느낌의 **기술**이 아니었다고 말할 수도 있다. 이렇게 말하면서 기술의 본보기로서 가령 탁자의 기술을 예로 들지도 모른다. 가령 당신에게 그것의 정확한 모양, 치수, 그것을 만든 재료, 그리고 색깔을 알려주는 그런 기술 말이다. 그런 기술은 그 탁자를 종합한다고 할 수도 있을 게다. 하지만 다른 한편 탁자에 대한 다른 종류의 기술, 가령 소설 속에 볼 수 있는 그런 기술도 존재한다. 예컨대 "그것은 이슬람 양식으로 장식된, 금방 쓰러질 것만 같은 조그만 탁자로, 담배 피는 사람들에게 필요한 그런 종류였다." 그런 기술은 간접적인 기술이라 불려질 수 있다. 하지만 그것의 목적이 탁자의 생생한 상을 불러일으키는 데 있다면, 이것은 상세한 '직접적' 기술보다 비교할 수 없을 정도로 훨씬 더 훌륭하게 그 목적에 도움이 될 것이다. 이제 내가 친숙함 혹은 인지의 느낌에 관한 기술을 제시해야 할 때, 당신은 내가 무슨 일을 할 것으로 기대하는가? 내가 그 느낌을 하나로 모을 수 있는가? 어떤 의미에서 물론 나는 그렇게 할 수도 있을 것이다. 당신에게 다양한 단계들과 내 자신의 느낌이 변하는 방식을 제시함으로써 말이다. 그런 상세한 기술들을 당신은 몇몇 위대한 소설들 속에서 찾아볼 수 있을 것이다. 이제 소설 속에 나오는 가구들에 대한 기술을 생각해보라. 그러면 당신은 이런 종류의 기술에, 당신이 옷장 만드는 이에게 건네줄 것과 같은 그림, 치수들을 사용한 또 다른 기술을 대립시킬 수 있을 것이다. 후자와 같은 종류의 기술만을, 우리는 유일하게 직접적이고 완전한 기술이라고 부르는 경향이 있다(하지만 이런 식으로 표현하는 것은 우리가 그 '실재적' 기술로는 충족시킬 수 없는 어떤 목적들이 있다는 사실을 망각하고 있음을 보여준다). 이런 생각들은 당신으로 하여금 가령 인지의 느낌에 관해 내가 제시한 '간접적인' 기술과는 대립되는 하나의 실재적이고 직접적인 기술이 있다고 생각하지 말라고 경고해준다.

b) 사태는 a)의 경우와 똑같다. 다만 그 얼굴이 내게 직접적으로 친숙한 것이 아니어서, 잠시 후에 인지가 '내게 천천히 나타난다.' 나는 "오, 자네구먼"하고 말하나, 그 어조가 a)의 경우와는 전혀 다르다(목소리의 음조, 억양, 몸짓을 우리의 체험의 **본질적인** 부분들로 생각하라. 비본질적인 부수현상, 혹은 한갓 소통수단으로만 간주하지 말고[262~66쪽과 비교해보라]). c) 우리가 매일 보는 사람이나 사물들을 향한 어떤 체험이 있다. 갑자기 그들이 '오래 알던 것들' 혹은 '좋은 오랜 친구들'로 느껴질 때 말이다. 그 느낌을 우리는 따뜻함의 느낌 혹은 그것들과 더불어 편안한 느낌으로 기술할 수 있을 것이다. d) 그 안에 들어 있는 모든 사물들과 더불어 내 방은 내게 완전하게 친숙하다. 아침에 그 안에 들어가면서 나는 "오, 안녕!"하는 느낌으로 그 친숙한 의자들, 탁자 등에 인사를 건네는가? 아니면 c)에서 기술한 그런 느낌을 받는가? 하지만 내가 그 안을 걸어 다

니고 서랍에서 무언가를 꺼내고 자리에 앉는 등의 방식은 내가 알지 못하는 방에서 내가 하게 될 행동과는 다르지 않은가? 그러므로 이 친숙한 대상들과 더불어 살 때마다 내가 친숙함의 체험을 하게 된다고 말하지 못할 게 뭐 있는가? e) "이 사람은 누구냐"라는 질문을 받고, 내가 곧바로(혹은 잠시 생각한 후에) "그 사람은 아무개다"라고 대답한다면, 그것은 친숙함의 체험이 아닌가? 이 체험을, f) 어떤 씌어진 단어를 보고 "이것은 A의 필체다"라고 "느끼거나" 말하는 체험과 비교해보라. 다른 한편 g) 그 단어를 읽는 체험과 비교해보라. 이 역시 친숙함의 표현이다.

아마도 e)에 반대해 그 사람의 이름을 말하는 체험은 친숙함의 체험이 아니며, 그 사람의 이름을 알기 위해서는 그가 우리에게 친숙해야 하며, 우리가 그것을 말할 수 있으려면 **그의 이름을 알아야** 한다고 말할지도 모르겠다. 아니면 이렇게 말할지도 모르겠다. "그의 이름을 말하는 것만으로는 충분하지 않다. 왜냐하면 그게 그의 이름인지 모르면서 그 이름을 말할 수도 있기 때문이다." 이 지적은 확실히 옳다. 만약 이름을 아는 게 이름을 말하는 데 수반되거나 거기에 선행하는 과정이라는 것을 함축하는 게 아니라는 뜻이라면 말이다.

25. 다음의 예를 살펴보라. 기억의 상, 기대와 더불어 생기는 상, 그리고 가령 백일몽의 상의 차이는 무엇인가? 당신은 이렇게 대답하고 싶을 것이다. "그 상들 사이에는 본질적인 차이가 있다." 당신은 그 차이를 인지했는가? 아니면 그저 거기에 차이가 있어야 한다고 생각하기에 그런 차이가 있다고 말한 것뿐인가?

하지만 확실히 나는 기억의 상을 기억의 상으로, 백일몽의 상을 백일몽의 상으로 인지한다! 가끔 자기가 어떤 사건이 일어나는 것을 실제로 본 것인지, 꿈을 꾼 것인지, 그저 그 일을 전해 듣고 생생하게 상상하는 것뿐인지 불분명할 때가 있다. 하지만 그와 별도로 "어떤 상을 기억의 상으로 인지한다"는 말로 당신은 무엇을 의미하는가? 나는 (적어도 대개의 경우) 하나의 상이 당신 정신의 눈앞에 있는 동안은 당신이 그것이 기억의 상인지 아닌지 의심하지는 않으리라는 데 동의한다. 또한 누군가 당신의 상이 기억의 상인지 아닌지 묻는다면, 당신은 (대개의 경우) 그 질문에 주저없이 대답할 것이다. 이제 내가 "그것이 어떤 종류의 상인지 **언제** 아느냐?"고 묻는다면 어떨까? 그것이 어떤 종류의 상인지 안다는 것은 그것을 궁금해하거나 의심하지 않는 것이라고 말할 텐가? 내성이 당신에게 어떤 정신상태나 활동을 보여주는가? 즉, 그 상이 기억의 상임을 아는 것이라 당신이 부르는 그런 상태나 활동, 그리고 그 상이 당신의 정신 앞에 있는 동안 발생하는 상태나 활동을 보여주는가? 나아가 당신이 가진 게 어떤 종류의 상이냐는 질문에 대답할 때, 당신은 그 상을 바라보고 그 안에서 어떤 특징을 발견함으로써 그렇게 하는가?(저 그림이 누구의 것이냐는 질문을 받자 그것을 바라보고 양식을 인지해, 그게 렘브란트 작품이라고 말하듯이).

하지만 그 상들에 수반되는 기억하기, 기대하기 등의 체험들을 지적하기란 어렵지 않다. 나아가 그 상들을 바로 혹은 좀 떨어진 채 감싸고 있는 환경의 차이들을 지적하는 것도 어렵지 않다. 그리하여 우리는 확실히 상이한 경우에 상이한 것들을 **말한다**. 예를 들어 "나는 그가 내 방으로 들어오는 것을 기억한다", "나는 그가 내 방으로 들어올 것으로 기대한다", 혹은 "나는 그가 내 방으로 들어오는 것을 상상한다." "하지만 확실히 이게 존재하는 차이의 전부일 리 없다!" 물론 그게 전부는 아니다. 이 세 개의 진술을 둘러싸고 있는, 이 세 단어를 가지고 행해지는 세 개의 상이한 놀이들이 존재한다.

이렇게 도발적으로 묻는다 하자. 우리는 "기억한다"는 단어를 **이해**하는가? 이때 정말로 그 경우들 사이에 단순한 단어의 차이 외에 또 다른 차이가 있는가? 우리의 생각들은 우리가 가진 상들 혹은 우리가 사용하는 말들의 직접적인 환경 속에서 움직인다. 나는 식당에서 T와 식사를 하는 상을 가지고 있다. 누군가 그게 기억의 상이냐고 물으면, 나는 "물론이지"라고 대답하고, 바로 이 상에서 비롯되는 길들을 따라 생각이 움직이기 시작한다. 나는 누가 우리 옆에 앉아 있었는지, 우리의 대화가 무엇에 관한 것이었는지, 내가 거기에 대해 뭐라고 생각했는지, 후에 T에게 어떤 일이 생겼는지 등등을 기억한다.

체스 말과 체스 판 모두를 가지고 하는 두 개의 상이한 놀이를 상상해보라. 처음의 포지션은 둘 다 똑같다. 하나의 놀이는 붉은 말과 푸른 말을 가지고 행해지고, 다른 놀이는 검은 말과 흰 말을 가지고 행해진다. 두 사람이 놀이를 하기 시작한다. 둘 사이에는 체스 판이 놓여 있고, 그 위에는 푸른 말과 붉은 말들이 자리를 잡고 있다. 누군가 그들에게 묻는다. "당신들은 자신이 지금 무슨 놀이를 하려 하는지 알고 있는가?" A라는 사람은 대답한다. "물론이지. 우리는 no.2를 하고 있지." "그럼 no.2와 no.1을 하는 것 사이에 무슨 차이가 있는가?" "글쎄, 검은 말과 흰 말이 아니라 푸른 말과 붉은 말이 있잖은가. 따라서 우리는 no.2를 하고 있는 것이다." "하지만 이것이 유일한 차이일 수는 없다. 당신은 no.2가 무엇을 의미하며, 푸른 말과 붉은 말이 어떤 놀이를 대표하는지 **이해**하지 못하는가?" 여기서 우리는 "물론 이해하지"라고 말하는 경향이 있다. 그리고 스스로 이를 증명하기 위해 no.2 놀이의 규칙에 따라서 말들을 실제로 움직이기 시작한다. 이것이 내가 최초의 포지션의 직접적 환경 속에서 움직이는 것이라 부르는 것이다.

하지만 상들이 기억의 상으로서 가진 어떤 독특한 과거의 느낌이 있지 않은가? 물론 과거의 느낌이라 부르고 싶은 그런 체험들이 분명히 있다. 하지만 내가 어떤 것을 기억할 때마다 이런 느낌들 중의 하나가 언제나 현전하는 것은 아니다. 이 느낌들의 본성을 명확히 알려면, 과거의 체험으로 간주할 수 있는, 과거의 몸짓과 과거의 억양이 있다는 사실을 기억하는 게 큰 도움이 될 것이다.

하나의 특정한 경우, 대충 '옛날 옛적에'의 느낌이라 부를 수 있을 그런 느낌의 경우를 조사해보자. 이 단어들과 그것이 말해지는 어조는 과거를 표현하는 몸짓이다. 하지만 내가 의미하는 그 체험을 명시하기 위해 나는 그것이 어떤 특정한 곡조(「저 멀리서 온 것처럼」, 『다윗동맹의 무곡』[1])에 상응한다고까지 말하겠다. 나는 이 곡조가 제대로 된 표현으로 연주되고, 축음기를 위해 녹음되는 것을 상상한다. 이는 내가 상상할 수 있는 과거 느낌의 가장 정교하고 정확한 표현일 것이다.

이제 이 곡조가 이런 표현으로 연주되는 것을 듣는 것이 그 자체로 특정한 과거의 느낌이라고 해야 할까? 아니면 그 곡조를 듣는 것이 과거

---

1) *Davidsbündlertänze*. 독일의 작곡가 슈만(Robert Schumann, 1810~1856)이 1837년 발표한 작품 6번. 총 18개의 소품으로 이뤄진 이 작품의 17번째 곡이 「저 멀리서 온 것처럼」(Wie aus der Ferne)이다. '다윗동맹'이란 당시 (음악계에서) 새로운 낭만주의 운동을 이끌고 있던 슈만이 기존의 음악을 속물적이라고 비판하면서 결성한 가상의 음악인 단체를 지칭하기도 했다. 따라서 이 작품은 기존의 관습에 구애받지 않는 진취적 음악인들이 음악계의 골리앗에 맞서 싸워야 한다는 주장을 직접 표현한 작품이기도 하다.

의 느낌을 일으키고 이 느낌이 그 곡조에 수반된다고 해야 할까? 즉, 내가 이 과거의 체험을 그 곡조를 듣는 체험으로부터 분리할 수 있을까? 혹은 몸짓으로 표현된 과거의 체험을 그 몸짓을 만드는 체험으로부터 분리할 수 있을까? 그 느낌을 표현하는 체험들이라 부를 수 있는 그 모든 체험들을 사상해버린 다음에도 여전히 남는 그 무엇을, 즉 과거의 본질적인 느낌이라는 것을 발견할 수 있는가?

나는 당신에게 그 체험의 자리에 우리의 체험의 표현을 집어넣으라고 제안하고 싶다. '하지만 그 둘은 같은 게 아니다.' 이는 확실히 옳다. 적어도 철도와 철도사고가 동일한 게 아니라고 말하는 것이 옳은 것과 같은 의미에서는 말이다. 하지만 마치 "'옛날 옛적에'의 몸짓"이라는 표현과 "'옛날 옛적에'의 느낌"이라는 표현이 같은 의미를 갖는 것처럼 말하는 데에는 그럴 만한 이유가 있다. 그리하여 나는 그 체스의 규칙을 다음과 같은 방식으로 제시할 수 있을 것이다. 내 앞에 체스 판이 있고, 그위에 한 조의 체스 말들이 있다. 나는 이 특정한 판 위에서 이 특정한 체스 말들(이 특정한 나무 조각들)을 움직이는 규칙들을 제시한다. 이 규칙들은 체스의 규칙이 될 수 있는가? 그것들은 단 하나의 연산자, 가령 "어떤"(any) 같은 단어의 사용법에 의해 규칙들로 전환될 수 있다. 아니면 나의 특정한 판과 말들을 위한 규칙들을 그대로 남겨둔 채, 그것들에 대한 우리의 태도를 바꿈으로써 그것들을 체스의 규칙으로 전환할 수도 있다.

가령 과거의 느낌은 어떤 장소, 즉 정신 속에 들어 있는 어떤 무정형한 것이며, 이 어떤 것이 우리가 느낌의 표현이라고 부르는 것의 원인 혹은 결과라는 관념이 있다. 그럼 느낌의 표현은 그 느낌을 전송하는 간접적인 방식이다. 그리고 사람들은 종종 외적인 소통 수단을 제거할 감정의 직접적인 전송에 대해 말해왔다.

내가 당신에게 특정한 색을 섞으라고 말하며, 그 색을 묘사하기 위해 그것이 황산을 구리와 반응시킬 때 얻어지는 색이라고 말한다고 상상해보라. 이는 내가 말한 그 색을 전달하는 간접적인 방식이라 불릴 수 있을 것이다. 하지만 구리 위의 황산의 반응이 내가 당신에게 섞으라고 말했던 그 색깔을 만들어내지 않고, 그래서 당신이 얻은 그 색을 보고 "아니, 이 색이 아니야"라고 말하며 당신에게 샘플을 제시해야 하는 상황도 얼마든지 생각할 수 있다.

그럼 몸짓을 통한 느낌의 전달도 이런 의미에서 간접적이라고 할 수 있을까? 간접적인 것에 대립되는 직접적인 전달에 대해 이야기하는 게 말이 되는가? "나는 그의 치통을 느낄 수 없다. 하지만 내가 그의 치통을 느낄 수만 있다면, 그가 어떻게 느끼는지 알 것이다"라고 말하는 게 말이 되는가? 어떤 느낌을 다른 이에게 전달하는 것에 대해 말할 때, 내가 말하는 것을 이해하려면 전달에 성공한 것으로 치는 기준을 알고 있어야 하지 않을까?

우리는 누군가에게 느낌을 전달할 때 우리가 결코 알 수 없는 것이 다른 쪽 끝에서 일어난다고 말하고 싶어 한다. 하지만 우리가 그로부터 받을 수 있는 모든 것은 다시 어떤 표현뿐이다. 이는 피조[2]의 실험에서

---

2) Armand Hippolyte Louis Fizeau (1819~1896). 프랑스의 물리학자. 1848년 '도플러 효과'(음원[音源]과 관측자의 상대적 운동에 의해 관측되는 음의 진동수가 달라지는 현상)를 이용해 빛(광선)의 속도를 측정하는 방법을 고안했다. 본문에서 말하는 '피조의 실험'은 1849년 피조가 두 개의 고정된 거울을 이용해 빛의 속도를 측정한 실험을 지칭하는 듯하다.

광선이 언제 거울에 도달하는지 우리가 결코 알 수 없다고 말하는 것과 매우 유사하다.

비트겐슈타인의 언어철학

진중권

치유로서의 철학

『청갈색책』은 루트비히 비트겐슈타인의 초기 사상이 후기 사상으로 넘어가는 과도기의 저작이다. 그래서 책의 곳곳에 초기 사상에 대한 자기비판이 등장하며, 아울러 후에 『철학적 탐구』(이하 『탐구』)에서 개진될 사상의 단초들이 이제 막 탄생하는 모습 그대로 싱싱한 자태를 드러낸다. 이행기를 대표하는 책이므로, 이 책을 제대로 이해하려면 간략하게나마 그의 초기와 후기 사상에 대한 스케치가 필요하다.

20세기에 들어와 철학에서는 언어학적 전회(linguistic turn)가 일어난다. 17세기 이후 '의식'의 분석에 전념해왔던 철학이 관심의 초점을 '언어'로 옮겨 놓은 것이다. 하지만 근대철학에 언어에 대한 관심이 아예 없었던 것은 아니다. 토머스 홉스는 일찍이 정치적 담론이 한 단어가 갖는 다양한 의미를 의도적으로 혼동시키고 있음을 지적한 바 있고, 데이비드 흄은 형이상학의 문제들이 언어의 그릇된 사용에서 비롯됨을 의식하고 있었다.

경험주의 전통 속에 존재하는 이 생각은 스승인 버트란드 러셀을 통해 비트겐슈타인에게로 이어진다. 그가 보기에 철학의 문제는 문법의 혼동에서 비롯된 가짜 문제다. 따라서 그것들은 '해결'할 것이 아니라 '해소'해야 할 일종의 정신병이다. 대개 이 질병은 한 단어의 다양한 의미를 서로 혼동하거나, 어느 한 영역에서만 적용되는 규칙을 부주의하게 다른 영역으로까지 확대 적용시키는 데서 비롯된다.

형이상학적 사유가 결국 미궁 속에 빠져드는 것은 이 때문이다. 따라서 중요한 것은 역리나 역설을 해결할 방법을 제시하는 것이 아니라, 어떤 문법적 오류를 통해 우리의 오성이 그런 미궁 속으로 빠져 들게 됐는지 드러냄으로써 문제 자체를 기각하는 것이다. 초기와 후기의 비트겐슈타인은 이 과제를 각각 다른 방법으로 수행하지만, 철학의 치유적 본질에 대한 믿음은 전기와 후기를 통해 일관되게 유지된다.

러셀의 기술이론

여기서 한 가지 고전적 예를 들어 보자. "프랑스의 현 국왕은 대머리다." 이 명제는 우리를 당혹시킨다. 현재의 프랑스에는 국왕이 존재하지 않기 때문이다. '의미=지시체'라 믿었던 당시의 철학자들에게 이는 매우 당혹스러운 일이었다. '프랑스의 현 국왕'이 지시하는 게 존재하지 않으니, 이 말은 의미가 없어야 하기 때문이다. 하지만 우리는 이 명제의 의미를 이해한다. 이 현상을 어떻게 설명해야 할까?

이게 바로 전형적인 철학적 문제다. 오스트리아의 철학자 알렉시우스 마이농은 여기서 '프랑스의 현 국왕'이라는 표현에 해당하는 실체를 상정한다. 즉, '프랑스의 현 국왕'이 현실에는 존재하지 않지만 마치 플라톤의 이데아처럼 저 어딘가에 존재한다고 보자는 것이다. 하지만 이럴 경우 '프랑스의 현 국왕'만이 아니라 '황금산'이나 '유니콘'처럼 실제로 존재하지 않으나 그 의미를 우리가 이해하는 모든 대상들에게 그 이데아의 왕국에 거주할 권리를 줘야 한다.

여기서 러셀은 오캄의 면도날을 꺼내든다. "프랑스의 현 국왕은 대머리다"라는 구절은 '현재 프랑스에 왕이 하나 있다'+'그는 대머리다'로 나눌 수 있다. 이렇게 문장을 분석해 놓으면 우리를 사로잡았던 당혹감은 사라진다. 즉, 군이 '프랑스의 현 국왕'이라는 실체를 상정하지 않고도 그 표현에 의미를 줄 수 있게 된다. 이렇게 러셀은 (마이농이라면 실체로 상정했을) '프랑스의 현 국왕'을 일군의 기술어구로 풀어버린다. 얼마나 성공적인지는 모르겠지만, 이는 분석철학자들이 철학적 문제에 접근하는 방식을 잘 보여준다.

그림이론

모호함을 없애기 위해 일상의 명제들은 단순한 요소명제들로 철저히 분석되어야 한다. 그리고 그 명제들 속의 각 단어에는 오직 하나의 의미만이 부여되어야 한다. 그리하여 일체 모호함의 여지를 허용하지 않는 유리처럼 투명한 이상언어를 구성하는 것. 그것이 오성에 걸린 정신병을 치료하는 초기 비트겐슈타인의 방법이었다. 『논리-철학논고』(이하『논고』)는 이런 논리적 원자론(logical atomism)을 통해 일상 언어 아래에서 이상적 언어질서를 재구성하려는 시도로 볼 수 있다.

비트겐슈타인이 구상한 이상언어 속에서 하나의 '이름'은 단의미 (monosemie)의 이상에 따라 오직 하나의 '대상'만을 지시한다. 이름들은 서로 연결되어 원자명제를 이루고, 그렇게 만들어진 원자명제들은 세계에서 벌어지는 원자사태를 재현한다. 원자명제들은 진리함수적으로 연결되어 분자명제를 이루고, 이렇게 언어에서 원자명제들이 결합되는 방식은 세계에서 원자사실들이 합쳐져 분자사실을 이루는 방식과 형식적 동형성을 갖는다.

쿠앙 티 판의 책에서 인용한 옆의 도식(337쪽)을 보면 언어와 세계의 구조는 가운데 선을 접으면 정확하게 위 아래로 서로 거울처럼 겹쳐진다. 이 도식에서 이름과 대상은 '이름 붙이기'의 관계에 있고, 원자명제와 원자사실은 '그림 그리기'의 관계에 있고, 원자명제들과 분자명제들은 서로 '진리함수적 관계'에 있다. 이처럼 언어의 형식이 세계의 구조를 반영한다고 보는 생각을 언어에 대한 '그림이론'(picture theory)이라 부를 수 있을 것이다. 초기 비트겐슈타인에게 언어는 세계의 그림이다.

주의해야 할 점은 러셀의 '개별자'처럼 『논고』의 '이름' 역시 우리 일상 언어의 '명사'가 아니고, '대상'은 일상의 사물이 아니며, '원자' 역시 물리학에서 말하는 원자와는 아무 상관이 없다는 점이다. 명제든 대상이든 비트겐슈타인은 그보다 더 작게 분석해 나갈 수 있다고 본다. 다만 그 분석에 언젠가 끝이 있어야 하기에, 더 이상 나눌 수 없는 단위로서 '논리적 원자'(logical atoms)의 존재가 '요청'(postulate)된다는 것이다. 즉, 그것들은 존재하는 게 아니라 존재해야 하는 어떤 것이다. 그것이 무엇인지는 비트겐슈타인 자신도 말하지 못한다.

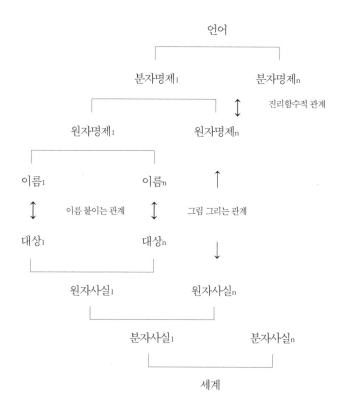

진리함수

그림이론과 더불어 초기 비트겐슈타인의 언어관을 지탱하는 또 하나의 기둥은 진리함수론이다. 우리의 일상적 명제는 일군의 원자명제들로 나뉜다. 원자명제들은 세계 속에 그것이 가리키는 원자사실이 존재하느냐의 여부에 따라 참 혹은 거짓이 결정된다. 원자명제 각각의 진리치가 결정되면, 이제 비트겐슈타인 자신이 개발한 진리함수표에 따라 분석대상이 된 원래의 복합명제의 진위치를 결정할 수 있다. 예를 들어 $T \wedge T = T$, $T \wedge F = F$, $T \wedge F = T$, $F \wedge F = F$ 등등 ……

하지만 굳이 세계 속에 명제가 가리키는 사실이 존재하느냐 여부를 따지지 않고도 진위를 가릴 수 있는 명제들이 있다. 가령 '삼각형은 변이 세 개다'와 같은 항진명제(tautology), 혹은 '삼각형은 각이 네 개다'와 같은 항위명제(contradiction)다. 비트겐슈타인에 따르면 동어반복이나 모순어법은 세계의 그림으로서 세계에 관해 뭔가를 알려주는 것은 아니고, 그저 세계와 언어의 한계를 보여줄 뿐이라고 한다. 이로써 철학적으로 허용되는 명제의 범위가 확정된다.

세계 속의 사실과 비교해 진위를 확정할 수 있는 명제들은 의미가 충만하다(sinnvoll). 항진명제나 항위명제는 참 혹은 거짓일 수는 있지만 세계에 관해 아무것도 알려주지 못한다. 그런 점에서 그것들은 의미가 비어 있다(sinnlos). 반면 세계 속의 사실과 비교해 진위를 결정할 수 없으면서도, 항진명제나 항위명제도 아닌 것은 무의미(unsinnig)하다. 그런데 전통적 형이상학의 명제들은 대부분 이 마지막 부류에 속한다. '역사는 절대정신의 전개과정'이라는 헤겔의 명제를 생각해보라.

이른바 '분석판단'과 '종합판단' 이외의 명제는 가짜 명제라고 보는 이 생각은 멀리 흄에게까지 거슬러 올라간다. 이 생각은 『논고』의 영향을 받은 논리실증주의자들에 의해 '검증원리'라는 이름으로 정식화된다. 하지만 윌러드 반 콰인이 『경험주의의 두 가지 독단』에서 지적했듯이 '명제는 검증가능하거나 항진명제 혹은 항위명제여야 한다'는 이 원리 자체가 자기 자신에 따르면 무의미하다. 왜냐하면 이 명제는 검증 가능하지도 않고, 항진명제나 항위명제도 아니기 때문이다.

널리 알려진 바와 같이 비트겐슈타인의 『논고』는 "말할 수 없는 것에 대해서는 침묵해야 한다"는 유명한 문장으로 끝난다. 하지만 『논고』에서 그가 내놓은 모든 명제들은 사실 "말할 수 없는 것"의 영역에 속한다. 그것들은 동어반복도 아니고, 경험적으로 검증 가능한 얘기들이 아니기 때문이다. 하지만 그는 거기에 대해 침묵하지 않았다. 그는 자신의 『논고』를 지붕에 올라가면 곧 치워버려야 할 사다리로 생각해야 한다는, 다소 궁색한 은유를 동원한다.

삶의 형식

철학적 문제는 문법의 혼동에서 비롯되고, 이는 다시 일상 언어의 모호함에서 발생한다. 따라서 이를 막으려면 이상언어를 만들어, 그것으로 우리의 일상 언어를 교정해야 한다는 게 초기 비트겐슈타인의 생각이었다. 실제로 수학자나 과학자들은 각각의 영역에서 이미 인공적인 형식언어를 만들어 사용하고 있다. 하지만 과연 그것으로 일상 언어를 대체할 수 있을까? 그것은 불가능할 것이다. 가령 비행기를 띄우는 양력공식을 예로 들어 보자.

$$Lt = C_L\ 1/2\ 6\ V^2\ S$$

무슨 뜻일까? C_L은 양력계수, 6는 공기밀도, V는 속도, S는 날개면적을 의미한다. 그렇다면 '양력계수', '공기밀도' 등은 다시 무슨 뜻일까? 이 개념들은 엄밀하게 정의되어 있다. 하지만 이 개념들의 의미를 설명하는 정의항은 결국 모호한 일상 언어의 단어로 채워질 수밖에 없다. 일상 언어가 없으면 과학적 개념은 의미를 가질 수 없고, 개념이 없다면 저 공식 속의 기호도 의미를 잃게 된다. 한마디로 일상 언어 없이는 저 위의 공식은 아무 의미 없는 '무늬'에 지나지 않게 된다.

이는 형식언어도 결국 모호한 일상 언어에 뿌리를 두고 있음을 시사한다. 비트겐슈타인이 이상언어로 간주하는 형식언어도 실은 모호하기 짝이 없는 일상 언어에 뿌리를 두고 있다. 그것은 일상에서 비롯된 어떤 문제를 해결하기 위해 사후적으로 구성한 상대적 언어에 불과하다. 따라서 그것으로 아예 일상 언어를 대체하겠다는 발상은 식물이 자라나는 바탕이 된 토양을 없애겠다는 것과 마찬가지 논리가 된다.

모든 언어의 바탕에는 후기의 에드문트 후설이 '생활세계'라 부른 것이 깔려 있다. 후설의 영향을 받은 마르틴 하이데거 역시 후에 『존재와 시간』에서 엄밀한 자연과학적 세계관도 결국은 별로 엄밀하지 못한 생활세계의 특정한 필요에서, 특정한 시기에, 특정한 지역에서, 사후적으로 구성된 상대적 세계관에 불과하다는 사실을 보여준 바 있다. 이들과는 다른 경로로 비트겐슈타인 역시 후기에 '삶의 형식'이라는 개념으로 동일한 인식에 도달한다.

도시건축의 은유

초기 비트겐슈타인은 엄밀한 이상언어로 모호한 일상 언어의 결함을 '교정'해야 한다고 믿었다. 하지만 "그 가방을 여기에 갖다 놓아라"라고 할 때, '여기'의 범위를 굳이 '내 손가락이 가리키는 지점으로부터 반경

몇 cm 이내'라는 식으로 엄밀히 규정할 필요가 있을까? 그런 과학적 엄밀성 없이도 저 문장은 완벽하게 기능을 한다. 과도한 엄밀함은 외려 목적을 달성하는 데에 번거로움만 줄 것이다.

그리하여 후기 비트겐슈타인은 일상 언어가 그 자체로 온전하다고 보게 된다. 일상 언어에는 아무 이상도 없다. 철학적 문제는 언어 자체의 결함에서 비롯되는 게 아니다. 그러니 형이상학의 '해소'를 위해 굳이 일상 언어 자체를 뜯어고칠 필요는 없다. 그 자체로 온전한 일상 언어가 어떻게 잘못 사용되어 형이상학적 물음을 낳는지 드러내면 그만이다. 이 때문에 후기 비트겐슈타인은 일상 언어를 교정하려 드는 대신에 그저 그것을 '기술'해야 한다고 말하게 된다.

『탐구』의 비트겐슈타인은 자신의 새로운 언어관을 도시건축에 비유한다. 일상 언어가 복잡한 미로 같은 구도시라면, 이상언어는 잘 계획된 신도시다. 초기 비트겐슈타인은 "파리의 구시가를 밀어버리자"고 했던 건축가 르코르뷔지에처럼 구도시를 신도시처럼 뜯어고치려 했다. 하지만 후기 비트겐슈타인은 전혀 다른 언어관을 갖게 된다. "우리의 언어는 하나의 오래된 도시로 간주될 수 있다. 즉 골목길들과 광장들, 오래된 집들과 새집들, 그리고 상이한 시기에 증축된 부분을 가진 집들로 이뤄진 하나의 미로. 그리고 이것을 둘러싼, 곧고 규칙적인 거리들과 획일적인 집들을 가진 다수의 새로운 변두리들"(『탐구』§18).

여기서 "미로"의 구조를 가진 혼돈스러운 중심부는 물론 일상 언어를 가리키고, "규칙적인 거리들과 획일적인 집들"로 이뤄진 변두리는 수학, 화학, 물리학에서 사용하는 형식언어들을 가리킨다. 구도심이 자신의 필요에 따라 제 둘레에 신도시를 개발하듯이, 일상 언어 역시 어떤 필요에 의해 자신의 변두리에 인위적으로 형식언어들을 조성한다. 변두리는 도심을 보완한다.

관조에서 실천으로

후기 비트겐슈타인은 언어를 삶의 실천과 연동시키려 한다. 여기에는 유물론적인 측면이 있다. 예전의 철학자들은 세계를 관조하고, 그렇게 바라본 세계의 모습을 말로 그려내는 게 언어의 본질이라 믿었다. 하지만 후기 비트겐슈타인이 예로 드는 언어놀이 속의 인간들은 세계를 관조(theoria)하지 않고, 그 속에서 늘 어떤 실천(praxis)을 하고 있다. 예를 들어 『탐구』에 등장하는 언어놀이에서 조수는 장인의 지시에 따라 열심히 벽돌을 나른다.

이 언어놀이의 예는 그림이론과 진리함수론에 기초한 비트겐슈타인의 초기 언어관이 얼마나 협소한 지반 위에 서 있었는지 그대로 보여 준다. 가령 그 언어놀이에 사용되는 "석판 네 개"라는 말을 보자. 이 표현은 참인가 거짓인가? 물론 참도 아니고 거짓도 아니다. 명령문은 '명제'와 달라서 진위를 따질 수 없기 때문이다. 하지만 진리치가 없다고 그 표현이 무의미한 헛소리에 불과한가? 물론 그렇지는 않을 게다.

초기 비트겐슈타인에게서 언어란 곧 명제였다. 하지만 후기 사상에서는 명제가 차지했던 그 자리에 종종 명령문이 등장하곤 한다. 이는 언어의 기능에 대한 비트겐슈타인의 인식에 근본적 변화가 일어났음을 시사한다. 즉, 초기 비트겐슈타인에게 언어의 본질은 세계의 그림을 그리는 데에 있었다. 하지만 후기 비트겐슈타인의 언어는 세계 속에서 일을 하기 위해 존재한다. 언어는 세계의 '그림'이 아니다. 세계 속에서 일을 하는 데에 사용되는 '연장'이다.

명제놀이, 즉 세계를 묘사하는 것이 언어의 유일한 기능은 아니다. 우리가 하는 언어놀이에는 명령하기, 조언하기, 묘사하기, 잡담하기 등 등 수많은 형태들이 있다. 세계의 기술은 그저 언어라는 연장을 갖고 인간이 할 수 있는 수많은 활동 중의 하나일 뿐이다. 이렇게 후기 비트겐슈타인은 일상 언어의 존재를 있는 그대로 인정해주고, 그것이 가진 다양한 기능에 주목하게 된다. 널리 알려진 바와 같이 이는 후에 옥스퍼드 '일상 언어학파'의 연구로 이어진다.

의미는 사용에

언어놀이의 다양성을 비트겐슈타인은 '가족유사성'의 개념으로 설명한다. 즉, 한 가족의 성원들은 서로 닮았지만 모계와 부계의 차이로 인해 모두에게 공통된 특징을 발견할 수는 없다. 언어놀이도 마찬가지다. 다양한 언어놀이들 모두에 공통된 특징은 없고, 그저 서로 교차하는 유사성만 있을 뿐이다. 그럼에도 불구하고 우리는 한 단어가 지칭하는 대상들 사이에는 모두에게 공통된 특징이 있다고 생각하고 싶어 한다. 이를 '본질주의의 오류'(essentialist fallacy)라고 한다.

단어의 의미에 대해서도 같은 말을 할 수가 있다. 가령 사전을 보면, 한 단어 옆에 그 말이 가진 여러 가지 뜻이 적혀 있는 것을 볼 수 있다. 대개의 경우 거기에 적힌 다양한 설명들 모두에 공통된 특징은 존재하지 않는다. 그 설명들 사이에는 그저 서로 교차하는 유사성, 즉 '가족유사성'만이 있을 뿐이다. 그런데도 우리는 한 단어가 지칭하는 대상들 사이에는 모두에게 공통된 어떤 특성이 있으며, 그것이 그 단어의 의미를 이룬다고 믿고 싶어 한다.

러시아 '스타니슬라프스키 극단'에서 오디션을 볼 때, 배우들은 '오늘 저녁에'라는 짧은 대사로 40개의 상이한 상황을 연출하라는 요구를 받았다. 배우들이 여기에 성공한다면, '오늘 저녁에'라는 표현은 40개의 상이한 의미를 갖게 된다. 이렇게 동일한 표현이라도 어느 맥락에 사용되느냐에 따라 의미는 달라진다. 비트겐슈타인이 언어의 의미가 '사용'에 있다고 한 것은 이 때문이다. '의미=사용'이라는 이 새로운 의미론을 위해 비트겐슈타인은 먼저 의미에 대한 전통적 관념을 해체하는 작업에 들어간다.

초기 비트겐슈타인은 '하나의 이름에 하나의 지시체'(um nomen, unum nominatum)라는 전통적 의미론을 고수했다. 「청색책」은 이 의미 대응설에 대한 비판에서 시작해 또 다른 전통적 의미론, 즉 의미관념설에 대한 비판으로 나아간다. 의미관념설에 따르면, 한 단어의 의미란 그것이 가리키는 대상들 모두에 공통된 특정의 관념이나 심상이다. 하지만 앞에서 언급한 '가족유사성'의 개념은 그런 보편적 관념이나 심상은 실제로 존재하지 않는다는 것을 함축한다.

원자론에서 전체론으로

『논고』의 비트겐슈타인은 언어의 의미에 관해 논리적 원자론의 입장을 견지한다. 거기서 하나의 이름은 다른 이름들과의 관계에 상관없이 바로 대상과 연결됨으로써 각자 개별적으로 의미를 얻는다. 하지만 『탐구』에서 이 원자론적 의미론은 가차 없이 폐기된다. 언어는 (그것이 아무리 원시적인 것이라 해도) 서로 관계없는 원자들의 총합이 아니라, 늘 요소들의 상호연관으로 이뤄진 '체계'로서만 존재한다는 것이다.

가령 앞의 언어놀이에 사용된 '석판 네 개'라는 표현을 보자. 언뜻 생각하면 석판은 명사(名詞), 네 개는 수사(數詞)처럼 보인다. 하지만 이 놀이에서 '석판 네 개'라는 말을 들은 조수는 석 판 네 개를 장인에게 가져다준다. 즉, 그 말은 사실상 '석판 네 개를 내게 가져다 다오'를 의미하고 있는 것이다. 한마디로 '석판 네 개'에는 명사와 수사의 역할만이 아니라 '가져다 다오'라는 동사의 역할까지 들어 있다는 얘기가 된다. 한 단어의 의미는 이렇게 그것이 속한 체계에 의존한다.

만약 그 언어놀이에 물건을 가져오는 것 이외에 갖다 버리는 동작이 새로 도입된다고 하자. 그때에는 가져오는 동작과 갖다 버리는 동작을 구별하기 위해 그 언어에 '가져오다'와 '갖다 버리다'에 해당하는 새로운 언어표현들을 도입해야 할 것이다. 그리고 이때 비로소 그 언어에 명사와 동사의 구별이 생기고, '석판'은 그것을 가져오는 동작이 아니라 석판이라는 사물만을 가리키는 명사가 될 것이다. 의미는 이렇게 체계 속에서 한 단어가 다른 단어와 맺는 관계에 달려 있다.

페르디낭 드 소쉬르는 『일반언어학강의』에서 어떤 한 단어의 의미값(valeur)은 그것과 다른 단어의 대립에서 비롯된다고 지적한 바 있다. 자크 데리다는 이 생각을 발전시켜 의미를 만들어내는 것은 기호와 기호의 차이(difference)라고 주장한다. 이와 비슷하게 비트겐슈타인 역시 한 단어의 의미는 체계 속에서 그것의 위치에 달려 있다고 본다. 단어와 체계의 관계가 일차적인 것이고, 단어와 대상의 결합은 이차적이라는 것이다. 여기서 초기 비트겐슈타인의 원자론(atomism)은 전체론(holism)으로 교체된다.

사적언어 논증

『탐구』에서 가장 논란이 되는 것은 이른바 '사적언어 논증'일 것이다. 비트겐슈타인은 한 화자(話者)가 자기 내부에서 어떤 감각을 느낄 때마다 달력 'E'라고 적어 넣는 언어놀이를 소개한다. 여기서 'E'라는 단어는 다른 사람은 들여다볼 수 없는 화자의 내밀한 감각을 가리킨다. 그런 의미에서 그것은 이른바 '사적언어'(Privatsprache)다. 과연 이런 종류의 언어놀이도 가능할까? 결론을 선취하자면, 이런 의미의 사적 언어는 불가능하다고 한다. 왜 그럴까?

이 놀이에서 화자는 몸에서 특정한 감각을 느낄 때 달력에 'E'라고 기입을 한다. 문제는 그 감각이 자신이 'E'라고 명명한 바로 그것이라는 보장이 없다는 것. 가령 화자가 느끼는 감각이 전에 'E'라고 명명했던 그 감각인지 가려줄 유일한 기준은 기억이다. 하지만 그 기억의 올바름은 다시 무엇으로 보장하는가? 다른 경우라면 타인이 말해줄 수 있겠지만, 이 경우에 'E'는 오직 화자 자신만이 알 수 있는 감각이기에 (이미 로크가 지적한 것처럼) 그런 공적 검증을 기대할 수가 없다.

객관적으로 '올바른 것'과 주관적으로 '올바르다고 믿는 것'은 다르다. 하지만 앞의 화자에게는 이 두 경우의 구별이 있을 수 없다. 그에게는 올바르다고 믿는 것이 곧 올바른 것이 된다. 만약 언어가 기호의 올바른 사용이라면, 올바름의 공적 기준이 존재할 수 없는 언어는 '언어'라 부를 수 없다. 따라서 그 지시대상이 오직 화자만 알 수 있는 내밀한 감각을 가리키는 사적 언어(PS1)는 불가능하다는 것이다.

그럼 또 다른 의미의 사적 언어, 즉 화자 혼자만 사용하나 타인도 볼 수 있는 대상을 가리키는 언어(PS2)는 어떤가? 이 역시 불가능한가? 이에 대해서는 해석이 갈린다. 어떤 해석은 '사적 언어는 불가능하다'는 비트겐슈타인의 얘기가 오직 PS1에만 해당된다고 주장하고, 다른 해석은 그 논변을 무리 없이 PS2로까지 확장할 수 있다고 본다. 전자를 '약한 해석', 후자를 '강한 해석'이라 부른다. 과연 태어날 때부터 섬에 고립된 한 사람이 혼자서 언어를 만들어낼 수 있을까?

이 물음이 중요한 것은 거기에 언어의 기원을 이해하는 데에 결정적인 문제가 걸려 있기 때문이다. 만약 PS2가 가능하다면, 우리가 현재 공통의 언어를 구사하는 것은 언어의 본질과 관계없는 우연한 일이 될 것이다. 된다. 즉, 애초에는 각 개인들이 자기만의 언어를 만들어 구사하다가, 소통의 편의를 위해 서로 코드를 일치시키기로 했고, 장구한 기간을 통해 이뤄진 이 사회적 합의를 통해서 비로소 모든 화자들이 공통의 언어를 갖게 됐다는 것이다.

반면 PS2가 불가능하다면, 언어는 처음부터 화자의 복수성의 산물이 된다. 이때 우리가 지금 공통의 언어를 갖고 있는 것은 한갓 우연이 아니라, 언어의 본성에 속하는 필연적 현상이 된다. 따라서 사적언어 논증을 둘러싼 약한 해석과 강한 해석의 대립은 '사회란 개인들간 합의의 산물'이라 보는 자유주의와 '인간은 오직 사회 속에서만 인간이 된다'고 보는 공동체주의의 언어철학적 대립이라 할 수 있다.

규칙 따르기의 역설

비트겐슈타인은 명시적으로 사적언어 논증을 PS1에 한정시키고 있다. 하지만 그가 사용하는 논변은 여러 면에서 PS2로 연장될 만한 여지를 남겨놓고 있다. 『탐구』에 등장하는 또 하나의 논증은 사적언어 논증에 대한 강한 해석을 뒷받침해준다. 그 논증의 요지는 인간이 혼자서는 규칙을 따를 수가 없다는 것이다. 만약 언어놀이 역시 일종의 규칙 따르기라면, 혼자서 언어놀이를 할 수는 없다는 결론이 나올 것이다.

논거는 간단하다. '1, 2, 3, 4 ……'라는 수열이 있다고 하자. 그다음에 무슨 숫자가 와야 할까? 당연히 '5'라고 대답하기 쉽다. 하지만 6을 넣어도 규칙에 어긋난다고 할 수 없다. '1, 2, 3, 4 ……' 다음에 6이 오게 하는 수열식도 얼마든지 존재할 수 있기 때문이다. 가령 화자는 5를 써넣어야 할 자리에 6을 써넣고, "나는 처음부터 $0 \leq n \leq 3$ 일 때는 $n+1$, $n \geq 3$일 때는 $n+2$를 의미했어"라고 할 수 있다.

어떤 수를 두든지 그 수를 올바르게 해줄 공식은 얼마든지 구성할 수 있기에, 이런 놀이에서 화자는 결코 틀릴 수가 없다. 결코 틀릴 수가 없는 곳에서는 결코 맞을 수도 없다. 이로써 '규칙을 따르는 것'과 '규칙을 따른다고 믿는 것'의 구별이 또 다시 사라진다. 여기서 솔 크립키 같은 이는 비트겐슈타인이 '규칙을 따르는 것은 불가능하다'는 새로운 종류의 회의주의적 논증을 만들어냈다고 본다. 하지만 그것은 비트겐슈타인의 논지를 완전히 잘못 해석한 것이다.

사실 이것은 가짜 역설이다. 화자가 혼자일 때는 어떤 수를 둬도 규칙에 부합하는 것으로 해석할 수 있다. 그래서 화자는 매번 어떤 수를 둬야 할지 모르는 결정불능의 상태에 빠진다. 하지만 화자가 복수일 때 이 역설은 사라진다. 즉, 이 논증으로 비트겐슈타인은 새로운 종류의 회의주의를 주장하려 한 게 아니라 '규칙 따르기란 복수의 참여자를 요구하는 사회적 규약의 문제'라는 점을 말하려 했던 것이다.

세 가지 의미론

이제까지 비트겐슈타인 사상의 개요를 살펴봤고, 이제 전기와 초기의 과도기에 쓰어진 『청갈색책』에서 그의 사상이 어떻게 형성되는지 구체적으로 살펴보기로 하자. 「청색책」은 단어의 의미를 설명하는 두 개의 방식을 소개하는 것으로 시작한다. 첫째, 우리는 단어의 의미를 다른 말로 풀 수가 있다. 이를 의미에 대한 언어적 정의(verbal definition)라 할 수 있는데, 이런 식의 의미론은 결국 언어 속을 돌고 돌 뿐, 한 발짝도 언어 너머의 세계로 나아가지 못하게 한다.

단어에 의미를 주는 또 다른 방식은 그것이 의미하는 대상을 손으로 가리키는 것이다. 이를 의미에 대한 지시적 정의(ostensive definition)라 한다. 하지만 이 역시 의미의 설명으로는 부족하다. 가령 '이것은 토브다'라는 말과 함께 연필을 가리킬 때, 우리는 손가락이 가리키는 것을 다양하게 해석할 수 있다. '이것은 연필이다', '이것은 둥글다', '이것은 나무다', '이것은 하나다' 등등. 이때 화자는 콰인이 '원초적 번역의 불확정성'이라 부른 상황에 처하게 된다(26~27쪽).

이어서 비트겐슈타인은 또 다른 의미이론으로 눈을 돌린다. '의미란 그것이 가리키는 대상들 모두에 공통된 특성에 대한 관념이나 심상'이라는 견해다. 여기에 그는 두 개의 반론을 제시한다. 하나는 앞에서 제시한 '가족유사성'의 개념과 관련이 있다. 즉, 한 단어는 대개 다양한 의미를 갖고 그것들 사이에 공통성은 없다는 것이다. 또 다른 반론은 그에 앞서 이미 조지 버클리가 제시한 것이다. 가령 '나뭇잎'이 의미를 가지려면 모든 나뭇잎들에 공통된 상이 떠올라야 한다. 하지만 단풍잎, 은행잎, 솔잎에 공통된 이미지라는 게 있는가?(54~55쪽).

'단어의 의미는 다른 단어로의 번역'이라는 번역설, '단어의 의미는 그것이 가리키는 대상'이라는 대응설, 그리고 '단어의 의미는 그것이 가리키는 대상들 모두에 공통된 특성의 관념이나 심상'이라는 관념설. 이 세 가지 전통적 의미론을 차례로 기각해 나가면서 비트겐슈타인은 '의미는 사용에 있다'는 결론을 내린다. "기호의 생명을 이루는 그 어떤 것을 명명해야 한다면, 우리는 그 기호의 사용법이 그것이라고 해야 말할 것이다"(32쪽).

의식철학

이런 고찰의 최종 목표는 사실 언어의 본성을 해명하는 데에 있는 게 아니다. 비트겐슈타인에게 언어의 본성을 해명하는 것은 그보다 더 높은 목표를 갖고 있다. 20세기에 들어와 철학에서 언어학적 전회가 일어난 것은, 철학적 물음이란 언어의 오용에서 비롯된 사이비 문제라는 인식 때문이었다. 그리하여 그가 집요하게 언어에 문제를 물고 늘어질 때, 그의 최종적인 목표는 언어에 대한 그릇된 관념 위에 서 있는 전통적인 형이상학을 해체하는 데에 있다.

비트겐슈타인이 근대철학의 물음을 해소하는 방식을 보자. 가령 사람들은 흔히 정신은 사유의 기관이라고 말하곤 한다. 그에 따르면 이것은 그릇된 은유다. 손이 [글]쓰기의 기관이라고 말하는 것과 정신이 사유의 기관이라고 말하는 것은 전혀 다르다는 것이다(36쪽). 손은 실재하는 기관이지만, 정신이라는 기관이 실재하는가? 사실 '정신'이란 그저 '생각한다'는 동사를 실체화한 것에 지나지 않을 게다. 그런데도 근대철학자들, 가령 르네 데카르트 같은 이는 정신을 사물과 나란히 존재하는 실체(이른바 '사유실체')로 간주했다.

정신을 실체화하다 보니 공간의 은유가 사용된다. 사유의 장소는 어디인가? 대개 우리는 여기에 '머릿속'이라고 대답하곤 한다. 하지만 이것은 물리적 공간을 기술할 때에나 사용되는 '장소'라는 단어를 부당하게 사유에 옮겨 놓은 것이다(39~44쪽). 비트겐슈타인의 말대로 의식의 안과 밖이라는 것 자체가 그릇된 은유라면, 이로써 근대 의식철학의 근본문제는 간단히 '해소'되고 만다. 근대철학의 가장 중요한 물음이 바로 의식의 안과 밖의 관계에 관한 것이었기 때문이다.

비트겐슈타인은 "우리 머릿속의 사유를 관찰하기"의 예를 든다(38쪽). 이와 같은 철학적 체험에는 종종 "정신 안에서 관념을 갖기", "정신 앞에서 관념을 분석하기"와 같은 공간의 은유가 사용된다(94쪽). 실제로 근대철학은 의식을 가지고 의식의 안을 들여다보는 '반성철학'의 형태를 취하고 있었다. 하지만 정신의 '안'이나 '앞'과 같은 표현이 물리적 공간의 기술에 쓰이는 용어들을 사유로 옮겨놓은 부당한 은유라고 한다면, 근대철학의 패러다임 전체가 실은 언어의 오용 위에 서 있다는 얘기나 마찬가지가 된다.

명증성

경험주의든 합리주의든, 근대철학은 의식을 갖고 의식의 안을 직접 기술하는 반성철학의 형태를 띠고 있다. 「청색책」에서 비트겐슈타인은 '바라다' 같은 지향적 태도의 표현이 "의식적 과정의 직접적 기술"이 되는 경우를 예로 든다(76쪽). 가령 "당신은 그것이 당신이 바라는 것임을 확신하는가?"라는 물음에, 우리는 흔히 "물론 나는 내가 바라는 게 무엇인지 안다"고 대답하곤 한다. 여기서 문제가 발생한다.

원래 그 물음에 대한 적절한 대답은 "당신이 내게 물은 것은 말이 안 된다"가 되어야 할 것이다. 자기가 바라는 것을 자기가 아는 것은 이미 '바라다'의 문법에 속하기 때문이다. 마찬가지로 누가 "이 방에도 길이가 있는가?"라는 묻는다 하자. 이때에도 우리는 "물론 있다"고 대답하는 경향이 있다. 하지만 방이 길이를 갖고 있는지는 유의미한 물음의 대상이 될 수 없다. 따라서 여기서 제대로 된 대답은 "말도 안 되는 질문을 하지 말라"일 것이다(77쪽).

언뜻 보기에 쓸데없어 보이는 이 사유의 실험에는 철학적으로 아주 중요한 문제가 걸려 있다. 가령 나는 다른 사람의 생각을 분명히 알 수 없으나 적어도 내 생각만큼은 확실히 알 수 있다. 반성철학은 이렇게 자기가 자기를 들여다 볼 때만큼의 확실성을 지식의 모범, 인식의 이상으로 삼았다. 하지만 '내가 내 생각을 안다'는 것은 사실 지식이나 인식이 아니다. 그것은 '이 방은 길이가 있다'는 문장만큼 의미가 빈(sinnlos) 표현이다. 여기서 근대철학, 특히 합리주의가 추구하던 명증성의 이상이 무너져 내린다.

예를 들어 "나는 생각한다. 고로 존재한다"는 데카르트의 말을 생각해보자. 이 유명한 명제를 듣고 우리는 "물론이지"라고 대꾸하고 싶어진다. 하지만 더 정확히 말하면 거기에 "헛소리"라고 대답해야 할 것이다. 데카르트는 이 명제가 모든 확실한 지식의 토대라고 주장했지만, 사실 그 명제는 아무 의미가 없는 것이다. 아마 똑같은 얘기를 명증성의 토대 위에 엄밀학을 구성하려 한 초기 후설의 현상학적 기획에 대해서도 할 수 있을 것이다.

유아론

이어서 비트겐슈타인은 의식의 사밀성(私密性)에 관한 관념으로 눈을 돌린다. 내가 아플 때 나는 내 고통을 직접적으로 느낀다. 하지만 남이 아플 때 나는 그저 간접적으로 추측할 뿐이다. 바로 여기서 "오직 내 경험만이 진짜라고 말하고픈 유혹"이 생긴다(102쪽). 때로 나는 그가 진짜 아픈지, 아니면 그저 아픈 척 하는 건지 알지 못한다. 반면 내가 아픈지 안 아픈지는 나는 확실히 알 수 있다. 경험주의자들의 철학적 유아론은 일상적으로 이렇게 표현된다.

"나는 그의 아픔을 느낄 수 없다." 우리는 이 명제를 "쇠못으로는 유리에 긁은 자국을 낼 수 없다"는 명제와 같은 것으로 착각한다. 하지만 전자는 문법적 불가능이지만, 후자는 물리적 불가능에 해당한다. 내가 그의 아픔을 느끼지 못한다는 것은 너무나 당연해 아무 의미도 없다. 반면 쇠못으로는 유리를 긁기 힘들다는 것은 분명히 정보를 갖고 있다. 그런데 우리는 전자를 후자로 착각해 정보가치가 있다고 믿는다. 즉, 감각자료에 관한 진술의 문법과 물리적 대상에 관한 진술의 문법을 혼동하는 것이다(143쪽).

『탐구』의 결론을 미리 빌려오자면, 유아론자들의 주장과 달리 우리는 얼마든지 남과 '같은' 고통을 느낄 수 있다. 가령 그가 두통을 앓는다면, 나 역시 두통을 앓을 수 있다. 유아론자는 물론 "그것은 '나의' 두통이지 '그의' 두통이 아니"라고 할 게다. 이게 철학자들이 '같다'라는 말을 사용하는 방식이다. 그들은 동일성을 A=A의 자기동일성으로만 생각한다. 하지만 A=A는 무의미한 것이다. '같다'는 말은 외려 A와 B가 뭔가 다른 데가 있을 때에 비로소 유의미하게 사용될 수 있다.

마찬가지로 우리는 또한 타인이 고통을 갖고 있는지 얼마든지 안다. 유아론자들은 아마도 "하지만 내가 내 아픔을 아는 것만큼 확실하게 아는 것은 아니다"라고 반박할 것이다. 하지만 '안다'라는 말은 외려 오류와 오인의 가능성이 있는 곳에서만 유의미하게 사용될 수 있는 표현이다. 오류와 오인의 가능성을 배제하는 앎은 진정한 의미의 앎이 아니다. 왜냐하면 그것 그저 아무 정보를 주지 못하는 문법적 동어반복에 불과할 것이기 때문이다.

실재론과 관념론

"나는 다른 이들이 '갈색'이라는 단어로써 진짜로 무엇을 의미하는지, 혹은 갈색의 대상을 본다고 그가 (진심으로) 말할 때 그가 진짜로 보는 것이 무엇인지 결코 알 수 없다"(147쪽). 나와 상대가 서로 '갈색'이라는 단어를 사용할 때, 내 눈에 갈색으로 보이는 것이 그의 눈에는 '청색'으로 보이고 있을지도 모른다. 그런데도 그는 매번 나와 똑같이 그 색깔을 '갈색'이라 부른다.

이 경우 내가 '갈색'이라고 말할 때, 나는 그의 머릿속에 '갈색'의 상을 불러일으키려 한 것이다. 하지만 실제로 그의 머릿속에서 떠오른 것은 청색일지도 모른다. 여기서 관념론자들은 "따라서 우리가 언어로 소통에 성공했다고 할 근거가 없다"는 회의주의적 결론을 내린다. 반면 실재론자들은 "우리는 소통에 성공하고 있으므로, 그의 머릿속에도 나와 똑같은 갈색이 떠오름에 틀림없다"고 말한다. 여기서 그들은 독단주의로 나아가게 된다.

누가 옳을까? 「청색책」에는 물론 이 난제에 대한 명확한 해법이 제시되어 있지 않다. 하지만 후기에 비트겐슈타인이 발전시킬 생각을 미리취해 말하자면, 그의 전략은 외려 서로 정면으로 대립하는 이 두 가지 입장의 바탕에 깔린 공통의 전제를 무너뜨리는 데에 있다고 할 수 있다. 두 입장 모두가 갖고 있는 그 공통의 전제란 바로 "언어를 이용한 소통은 화자의 머릿속의 관념을 청자의 머릿속으로 옮겨놓는 것"이라는 생각이다.

예를 들어 보자. A가 "갈색책을 갖다 다오"라고 말하자, B가 A에게 갈색책을 건네준다. '갈색'이라는 말을 듣고 B의 머릿속에서 '청색'이 떠올랐다 할지라도, 그가 A에게 건네준 책의 색깔은 결국 갈색이다. 그렇다면 아무 문제없는 것이다. '갈색'이라는 말을 사용해 A는 원하던 책을 건네 받았고, 그로써 소통은 성공을 거둔 것이다. 이 언어놀이 속에서 B의 머릿속에 무슨 색깔의 상이 떠올랐는지는 아무 역할도 하지 못한다.

이 난점은 "언어적 소통이란 화자의 머릿속의 심상을 청자의 머릿속으로 옮겨 놓는 데에 있다"는 그릇된 전제에서 비롯된다. 비트겐슈타인이 보기에 언어의 기능은 머릿속의 관념을 전달하는 데에 있는 게 아니다. 그것은 현실에서 일을 하기 위한 것이다. 이렇게 언어적 소통의 요체를 그것과 맞물려 진행되는 실천의 관점에서 바라볼 때, 실재론과 관념론의 대립을 낳은 공통의 전제는 사라지고, 그로써 두 개의 철학적 입장 역시 간단히 해체된다.

정신적 활동

「갈색책」은 크게 두 부분으로 나뉘어 있다. 1부에서 비트겐슈타인은 '들보', '벽돌', '석판', '석주'라는 네 단어로 이뤄진 가장 간단한 언어놀이를 도입한다. 그리고 거기에 수사를 도입하고, 고유명사를 도입하고, 장소의 표현을 도입하는 식으로 그 놀이를 점차 복잡한 형태로 만들어나간다. 물론 그때마다 그는 독특한 사유실험을 통해 우리가 흔히 언어에 대해 갖고 있는 오해들을 하나씩 제거해 나간다.

  제일 먼저 비판의 대상이 되는 것은 하나의 이름에 하나의 명사가 대응한다는 관념이다. "벽돌!"이라는 것은 상황에 따라 한 단어를 의미할 수도 있고, "벽돌을 가져오라"는 한 문장을 의미할 수도 있다. 그 표현이 무엇을 지시하느냐는 사물과의 대응에 달려 있는 게 아니라, '체계'에 달려 있다. 나아가 단어의 의미를 발화에 수반되는 느낌과 동일시하는 견해(윌리엄 제임스) 역시 기각된다. 때로 어떤 단어의 특정한 느낌이 수반될 수는 있으나, 늘 그런 것은 아니다(154~55쪽).

  여기서 비트겐슈타인이 부정하는 것은 의미가 인간의 내부에서 작동하는 어떤 정신적 활동(mental activity)이라는 견해다. 데리다를 연상시키는 어조로 그는 이렇게 논평한다. "단어를 가리키거나 발음하는 행위, 혹은 거기에 수반되는 어떤 정신적 활동이 차이를 낳는 것은 아니다. 외려 차이는 그 지시(가리키고 발음하는 것)가 훈련의 모든 과정에서 수행하는 역할, 그리고 그 언어를 사용하는 실제 의사소통에서 그 단어가 어떻게 사용되는가에 있다"(158쪽).

우리는 의미작용을 종종 지시대상이 된 사물과 머릿속에 품은 기억상을 서로 비교하는 과정으로 표상한다. 그 기억상은 물론 반복된 훈련을 통해 머릿속에 각인되는 것으로 상정된다. "하지만 **반드시** 훈련을 통해 B의 마음속에 관념이나 상이 (자동적으로) 유발될 수 있다면, 왜 [훈련을 통해] 상의 개입 없이 B의 행동을 유발하지는 못한단 말인가?" 그리하여 비트겐슈타인은 의미작용을 차라리 "버튼을 누르면 계기판에 무언가가 나타나는 메커니즘"으로 생각하라고 권한다(172쪽).

정신적 상태

이어서 비트겐슈타인은 언어놀이를 일종의 '규칙 따르기'로 간주하고 그것의 본성을 묻기 시작한다. 우리는 어떻게 규칙 따르기를 배우는가? 대개 우리는 규칙 따르기를 배우는 것을 모든 행보에 적용되는 어떤 일반적인 공식을 습득하는 것으로 표상하곤 한다. 가령 3, 5, 7, 9 …… 의 수열을 배우는 아이가 '아, 이제 나는 해 나갈 수 있다'는 느낌을 가질 때, 그의 머릿속에 '2n+1'이라는 공식이 떠오른 것처럼.

여기서 비트겐슈타인은 유한놀이와 무한놀이의 예를 도입한다(175

쪽). 이 예는 "어린아이는 유한 수의 문장만 배우고도 무한 수의 문장을 만들어낼 수 있다"는 노암 촘스키의 말을 연상시킨다.

널리 알려진 바와 같이 이 사실에서 촘스키는 인간에게는 선천적으로 언어능력(liguistic competence)이 있으며, 이는 형식화된 언어규칙으로 정식화할 수 있다는 결론을 끄집어낸다. 비트겐슈타인이 살아서 이 말을 들었다면 아마 동의하지 않았을 것이다. "우리는 그 경우에 마치 그 어린아이가 이미 언어를 갖고 있어 그것으로 생각을 하는 것처럼 간주한다. 그리고 교사의 임무란, 어린 아이의 정신 앞에 가로놓여 있는 의미의 영역 안에서 자신이 의미하는 바를 알아내게 유인하는 데 있다고 생각한다"(198쪽).

우리는 흔히 무한놀이의 언어능력을 이런 식의 논리적 연산으로 설명하나, 이는 옳지 못하다. 규칙 따르기의 본성이 정신 속에 수열의 공식을 현전시키는 것이 아님을 보여주는 논증은 후에 『탐구』속에 더 명확한 형태로 등장한다.

이어서 비트겐슈타인은 원시부족의 예를 들어 '할 수 있다'(can), '할 능력이 있다'(be able to)와 같은 표현이 갖는 다양한 의미를 추적한다. 이는 아마도 규칙 따르기를 '할 수 있다'는 말의 의미, 즉 언어능력의 요체를 파악하려는 시도일 것이다.

우리는 이 능력을 어떤 "정신적 상태"라 보고 싶어 한다(218쪽). 하지만 비트겐슈타인이 생각하는 그 능력은 아주 복잡한 훈련을 통해 습득한 어떤 실천적 수완에 가까운 것이다. 그리스인들이라면 이를 '테크네'라 불렀을 것이다.

본질직관

「갈색책」 2부는 동일성과 유사성의 문제에 대한 다소 산만한 단상들의 나열로 시작한다. 여기서 비트겐슈타인은 '같다'는 말의 기준이 상대적임을 암시한다. 가령 어느 사회의 귀족은 빨강과 녹색 의상을 입고, 평민은 파랑과 노랑 의상을 입는다고 하자. 그 사회의 성원들은 빨강과 녹색에서 공통성을 보고 그것을 '귀족의 색'이라 부를 것이고, 파랑과 녹색을 같은 것으로 봐 '평민의 색'이라 명명할 것이다(245쪽).

이런 예들을 나열한 후 비트겐슈타인은 "여기서 살펴보고 있는 모든 물음들은 이 문제와 연관되어 있다"며, 수열 이어가기의 예를 들여온다. 1에서 100까지 +1의 수열을 이어나가던 학생이 100을 넘어서자 +2를 하고, 200을 넘어서자 +3을 해나간다. 스승이 그를 꾸짖자 학생은 이렇게 대답한다. "같은 것을 한 게 아닌가요? 나는 이게 당신이 내가 했으면 하고 바라는 일이라고 생각했는데"(257쪽).

스승은 말한다. "그에게 그 규칙을 줬을 때 내가 100 다음에 101이 오는 것을 의미했음을 나는 분명히 알고 있었다"(258쪽). 하지만 학생에게 수열을 가르치는 동안에 스승이 그렇게 말한 적은 없다. 또 스승은 "그 지점에서 네가 묻기만 했다면 그렇게 하라고 말했을 것"이라고 말할지도 모른다. 하지만 그것은 "하나의 가정일 뿐"이다. "당신은 거기에 가기도 전에 모든 다리들을 건넜다"(258쪽).

비트겐슈타인은 "이 기이한 생각은 '의미하기'라는 단어의 독특한 사용법과 연관되어 있다"고 말한다(259쪽). 여기서 우리는 이렇게 묻게 된다. "결국 당신이 말하는 것은 '1을 더하라'는 명령에 정확히 따르려면 모든 단계에서 통찰, 직관이 필요하다는 것으로 귀결되는 것 같다"(257쪽). 후설과 같은 철학자는 이른바 '본질직관'에 대해 얘기하나, 앞의 예가 보여주듯이 규칙 따르기는 수열을 보고 곧바로 공식을 떠올리는 직관이나 통찰의 문제가 아니다.

'수열을 이어 나가라'는 명령의 비결정성에 대한 생각은 『탐구』에서 '규칙 따르기의 역설'이라는 유명한 논증으로 발전하게 된다. 널리 알려진 바와 같이 이 문제에 대한 비트겐슈타인의 해법은 '해석은 규칙이 아니며, 해석에는 끝이 있다'는 것이다. 우리가 때로 규칙을 해석해야 하는 상황이 존재하기는 하나, 최종 심급에서 우리는 규칙을 맹목적으로 따라야 한다. 규칙 따르기는 공식으로 표현되는 '규칙성'의 문제가 아니라 화자들 사이에 행동의 일치라는 '규범성'의 문제다.

현전

"마치 저수지에서 솟아나는 것처럼 우리의 모든 행위가 솟아나는 정신적 상태라고 불려지는 것을 늘 찾아 헤매는(그리고 발견하는), 일종의 널리 퍼진 정신적 질병이 있다." 가령 우리는 종종 유행이 변하는 것은 취향이 변하기 때문이라고 말한다. 이때 우리는 유행의 변화 뒤에서 '취향'이라는 정신적 상태를 가정한다. 하지만 취향의 변화라는 것은 그저 어느 디자이너가 오늘 한 벌의 드레스를 1년 전과는 다르게 디자인한다는 것을 의미할 뿐이다(261쪽).

그런데도 우리가 '의미하기'의 배후에 어떤 정신적 상태를 가정하는 것은, "무언가를 말하면서 의미하는 것과, 무언가를 의미하지 않고 말하는 것 사이에 차이"가 있다는 믿음 때문일 게다(264쪽). 하지만 "당신은 바보다"라고 말한 뒤에 "나는 내가 말한 것을 의미한다"고 덧붙인다고 하자. 만약 '말하는 것'과 별도로 '의미하는' 정신상태가 따로 있다면, 이 문장은 유의미할 게다. 하지만 이 문장은 실은 무의미한 동어반복, 즉 같은 말을 그저 힘주어 하는 강조어법에 불과하다.

그리고 "'의미'에 적용되는 것은 '사유'에도 적용된다"(268쪽). 가령 우리는 수를 세거나 색깔을 볼 때 뭔가 독특한 내적 체험이 동반된다고 믿고 싶어 하나, "수를 셀 때 갖게 되는 몇몇 독특한 체험들이 반드시 우리가 수를 세는 동안 일어나야 하는 것은 아니며, 색깔을 응시할 때 일어나는 독특한 현상이 우리가 그 대상을 보고 그 색깔을 명명할 때 반드시 일어나야 하는 것도 아니다"(271쪽).

우리가 의미나 사유의 배후에 어떤 정신상태를 가정하는 이유 중 하나는 "어떤 원시적 관념, 즉 우리가 보는 그 사람을, 우리 마음속의 상과 비교해, 양자가 서로 일치함을 알게 된다는 관념" 때문이다. 즉, "'누군가를 인지하는 것'을 어떤 그림을 이용한 동일시 과정으로 표상하는 것이다(가령 어떤 범죄자를 그 사진을 보고 확인하는 것처럼)". 하지만 "우리가 누군가를 인지하는 대부분의 경우에 그와 정신적 그림 사이에 그 어떤 비교도 일어나지 않음은 말할 필요도 없다"(297쪽).

비트겐슈타인과 데리다

후기의 다른 저서들도 그렇지만, 특히 『청갈색책』은 이 비선형적 구조의 전형을 보여준다. 이 때문에 이 책 속에서 비트겐슈타인이 제시하는 논증들의 노선을 추적하는 것은 쉽지 않다. 단상들은 대개 다른 하나의 단상으로 선형적으로 나아가지 않고, 다른 여러 개의 단상들을 향해 비선형적으로 산포한다. 때문에 그의 생각의 궤적을 추적하다 보면 마치 거대한 미로 속을 헤매는 듯한 느낌을 받게 된다. 여기에 그의 사유와 글쓰기의 탈근대적 성격이 드러난다.

여기에 개진된 생각들이 미완성의 상태라는 것도 독해를 어렵게 하는 또 하나의 요인이다. 그 산만함 속에서 길을 잃지 않으려면 공간적으로 산포하는 수많은 논증들 중에서 중요한 몇 가지만을 추려서 재구성하는 수밖에 없었다. 사실 비트겐슈타인의 언어 분석은 언어 자체에 대한 관심에서 비롯된 것이라기보다는, 그보다 더 중요한 철학적 과제의 수행을 위해서였다. 그 과제란 근대철학의 물음들을 '해소'하는 것이다. 그의 논증이 구체적으로 무엇을 해소하고 있는지는 위의 단락들에 붙인 소제목으로 암시했다.

『청갈색책』에서 비트겐슈타인은 먼저 전통적인 의미론들을 기각함으로써 근대철학의 토대를 이루는 언어학적 전제들을 무너뜨린다. 이를 바탕으로 하여 의식철학과 반성철학이라는 근대철학의 패러다임을 무너뜨리고, 근대철학의 두 갈래인 관념론과 실재론이 딛고 서 있는 공통의 지반을 허물어버린다. 나아가 그는 경험주의 철학의 유아론은 물론이고, 특히 명증성·직관·현전과 같은 합리주의 철학의 주요 개념들 역시 언어의 오용에서 비롯된 형이상학적 허구로 폭로한다.

여기서 그의 해체 작업이 얼마나 철저하고 집요한지 알 수 있다. 근대의 형이상학에 대한 그의 비판은 한마디로 '궤멸적'이다. 근대철학에 대한 현대 프랑스 철학자들의 비판이 다소 직관적이라면, 비트겐슈타인의 경우에는 이 모든 작업이 수정처럼 투명하고 반박할 수 없을 정도로 완벽한 논리적 증명들로 뒷받침되고 있다. 때로는 그 논증들이 너무 아름다워 미적 쾌감이 느껴질 정도다.

근대와 탈근대

철학의 물음을 해소하는 비트겐슈타인의 방법은 정교한 독해로 근대철학의 텍스트들을 해체시키는 데리다의 해체주의를 연상시킨다. 특히 단어의 의미가 사물과의 1:1 대응이 아니라, 차이와 체계에 달려 있다는 비트겐슈타인의 인식은 데리다의 '디페랑스' 개념을 선취한 것처럼 보인다. 이 때문에 아카데미즘에서 비트겐슈타인과 데리다는 종종 비교의 대상이 되곤 한다. 하지만 이런 유사성에도 불구하고 둘 사이에는 커다란 차이가 존재한다.

후설에 대한 해체적 독해를 통해 현전의 형이상학을 붕괴시킨 후 데리다는 "텍스트 밖에는 아무것도 없다"며, 최종적 기의의 존재를 부정하는 쪽으로 나아간다. 이로써 텍스트는 더 이상 세계의 거울이기를 그치고, 세계와 텍스트의 관계는 끊어진다. 여기서 탈근대 철학 특유의 회의주의적 분위기가 발생한다. 하지만 언어가 세계의 그림이라는 현전의 형이상학을 부정한다고 해서 굳이 세계와 언어 사이의 연결을 부정할 필요는 없다.

비트겐슈타인에게서 언어는 여전히 세계와 맞물려 있다. 그것은 더 이상 세계를 재현하는 '그림'이 아니라, 세계와 인간 사이에 끼어들어 일을 할 수 있게 해주는 '연장'이다. 언어가 이렇게 삶의 실천과 맞물려 있지 않을 때 언어는 휴가를 가고, 이때 다시 형이상학적 물음이 발생한다는 것이 비트겐슈타인의 인식이었다. 바로 이 실천의 측면이 데리다에게는 결여되어 있다. 그의 철학이 기호 관념론으로 흘러가는 것은 이 때문이다.

비트겐슈타인에게 해체주의자의 면모만 있는 것은 아니다. 최근에는 그의 언어철학의 구성주의적 면모를 부각시키는 연구도 일어나고 있다. 근대철학을 해체하는 작업은 프랑스 철학자들 이전에 이미 비트겐슈타인에게서 완성됐다. 게다가 그는 근대를 해체하면서도 탈근대의 철학이 풍기는 회의주의적 분위기에 빠져들지 않는다. 근대(모던)와 탈근대(포스트모던)의 변증법을 사유해야 한다면, 비트겐슈타인의 사상이 그 튼튼한 언어철학적 토대를 마련해줄 것이다.

찾아보기